Discovering Albanian 1 Textbook

DISCOVERING ALBANIAN 1

TEXTBOOK

Linda Mëniku and Héctor Campos

The University of Wisconsin Press

The University of Wisconsin Press
1930 Monroe Street, 3rd Floor
Madison, Wisconsin 53711-2059
uwpress.wisc.edu

3 Henrietta Street
London WC2E 8LU, England
eurospanbookstore.com

5 4 3 2 1

Printed in the United States of America

Library of Congress Cataloging-in-Publication Data

Mëniku, Linda.
Discovering Albanian I textbook / Linda Mëniku and Héctor Campos.
p. cm.
ISBN 0-299-25084-3 (pbk. : alk. paper) — ISBN 0-299-25083-6 (e-book)
1. Albanian language—Textbooks for foreign speakers—English. I. Campos, Héctor. II. Title.
PG9527.5.E5M46 2011
491′.99182421—dc23

2011021822

CONTENTS

PREFACE

THE ALBANIAN LANGUAGE

About seven million people speak Albanian as their native language. It is the official language of Albania and Kosovo as well as of some municipalities in Macedonia and Montenegro.[1] It is also the first language for numerous minorities in other Balkan countries such as Greece, Serbia, and Bulgaria, even though some of these countries may not officially recognize these minorities as such. It is also spoken natively by different communities in southeastern Italy, all the way from Abruzzi to the island of Sicily. There is also a diaspora of Albanian speakers in the United States, Canada, Australia, New Zealand, Turkey, Germany, Russia, and Ukraine, among other countries.

In Albanian the language is called *shqip* [ʃcip], but until the fifteenth century it was known as Arbërisht or Arbnisht, which is still the name given to the dialects spoken in Italy. Already in the second century A.D., Ptolemy, the Alexandrian astronomer, geographer, and mathematician, used the name *Albanoi* to refer to an Illyrian tribe that lived in what is now central Albania. Modern Greeks refer to the variety of Albanian spoken in Greece as Arvanitika. Albanian belongs to the Indo-European family, where it forms a branch of its own. Although there is no agreement as to its origin, most scholars would claim today that it is a descendant of the Illyrian language. However, another group of scholars would support the claim that it is a descendant of Thracian, while yet others would argue that it is related to Dacian.

Albanian is a Balkan language, together with Greek, Romanian, Aromanian, Serbian, Croatian, Bulgarian, and Macedonian, among others.[2] Albanian exhibits many of the Balkan *Sprachbund* properties,[3] among them enclitic definite articles (where the definite article follows, rather than precedes, the noun) (Lesson 5), object reduplication (where the direct and the indirect objects may co-occur with the corresponding object clitic pronoun) (Lessons 11 and 13), dative and genitive merged into one case (Lessons 10 and 11), loss of the infinitive (Lesson 8), infinitive clauses replaced by a subjunctive clause (Lesson 8), future tense originating from the equivalent of the verb 'to want' (Lesson 8), conditional formed with a future marker followed by an imperfect (Lesson 16), evidentials (see volume 2), and so on.

Albanian has a literary tradition that goes back to the Middle Ages. Father Brocardus, a Dominican friar, observed in a leaflet published in 1332 that the "Albanians have a language quite

1. The name Kosovo is feminine in Albanian, so a better name in English might have been Kosova rather than Kosovo.

2. For a recent discussion of the Balkan *Sprachbund* properties, see Olga Mišeska Tomić, *Balkan Sprachbund Morpho-syntactic Features* (Dordrecht: Springer, 2006).

3. *Sprachbund* is a group of languages that share linguistic features because of geographical proximity or because of language contact. It must be noted that while Romanian and Aromanian are Romance languages, Serbian, Croatian, Bulgarian, and Macedonian are Slavic languages.

other than the Latins" and that "they use the Latin letters in all their books."[4] Unfortunately, the first written record only dates from 1462 and is a fragmentary document published by Pal Engjëlli (Paulus Angelus), archbishop of Durrës. The first book in Albanian, the Meshari (Missal), was written by Dom Gjon Buzuku in 1555 and is a compendium of church rituals. The first known Latin–Albanian dictionary, *Dictionarium latino–epiroticum*, was published in 1635 by Frang Bardhi. Regarding the study of Albanian grammar, Newmark, Hubbard, and Prifti have observed that the "study of Albanian grammar has a tradition of 350 years" and includes the work by Bardhi (1606–43), Bogdani (1600–1685), and Katalanos (1637–94), among others.[5]

Albanian is divided into two major dialects: Gheg, spoken north of the river Shkumbini, and Tosk, spoken south of it. The differences between these two dialects are mainly phonological, though some morphological, syntactic, and lexical differences are also evident. Typical characteristics of Gheg are distinctive vowel length and nasal vowels. Gheg speakers preserve *n*, while Tosk speakers have replaced *n* with *r*. Tosk speakers use diphthongs, while Gheg speakers have preserved the original monophthongs. There are a few morphological and syntactic differences between the two dialects as well. Gheg has a form equivalent to the infinitive using the preposition **me** + past participle, while Tosk uses the preposition **për** in a similar construction. The imperfect in Gheg is formed with the endings **-sha** and **-she**, while in Tosk it is formed with **-nja** and **-nje**. Tosk has borrowed many words from Greek, while Gheg has borrowed more extensively from Turkish and Slavic. The Albanian spoken in Italy and Greece suggests a Tosk origin, while that spoken in Serbia, Macedonia, and Kosovo reflects a Gheg origin.

The current conventions of using the Latin alphabet as well as a near phonetic system of writing were agreed upon in 1908, when a group of influential scholars met at the Congress of Manastir (now Bitola, in Macedonia). In 1916–17 the Literary Commission of Shkodër, Albania, ratified the necessity that the orthography should be as phonetic as possible and proposed that a national literary language be adopted. This literary language was to preserve the literary elements that all the dialects had in common while discarding at the same time the more stigmatized regional forms. The commission's proposal was that the dialect of Elbasan (a southern Gheg dialect and perhaps the closest to Tosk) be adopted. This proposal was adopted by the Educational Congress of Lushnje in 1920. However, the commission's efforts to create a unified orthography and a unified standard language did not succeed.

When the Communists took power in 1944, there was no standard form of the language that Albanians from all the regions would accept. However, over time, Tosk (the southern dialect) started to dominate and permeate writings in the political as well as in the cultural arena. In 1968, and in spite of the fact that they spoke the Gheg variety, members of the Konsulta Gjuhësore e Prishtinës (Linguistic Conference of Prishtina), which took place in Kosovo (then in the former Yugoslavia), officially adopted the "Standard Albanian" in use in Albania as their literary language as well.

In November 1972 the Kongresi i Drejtshkrimit të Gjuhës Shqipe (Congress of Albanian Orthography) took place in Tirana. In 1976, and under the auspices of the Academy of Science and the Institute of Language and Literature of the University of Tirana, the *Fjalori drejtshkrimor i gjuhës*

4. In L. Newmark, P. Hubbard, and O. Prifti, *Standard Albanian: A Reference Grammar for Students* (Stanford, Calif.: Stanford University Press, 1982), 3.

5. Ibid.

shqipe (Dictionary of Albanian Orthography) was published. This dictionary established the standard form and regulated the morphological and syntactic use of these words as well.

It must be pointed out that the Tosk elements prevail in Standard Albanian, although, in principle, Standard Albanian is neither Tosk nor Gheg but a mixture of the two dialects.

ABOUT THIS TEXTBOOK

This textbook is an introduction to Standard Albanian, although reference will be made to the Gheg and Tosk dialects when the dialectal forms differ drastically from the standard form. This textbook is accompanied by a CD that contains all the dialogues and readings. It is also accompanied by a workbook, *Discovering Albanian 1 Workbook*, in which additional grammar and vocabulary exercises can be found. This material is intended to be covered in sixty to eighty hours. We hope to supplement this textbook and workbook with two additional volumes, one dedicated to intermediate students and another dedicated to advanced students.

This first volume, entitled *Discovering Albanian 1 Textbook*, consists of eighteen lessons, including three review lessons.[6] Each lesson is centered on a communicative topic that the learner is likely to encounter if he or she travels to an Albanian-speaking country or community. These topics teach the basic functions and vocabulary necessary to achieve a level A2/B1 in the scale provided by the Common European Framework of Reference (CEFR).[7]

Each lesson has more or less the following structure:[8]

- Dialogue 1: grammar explanations, comprehension questions, grammar exercises
- Dialogue 2: grammar explanations, comprehension questions, grammar exercises
- Reading: comprehension questions

The dialogues are intended to introduce the grammatical structures as well as the vocabulary to be treated in each lesson. Brief grammatical explanations follow the introductory dialogue(s). Full translations have been provided for all the examples discussed in the grammar sections so that this book can also serve as a descriptive grammar of Standard Albanian for someone who does not wish to learn the language per se. Technical linguistic terms have been kept to a minimum, and where their introduction has been unavoidable, they have been duly explained. We follow both an inductive as well as a deductive method of introducing the grammar: sometimes the student is given the rule, other times he or she is asked and guided to "discover" the rule. There is a constant review of the structures. An ample cross-reference system throughout the text allows the student to compare and expand structures.

Exercises follow the grammar explanations. These exercises are divided into two categories. First, there are exercises that test the student's comprehension of the introductory dialogues. In these exercises the student is asked to *recognize* and *mimic* the structures and the vocabulary being

6. This volume basically concentrates on the internal structure of the noun phrase, the system of case, and the most basic tenses and moods needed for communication: the present indicative, the present subjunctive, the imperative, the simple past, the imperfect indicative, and the imperfect subjunctive. Volume 2 will expand some of these issues in more depth and will finish the description of the complex verbal system of Albanian.

7. See http://www.coe.int/T/DG4/Linguistic/Source/Framework_EN.pdf.

8. Some lessons may contain an extra reading instead of a dialogue. The format for the grammar and exercises, however, remains the same.

taught while answering questions about the dialogues and readings. Second, there are exercises that allow the student to actively *practice* and *generate* the different grammatical points and vocabulary items. These exercises are carefully graded, starting with mechanical exercises and ending with more generative and productive exercises at the end of each section. Additional exercises to practice and master the structures can be found in the accompanying workbook. The vocabulary from previous lessons is also systematically reviewed in later lessons. An appendix with solutions to the more mechanical exercises is provided at the end of both the textbook and the workbook.

All chapters end with a reading related to the topic under discussion. The reading is followed by comprehension exercises in which the grammar that has been introduced in the lesson is actively practiced. From Lesson 6 on, a crossword puzzle closes each lesson in the workbook. Students are highly encouraged to try solving these crosswords (solutions are given in the workbook), which include the active grammar and vocabulary from the current and previous lessons. Most lessons in the textbook end with a "cultural note" that discusses issues raised in the lesson as they relate to Albania or Kosovo. These cultural notes also discuss some basic differences between Standard Albanian and the northern and southern dialects.

The textbook includes appendixes with charts of the most important constructions or forms presented in this volume. There is also an appendix with the answers to selected exercises and a grammatical index. The book ends with a vocabulary list of the words and expressions used in this book. For reasons of space, we have not included an English–Albanian lexicon. For a bidirectional Albanian–English, English–Albanian dictionary, we refer the student to Ramazan Hysa's *Albanian, Standard Dictionary* (Hippocrene Books, 2003). For a very good English–Albanian dictionary, we recommend Pavli Qesku's *Fjalor Anglisht–Shqip* (Botime EDFA, 2007), and for Albanian–English, Leonard Newmark's *Albanian–English Dictionary* (Oxford University Press, 1999). There are also some good sources online that you can access to help you with your translation exercises, both from English to Albanian and from Albanian to English: translate.google.com and www.argjiro.net/fjalor. For an excellent reference book for verb forms, we recommend Rozeta Stefanllari and Bruce Hintz's *541 Albanian Verbs* (BookSurge, 2008).

ACKNOWLEDGMENTS

These materials were tested at Arizona State University's Critical Languages Institute (CLI) during the summers of 2008, 2009, and 2010 as well as at the University of Tirana during the Faculty of History and Philology's Albanian summer course. We would like to thank CLI's director, Dr. Steven Batalden, for letting us test these materials and for his continuing support for the Albanian language (along with many other less-studied languages) at CLI. We would also like to thank the students who participated in those classes and helped us make these two books more user-friendly. Special thanks to Yujun Mei for her thorough comments and suggestions on a previous version of this work. We are grateful to Lori Amy, Michael Kosse, Cynthia Lujan-Jenkins, Kimberly Kalaja, Jonathan Deaton, Tyson Sadler, Loren Paschke, Michael Mcintyre, Marco Purpura, Zachary Yentzer, and Kay K. New Win as well as to Ellen Johnson, Robert Laws, Charles Nagle, and Ariel Zachman from Georgetown University, all of whom helped with different aspects of the production of these volumes. We are deeply grateful to Violeta Librazhdi and Danko Sipka for their professional comments, suggestions, and support.

Finally, our gratitude to Gwen Walker, all the production staff at the University of Wisconsin Press, and two anonymous reviewers for their encouragement and constructive suggestions to improve our presentation. The mistakes in the text remain, of course, only ours.

Discovering Albanian 1 Textbook

Albania

Kosovo

INTRODUCTION

THE ALBANIAN ALPHABET

A a	B b	C c	Ç ç	D d	Dh dh	E e	Ë ë	F f	G g	Gj gj	H h
I i	J j	K k	L l	Ll ll	M m	N n	Nj nj	O o	P p	Q q	R r
Rr rr	S s	Sh sh	T t	Th th	U u	V v	X x	Xh xh	Y y	Z z	Zh zh

THE PRONUNCIATION OF ALBANIAN LETTERS

Vowels

Letter	Pronunciation	Approximate English Equivalent
a	[a]	f**a**ther
e	[e]	p**e**st
ë	[ə]	**a**round; not pronounced at the end of a word
i	[i]	el**i**te
o	[o]	m**o**re
u	[u]	r**oo**f
y	[ü]	vac**uu**m, French t**u**

Consonants

Letter	Read As	Pronunciation	English Equivalent
b	bë	[b]	**b**oy
c	cë	[ts]	pan**ts**
ç	çë	[ʧ]	**ch**ild
d	dë	[d]	**d**ay
dh	dhë	[δ]	**th**ey
f	fë	[f]	**f**ine
g	gë	[g]	**g**o
gj	gjë	[ʤ']	**g**ene[1]
h	hë	[h]	**h**ot
j	jë	[y]	**y**acht
k	kë	[k]	s**c**ooter
l	lë	[l]	**l**ight
ll	llë	[ɫ]	bu**ll**
m	më	[m]	**m**any

1. Pronounce like the **g** in gene, but with the tongue retracted toward the palate.

n	në	[n]	**n**othing
nj	një	[ɲ]	ca**ny**on
p	pë	[p]	s**p**ot
q	që	[ʧ']	**ch**in[2]
r	rë	[ɾ, r]	ci**t**y (when pronounced as a flap; Spanish pe**r**o)
rr	rrë	[ɹ]	Spanish pe**rr**o
s	së	[s]	**s**un
sh	shë	[ʃ]	**sh**ow
t	të	[t]	s**t**op
th	thë	[⊙]	**th**ought
v	vë	[v]	**v**ow
x	xë	[ʣ]	a**ds**
xh	xhë	[ʤ]	**j**ar
z	zë	[z]	**z**one
zh	zhë	[ʒ]	vi**s**ion

THE ALPHABET AND SOME COMMON ALBANIAN NAMES

	Females	**Males**
A	Albana	Arbër
B	Bora	Bledi
C	Cuca	Cemtar
Ç	Çiljeta	Çlirim
D	Donika	Dardan
Dh	Dhurata	Dhurim
E	Era	Ermal
Ë	Ëngjëllushe	Ëngjëll
F	Fatbardha	Fisnik
G	Genta	Gëzim
Gj	Gjenovefa[3]	Gjergj
H	Hotiana	Hekuran
I	Ilira	Indrit
J	Jona	Jetmir
K	Klesta	Kreshnik
L	Linda	Lekë
Ll	Llamburi	Llesh
M	Mimoza	Mentor
N	Nevila	Neritan
Nj	Njomza	Njomzak
O	Olta	Oltion
P	Pranvera	Plarent
Q	Qetim	Qershina
R	Rozafa	Redon

2. Pronounce like the **ch** in chin, but with the tongue retracted toward the palate.
3. Originally not an Albanian name.

Rr	Rrezarta	Rron
S	Sidita	Saimir
Sh	Shpresa	Shkëlzen
T	Teuta	Taulant
Th	Thëllëza	Thanor
U	Ulpiana	Urim
V	Vesa	Vullnet
X	Xixa	Xixëllim
Xh	Xhina[4]	Xhevahir[5]
Y	Yllka	Ylli
Z	Zana	Zamir
Zh	Zhuljeta	Zhani[6]

4. Originally not an Albanian name.
5. Originally not an Albanian name.
6. Originally not an Albanian name.

MËSIMI 1

Prezantimi dhe përshëndetjet

Introductions and greetings

In this lesson you will learn:

- the basic greetings in Albanian
- the numbers from 1 to 12
- how to tell time (part 1)

You will learn the following grammatical points:

- the subject pronouns
- the verb **jam** 'to be' in the present indicative
- affirmative, negative, and interrogative sentences with the verb **jam** 'to be'

DIALOGU 1.1: PREZANTIMI

A.

Iliri: Mirëmëngjes! Unë jam Iliri. Kush je ti?
Teuta: Unë jam Teuta.

B.

Iliri: Mirëmëngjes! Unë jam Iliri. Kush jeni ju?
Teuta: Unë jam Teuta.

C.

Albana: Mirëdita! Unë quhem Albana. Si quhesh ti?
Arjani: Unë quhem Arjan. Po ai, si quhet?
Adi: Ai quhet Adi.

D.

Iliri: Mirëmbrëma, Teuta! Si je?
Teuta: Mirë, faleminderit. Po ti?
Iliri: Çka.

E.

Brizi: Mirëmbrëma, Eanda! Si është Trimi?
Eanda: Mirë, faleminderit. Po Vesa, si është?
Brizi: Shumë mirë.

F.

Bora: Mirëmbrëma, Bledi!
Bledi: Mirëmbrëma, Bora!
Bora: Si janë Iliri dhe Teuta?
Bledi: Iliri dhe Teuta janë shumë mirë. Po ju, si jeni?
Bora: Ne jemi shumë mirë. Po Doruntina dhe Vesa, si janë?
Bledi: Shumë mirë.
Bora: Mirupafshim!
Bledi: Mirupafshim, Bora!

FJALOR[1]

ai	he
ai qúhet	he is called (his name is)
çka	so-so
Dítën e mírë!	Good-bye! (lit., [Have] a good day!)
është	he, she is
Falemindérit!	Thank you!
jam	(I) am
jánë	(they) are
je ti?	are you?
jéni	(you) are
jéni ju?	are you?
ju	you (formal sing., formal/ informal pl.)
ju jéni	you are
keq	bad
kush	who
mírë	well
Mirëdíta!	Good afternoon!
Mirëmbrëma!	Good evening!
Mirëmëngjés!	Good morning!
Mirupáfshim!	Good-bye!
Nátën e mírë!	Good night!
përshëndétje	greetings
po	and (in questions)
prezantím	introduction
si	how
Si qúheni ju?	What is your name? (lit., How are you called? [formal sing.])
shúmë	very
shúmë mírë	very well
ti je	you are (informal sing.)
ti qúhesh	you are called (your name is)
únë	I
unë jám	I am
unë qúhem	I am called (my name is)

GRAMATIKË

§1 Subject pronouns in Albanian

The subject pronouns are:

Singular		Plural	
unë	I	**ne**	we
ti	you (informal)	**ju**	you (informal)

1. Albanian does not use accent marks to indicate stress. We have bolded and written an accent mark on the stressed syllable in all vocabulary lists so that you know where to stress the new words.

ju	you (formal)	**ju**	you (formal)
ai	he	**ata**	they (masc.)
ajo	she	**ato**	they (fem.)

Notice some important differences from English:

- In the singular, the second-person pronoun (you) is distinguished for formality. **Ti** is the informal form (equivalent to the French *tu*), while **ju** is the formal form (equivalent to the French *vous*). In the plural form only **ju** is used, and it can be either informal or formal (again, equivalent to the French *vous*). Following tradition, we will always list **ju** as a plural form.
- There is no equivalent pronoun for the English 'it'. All nouns will be either masculine or feminine, and the pronouns **ai** and **ajo**, respectively, can be used in place of the nouns. Remember, however, that pronouns are used mostly for emphasis. As a general rule, avoid the pronoun, since the verbal form clearly indicates the person.
- **Ato** is used when referring to a group of women exclusively. **Ata** can refer either to an exclusive group of men or to a mixed group of men and women.

Kush janë **ata**?	Who are they?
Ata janë Agroni dhe Sokoli.	They are Agroni and Sokoli.
Ata janë Agroni dhe Teuta.	They are Agroni and Teuta.
Kush janë **ato**?	Who are they?
Ato janë Bora dhe Albana.	They are Bora and Albana.

- The third-person pronouns **ai**, **ajo**, **ata**, and **ato** can also be used as demonstrative adjectives or pronouns equivalent to English 'that' or 'those' (see §21). Thus, the following example is ambiguous:

Ata janë Agroni dhe Sokoli.	**They** are Agroni and Sokoli.
	Those are Agroni and Sokoli.

- The pronoun **kush** 'who' is typically used with the verb conjugated in the third-person singular (as in English; cf. "Who **speaks** Albanian?"). Lately, however, and most often with the verb 'to be', as in the examples below, it is used with the verb conjugated in the third-person plural if we know that the answer will be more than one person:

Kush **është** ajo?	Who is she?
Ajo **është** Vesa.	She is Vesa.
Kush **janë** ato?	Who are they?
Ato **janë** Vesa dhe Bora.	They are Vesa and Bora.

§2 The verb **jam** 'to be' in the present indicative

These are the forms of the verb **jam** 'to be' in the present indicative:

unë jam	I am	**ne jemi**	we are
ti je	you are	**ju jeni**	you are
ai është	he is	**ata janë**	they are (masc.)
ajo është	she is	**ato janë**	they are (fem.)

In Standard Albanian there is no infinitive; thus, the form of the first-person singular in the present indicative (**jam** in our example) is the form used to refer to the verb or the form found in dictionaries.[2]

§3 The numbers from 0 to 12

0	zero
1	një
2	dy
3	tre/tri
4	katër
5	pesë
6	gjashtë
7	shtatë
8	tetë
9	nëntë
10	dhjetë
11	njëmbëdhjetë
12	dymbëdhjetë

Notice that the number 3 has two forms, **tre** and **tri**. **Tre** is used with masculine nouns, while **tri** is used with feminine nouns. To form the numbers 11 and 12, simply add **-mbëdhjetë** (lit., on ten) to the basic unit.

§4 Telling time (part 1)

Sa është ora?	What time is it?
Ora është katër.	It's four o'clock.

1:00	Ora është një.	It's one o'clock.
2:00	Ora është dy.	It's two o'clock.
3:00	Ora është tre.	It's three o'clock.
8:00	Ora është tetë.	It's eight o'clock.
9:00	Ora është nëntë.	It's nine o'clock.
12:00	Ora është dymbëdhjetë.	It's twelve o'clock.

Notice that when you say "Ora është dy" (It's two o'clock), you are literally saying "The hour is two."

2. Albanian has two major dialects: the northern dialect (called Gheg) and the southern dialect (called Tosk). In Gheg, verbs do have an infinitival form, which is the form listed in dictionaries. The infinitival form of the verb 'to be' is **me qen(ë)/me ken(ë)/me kan**, depending on the region.

USHTRIMI 1.1

Complete the following sentences with the appropriate subject pronoun. Remember that proper names that end in **-i** are typically masculine, while proper names that end in **-a** are typically feminine.

1. ____________ jam Sokoli. __________ je Albana.
2. ____________ jemi mirë.
3. ____________ jeni mirë. __________ jam shumë mirë.
4. ____________ është Albana, __________ është Sokoli.
5. ____________ janë Albana dhe Agroni.
6. ____________ janë Albana dhe Teuta.
7. ____________ janë Sokoli dhe Agroni.

USHTRIMI 1.2

Complete the following sentences with the appropriate form of the verb **jam** in the present indicative.

1. Unë __________ Gëzimi.
2. Ju ___________ mirë, ne __________ keq.
3. Gëzimi dhe Iliri _________ shumë mirë.
4. Mirëmëngjes! Unë _____ Iliri. Po ti, kush ______? Unë _______ Teuta.
5. Ai ___________ Arjani.
6. Iliri dhe unë ____________ mirë.
7. Albana dhe Vesa ______________ keq.
8. Ajo dhe ai ____________ shumë mirë.
9. Ata ______ mirë.
10. Ajo ______ Albana dhe ai ______ Sokoli.

USHTRIMI 1.3

Introduce yourself to a classmate and inquire how he or she is. Do this exercise in a formal style first and then in an informal style.

USHTRIMI 1.4

Tell the time.

8:00 Ora është tetë.

1. 7:00	5. 12:00	9. 2:00
2. 10:00	6. 5:00	10. 4:00
3. 9:00	7. 3:00	11. 6:00
4. 11:00	8. 1:00	12. 8:00

USHTRIMI 1.5

Read these numbers as fast as possible. Read them forward and backward.

1 3 5 7 9 11 2 4 6 8 10 5 7 6 9 10 12 9 4 2 12 1 5 7 9 10 9 8 7

DIALOGU 1.2: PËRSHËNDETJE

D.

Zonja Lira: Mirëmëngjes, zoti Agim! Si jeni?
Zoti Agim: Mirë, faleminderit! Po ju, si jeni zonja Lira?
Zonja Lira: Shumë mirë. Mirupafshim, zoti Agim!
Zoti Agim: Mirupafshim!

E.

Zonja Besa: Mirëdita, zoti Dritan!
Zoti Dritan: Mirëdita, zonja Besa!
Zonja Besa: Si jeni me shëndet?
Zoti Dritan: Mirë, faleminderit. Po ju?
Zonja Besa: Mirë, në përgjithësi. Ditën e mirë!
Zoti Dritan: Ditën e mirë!

F.

Beni: Mirëmbrëma! Si je Idlir?
Idliri: Jo keq. Po ti?
Beni: Mirë. Natën e mirë, Idlir!
Idliri: Natën e mirë!

FJALOR

dítë	day
Dítën e mírë!	Good-bye! (lit., Have a good day!)
dhe	and
jo	no, not
jó kéq	not bad
me shëndét	with health
Mirupáfshim!	Good-bye!
nátë	night
Nátën e mírë!	Good night! (lit., Have a good night!)
në përgjithësí	in general
përshëndétje	greetings
Po tí?	And you? (informal)
si	how
Si jé?	How are you? (informal)
Si jéni?	How are you? (formal)
Si jéni me shëndét?	How are you? (lit., How are you with your health?)
shëndét	health
shúmë	very
Shúmë mírë!	Very well!
ti	you (informal)
ti jé	you are (informal)
zónja	Miss or Mrs.
zóti	Mr.

§5 Negative and interrogative sentences

Look at the following examples and then answer the questions below:

Declarative sentence:

Ju jeni Agimi.	You are Agimi.

Negative sentence:

Ju **nuk** jeni Agimi.	You are not Agimi.
Ju **s'**jeni Agimi.	

Interrogative sentence:

Jeni ju Agimi?	Are you Agimi?
A jeni ju Agimi?	

What are the two ways to form a negative sentence?

____

What are the two ways to form an interrogative sentence?

____

- As we can see in the examples above, a negative sentence is made by adding **nuk** or **s'** in front of the verb. There is no difference between **nuk** and **s'**.
- An interrogative sentence is made by inverting the subject and the verb. You can also use the interrogative particle **a** in front of the inverted verb. There is no difference in meaning between the two interrogative sentences above.
- To answer a question, you can use **po** 'yes' or **jo** 'no':

Jeni ju Drita?	Are you Drita?
Po, unë jam Drita.	Yes, I am Drita.
Jeni ju Agimi?	Are you Agimi?
Jo, unë **nuk** jam Agimi. Unë jam Genci.	No, I'm not Agimi. I'm Genci.
Jo, unë **s'**jam Agimi. Unë jam Genci.	No, I'm not Agimi. I'm Genci.

- To answer a question affirmatively, use **po** 'yes'.
- To answer a question negatively, use **jo** 'no'.
- **Po** is also used to introduce the topic of a question. The closest English equivalent to this use is 'and'.

Unë jam mirë. **Po** ti?	I am well. And you?
Ne jemi mirë. **Po** ju, si jeni?	We are well. And you, how are you?

USHTRIMI 1.6

Follow the model and answer the questions affirmatively (indicated here as +) using the formal form **ju**. Remember that masculine names typically end in **-i**, while feminine names typically end in **-a**. Practice with a classmate.

Albani (+)	(A) jeni ju Albani?
	Po, unë jam Albani. Kush jeni ju?
	Unë jam __________.

1. Drini (+)
2. Genta (+)
3. Iliri (+)
4. Arbri (+)
5. Vesa (+)
6. Edoni (+)
7. Besmiri (+)
8. Entela (+)
9. Kaltrina (+)
10. Ermali (+)

USHTRIMI 1.7

Do Ushtrimi 1.6 again, but now use the informal form **ti**, as in the example:

Albani (+)	(A) je ti Albani?
	Po, unë jam Albani. Kush je ti?
	Unë jam __________.

USHTRIMI 1.8

Follow the model and answer the questions negatively (indicated here as –). Practice with a classmate.

Albani (–), Arbi (+)		(A) është ai Albani?
		Jo, ai nuk është Albani. Ai është Arbi.
	or	Jo, ai s'është Albani. Ai është Arbi.
Eva (–), Edlira (+)		(A) është ajo Eva?
		Jo, ajo nuk është Eva. Ajo është Edlira.
	or	Jo, ajo s'është Eva. Ajo është Edlira.

1. Drini (–), Brizi (+)
2. Drita (–), Persida (+)
3. Dhurata (–), Manjola (+)
4. Kastrioti (–), Shpëtimi (+)
5. Genci (–), Mondi (+)

USHTRIMI 1.9

Follow the model and answer the questions negatively (indicated here as –). Practice with a classmate.

Albani dhe Arbi (–), Ervini dhe Iliri (+)	(A) janë ata Albani dhe Arbi? Jo, ata nuk janë Albani dhe Arbi. Ata janë Ervini dhe Iliri.
Lura dhe Bardha (–), Ilda dhe Arlinda (+)	(A) janë ato Lura dhe Bardha? Jo, ato s'janë Lura dhe Bardha. Ato janë Ilda dhe Arlinda.

1. Artani dhe Beni (–), Edi dhe Arditi (+)
2. Qëndresa dhe Lirza (–), Flaka dhe Kaltrina (+)
3. Liridoni dhe Trimi (–), Amli dhe Kevini (+)
4. Manjola dhe Alma (–), Dhurata dhe Andra (+)
5. Lura dhe Jonida (–), Eni dhe Kristina (+)

USHTRIMI 1.10

Hold miniconversations with your classmates, as in the example. Pay attention to the proper pronunciation of the names.

Genci, 8:00	Mirëmëngjes, Genci! Mirëmëngjes __________. Genci, sa është ora? Ora është tetë.

1. 10:00, Çiljeta
2. 9:00, Erjon
3. 8:00, Agron
4. 12:00, Gëzim
5. 6:00, Jehona

INFORMACIONE KULTURORE

- The most common Albanian greetings are **mirëmëngjes** 'good morning', **mirëdita** 'good afternoon', and **mirëmbrëma** 'good evening'. In Shkodër (northwestern Albania) **nadja e mirë** is also used for 'good morning'. In Gheg-speaking populations, **mirëmëngjes** is pronounced like **mirmjes**. In northern Albania and in Kosovo, **mirëmbrëma** is pronounced **mirmrama**, and in central Albania, it is pronounced **mirmroma**. The word **natën** alone is often used for **natën e mirë**.
- **Tungjatjeta** (lit., May your life become longer!) used to be a common equivalent to English 'hello'. Nowadays this form is used only sporadically. However, its short form, **tung**, has be-

Tirana (photo: Afërdita Koçi)

come common for 'good-bye', especially in Kosovo. In Albanian-speaking populations in Macedonia, **tung** is also used for 'hello'.

- Another common greeting that Albanians use when they greet one another informally is **Ç'kemi** (or in popular speech among young people, **Ç'kena?**), which is the equivalent of the English "What's up?" (lit., What do we have?). In Kosovo, **Ç'ka bone?** is used instead.
- **Çao**, an adaptation of the Italian *ciao*, is an informal farewell greeting, and it is especially popular among young people.
- Another word that is used for 'Mr.' both in Standard Albanian and in Tosk is **zotëri**. In Gheg, **zotni** is used instead.
- **Zonjushë** is the equivalent for English 'Miss'. In Gheg, this is often pronounced **zojushë**.[3]
- **Zonjë** 'Mrs.' was used to refer to the marital status of a woman (married, single). Nowadays, however, it is used also to address a woman who does not look young or to show respect. **Zonjë**, especially in Gheg-speaking populations, is often pronounced **zoj**.
- During the Communist period **zoti**, **zonjë**, and **zonjushë** were not used. Instead, people addressed one another by using the word **shok** 'comrade' (masc.) and **shoqe** 'comrade' (fem.). Nowadays these words are used to mean 'friend'.
- Albanian-speaking people usually shake hands when greeting someone or when saying good-bye. When joining or leaving a group of people, they shake the hand of everyone present. The

3. Nowadays, a reduced form of **zojushë—zysh** is colloquially used to address female teachers: **zysh** Mira 'Teacher Mira'.

handshake is quick and relaxed. Albanian-speaking people also stand very close to each other when talking. Speakers of Albanian move their hands a great deal while talking.

- Use **ju** when you talk to someone you address using a title such as **zoti Agim**, **zonja Dea**.
- Use the informal **ti** when you refer to a person using his or her first name.
- Although **ju** is considered formal and **ti** informal, the use of **ti** for both situations is becoming more common among Albanians.
- **Faleminderit** 'thank you' has two forms: **falemnderit** and **faleminderit**. Both of them are used interchangeably.
- **Rrofsh!** (lit., May you live!) is also used for thank you.

MËSIMI 2

Nga jeni? Ç'gjuhë flisni?

Where are you from? What language do you speak?

In this lesson you will learn to say:

- where you are from
- what language(s) you speak
- what time it is
- the names of different countries, nationalities, and languages

You will learn the following grammatical points:

- the verb **flas** 'to speak' in the present indicative
- agreement between noun and adjective
- the definite and indefinite forms of the names of countries
- the use of **nga** + the nominative definite form

DIALOGU 2.1: NGA JENI?

Drini: Zonja Paola, nga jeni ju?
Zonja Paola: Unë jam nga Italia. Unë jam italiane.
Drini: Po ju, nga jeni, zoti Pjer?
Zoti Pjer: Unë jam nga Franca. Unë jam francez.
Drini: Çfarë gjuhe flisni ju, zonja Paola?[1]
Zonja Paola: Unë flas italisht.
Drini: Po ju, zoti Pjer?
Zoti Pjer: Unë flas frëngjisht.
Zonja Paola: Po ju, Drini, nga jeni?
Drini: Unë jam nga Shqipëria. Jam shqiptar dhe flas shqip.
Zoti Pjer: A flisni ju frëngjisht?
Drini: Jo, unë nuk flas frëngjisht, por flas pak anglisht.

1. Notice that in the title we used the form **Ç'gjuhë,** while in the dialogue we used the form **çfarë gjuhe** to mean 'what language'. Both constructions can be used interchangeably. As we will learn later, **ç'** is used with the object case, while **çfarë** is used with the ablative case, hence the different forms **gjuhë** and **gjuhe,** respectively.

FJALOR

In this lesson you will learn that nouns have an indefinite as well as a definite form. We will list both forms in that order here. We will also list adjectives in their masculine and feminine singular forms.

a	interrogative particle
ç'	what
çf**á**rë	what
çf**á**rë gj**ú**he	what language
ç'gj**ú**hë	what language
flas	(I) speak
fl**í**sni	(you) speak
Fr**á**nc/ë, -a	France
franc**é**z, -e	French (masc., fem.) (nationality)
frëngj**í**sht	French (language)
gj**ú**hë	language
Ital**í**, -a	Italy
itali**á**n, -e	Italian (masc., fem.) (nationality)
ital**í**sht	Italian (language)
nga	from, from where
Nga j**é**ni j**ú**?	Where are you from?
pak	a little
por	but
shqip	Albanian (language)
Shqipër**í**, -a	Albania
shqipt**á**r, -e	Albanian (masc., fem.) (nationality)

GRAMATIKË

§6 The six classes of verbs and the verb **flas** 'to speak' in the present indicative

In Standard Albanian there is no infinitive. Verbs are classified according to the form that the first person singular (**unë**) takes. There are six classes of verbs:

- Class 1: verbs that end in **-j** (**mësoj** 'to learn')
- Class 2: verbs that end in a consonant (**hap** 'to open')
- Class 3: verbs that end in a vowel (**ha** 'to eat')
- Class 4: a few verbs that end in **-i** (**hipi** 'to get on')
- Class 5: irregular verbs (**jap** 'to give')
- Class 6: verbs that end in **-(h)em** (**quhem** 'to be called')

In this section we will start with the verb **flas**, which, as we will see later, is a subtype of class 2:

unë fl**a**s	I speak	ne fl**a**sim	we speak
ti fl**e**t	you speak	ju fl**i**sni	you speak
ai fl**e**t	he speaks	ata fl**a**sin	they speak (masc.)
ajo fl**e**t	she speaks	ato fl**a**sin	they speak (fem.)

- Notice the three vowels that appear in this conjugation: **-a-** with **unë, ne,** and **ata/ato; -e-** with **ti** and **ai/ajo;** and finally **-i-** with **ju.**
- In §5 you learned how to make a simple question (i.e., a question that you can answer with 'yes' or 'no') for the verb **jam** 'to be'. Unlike what we observe in English, all verbs follow the same pattern as **jam** in Albanian:

Declarative sentence:	Ti flet anglisht.	You speak English.
Interrogative sentence:	**Flet ti** anglisht?	Do you speak English?

- You can also use the interrogative particle **a** in front of the inverted verb:

Flet ti anglisht?	Do you speak English?
A flet ti anglisht?	

- It is also possible to make a question using the word order of a declarative sentence and raising the voice at the end of the sentence. Thus, the following three sentences are equivalent ways of asking a question in Albanian:

Flet ti anglisht?	Do you speak English?
A flet ti anglisht?	
Ti flet anglisht?	

- To answer a question affirmatively, use the particle **po** 'yes':

Flet ti anglisht?	Do you speak English?
Po, unë flas anglisht.	Yes, I speak English.

- To answer negatively, use the particle **jo** 'no' and have **nuk** or **s'** 'not' precede the verb (see also §5):

Flet ti anglisht?	Do you speak English?
Jo, unë **nuk** flas anglisht.	No, I don't speak English.
Jo, unë **s'**flas anglisht.	

- Notice the position of the adverb **pak** 'a little' in the following sentence:

Unë flas **pak** shqip.	I speak a little Albanian.

- Finally, observe that while names of countries are capitalized, as in English, names of languages and nationalities are not:

	Country	Language	Nationality
Albania	Shqipëria	shqip	shqiptar, -e
England	Anglia	anglisht	anglez, -e
France	Franca	frëngjisht	francez, -e
Italy	Italia	italisht	italian, -e

USHTRIMI 2.1

Indicate whether the following statements are true (T) or false (F) based on Dialogu 2.1. If the sentence is false, briefly explain why (in Albanian!).

1. ______ Zonja Paola është nga Italia.
2. ______ Zoti Pjer është italian.
3. ______ Zonja Paola flet frëngjisht.

4. _______ Zoti Pjer nuk flet italisht.
5. _______ Zonja Paola është nga Franca.
6. _______ Drini është shqiptar.
7. _______ Drini flet shqip.
8. _______ Drini nuk flet anglisht.

USHTRIMI 2.2

Answer the following questions based on Dialogu 2.1. Don't use a subject in your answer unless you are being asked a question with **kush** 'who'.

1. Nga është zonja Paola?
   ____
2. Çfarë gjuhe flet zonja Paola?
   ____
3. Është zonja Paola nga Franca?
   ____
4. A është Drini nga Italia?
   ____
5. Çfarë gjuhe flet Drini?
   ____
6. Është Drini francez?
   ____
7. Kush është shqiptar?
   ____
8. Kush flet italisht?
   ____
9. Kush flet shqip?
   ____
10. Zoti Pjer është nga Franca?
   ____

USHTRIMI 2.3

Complete the following sentences according to Dialogu 2.1 using the following words.

Italia	Franca	Shqipëria	italisht	frëngjisht	anglisht	shqip
italian	italiane	francez	franceze	shqiptar	shqiptare	

1. Zonja Paola është nga ____________________.
2. Zonja Paola flet ____________________.
3. Zoti Pjer është nga ____________________.
4. Zoti Pjer flet ____________________.

5. Drini është nga ______________________.
6. Drini flet ______________________.
7. Drini nuk flet ______________________.
8. Drini është ______________________.
9. Zonja Paola është ______________________.
10. Zoti Pjer është ______________________.

GRAMATIKË

§7 Countries, nationalities, and languages

In Dialogu 2.1 we encountered the following countries, nationalities, and languages:

Shtet (Country)	Kombësi (Nationality)	Gjuhë (Language)	English Name
Itali	italian/e	italisht	(Italy)
Francë	francez/e	frëngjisht	(France)
Shqipëri	shqiptar/e	shqip	(Albania)

In Ushtrimi 2.3 you formed the following sentences:

Zonja Paola është **italiane**.	(Mrs.) Paola is Italian.
Zoti Pjer është **francez**.	(Mr.) Pierre is French.
Drini është s**hqiptar**.	Drini is Albanian.

- Paola is a feminine noun; therefore, the adjective of nationality must appear in the feminine form. Zoti Pjer and Drini are masculine names, so the adjective of nationality must appear in the masculine form. This phenomenon, where the noun and the adjective must bear the same gender (masculine or feminine) as well as the same number (singular or plural), is called *agreement*.
- To form the feminine form from a masculine adjective of nationality, simply add **-e** to the masculine form of the adjective:[2]

Masculine Form	Feminine Form
italian	italian**e**
francez	francez**e**
shqiptar	shqiptar**e**

§8 Basic cases in Albanian; **nga** 'from' to express origin and the nominative definite form of countries

Albanian, unlike English, is highly inflected for case. Cases are endings added to nouns to indicate or mark a particular function of that noun in a sentence. There are five cases in Albanian:

2. There are two classes of adjectives in Albanian. Class 1 is the class like adjectives of nationality. These adjectives do not need any extra element to modify a noun apart from agreement in gender and number. We will study adjectives that belong to Class 2 in §31. These adjectives require the presence of a linking article (typically **i, e, së,** or **të**) to be able to modify a noun. The following examples show the two classes of adjectives in Albanian:

Class 1: Zonja Paola është **italiane.**	(Mrs.) Paola is Italian.
Class 2: Zonja Paola është **e sëmurë.**	(Mrs.) Paola is sick.

- **nominative** (typically used with subjects and a couple of prepositions)
- **accusative** (typically used with direct objects and some prepositions)
- **dative** (typically used with indirect objects)
- **genitive** (typically used to indicate possession but also used with some prepositions)
- **ablative** (typically used with some temporal and locative prepositions)

Since the definite article follows the noun in Albanian, definite and indefinite nouns will have different endings in the different cases. (This may sound overwhelming, but we will study these different cases one by one, so there is no need to worry about them right now.)

You have already encountered the following sentences expressing country of origin:

Zonja Paola është **nga Italia**.	(Mrs.) Paola is from Italy.
Zoti Pjer është **nga Franca**.	(Mr.) Pierre is from France.
Drini është **nga Shqipëria**.	Drini is from Albania.

In the previous section we observed that names of countries have two forms: **Itali, Italia; Francë, Franca; Shqipëri, Shqipëria.** The first form is the indefinite form, while the second form is the definite form. The feminine article **-a** is equivalent to our English 'the', so when you say **Shqipëria,** you are actually saying "the Albania." Notice that the definite article in Albanian follows the noun; thus, when you say **Shqipëria,** you are actually saying "Albania-the."

To express the country of origin we use the preposition **nga** 'from'. **Nga** requires the definite form of the country in the nominative case. As mentioned above, the nominative case is typically used to express subjects, but it is also used after a couple of prepositions, including **nga** (see also §18). Literally, **nga Italia** means "from the Italy." Notice also that since the definite article follows the noun in Albanian, when you say **nga Italia**, you are literally saying "from Italy-the."

To form the nominative definite form of a country, follow the following rules:

1. If the noun ends in **-ë**, change the **-ë** into **-a**:

Franc**ë**	Franc**a**

2. If the noun ends in a stressed **-i**, add **-a**:

Ital**i**	Itali**a**
Shqipër**i**	Shqipëri**a**

3. If the noun ends in a stressed vowel, except **-i**, add **-ja**:

Kanad**a**	Kanada**ja**
Eritr**e**	Eritre**ja**

4. If the noun ends in a consonant, add **-i**:

Brazi**l**	Brazil**i**
Egjip**t**	Egjipt**i**

5. If the noun ends in a **-k**, **-g**, **or -h**, add **-u**:

Irak	Irak**u**
Luksemburg	Luksemburg**u**
Nagorni Karabah	Nagorni Karabah**u**

In general, nouns that end in a vowel are considered feminine; those that end in a consonant are considered masculine. Thus, rules 1 through 3 apply to feminine nouns, while rule 4 applies to masculine nouns.

§9 Addressing someone by name

Compare the following sentences:

Agimi është nga Tirana.	Agim is from Tirana.
Nga je, **Agim**?	Where are you from, Agim?

In the first example, Agimi is the subject of the sentence. Subjects typically are expressed in the nominative case. Notice that with proper names, the nominative definite form of the proper name must be used when the name is used as a subject.

In the second example, we are addressing or talking to Agim. Notice that in this instance, we have used the indefinite form of the masculine noun.[3]

If a masculine name ends in **-i**, then the **-i** is kept both when addressing that person and when the name serves as a subject:

Ardi është nga Tirana.	Ardi is from Tirana.
Nga je, **Ardi**?	Where are you from, Ardi?

With feminine names, on the other hand, we use the definite form when we use the names as subjects or as address forms:

Paola është nga Italia.	Paola is from Italy.
Nga je, **Paola**?	Where are you from, Paola?

When we use the title **zoti** 'Mr.', we use the indefinite form of the name, unless the name ends in **-i**:

Zoti Agim, Zoti Arben	Mr. Agim, Mr. Arben
Zoti Ardi, Zoti Bledi	Mr. Ardi, Mr. Bledi

With the feminine title **zonja** 'Mrs.', we also use the indefinite form of the noun, unless the feminine name ends in **-a**:

Zonja Ingrid, Zonja Evis	Mrs. Ingrid, Mrs. Evis
Zonja Arta, Zonja Eda	Mrs. Arta, Mrs. Eda

With other titles, like **doktor(eshë)** 'doctor' and **mësues(e)** 'teacher', we always use the definite form of the name while we use the indefinite form of the title. Notice that in this instance there is no difference between masculine and feminine names:

Doktor Agimi, Doktor Ardi	Mësues Agimi, Mësues Bledi
Doktoreshë Ingridi, Doktoreshë Arta	Mësuese Evisi,[4] Mësuese Eda

3. Vocative case is typically the case used to address someone. Traditional grammars of Albanian, however, do not consider the vocative to be a separate case. This is due to the fact that the forms used are the same as the nominative (definite and indefinite) forms.

4. Notice that the definite forms for **Ingrid** and **Evis** are **Ingridi** and **Evisi,** respectively. Although they are feminine names, they are treated as masculine names because they both end in a consonant. We add **-i** to form the corresponding definite form.

USHTRIMI 2.4

Make sentences as in the example. Pay close attention to the way you form the definite form of the country and to the agreement with the adjective of nationality:

Amerikë, amerikan	**Ai** është **nga Amerika**; është **amerikan.**[5]
	Ajo është **nga Amerika**; është **amerikane**.

1. Shqipëri (Albania), shqiptar
2. Angli (England), anglez
3. Bullgari (Bulgaria), bullgar
4. Gjermani (Germany), gjerman
5. Kinë (China), kinez

USHTRIMI 2.5

Make sentences using the information given, as in the example:

Tom (male), Amerikë	Tomi është **nga Amerika**; (ai) është **amerikan**.
Maria (female), Spanjë	Maria është **nga Spanja**; (ajo) është **spanjolle**.

1. Ahmeti (male), Turqi ______________________
2. Gëzimi (male), Shqipëri ______________________
3. Ming (male), Kinë ______________________
4. Elena (female), Gjermani ______________________
5. Melita (female), Greqi ______________________

USHTRIMI 2.6

Make sentences using the information given in Ushtrimi 2.5, as in the example. Remember to use the correct form of the name, since you are talking to these people.

Tom (male), Amerikë	Tom/Tomi, nga je? Jam nga Amerika; jam amerikan.
Maria (female), Spanjë	Maria, nga je? Jam nga Spanja; jam spanjolle.

5. In the spoken language you can use **Amerikë;** however, in more formal language you should use **Shtetet e Bashkuara të Amerikës** (typically abbreviated as SHBA and pronounced as 'shëbëa'). In a more formal language, then, this example should be **Tomi është nga Shtetet e Bashkuara të Amerikës, ai është amerikan.**

USHTRIMI 2.7

On the next page there is a list of countries, nationalities, and languages. Make statements as in the example:

> Danieli është **nga Anglia**, është **anglez**. Ai flet **anglisht**.
> Maria është **nga Brazili**, është **braziliane**. Ajo flet **portugalisht**.

USHTRIMI 2.8

Using the list of countries, nationalities, and languages that follows, ask questions as in the example. Then have a classmate answer your question.

> Mohamedi është nga Egjipti. **Çfarë gjuhe flet ai?**
> Zoti Bacila flet rumanisht. **Nga është ai?**

Countries, Nationalities, and Languages

Shtet (Country)	Kombësi (Nationality)	Gjuhë (Language)	English Name
Angli	anglez/e	anglisht	England
Armeni	armen/e	armenisht	Armenia
Austri	austriak/e	gjermanisht	Austria
Brazil	brazilian/e	portugalisht	Brazil
Bullgari	bullgar/e	bullgarisht	Bulgaria
Çeki	çek/e	çekisht	Czech Republic
Danimarkë	danez/e	danisht	Denmark
Egjipt	egjiptian/e	arabisht	Egypt
Estoni	estonez/e	estonisht	Estonia
Finlandë	finlandez/e	finlandisht	Finland
Francë	francez/e	frëngjisht	France
Gjermani	gjerman/e	gjermanisht	Germany
Greqi	grek/e	greqisht	Greece
Holandë	holandez/e	holandisht	the Netherlands
Hungari	hungarez/e	hungarisht	Hungary
Irlandë	irlandez/e	irlandisht	Ireland
Itali	italian/e	italisht	Italy
Izrael	izraelit/e, hebre	hebraisht	Israel
Japoni	japonez/e	japonisht	Japan
Jordani	jordanez/e	arabisht	Jordan
Kanada	kanadez/e	anglisht/frëngjisht	Canada
Kinë	kinez/e	kinezisht	China
Kosovë	kosovar/e	shqip	Kosovo
Kroaci	kroat/e	kroatisht	Croatia
Letoni	letonez/e	letonisht	Latvia
Lituani	lituanez/e	lituanisht	Lithuania
Meksikë	meksikan/e	spanjisht	Mexico
Norvegji	norvegjez/e	norvegjisht	Norway

Countries, Nationalities, and Languages (continued)			
Shtet (Country)	Kombësi (Nationality)	Gjuhë (Language)	English Name
Poloni	polak/e	polonisht	Poland
Portugali	portugez/e	portugalisht	Portugal
Qipro	qipriot/e	greqisht/turqisht	Cyprus
Rumani	rumun/e	rumanisht	Romania
Rusi	rus/e	rusisht	Russia
Serbi	serb/e	serbisht	Serbia
Sllovaki	sllovak/e	sllovakisht	Slovakia
Slloveni	slloven/e	sllovenisht	Slovenia
Spanjë	spanjoll/e	spanjisht	Spain
Suedi	suedez/e	suedisht	Sweden
Shqipëri	shqiptar/e	shqip	Albania
Shtetet e Bashkuara të Amerikës	amerikan/e	anglisht	United States of America
Turqi	turk/e	turqisht	Turkey
Ukrainë	ukrainas/e	ukrainisht	Ukraine
Zvicër	zviceran/e	frëngjisht/gjermanisht /italisht/retorumanisht	Switzerland

DIALOGU 2.2: Ç'GJUHË FLISNI?

Paola: Si je Pjer?

Pjeri: Mirë, faleminderit. Po ti, Paola?

Paola: Mirë, në përgjithësi. Pjer, kush është ajo?

Pjeri: Ajo është Ava.

Paola: Përshëndetje, Ava. Nga jeni ju?

Ava: Jam nga Franca. Po ju?

Paola: Jam nga Italia. A flisni ju italisht?

Ava: Jo, nuk flas italisht. Unë flas frëngjisht dhe pak spanjisht, kurse Pjeri flet frëngjisht dhe pak gjermanisht. Po ju, flisni frëngjisht?

Paola: Flas pak. Po ti, Besa, a flet frëngjisht?

Besa: Edhe unë flas pak frëngjisht. Por flas shumë mirë shqip.

Ava: Pse flet shqip mirë?

Besa: Sepse jam shqiptare.

Ava: Më falni! Sa është ora tani?

Besa: Tani është ora katër e gjysmë.[6]

Paola: Jo, Besa. Tani ora nuk është katër e gjysmë, por katër e një çerek.[7]

Ava: Faleminderit! Mirupafshim!

Paola, Besa: Mirupafshim!

6. We could also say **katër e tridhjetë minuta** 'four and thirty minutes'.
7. We could also say **katër e pesëmbëdhjetë minuta** 'four and fifteen minutes'.

FJALOR

çer**é**k	quarter	Më f**á**lni!	Excuse me!
édhe	also	pak	little
edhe **ú**në	I also (me too)	pse	why
gj**ý**smë	half	s**é**pse	because
k**ú**rse	while, whereas	tan**í**	now

GRAMATIKË

§10 The numbers from 13 to 99

In the previous lesson we learned the numbers from 1 through 12. Do you remember how to say 11 and 12?

11 ____________________________
12 ____________________________

You see that we add **-mbëdhjetë** (lit., on ten) to the basic unit to form the numbers 11 and 12. Follow the same pattern for the numbers between 13 and 19.

To form units of ten, add **-dhjetë** to the basic unit. Notice that 20 and 40 are formed on **-zet**, an old measure indicating twenty units.

13	trembëdhjetë	30	tridhjetë
14	katërmbëdhjetë	40	dyzet[8]
15	pesëmbëdhjetë	50	pesëdhjetë
16	gjashtëmbëdhjetë	60	gjashtëdhjetë
17	shtatëmbëdhjetë	70	shtatëdhjetë
18	tetëmbëdhjetë	80	tetëdhjetë
19	nëntëmbëdhjetë	90	nëntëdhjetë
20	njëzet		

Use the conjunction **e** if you want to add units to the units of ten:

21 njëzet **e** një
35 tridhjetë e pesë
46 dyzet e gjashtë
57 pesëdhjetë e shtatë
68 gjashtëdhjetë e tetë
79 shtatëdhjetë e nëntë
81 tetëdhjetë e një
99 nëntëdhjetë e nëntë

8. In the Gheg dialect **katërdhjetë** is used.

§11 Telling time (part 2)

In Dialogu 2.2 you encountered the following times. Notice the words for 'quarter' (**një çerek**) and 'half' (**gjysmë**):

4:15	(Ora është) katër e **një çerek**.	It's a quarter after four.
4:30	(Ora është) katër e **gjysmë**.	It's four thirty.

- Use the conjunction **e** to express the minutes after the hour:

6:20	(Ora është) gjashtë **e** njëzet (minuta).	(It's) twenty (minutes) past six.
8:40	(Ora është) tetë **e** dyzet (minuta).	(It's) eight forty.
10:50	(Ora është) dhjetë **e** pesëdhjetë (minuta).	(It's) ten fifty.

- You can, optionally, use **minuta** 'minutes' after the number indicating the minutes.

- Use the conjunction **pa** to express minutes before the hour:

8:40	Është nëntë **pa** njëzet (minuta).	It's twenty (minutes) to nine.
9:45	Është dhjetë **pa** një çerek.	It's a quarter to ten.
7:35	Është tetë **pa** njëzet e pesë (minuta).	It's twenty-five to eight.

USHTRIMI 2.9

Complete the following chart based on the information in Dialogu 2.2. Under **nga** write the country these people are from; under **kombësi** write their nationality (pay attention to the agreement!). Under the different languages indicate whether they speak them (+) or not (–).

	nga	kombësi	italisht	frëngjisht	gjermanisht	shqip
Paola						
Pjer						
Ava						
Besa						

USHTRIMI 2.10

Indicate whether the following statements are true (T) or false (F) based on Dialogu 2.2. If a statement is false, briefly explain why (in Albanian!).

1. ____________ Ava është nga Italia.
2. ____________ Pjeri dhe Ava flasin italisht.
3. ____________ Pjeri dhe Ava janë nga Franca.
4. ____________ Paola flet italisht.
5. ____________ Ava dhe Pjeri flasin frëngjisht dhe gjermanisht.
6. ____________ Besa është nga Shqipëria.
7. ____________ Ora është katër e gjysmë tani.
8. ____________ Ora është katër e një çerek.

USHTRIMI 2.11

Read the following numbers as fast as you can.

10	23	35	39	48	59	67	79	88
12	20	29	30	40	42	22	96	87
25	22	40	44	65	74	89	98	76

USHTRIMI 2.12

Read the following times as fast as you can.

4:45 Ora është katër e dyzet e pesë.
Ora është pesë pa pesëmbëdhjetë.
Ora është pesë pa një çerek.

3:20	8:50	9:25	6:05
4:40	10:45	2:35	1:55
7:30	11:10	5:15	10:00

USHTRIMI 2.13

Complete the following sentences with the correct form of the verb **jam** or **flas**.

1. Drini dhe unë ______________ (flas) shqip. Ne ______________ (jam) nga Shqipëria.
2. A ____________ (flas) ju greqisht? Jo, ne nuk ________________ (flas) greqisht. Ne ____________ (flas) spanjisht dhe pak shqip.
3. A ______________ (jam) Pjeri dhe Ava nga Egjipti? Jo, nuk ______________ (jam) nga Egjipti. __________ (jam) nga Franca. Mohamedi _____________ (jam) nga Egjipti. Nga ____________ (jam) ti? Unë __________ (jam) nga Anglia.
4. Pse ________________ (flas) ju shqip? Ne _______________ (flas) shqip, sepse ____________ (jam) nga Shqipëria! Nga ___________ (jam) ju? Unë ________________ (jam) nga Suedia dhe ____________ (flas) suedisht.

INFORMACIONE KULTURORE

- On TV, in official meetings and activities, as well as in airline timetables, military time is used. Thus, **Ora është trembëdhjetë** would be the equivalent of "It's one o'clock in the afternoon."
- With military time **një çerek** and **e gjysmë** are not used. Instead, the full minutes are mentioned: **Ora është trembëdhjetë e tridhjetë (minuta)** "It's one thirty (p.m.)," or **Ora është trembëdhjetë e pesëmbëdhjetë (minuta)**, "It's one fifteen (p.m.)."

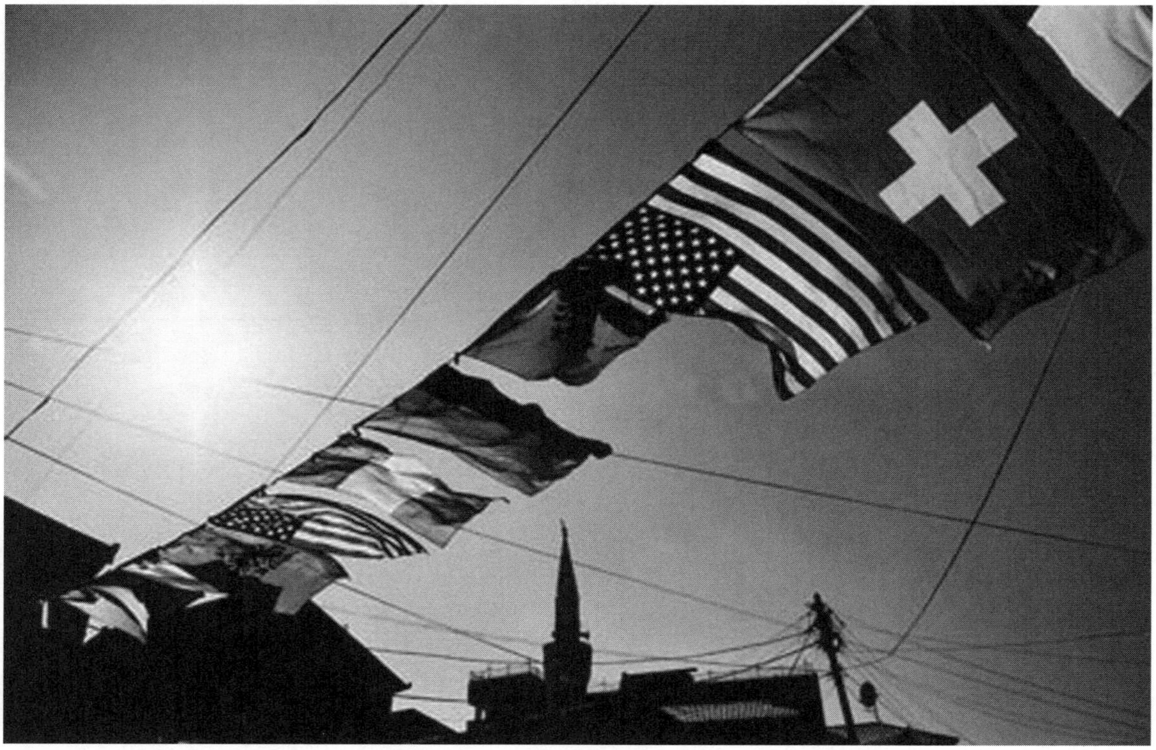

Prishtina, Kosovo, February 17, 2008. Flags of nations that have supported the independence of Kosovo. (photo: Bevis Fusha)

- In the spoken language **një çerek** is often pronounced just as **çerek**. Thus, you will hear **tetë e çerek** instead of **tetë e një çerek** for "a quarter after eight."
- In Kosovo time is told differently. Instead of using **Sa është ora?**, Kosovars say **Sa asht sahati?**[9] Also, **pesëmbëdhjetë** 'fifteen' is used instead of **një çerek.** Thus, instead of saying **Ora është pesë e një çerek**, they would say **Ora është pesë e pesëmbëdhjetë.**
- In Kosovo, to say the minutes lacking before the hour Kosovars use **edhe** (minutes) **në** (hour). Thus, instead of saying **dy pa pesë** for "five (minutes) to two," they say **edhe pesë në dy**.
- It may seem strange that Albanians use **zoti** 'Mr.' and **zonja** 'Mrs.' followed by the first name (see §9). This may be due to the fact that during the Communist government, people addressed each other with the appellative **shoku** 'comrade', which was followed by the first name. When **shoku** was replaced by **zoti**, it continued to be used with the first name. The use of the last name after **zoti** or **zonja** is considered more formal.

9. **Sahat** is a Turkish word (from Arabic) meaning 'clock'.

MËSIMI 3

Ku banoni?

Where do you live?

In this lesson you will learn to say:

- where you come from
- where you live
- the numbers from 100 to 1 000
- the names of some basic mathematical operations

You will learn the following grammatical points:

- the verb **punoj** 'to work' and class 1 verbs
- the particle **po** to express action in progress
- the preposition **në** 'in, at' and **te(k)** 'to, at (a place)'
- the verbs **kam** 'to have' and **vij** 'to come'

DIALOGU 3.1: KU BANONI?

Drini: Zonja Paola, ju dhe zoti Marko jeni nga Roma?
Zonja Paola: Po, jemi nga Roma.
Drini: A banoni ju në Romë?
Zonja Paola: Po, banojmë në Romë.
Drini: Po ju, zoti Pjer? A jeni ju nga Parisi?
Zoti Pjer: Jo, unë jam nga Lioni, por banoj në Paris. Po ju, Drini, ku banoni?
Drini: Unë jam nga Tirana, por banoj në Sarandë. Ç'bëni ju në Shqipëri? Punoni këtu?
Zonja Paola: Jo, unë dhe burri im nuk punojmë në Shqipëri. Jemi këtu me pushime.
Zoti Pjer: Kurse unë po mësoj shqip në universitet.
Drini: Paola, a keni fëmijë?
Zonja Paola: Po, kam një vajzë.
Drini: Sa vjeçe është ajo?
Zonja Paola: Vajza ime, Maria, është 10 vjeçe.
Drini: Po ju, zoti Pjer, a jeni i martuar?
Zoti Pjer: Po, jam i martuar dhe kam një djalë. Djali im, Eduardi, është 12 vjeç.
Zonja Paola: Po ju, Drini, a jeni i martuar?
Drini: Jo, nuk jam i martuar. Jam beqar.

FJALOR

ban**ó**j	(I) live, to live
ban**ó**jmë	(we) live
ban**ó**ni	(you) live
beq**á**r	single (masc)
beq**á**re	single (fem)
bëj	(I) do, to do
b**ë**ni	you do
b**ú**rrë, b**ú**rri	husband, the husband
b**ú**rri **í**m	my husband
ç', çf**á**rë	what
dj**á**lë, dj**á**li	son, the son/boy, the boy
dj**á**li **í**m	my son
fëm**í**jë	child, children
im	my (masc.)
íme	my (fem.)
kët**ú**	here
ku	where
Li**ó**n, -i	Lyon (France)
i mart**ú**ar	married (masc.)
e mart**ú**ar	married (fem.)
me push**í**me	on vacation
në	in, at
Par**í**s, -i	Paris
po mës**ó**j	I am learning
po pun**ó**jmë	we are working
pun**ó**jmë	we work
pun**ó**n	he or she works, you work
push**í**me	vacation(s), holidays
R**ó**m/ë, -a	Rome
Sar**á**nd/ë, -a	Saranda
Tir**á**n/ë, -a	Tirana
universit**é**t	university
v**á**jz/ë, -a	daughter, the daughter/girl, the girl
v**á**jza **í**me	my daughter
vj**é**ç, -e	years old

GRAMATIKË

§12 The verb **punoj** 'to work' and class 1 verbs

As we mentioned in §6, there are six verb classes in Albanian. Verbs that end in **-j** belong to class 1. Below is the verb **punoj** 'to work' in the present indicative. Notice that the stress falls on the vowel preceding the ending:[1]

unë	punó**j**	ne	punó**jmë**
ti	punó**n**	ju	punó**ni**
ai, ajo	punó**n**	ata, ato	punó**jnë**

Notice that the forms for both **ne** and **ata/ato** keep the **-j** that the first-person singular (**unë**) also bears.

The verb **mësoj** 'to learn' is conjugated like **punoj**:

unë	mësoj	ne	mësojmë
ti	mëson	ju	mësoni
ai, ajo	mëson	ata, ato	mësojnë

1. Remember that accent marks are not used in Albanian. We have added accents to the model conjugation so that you know where to put the correct stress.

The verb **bëj** ‘to do’ follows the same pattern:

unë	bëj	ne	bëjmë
ti	bën	ju	bëni
ai, ajo	bën	ata, ato	bëjnë

Bëj is used in interrogative structures: **Çfarë bëni? Ç’bëni?** “What do you do?” “What are you doing?”

The verb **gatuaj** ‘to cook’ also follows the same pattern:

unë	gatuaj	ne	gatuajmë
ti	gatuan	ju	gatuani
ai, ajo	gatuan	ato, ata	gatuajnë

All verbs that end in **-oj, -ëj, -ij, -yej, -uaj, -aj,** and so on follow the same pattern.

In Dialogu 3.1 we encountered the following verbs:

banoj	to live
bëj	to do
mësoj	to learn
punoj	to work

Practice conjugating them in all persons!

§13 The particle **po**

So far you have encountered two different uses of **po**.

- To answer a question affirmatively (§5):

A flisni ju shqip?	Do you speak Albanian?
Po, flas pak shqip.	Yes, I speak a little Albanian.

- To introduce the topic of a question (§5):

Unë flas spanjisht. **Po** ti?	I speak Spanish. And you?

In Dialogu 3.1 you encountered the following sentence:

Unë **po mësoj** shqip në universitet.	I am learning Albanian at the university.

- We also use the particle **po** followed by a verb in the present indicative to express an action or condition that is taking place at the moment. Notice that to make a negative sentence, **nuk** precedes **po**.

Unë **po mësoj** shqip.	I am learning Albanian.
Unë **nuk po mësoj** shqip.	I am not learning Albanian.

§14 The preposition **në** 'in, at'

Consider the following sentences:

> Drini është **nga Shqipëria**. Ai banon dhe punon **në Shqipëri**.
> Zoti Pjer është **nga Franca**, por ai punon **në Francë**.
> Drini është **nga Tirana**, por nuk banon **në Tiranë**.
> Paola është **nga Roma** dhe banon **në Romë**.

What nominative form of the noun (definite or indefinite) follows the preposition **nga** in these examples?

____

What form of the noun follows the preposition **në** in these examples?

____

In §8 we saw that **nga** 'from' is followed by the nominative definite form of the country or city. **Në** 'in, at', on the other hand, is followed by the accusative indefinite form of the country or city. The accusative indefinite form (which is the same form as the nominative indefinite form) is usually the form listed first in our glossary and in dictionaries and is taken as the base to form the definite form.

§15. Sa vjeç? Sa vjeçe? (How old?)

To ask how old someone is, use **Sa vjeç?** if you are asking a male and **Sa vjeçe?** if you are asking a female.

Sa vjeçe është vajza?	How old is the girl (the daughter)?
Sa vjeç është djali?	How old is the boy (the son)?

To answer, use **vjeç/vjeçe** following the age. As in the corresponding question, use **vjeç** for males and **vjeçe** for females:

Sa **vjeç** është Agimi?	How old is Agim?
Është 22 **vjeç**.	He is 22 years old.
Sa **vjeçe** është Mira?	How old is Mira?
Është 18 **vjeçe**.	She is 18 years old.

USHTRIMI 3.1

Indicate whether the following statements are true (T) or false (F), based on Dialogu 3.1. If a statement is false, briefly explain why (in Albanian!).

1. _______ Paola është nga Italia, nga Roma.
2. _______ Paola banon në Romë.
3. _______ Tani Paola është në Itali.
4. _______ Paola po mëson shqip në Shqipëri.
5. _______ Drini është nga Saranda.

6. _______ Drini punon në Tiranë.
7. _______ Pjeri është nga Parisi, por është në Shqipëri tani.
8. _______ Paola është shqiptare.
9. _______ Paola dhe Pjeri po mësojnë shqip në universitet.
10. _______ Paola punon në Shqipëri.
11. _______ Paola ka një djalë.
12. _______ Zoti Pjer është beqar.

USHTRIMI 3.2

Answer the following questions based on Dialogu 3.1.

1. Nga janë Paola dhe zoti Marko? Ku banojnë ata?
____
2. Ç'bën Paola në Shqipëri?
____
3. A është zoti Pjer nga Parisi?
____
4. Ku banon zoti Pjer në Francë?
____
5. Ç'bën ai në Shqipëri?
____
6. Kush është nga Tirana?
____
7. A banon ai në Tiranë?
____
8. A është i martuar zoti Pjer?
____
9. Sa vjeç është Eduardi?
____
10. Sa vjeçe është Maria?
____

USHTRIMI 3.3

Complete the following sentences with the correct form of the country or city indicated. Remember that **nga** takes the nominative definite form, while **në** takes the accusative indefinite form.

1. Paola është nga ______________ (Itali). Është nga ____________ (Romë). Ajo banon dhe punon në ____________ (Romë).
2. Pjeri është nga __________ (Francë). Banon në ______________ (Paris), por nuk është nga ____________ (Paris). Është nga _____________ (Lion).

3. Drini është nga ______________ (Shqipëri). Është nga ___________ (Tiranë), por tani nuk po banon në ______________ (Tiranë). Ai po banon në ______________ (Sarandë).
4. Unë jam nga ______________ (Amerikë). Jam nga ________________ (Boston), por tani po banoj në ______________ (Shqipëri). Banoj në ________________ (Korçë). Burri im është nga ________________ (Korçë).
5. Erika dhe Klausi janë nga ____________________ (Austri). Ata janë nga ________________ (Vjenë), por tani nuk po banojnë në ________________ (Vjenë). Po banojnë në __________________ (Shqipëri), në __________________ (Vlorë).

USHTRIMI 3.4

Complete the following sentences with the appropriate form of the verb **banoj** 'to live' in the present indicative.

1. Unë __________ në Tiranë.
2. Ju ________ në Francë, kurse ne ___________ në Itali.
3. Ata __________ në Egjipt.
4. Unë ________ në Gjermani. Po ti?
   Edhe unë __________ në Gjermani
5. Ti __________ në Portugali.
6. Ema dhe unë _________________ në Turqi.
7. Ata __________ në Greqi.
8. Ajo dhe ai ________ në Bullgari.
9. Ato ______ në Meksikë.
10. Ajo ________ në Kosovë, kurse ai ________ në Angli.

USHTRIMI 3.5

Add the missing endings for questions and answers.

1. Çfarë bë_____ ju në universitet?
   (Ne) mëso_____ shqip.
2. Çfarë po bë_____ ajo?
   Ajo po puno_____.
3. Ç'po bë_____ ata?
   Ata po fla_____ italisht.
4. Ç'po bë_____ ti?
   Unë po mëso_____ anglisht.
5. Ç'po bë_____ ato?
   Ato po mëso_____ turqisht dhe greqisht.

DIALOGU 3.2: KU PO SHKON?

Gëzimi: Mirëdita, Drilona!
Drilona: Mirëdita, Gëzim!
Gëzimi: Drilona, nga po vjen?
Drilona: Po vij nga puna.
Gëzimi: Po tani, ku po shkon?
Drilona: Po shkoj në shtëpi. Po ti, ku po shkon?
Gëzimi: Po shkoj te Sokoli.
Drilona: Si është Sokoli?
Gëzimi: Mirë.
Drilona: A ka fëmijë Sokoli?
Gëzimi: Po, ka një djalë dhe një vajzë. Vajza është 8 vjeçe dhe djali është 10 vjeç. Ata shkojnë në shkollë. Po vajza jote shkon në shkollë?
Drilona: Jo, vajza ime nuk shkon në shkollë. Ajo është 5 vjeçe dhe shkon në kopsht.
Gëzimi: Me se shkon ajo në kopsht?
Drilona: Në mëngjes shkojmë bashkë në kopsht me biçikletë, kurse pasdite vjen nga kopshti me makinë.
Gëzimi: Po në mbrëmje, ç'bën, Drilona?
Drilona: Zakonisht lexoj, shikoj televizor ose gatuaj, kurse vajza luan.
Gëzimi: Edhe unë lexoj ose shikoj televizor.
Drilona: Gëzim, po vjen autobusi.
Gëzimi: Unë nuk po vij me autobus. Po shkoj më këmbë. Mirupafshim, Drilona!
Drilona: Mirupafshim, Gëzim!

FJALOR

autobús, autobúsi	bus, the bus
báshkë	together
biçiklétë	bicycle
gatúaj	to cook
këmbë	foot, feet
kopsht, kópshti	kindergarten, the kindergarten
lexój	to read
lúaj	to play
makínë	car
me sé	how (transportation)
më këmbë	on foot
në mbrëmje	in the evening
në mëngjés	in the morning
óse	or
pún/ë, -a	work, the work/job, the job
shikój	to watch
shkoj	to go
shkój në shtëpí	I go home
shkóllë	school
shkon	you go, he or she goes
shtëpí	house
në shtëpí	at home
te, tek	to, at
televizór	television
vájzë, vájza	girl/daughter, the girl/the daughter
vájza íme	my daughter
vájza jóte	your daughter
víj	I come, to come
vjén	you come, he or she comes
zakonísht	usually

§16 The verb **kam** 'to have' in the present indicative

unë	kam	ne	kemi
ti	ke	ju	keni
ai, ajo	ka	ata, ato	kanë

§17 The verb **vij** 'to come' in the present indicative

unë	vij	ne	vijmë
ti	v**je**n	ju	vini
ai, ajo	v**je**n	ata, ato	vijnë

The verb **vij** takes the same endings as **punoj** (see §12); however, notice that with the pronouns **ti** and **ai/ajo**, the vowel of the stem changes from **-i-** to **-je-**.

Notice that the verb **vij** is typically used with the preposition **nga** 'from', while the verb **shkon** is typically used with the preposition **në** 'at, to':

Unë vij **nga** puna.	I'm coming from work.
Unë shkoj **në** punë.	I'm going to work.

§18 The preposition **te(k)** 'to, at (a place)'

In this lesson you encountered the following sentences:

Unë po shkoj **te** Sokoli.	I am going to Sokoli's house.

Tek or **te**, like **nga** (see §8), is followed by a nominative definite noun, and it expresses the direction to or the location at a definite place.

Tani jam **tek** Albani.	Now I am at Alban's (house).
Tani jam **te** Sokoli.	Now I am at Sokoli's (house).

Tek is used when the noun that follows starts with a vowel; **te** is used when the noun that follows starts with a consonant.

§19 The numbers from 100 to 1 000 and the basic mathematical operations

Units of 100 are formed by adding **-qind** to the basic unit.

100 njëqind	600 gjashtëqind
200 dyqind	700 shtatëqind
300 treqind	800 tetëqind
400 katërqind	900 nëntëqind
500 pesëqind	1 000 një mijë

Pay special attention to the forms derived from the number 3:

3 t**ri**
30 t**ri**dhjetë
300 t**re**qind

Notice the use of **e** 'and' between the hundreds and the tens and also between the tens and the units (see also §10):

355 treqind **e** pesëdhjetë **e** pesë
846 tetëqind **e** dyzet **e** gjashtë

Now let's learn the names of two basic mathematical operations:

Sa bëjnë . . . ?	How much is . . . ? (lit., How much do . . . make?)
5 + 5 = 10	pesë **plus** pesë bëjnë dhjetë
12 – 3 = 9	dymbëdhjetë **minus** tre bëjnë nëntë

USHTRIMI 3.6

Indicate whether the following statements are true (T) or false (F) based on Dialogu 3.2. If a statement is false, briefly explain why (in Albanian!).

1. _______ Drilona vjen nga shtëpia.
2. _______ Gëzimi tani po shkon në shtëpi.
3. _______ Sokoli është i martuar.
4. _______ Sokoli ka një djalë dhe një vajzë.
5. _______ Djali i Sokolit (Sokoli's son) është 8 vjeç.
6. _______ Djali i Sokolit nuk shkon në shkollë.
7. _______ Vajza e Sokolit (Sokoli's daughter) është 10 vjeçe.
8. _______ Vajza e Sokolit shkon në kopsht.
9. _______ Drilona ka një vajzë.
10. _______ Vajza e Drilonës (Drilona's daughter) është 5 vjeçe.
11. _______ Vajza e Drilonës shkon në shkollë.
12. _______ Vajza e Drilonës shkon në shkollë me makinë.
13. _______ Drilona nuk shikon televizor në mbrëmje.
14. _______ Gëzimi gatuan dhe luan në mbrëmje.
15. _______ Gëzimi dhe Drilona shkojnë me autobus.

USHTRIMI 3.7

Answer the following questions based on Dialogu 3.2.

1. Nga po vjen Drilona?

   ____

2. Ku po shkon ajo?

   ____

3. Ku po shkon Gëzimi?

   ____

4. Sa (How many) fëmijë ka Sokoli?
____
5. Sa vjeçe është vajza e Sokolit?
____
6. Sa vjeç është djali i Sokolit?
____
7. A shkojnë ata në universitet?
____
8. A ka fëmijë Drilona?
____
9. Sa vjeçe është vajza e Drilonës?
____
10. A shkon ajo në kopsht? Me se shkon?
____
11. Ç'bën Drilona në mbrëmje?
____
12. Ç'bën Gëzimi në mbrëmje?
____

USHTRIMI 3.8

Complete the following sentences with the appropriate form of the verb or noun indicated in parentheses.

1. Sokoli ________ (vij) nga ________ (Vlorë), por tani ________ (banoj) dhe ________ (punoj) në ________ (Tiranë).
2. Entela______ (vij) nga ____________ (Durrës). Edhe ajo ____________ (banoj) dhe __________ (punoj) në ___________ (Tiranë), por ____________ (shkoj) shpesh në Durrës. Ajo __________ (shkoj) me ________ (autobus), sepse nuk ________ (kam) makinë.
3. Ne ______________ (kam) një djalë dhe një vajzë. Ata ____________ (banoj) dhe ______________ (punoj) në Tiranë. Pasdite ata ______________ (lexoj) dhe ___________________ (shikoj) televizor.
4. Me se ____________ (shkoj) ti në punë?
   (Unë) _____________ (shkoj) me autobus. Po ti, __________ (shkoj) më këmbë?
   Jo, unë ____________ (shkoj) me biçikletë.
5. Ç'po ________ (bëj) ti tani?
   Unë _______________ (shkoj) në punë.
   Me se _______________ (shkoj)?
   _________________ (shkoj) me autobus.
6. Nga ______________ (vij) ju tani?
   Ne ______________ (vij) nga Sokoli. Ai ______ (jam) në shtëpi.
7. Ku po _____________ (shkoj) tani?
   Po _______________ (shkoj) te Mira.

USHTRIMI 3.9

Read the following numbers as fast as you can. Read them forward and backward.

25	36	47	78	284	395	467	578	699
29	69	71	87	745	820	948	566	222
49	26	78	89	149	246	344	587	897

USHTRIMI 3.10

Read and calculate.

1. Sa bëjnë 48 + 35?
2. Sa bëjnë 144 – 12?
3. Sa bëjnë 230 + 445?
4. Sa bëjnë 847 – 27?

LEXIMI 3.1

Skënderi

Skënderi është nga Shqipëria, nga Vlora, por tani banon në Tiranë. Skënderi është mjek dhe punon në një spital në Tiranë. Kupton anglisht shumë mirë dhe flet lirisht. Ai po mëson edhe frëngjisht. Ai kupton pak frëngjisht, por flet me vështirësi.

Skënderi është i martuar. Gruaja e tij quhet Ema. Ajo është mësuese dhe punon në një shkollë në Tiranë. Skënderi punon shumë, sepse puna në spital fillon herët në mëngjes dhe mbaron pasdite vonë.

Skënderi dhe Ema kanë një vajzë dhe një djalë. Vajza shkon në shkollë, kurse djali shkon në kopsht. Në mbrëmje vajza mëson, kurse djali luan.

FJALOR

fillój	to start
grúa, grúaja	woman/wife, the woman/ wife
grúaja e tíj	his wife
hérët	early
kuptój	to understand
lirísht	fluently
mbarój	to finish, end
mësúese	teacher (fem.)
mjék	doctor
në mbrëmje	in the evening
një	one, a
qúhet	she, he, or it is called
spitál	hospital
shkóllë, shkólla	school
shpesh	often
vështirësí	difficulty
me vështirësí	with difficulty, not fluently
vónë	late

USHTRIMI 3.11

Indicate whether the following statements about Leximi 3.1 are true (T), false (F), or not mentioned (NM). If a statement is false, briefly explain why (in Albanian!).

1. _______ Skënderi është nga Tirana.
2. _______ Skënderi punon në një spital.
3. _______ Skënderi flet anglisht dhe frëngjisht lirisht.
4. _______ Skënderi mëson edhe gjermanisht.
5. _______ Skënderi flet anglisht.
6. _______ Skënderi është i martuar.
7. _______ Ema flet anglisht.
8. _______ Ema është mësuese.
9. _______ Skënderi dhe Ema kanë një vajzë dhe një djalë.
10. _______ Vajza shkon në shkollë.
11. _______ Djali shkon në kopsht.
12. _______ Puna në spital fillon herët në mëngjes.
13. _______ Djali luan në kopsht.

USHTRIMI 3.12

Fill in the appropriate endings—where necessary—to summarize Leximi 3.1.

Skënder___ është nga Shqipëri_______, nga Vlor_______, por tani jeton në Tiran_____. Ai është mjek dhe puno_______ në një spital në Tiran___. Kupto_______ anglisht shumë mirë. Ai po mëso_______ edhe frëngjisht. Ai kupto_______ pak frëngjisht.

Ema është mësues_____ dhe puno_______ në një shkollë në Tiranë. Skënder_____ puno_______ shumë, sepse pun_______ në spital; fillo_______ herët në mëngjes dhe mbaro_______ pasdite vonë.

Skënderi dhe Ema ka_______ një vajzë dhe një djalë. Vajza shko_______ në shkollë. Djal_______ shkon në kopsht. Në mbrëmje vajza mëso_______, kurse djali lua_______.

USHTRIMI 3.13

Write five original questions about Leximi 3.1. Then have your classmates answer your questions.

____

____

____

____

____

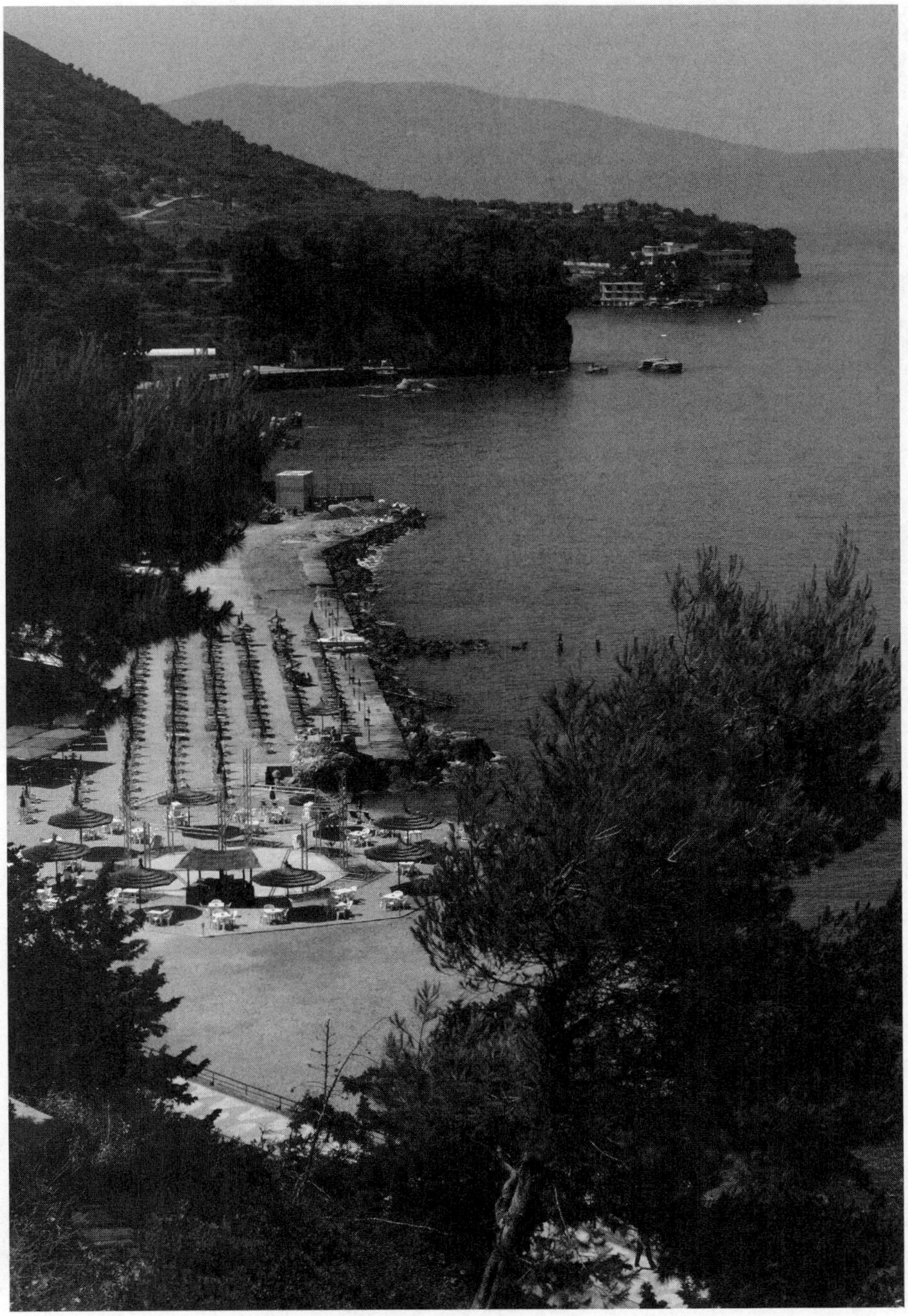

Vlora (photo: Albes Fusha)

INFORMACIONE KULTURORE

- In Gheg, the forms **çikë**, **cucë**, and **gocë** are used for 'girl'. In Tosk, **çupë** is used.
- In Gheg, the word **çun** is used for 'boy'. In spoken Albanian, this word might be used to refer to a waiter in an informal way: **o çuni**. A more formal way of calling a waiter would be to say **kamarier.**
- In the spoken language, the word **shtëpi** is reduced to **shpi**.

- For addition, **edhe** can also be used instead of the English word ‘plus’: pesë **edhe** pesë bëjnë dhjetë (five plus five equals ten).
- Instead of the English word ‘minus’, two other forms can be used: **pa**: pesë **pa** pesë bëjnë zero; and **heqim** (lit., we deduct): pesë **heqim** pesë bëjnë zero.
- In Gheg, **hekun prej** (lit., deducted from) is used for subtraction: pesë **hekun prej** dhet(ë) ban pes(ë).
- In Standard Albanian, the typical question for mathematical operations is **Sa bëjnë?** “How much do . . . make?” In the northern and central Gheg dialect, however, **Sa bajn(ë)?** is used. Southern Gheg speakers use **Sa bojn(ë)?**
- In colloquial speech, **çfarë** ‘what’ is often pronounced like **ça**: **Në ça gjuhe?**

MËSIMI 4

Çfarë profesioni keni?

What is your profession? (lit., What profession do you have?)

In this lesson you will learn:

- the days of the week
- some common professions
- how to order simple drinks and food at a coffee shop
- the numbers from 1 000 to 10 000

You will learn the following grammatical points:

- masculine, feminine, singular, and plural forms of professions and nationalities
- the demonstrative forms
- the verbs **dua** 'to want' and **jap** 'to give'

LEXIMI 4.1

Profesione

Unë jam mjek dhe punoj në spital. Edhe Alma është mjeke dhe punon në ambulancë. Ne jemi mjekë dhe punojmë në Tiranë. Doruntina dhe Adea janë mjeke. Doruntina, Adea dhe unë punojmë këtu.

Kjo është Elda dhe ky është Beni. Çfarë profesioni kanë ata? Beni është inxhinier dhe punon në fabrikë. Elda është inxhiniere dhe punon në uzinë. Të dy janë inxhinierë dhe punojnë në Vlorë. Jona dhe Adela janë inxhiniere. Edhe ato punojnë bashkë në Vlorë.

Këta janë Pjeri dhe Ava. Çfarë kombësie dhe çfarë profesioni kanë ata? Pjeri është francez, por tani jeton në Shqipëri. Është dentist dhe punon në një klinikë në Tiranë. Gruaja e tij, Ava, është franceze. Edhe ajo është dentiste dhe punon në një laborator në Tiranë. Pjeri dhe Ava janë francezë dhe punojnë si dentistë në Tiranë.

Stefania dhe Tomi janë amerikanë. Janë ekonomistë dhe punojnë në një bankë në Boston, në Shtetet e Bashkuara. Këto janë Elida dhe Dorina. Ç'kombësi kanë ato? Ato janë shqiptare. Ç'profesion kanë? Janë ekonomiste dhe punojnë në një firmë në Durrës.

Johani dhe Elena vijnë nga Gjermania. Janë burrë e grua. Janë gjermanë, por tani jetojnë në Shqipëri. Elena është mësuese në një shkollë në Korçë. Ajo punon të hënën, të martën, të mërkurën, të enjten dhe të premten. Të shtunën nuk punon. Të shtunën pushon. Burri i saj, Johani nuk është mësues. Ai është avokat. Nuk punon në Korçë. Ai punon në Tiranë, por shkon në Korçë çdo fundjavë.

Bledi dhe Bora janë nga Kosova. Ata janë kosovarë. Janë aktorë në Prishtinë. Bledi dhe Bora punojnë në teatër. Ata punojnë vetëm të premten, të shtunën dhe të dielën.

FJALOR

From now on, nouns will be given in their singular indefinite, singular definite, and plural indefinite forms. Adjectives will be listed with their masculine and feminine forms. The new vocabulary that is introduced in the exercises is presented in the vocabulary list preceding the exercises.[1]

aksidént, -i, -e	accident
aktór, -i, -ë	actor
ambulánc/ë, -a, -a	outpatient clinic, ambulance
amerikán, -i, -ë	American
artíst, -i, -ë	artist
atjé	there
avokát, -i, -ë	lawyer
bánk/ë, -a, -a	bank
búrrë, -i, -a	man, husband
búrrë e grúa	husband and wife
búrri i sáj	her husband
ç'kombësí	what nationality
ç'profesión	what profession
çdo	every
çdo dítë	every day
çdo fundjávë	every weekend
çfárë kombësíe	what nationality
çfárë profesióni	what profession
dentíst, -i, -ë	dentist
e, dhe, édhe	and
e díel	Sunday
të díelën	on Sunday
e énjte	Thursday
të énjten	on Thursday
ekonomíst, -i, -ë	economist
fabrík/ë, -a, -a	factory
fírm/ë, -a, -a	firm
francéz, -i, -ë	French (nationality)
fundjáv/ë, -a	weekend
në fundjávë	on the weekend
futbollíst, -i, -ë	football player
gazetár, -i, -ë	journalist
grúa, -ja, gra	woman, the woman, women
grúaja e tíj	his wife
gjermán, -i, -ë	German (nationality)
e hën/ë, -a	Monday
të hënën	on Monday
inxhiniér, -i, -ë	engineer
jáv/ë, -a, -ë	week
pésë dítë në jávë	five days a week
ju lútem	please
kamariér, -i, -ë	waiter
këndój	to sing
këngëtár, -i, -ë	singer
kërcéj	to dance
këtá	these (masc.)
këtó	these (fem.)
këtú	here
kjó	this (fem.)
klinik/ë, -a, -a	clinic
kombësí, -a, -	nationality
kosovár, -i, -ë	from Kosovo
kuzhiniér, -i, -ë	cook
ky	this (masc.)
laboratór, -i, -ë	laboratory
e márt/ë, -a	Tuesday
të mártën	on Tuesday
e mërkúr/ë, -a	Wednesday
të mërkúrën	on Wednesday
mësím, -i, -e	lesson
mësúes, -i, -	teacher
mjék, -u, -ë	doctor
muzikánt, -i, -ë	musician
në Shtétet e Bashkúara	in the United States

1. A slash (/) separates the stem from its ending. A dash (-) followed by a vowel indicates that you must add that vowel to the stem to form the appropriate definite or plural form of the noun. Where a dash appears by itself, you must use the original stem with the original vowel to obtain that particular form.

pastrúes, -i, -	cleaning person	shkrimtár, -i, -ë	writer
pastrój	to clean	shkrúaj	to write
piktór, -i, -ë	painter	shofér, -i, -ë	driver
e prémt/e, -ja	Friday	shpjegój	to explain
të prémten	on Friday	shpjegój mësímin	to explain the lesson
Prishtín/ë, -a	Prishtina	shqiptár, -i, -ë	Albanian (nationality)
punój si	to work as	e shtún/ë, -a	Saturday
pushój	to rest	të shtúnën	on Saturday
raportój	to report	teát/ër, -ri, -ro	theater
román,-i, -e	novel	të dý	both of them
sekretár, -i, -ë	secretary	udhëtój	to travel
si	as, how	uzín/ë, -a, -a	plant
spitál, -i, -e	hospital	vallëtár, -i, -ë	dancer
shítës, -i, -	seller	vallëzój	to dance
shkoj	to go		

GRAMATIKË

§20 Masculine, feminine, singular, and plural professions and nationalities

In Leximi 4.1 you encountered several professions in the different genders and numbers. Read the first paragraph again and pay attention to the words in bold:

> Unë jam **mjek** dhe punoj në spital. Edhe Alma është **mjeke** dhe punon në ambulancë. Ne jemi **mjekë** dhe punojmë në Tiranë. Doruntina dhe Adea janë **mjeke**. Doruntina, Adea dhe unë punojmë këtu.

Do you see a pattern? Write the different forms for **mjek** 'doctor' below:

Masculine singular: ________________ Feminine singular: ________________
Masculine plural: ________________ Feminine plural: ________________

If we take the masculine singular form **mjek** as the base, how do we form the feminine singular, the masculine plural, and the feminine plural forms?

____

____

Consider all the professions in Leximi 4.1:

Singular (**njëjës**)		Plural (**shumës**)		
Masculine	*Feminine*	*Masculine*	*Feminine*	
mjek	mjek**e**	mjek**ë**	mjek**e**	doctor
inxhinier	inxhiniere	inxhinierë	inxhiniere	engineer
dentist	dentiste	dentistë	dentiste	dentist
ekonomist	ekonomiste	ekonomistë	ekonomiste	economist
aktor	aktore	aktorë	aktore	actor
mësues	mësuese	**mësues***	mësuese	teacher

We see that if we take the masculine singular form as the base, we find the following patterns:

- add **-e** to form the feminine singular form
- add **-ë** to form the masculine plural form
- the feminine plural has the same form as the feminine singular: add **-e** to the masculine singular form.

* Notice that the plural of **mësues** 'teacher' is **mësues**. In general, masculine nouns that end in **-es** (**mësues** 'teacher'), **-as** (**maqedonas** 'Macedonian'), **-ës** (**shitës** 'seller'), or **-yes** (**përkthyes** 'translator') have the same form in the singular and in the plural.

The same rules apply to the nationalities we learned in §7. Here are the nationalities that appeared in Leximi 4.1:

Singular (**njëjës**)		Plural (**shumës**)		
Masculine	*Feminine*	*Masculine*	*Feminine*	
francez	france**ze**	france**zë**	france**ze**	French
amerikan	amerikane	amerikanë	amerikane	American
gjerman	gjermane	gjermanë	gjermane	German
kosovar	kosovare	kosovarë	kosovare	Kosovar

Use the feminine plural form to refer to a group whose members are only women. Even if there are twenty women and one man, you should use the masculine plural form to refer to the group. A similar rule was observed for the use of **ata/ato** 'they' (see §1).

§21 The demonstrative forms

Demonstratives are words that serve to mark the distance in relation to the speaker. In Leximi 4.1, you found the following demonstrative pronouns:

Ky është Beni dhe **kjo** është Elda.	**This** is Beni and **this** is Elda.
Këta janë Pjeri dhe Ava.	**These** are Pjer and Ava.
Këto janë Elida dhe Dorina.	**These** are Elida and Dorina.

In these examples, demonstratives are used as pronouns. They can also be used as demonstrative adjectives, in which case they precede the noun:

Ky burrë është mjek.	**This** man is a doctor.
Kjo grua është amerikane.	**This** woman is American.
Këta burra janë shqiptarë.	**These** men are Albanian.
Këto gra janë aktore.	**These** women are actresses.

The demonstrative pronouns and the demonstrative adjectives are exactly the same. The forms in the examples express **closeness** to the speaker. If you want to express **distance** from the speaker, use the same forms that you used for the third-person pronouns (see §1):

Ai është Beni.	**That** (or 'he') is Beni.
Ajo është Elda	**That** (or 'she') is Elda.
Ata janë Pjeri dhe Ava.	**Those** (or 'they') are Pjer and Ava.
Ato janë Elida dhe Dorina.	**Those** (or 'they') are Elida and Dorina.

As with the forms of **ky**, these forms can also be used as demonstrative adjectives:

Ai burrë është dentist.	**That** man is a dentist.
Ajo grua është gjermane.	**That** woman is German.
Ata burra janë spanjollë.	**Those** men are Spanish.
Ato gra janë mësuese.	**Those** women are teachers.

The following chart summarizes the demonstrative forms:

	Singular		Plural	
	Masculine	*Feminine*	*Masculine*	*Feminine*
Close to speaker	**ky**	**kjo**	**këta**	**këto**
Far from speaker	**ai**	**ajo**	**ata**	**ato**

Notice that in Albanian, as in English, the demonstrative adjective typically precedes the noun, which appears in its indefinite form.

Related to these forms are the locative adverbs:

këtu	here
atje	there

Doruntina, Adea dhe unë punojmë **këtu**.	Doruntina, Adea, and I work **here**.
Jemi nga Franca, por nuk ne banojmë **atje**.	We are from France, but we don't live **there**.

§22 The days of the week and other time expressions

The indefinite days of the week are:

e hënë	Monday	**e premte**	Friday
e martë	Tuesday	**e shtunë**	Saturday
e mërkurë	Wednesday	**e diel**	Sunday
e enjte	Thursday		

The days of the week are all preceded by **e**. This **e** is a linking article, which typically appears with many adjectives as well as with a few nouns (for the use of linking articles, see Mësimi 5 and 9). This **e** used with the days of the week is believed to originate as a possessive linking article from the phrase **dita e hënës** (lit., the day of the moon), from which the word **dita** 'the day' was later omitted. The days of the week are not capitalized in Albanian.

Here are some words used to express time:

sot	today
nesër	tomorrow
pasnesër	day after tomorrow
pardje	day before yesterday
dje	yesterday

To say "on Monday" or "on Tuesday," you don't need a preposition as you do in English. Just use the linking article **të** rather than **e** and then add an **-n** to the name of the day:[2]

2. As we will see later in Mësimi 7, these forms are the accusative definite forms.

të hënën	on Monday	**të premten**	on Friday
të martën	on Tuesday	**të shtunën**	on Saturday
të mërkurën	on Wednesday	**të dielën**	on Sunday
të enjten	on Thursday		

To ask about the days of the week, we use these questions:

Ç'ditë është sot?	What day is today?
Çfarë dite është sot?	What day is today?
Kur . . . ?	When . . . ?

We saw in §8 that **nga** 'from' requires the definite form of the noun in the subject, or nominative, case. If you want to say "from Monday . . ." you will need the nominative definite forms of the days of the week. These are:

e hëna	Monday	**e premtja**	Friday
e marta	Tuesday	**e shtuna**	Saturday
e mërkura	Wednesday	**e diela**	Sunday
e enjtja	Thursday		

The days of the week are feminine in Albanian. To make the definite form of the day, change the **-ë** to -**a** if the day ends in -**ë**, or change the -**e** to -**ja** if the day ends in -**e**.

To express "until," we use the preposition **deri**, which takes the definite form of the day in the accusative case, the same form you use to say "on Monday," "on Tuesday," and so on:

nga **e hëna** deri **të premten**	from Monday to Friday

Try a few expressions to practice these forms:

______________________________	Wednesday
______________________________	on Thursday and Friday
______________________________	from Tuesday to Saturday
______________________________	from Wednesday to Sunday

USHTRIMI 4.1

Indicate whether the following statements are true (T) or false (F) based on Leximi 4.1. If a statement is false, briefly explain why (in Albanian!).

1. _____ Alma është mjeke dhe punon në spital.
2. _____ Beni dhe Elda janë inxhinierë.
3. _____ Pjeri dhe Ava janë francezë, por punojnë në Shqipëri si dentistë.
4. _____ Elida dhe Dorina janë shqiptare dhe punojnë si ekonomiste në Tiranë.
5. _____ Elena dhe Johani janë gjermanë dhe punojnë si mësues në Shqipëri.
6. _____ Elena punon çdo ditë.

7.______ Johani është në Tiranë çdo fundjavë.
8. ______ Bledi dhe Bora janë bullgarë.
9. ______ Bledi është aktor dhe punon në teatër.
10. ______ Bora punon pesë ditë në javë.

USHTRIMI 4.2

Answer the following questions based on Leximi 4.1.

1. Ç'bëjnë Alma, Doruntina dhe Adea?
   ____
2. Ç'bën Beni? Ku punon ai?
   ____
3. Çfarë profesioni kanë Pjeri dhe Ava? Çfarë kombësie kanë ata?
   ____
4. Çfarë bëjnë Tomi dhe Stefania? Ku punojnë ata?
   ____
5. Çfarë profesioni ka Elena? Kur punon ajo?
   ____
6. Ç'bën ajo të shtunën?
   ____
7. Elena dhe burri i saj, Johani, punojnë bashkë?
   ____
8. Ç'kombësi kanë Bledi dhe Bora? Ku punojnë ata?
   ____

USHTRIMI 4.3

Make statements in the singular and in the plural as in the examples. Make all the necessary changes to the professions and nationalities.

> (shitës, shqiptar, Sarandë)
> Ky burrë është **shitës**. Është **shqiptar** dhe punon në **Sarandë**.
> Këta burra janë **shitës**. Janë **shqiptarë** dhe punojnë në **Sarandë**.
> (këngëtare, amerikan, Tiranë)
> Kjo grua është **këngëtare**. Është **amerikane**, por punon në **Tiranë**.
> Këto gra janë **këngëtare**. Janë **amerikane**, por punojnë në **Tiranë**.

1. (kuzhinier, italian, Korçë)
2. (artist, rumun, Berat)
3. (piktor, portugez, Elbasan)
4. (muzikant, gjerman, Durrës)

5. (shofer, egjiptian, Korçë)
6. (sekretare, grek, Vlorë)
7. (kamariere, kinez, Krujë)

USHTRIMI 4.4

Ask four questions for each of your sentences above. Have different classmates answer your questions.

Ky burrë është shitës. Është shqiptar dhe punon në Sarandë.

Ç'kombësi ka ky burrë?	Ky burrë është shqiptar.
A është bullgar ky burrë?	Jo, nuk është bullgar. Është shqiptar.
Çfarë profesioni ka ai?	Është shitës.
A punon në Tiranë?	Jo, nuk punon në Tiranë. Punon në Sarandë.

USHTRIMI 4.5

Complete the following sentences with the appropriate day of the week. Be careful with the correct form of the linking article required by the day of the week in the different constructions.

1. Sot është e diel, nesër është ________________ dhe dje ishte (was) __________.
2. Sot është e mërkurë, nesër është ________________ dhe pasnesër është ________________. Dje ishte ________________ dhe pardje ishte _______________.
3. Dje ishte e hënë, sot është ____________________ dhe nesër është ________________. Pardje ishte ______________.
4. Nesër është e shtunë, pasnesër është ________________. Dje ishte ______________ dhe pardje ishte ______________.

USHTRIMI 4.6

Çfarë bëni ju? For each of the examples below, ask questions as in the example. Then answer the questions.

(këngëtar/këndoj/e shtunë)
Ç'punë bëni ju? Jam këngëtare.
Kur këndoni ju? Këndoj të shtunën.

1. (vallëtar/vallëzoj/çdo fundjavë)
   Ç'punë bëjnë ata?
2. (futbollist/luaj futboll/e diel)
   Ç'punë bën ti?
3. (pastruese/pastroj/çdo ditë)
   Ç'punë bën ajo?

4. (shkrimtar/shkruaj romane/e hënë dhe e mërkurë)
   Çfarë profesioni ka ai?
5. (mësues/shpjegoj/e hënë, e martë, e mërkurë, e enjte, e premte, nga . . . deri)
   Ç'profesion ka zonja Dodona?
6. (gazetare/raportoj një aksident/tani)
   Ç'po bën kjo gazetare?
7. (kuzhinier/gatuaj/e shtunë dhe e diel)
   Ç'punë bën zoti Pjer?

DIALOGU 4.1: NË KAFENE

Agimi dhe Mira bëjnë shëtitje në qytet. Ata gjejnë një kafene.
Agimi: Kjo kafene është e bukur. A hyjmë brenda?
Mira: Mirë.
. . .
Kamerieri: Mirëmbrëma! Çfarë dëshironi?
Agimi: Çfarë keni?
Kamerieri: Kemi çaj, kafe, lëng frutash, birrë.
Agimi: Unë dua një birrë. Po ti, Mira?
Mira: Unë dua një kafe dhe një gotë ujë, ju lutem.
Kamerieri: Bëjmë edhe sanduiçë. Doni?
Agimi: Jo, faleminderit!
Kamerieri: Mirë! Porosia vjen menjëherë.
Agimi: Çfarë është kjo, Mira?
Mira: Kjo është një fotografi.
Agimi: Kush është ky?
Mira: Ky është babai im, Gjergji.
Agimi: Sa vjeç është babai yt?
Mira: Është 48 vjeç.
Agimi: Çfarë profesioni ka?
Mira: Është mjek dhe punon në spital, në Tiranë. Punon edhe si profesor në universitet. Jep mësim atje.
Agimi: Po kjo, kush është? Nëna jote?
Mira: Po, kjo është nëna ime, Teuta. Ajo është gazetare.
Agimi: Gazetare? Ku punon ajo?
Mira: Punon në një gazetë.
Agimi: Sa vjeçe është nëna jote?
Mira: Është 41 vjeçe.
Agimi: Është shumë e re dhe e bukur! Po kjo, kush është?
Mira: Kjo është motra ime, Brikena.
Agimi: Ç'bën ajo?
Mira: Është studente; studion ne universitet. Por në fundjavë punon.
Agimi: A ke vëllezër?

Mira: Kam vetëm një vëlla. Vëllai im, Albani, është student; është 18 vjeç.
Agimi: Shumë mirë. Mira, a shkojmë nesër në kinema? Kam dy bileta.
Mira: Mirë. Në ç'orë fillon filmi?
Agimi: Filmi fillon në orën 21:00.
Mira: Mirë! Mirupafshim nesër.

FJALOR

A hýjmë brénda?	Shall we go in?
A shkójmë báshkë?	Shall we go together?
asnjë	any, not one, anything
babá, -i	father
babái ím	my father
babái ýt	your father
babái i sáj	her father
babái i tíj	his father
bëj shëtítje	to take a walk
bilét/ë, -a, -a	ticket
bírr/ë, -a, -a	beer
brénda	inside
i búkur	pretty, beautiful, handsome (masc.)
e búkur	pretty, beautiful (fem.)
çaj, -i	tea
déri	until
dëshirój	to wish, desire
disá	some
do	you (informal) want
dóni	you want
dúa	to want
fotografí, -a, -	picture
gót/ë, -a, -a	glass
gjéj	to find
hýj	to go in
jap	to give
jap mësím	to teach (lit., to give a lesson)
jep	you give, he or she gives
káf/e, -ja, -e	coffee
kafené, -ja, -	coffee shop
këng/ë, -a, -ë	song
këtú	here
kinemá, -ja	cinema
lën/g, -gu, -gje	juice
lëng frútash	fruit juice
menjëhérë	immediately
mësój	to study
Mirupáfshim!	Good-bye! (lit., May we see each other well [again]!)
Mirupáfshim nésër!	See you tomorrow!
mót/ër, -ra, -ra	sister, the sister/sisters
mótra íme	my sister
mótra jóte	your sister
mótra e sáj	her sister
mótra e tíj	his sister
nën/ë, -a, -a	mother
nëna íme	my mother
nëna jóte	your mother
nëna e sáj	her mother
nëna e tíj	his mother
porosí, -a, -	order
qytét, -i, -e	city
e ré	young, new (fem.)
revíst/ë, -a, -a	magazine
i rí	young, new (masc.)
sanduíç, -i, -ë	sandwich
shëtítj/e, -a, -e	walk, stroll, promenade
shok, -u, -ë	friend
shpjegój	to explain
them	to say
thúa	you say
Si thúa?	What do you say? (What do you think?)
újë, úji	water, the water
vëllá, -i, vëllézër	brother
vëllái ím	my brother
vónë	late

GRAMATIKË

§23 The irregular verbs **jap** 'to give', **dua** 'to want', and **them** 'to say'

	jap	dua	them
unë	jap	dua	them
ti	jep	do	thua
ai, ajo	jep	do	thotë
ne	japim	duam	themi
ju	jepni	doni	thoni
ata, ato	japin	duan	thonë

Notice the different vowels in the different persons. Irregular verbs belong to class 5 (see §6).

§24 Inviting someone: **a** plus the present indicative

In Dialogu 4.1 you encountered the forms:

A hyjmë brenda?	Shall we go in?
A shkojmë bashkë?	Shall we go together?

To invite someone to do something with you, use the present indicative of the verb in the **ne** (we) form preceded by the interrogative particle **a**:

(A) Kërcejmë?	Shall we dance?
(A) Shkojmë në kinema?	Shall we go to the movies?

As with simple questions, the particle **a** is optional (see §5).

§25 Në ç'orë? Në çfarë ore? (What time?)

In English, we use the question phrase "what time" to ask "What time is it?" or "What time do you go to school?" You already know how to form the first question: in Albanian we use **Sa është ora?** when we ask someone to tell us the time.

To ask at what time something happens, we use **në ç'orë** or **në çfarë ore**:[3]

Në ç'orë shkon në shkollë?	What time do you go to school?
Në çfarë ore shkon në shkollë?	What time do you go to school?

To answer these questions, you simply say **në orën**:

Në ç'orë shkon në shkollë?	What time do you go to school?
Shkoj **në orën** tetë.	I go (to school) at eight o'clock.
Në çfarë ore shikon televizor?	What time do you watch TV?
Shikoj televizor **në orën** dhjetë.	I watch TV at ten o'clock.

3. Notice that we use the form **orë** following **ç'** and **ore** following **çfarë. Orë** is the nominative indefinite form, while **ore** is the ablative indefinite form. As we will see later (§92), **çfarë** requires an ablative form.

To say "I work from nine to five," use the prepositions **nga** 'from' and **deri** 'to, until' (see §22). **Nga** should be followed by the nominative definite form **ora** 'the hour', while **deri** is followed by **në orën**, 'at the time':

Punoj **nga ora** nëntë **deri në orën** pesë. I work from nine to five.

§26 The numbers from 1 000 to 10 000

To form units of a thousand, use the word **mijë** 'thousand', following the basic unit and written separately.

1 000	një mijë	1 200	një mijë e dyqind
2 000	dy mijë	2 332	dy mijë e treqind e tridhjetë e dy
3 000	tre mijë	3 561	tre mijë e pesëqind e gjashtëdhjetë e një
4 000	katër mijë	4 672	katër mijë e gjashtëqind e shtatëdhjetë e dy
5 000	pesë mijë	5 783	pesë mijë e shtatëqind e tetëdhjetë e tre
6 000	gjashtë mijë	6 846	gjashtë mijë e tetëqind e dyzet e gjashtë
7 000	shtatë mijë	7 452	shtatë mijë e katërqind e pesëdhjetë e dy
8 000	tetë mijë	8 921	tetë mijë e nëntëqind e njëzet e një
9 000	nëntë mijë	9 897	nëntë mijë e tetëqind e nëntëdhjetë e shtatë
10 000	dhjetë mijë		

USHTRIMI 4.7

Indicate whether the following statements are true (T) or false (F). If a statement is false, briefly explain why (in Albanian!).

1. _______ Gjergji është 40 vjeç.
2. _______ Gjergji punon si mjek në Tiranë.
3. _______ Teuta është gazetare.
4. _______ Teuta punon për një gazetë në Tiranë.
5. _______ Nëna është e re dhe e bukur.
6. _______ Mira ka dy motra.
7. _______ Brikena është studente në universitet.
8. _______ Brikena është në shtëpi në fundjavë.
9. _______ Mira ka dy vëllezër.
10. _______ Albani shkon në shkollë.
11. _______ Të dielën Albani shkon në teatër.
12. _______ Mira ka dy bileta për në kinema.

USHTRIMI 4.8

Answer the following questions based on Dialogu 4.1.

1. Çfarë po bëjnë Agimi dhe Mira?
   ____
2. Kush ka një fotografi?
   ____
3. Sa vjeç është Gjergji? Ku punon ai?
   ____
4. Çfarë profesioni ka Teuta? Sa vjeçe është ajo?
   ____
5. Ku punon ajo?
   ____
6. A ka Mira vëllezër? Ç'bëjnë ata?
   ____
7. Ç'bën Brikena në fundjavë?
   ____
8. Sa vjeç është Albani?
   ____
9. Kush ka dy bileta për në kinema?
   ____

USHTRIMI 4.9

Complete the following sentences with the appropriate form of the verb in parentheses.

1. Ç'________ (bëj) Agimi dhe Mira?
   ________ (Bëj) shëtitje, ________ (gjej) një kafene dhe ________ (hyj) brenda.
2. Në ç'orë ________________ (shkoj) ju çdo ditë në punë?
   Ne ________________ (shkoj) në orën tetë.
   Në ç'orë ______________ (shkoj) ti në punë?
   Unë ____________ (shkoj) në orën tetë.
3. Kamarieri: Ç'_____________ (dëshiroj)?
   Brikena: Unë ______________ (dua) një çaj. Po ti, Sokol, ç'______ (dua)?
   Sokoli: Unë ______________ (dua) një kafe.
   Era: _______ (Dua) një çaj dhe një kafe, ju lutem.
   Kamarieri: Porosia ____________ (vij) menjëherë.

LEXIMI 4.2

Agroni

Agroni është shqiptaro-amerikan dhe jeton në Amerikë, në Çikago. Babai i tij është shqiptar, kurse nëna e tij është amerikane. Agroni është 20 vjeç dhe studion në universitet. Në shtëpi nuk flasin shqip, sepse nëna e tij nuk flet asnjë fjalë shqip. Megjithatë, tani Agroni po studion shqip në universitet. Gjuha shqipe është pak e vështirë, prandaj ai studion disa orë çdo ditë. Agroni jeton në një konvikt. Megjithëse atje ka disa shokë shqiptarë, nuk flet shqip me ata, sepse ai flet shqip me vështirësi. Çdo ditë shkon në universitet. Në mbrëmje shkon në bibliotekë. Atje lexon dhe mëson. Të shtunën shkon në kinema ose në diskotekë.

Agroni ka një vëlla dhe një motër. Vëllai i tij, Bledi, është i vogël. Ai është nxënës dhe shkon në shkollë nga e hëna deri të premten. Të shtunën luan futboll.[4] Motra e tij, Bora, është sekretare dhe punon për një firmë italiane. Ajo është e martuar. Burri i saj është avokat. Ai jep edhe mësim në universitet. Ata nuk kanë fëmijë.

FJALOR

bibliotékë, -a, -a	library
diskotékë, -a, -a	discotheque, disco, dance club
fjálë, -a, -ë	word
gjúha shqípe	the Albanian language
kërcéj	to dance
konvíkt, -i, -e	dorm
me atá	with them
megjíthatë	however
megjíthëse	even though
nxënës, -i, -	pupil
prandáj	therefore
e sáj	her (if a feminine singular noun is possessed)
i sáj	her (if a masculine singular noun is possessed)
studiój	to study
shqiptaro-amerikán, -e	Albanian American
e tíj	his (if a feminine singular noun is possessed)
i tíj	his (if a masculine singular noun is possessed)
vëllái i tíj	his brother
i vështírë	difficult (masc.)
e vështírë	difficult (fem.)
i vógël	small, young (masc.)
e vógël	small, young (fem.)

4. **Nxënës** 'pupil, student' is used for students in elementary school (grades 1–8) and secondary school (grades 9–12), while **student** 'student' is used for students at the university level.

USHTRIMI 4.10

Indicate whether the following statements are true (T), false (F), or not mentioned (NM). Where they are false or not mentioned, briefly explain why (in Albanian!). You can say **Nuk e dimë sepse nuk është në tekst**, "We don't know. It is not in the text."

1. _______ Agroni banon në Shqipëri.
2. _______ Babai dhe nëna e tij janë shqiptarë.
3. _______ Nëna e tij flet pak shqip.
4. _______ Babai i tij është avokat.
5. _______ Në shtëpi, Agroni flet shqip.
6. _______ Agroni studion në universitet.
7. _______ Agroni jeton në konvikt.
8. _______ Agroni ka disa shokë shqiptarë në universitet.
9. _______ Agroni flet shqip lirisht.
10. _______ Agroni studion shqip një orë çdo ditë.
11. _______ Agroni kërcen në diskotekë.
12. _______ Bledi është futbollist.
13. _______ Bledi është student.
14. _______ Bora punon në një firmë shqiptare.
15. _______ Bora është beqare.

USHTRIMI 4.11

Answer the following questions based on Leximi 4.2.

1. Nga është Agroni?
   ____
2. A banon në Shqipëri?
   ____
3. Babai i tij edhe nëna e tij janë shqiptarë?
   ____
4. A flasin shqip në shtëpi?
   ____
5. Pse nuk flet shqip Agroni në shtëpi?
   ____
6. Çfarë gjuhe studion Agroni në universitet?
   ____
7. Pse studion shqip Agroni çdo ditë?
   ____
8. A banon Agroni në shtëpi?
   ____
9. Ka shokë shqiptarë?
   ____

10. A flet Agroni shqip me ata? Pse (jo)?

____

11. Ç'bën Agroni në mbrëmje?

____

12. Ç'bën ai të shtunën?

____

13. Kush është Bledi? Ç'bën ai?

____

14. Kush është Bora?

____

15. A është e martuar motra e Agronit? Ç'bën burri i saj?

____

USHTRIMI 4.12

Read out loud or write out the following years. These are important dates in Albanian history.

1443: Gjergj Kastrioti, known as Skanderbeg, the national hero of Albania, declares war against the Ottoman Empire.

1468: Skanderbeg dies.

1822: Ali Pasha of Tepelenë is assassinated by the Ottomans for promoting an independent state.

1908: Albanian intellectuals in Bitola (Manastir) choose the Latin alphabet rather than Arabic or Cyrillic as standard script.

1912: Delegates in Vlorë declare Albania independent and establish an independent government.

1913: The great powers recognize Albania as an independent state ruled by a constitutional monarchy.

1914: Prince Wilhelm zu Wied, a German army captain, is installed as head of the new Albanian state, but the state collapses soon after the beginning of World War I.

1920: Albania is admitted to the League of Nations as an independent state.

1922: The patriarch in Constantinople recognizes the Autocephalous Albanian Orthodox Church.

1924: Ahmet Zogu's party wins elections for the National Assembly. Ahmet Zogu steps down after a financial scandal and an assassination attempt. In December 1924 he returns to power and tries to smother the parliamentary democracy.

1928: Ahmet Zogu pressures the National Assembly to dissolve itself; a new assembly declares Albania a kingdom, and he becomes Zogu I, king of the Albanians.

1939: Mussolini's troops invade Albania. The National Assembly votes to unite the country with Italy. King Zogu flees to Greece. Italy's king, Emmanuel III, assumes the Albanian crown.

1941: The Albanian Communist Party is created. Enver Hoxha becomes first secretary.

1943: German forces invade and occupy Albania.

1944: In November the Germans withdraw from Tirana and the Communists move into the capital.

1946: The People's Assembly proclaims Albania a people's republic.

1985: The Albanian dictator Enver Hoxha dies.

1992: Elections end forty-seven years of Communist rule. The Democratic Party takes power.

Gjergj Kastrioti-Skanderbeg (photo: Albes Fusha)

INFORMACIONE KULTURORE

- In Gheg, the days of the week are pronounced differently. In northern Gheg, **e hënë** is pronounced **e hanë**, and **e diel** is pronounced **e dill**.
- In southern Gheg, **e hënë** is pronounced **e hon** (colloquially), whereas e **martë** is pronounced **e mort**.
- Often **e enjte** is pronounced like **e ejte** (both in Gheg and colloquially).
- In the spoken language, the **-ë** in **-të** is often reduced. What you might hear is **t'hënën (t'honën, t'hanën)**, **t'martën (t'mortën)**, **t'mërkurën**, **t'enjten (t'ejten)**, **t'premten**, **t'shtunën**, **t'dielën (t'dilën**, **t'dillën)**, and so on. (You might also find apostrophes used in old texts or in texts written in Gheg. According to the orthography of Standard Albanian, the apostrophe should not be used.)
- The verb **dua** has a different stem in the Gheg dialect: **due** (northern Gheg) or **du** (southern Gheg). In the second and third person, this verb also takes an **-n** ending in Gheg: **ti don** 'you want', **ai/ajo don** 'he/she wants'.
- Another form for the first-person plural in Gheg is **na dona** 'we want'.
- The verb **dua** 'to want' is shown in Standard Albanian and in Gheg.

Standard Albanian			Gheg
unë	dua	unë	due/du
ti	do	ti	do**n**
ai, ajo	do	ai, ajo	do**n**
ne	dua**m**	ne	due**m**/du**m**/do**na**
ju	do**ni**	ju	do**ni**
ata, ato	dua**n**	ata, ato	due**n**/du**n**

MËSIMI 5

Në shtëpi

At home

In this lesson you will learn:

- the months of the year
- the seasons of the year
- how to describe the weather during the different seasons of the year
- colors

You will learn the following grammatical points:

- the nominative definite forms of nouns
- the use of **ka** to mean 'there is/there are'
- the prepositions **mbi** 'on' and **nën** 'under'
- adjectives

DIALOGU 5.1: NË TELEFON

A. Era dhe nëna e saj janë në shtëpi. Bie telefoni.

Arbi: Mirëdita! Më falni, a është Era në shtëpi?
Nëna: Mirëdita! Po, këtu është. Kush jeni ju?
Arbi: Unë jam Arbi.
Nëna: Era!
Era: Urdhëro, nënë! Kush është?
Nëna: Një shok!
Era: Faleminderit, nënë!
. . .
Era: Alo!
Arbi: Mirëdita, Era. Jam Arbi.
Era: Po, Arbi.
Arbi: Era, ti je në shtëpi? Por ne tani kemi një takim në zyrë.
Era: Oh, po! Në ç'orë fillon takimi?
Arbi: Në orën nëntë e gjysmë! A banon larg nga zyra?
Era: Jo. Jam afër. Po vij menjëherë.
Arbi: Dakord! Shihemi më vonë në zyrë.

B. Besa dhe Arbi janë në shtëpi dhe po shikojnë fotografi.

Arbi: Besa, çfarë po shikon atje?
Besa: Një fotografi.
Arbi: Oh, sa fotografi e bukur! Kush është atje, majtas?

Besa: Jam unë. Kurse kjo këtu është një shoqe.
Arbi: Si quhet shoqja?
Besa: Jonida. Ky këtu është burri i saj.
Arbi: Po ai burri atje, kush është?
Besa: Ai është një shok.
Arbi: Si quhet shoku?
Besa: Kastriot.
Arbi: Po kjo gruaja, kush është?
Besa: Kjo është gruaja e tij, Vera.
Arbi: Po ky këtu djathtas është zog?
Besa: Po, është një papagall.

C.

Teuta: Sokol, ku është nëna jote?
Sokoli: Nëna ime është në punë.
Teuta: Në ç'orë fillon punë ajo?
Sokoli: Në orën tetë. Ajo punon tetë orë në ditë, nga ora tetë në mëngjes deri në orën katër pasdite.
Teuta: Po babai yt, ku është?
Sokoli: Babai është tek mjeku. Është i sëmurë.
Teuta: A ka njeri në shtëpi?
Sokoli: Po. Është gjyshi dhe gjyshja.
Teuta: Ku janë ata?
Sokoli: Gjyshi po shikon televizor në dhomë.
Teuta: Po gjyshja?
Sokoli: Ajo është në kuzhinë. Po gatuan.
Teuta: Ti ke mace në shtëpi?
Sokoli: Po. Kam një mace dhe një qen. Macja është atje nën kolltuk dhe qeni është mbi divan.

FJALOR

Remember that the vocabulary lists now also include the new words introduced in the exercises that follow each grammar section.

áfër	near(by)	Dakórd!	All right!
babá, -i, baballárë	father	diván, -i, -e	sofa, couch
		djáthtas	to the right, on the right
bíe	to ring, fall	dritár/e, -ja, -e	window
bíe telefóni	the phone rings	dyqán, -i, -e	store
i búkur, e búkur	handsome, pretty (masc., fem.)	dhóm/ë, -a, -a	room
		flamúr, -i, -ë	flag
búrr/ë, -i, -a	husband, man	fletór/e, -ja, -e	notebook
çélës, -i, -a	key	frigorifér, -i, -ë	refrigerator

garázh, -i, -e	garage
gót/ë, -a, -a	glass
grúa, -ja, gra	woman/wife
gjýsh, -i, -ër	grandfather
gjýsh/e, -ja, -e	grandmother
hér/ë, -a, -ë	time
njëhérë	once
jáshtë	outside
jóte	your (fem., informal)
ka	there is/there are
karríg/e, -ia, -e	chair
kóh/ë, -a	time, weather
kolltúk, -u, -ë	armchair
kráh, -u, -ë	arm
kutí, -a, -	box
kuzhín/ë, -a, -a	kitchen
láps, -i, -a	pencil
larg	far
líb/ër, -ri, -ra	book
lúg/ë, -a, -ë	spoon
lúl/e, -ja, -e	flower
mác/e, -ja, -e	cat (fem.)
maçók, -u, -ë	cat (masc.)
i madh, e mádhe	big (masc., fem.)
májtas	to the left
mbi	on, on top of
nën/ë, -a, -a	mother
nën	under
njerí, -u, njérëz	human being, somebody
obórr, -i, -e	yard
Oh!	Oh!
ór/ë, -a, -ë	clock
papagá/ll, -lli, -j	parrot
pár/k, -u, qe	park
pém/ë, -a, -ë	tree
pésh/k, -u, q	fish
pirún, -i, -ë	fork
pún/ë, -a, -ë	work
qén, -i, -	dog
sa	how
i sáj, e sáj	her (masc., fem.)
i sëmúrë, e sëmúrë	sick (masc., fem.)
shah, -u	chess
Shíhemi më vónë!	See you later! (lit., We see each other later!)
shók, -u, -ë	(male) friend
shóq/e, -ja, -e	female friend
takím, -i, -e	meeting
tavolín/ë, -a, -a	table
thík/ë, -a, -a	knife
Urdhëró![1]	May I help you? (lit., Command me!)
vázo, -ja, -	vase
vónë	late
më vónë	later
yt	your (masc., informal)
zýr/ë, -a, -a	office
Sa fotografí e búkur!	What a beautiful photo!

GRAMATIKË

§27 Nominative singular definite nouns: feminine nouns

We have already seen that nouns that end in a vowel are typically feminine in Albanian (§8). We also saw that the names of countries and cities can be indefinite or definite and that the definite article follows the noun in Albanian, unlike in English, where it precedes the noun.

We saw that the preposition **në** 'in' requires the accusative indefinite form of the country or city (§14), while **nga** 'from' requires the nominative definite form (§8). Consider the following pairs of examples. The first example in each pair contains the accusative indefinite form of the country, while the second contains its nominative definite form:

1. **Urdhëro** is also used to welcome people or to invite people inside a house or office.

Unë jetoj në **Shqipëri**.	I live in Albania.
Unë jam nga **Shqipëria**.	I am from Albania.
Ajo banon në **Korçë**.	She lives in Korça.
Ajo është nga **Korça**.	She is from Korça.
Ne banojmë në **Kanada**.	We live in Canada.
Ne jemi nga **Kanadaja**.	We are from Canada.

§8 provided the rules for forming nominative definite nouns from indefinite nouns. The same rules apply to other feminine nouns that are not proper names of countries or cities:

- If a noun ends in **-ë**, replace **-ë** with **-a**:

nën**ë**	mother	nën**a**	the mother

- If a noun ends in a stressed **-i**, add **-a**:

shtëp**i**	house	shtëpi**a**	the house

- If a noun ends in an unstressed **-e**, replace **-e** with **-ja**:

shoq**e**	female friend	shoq**ja**	the female friend
gjysh**e**	grandmother	gjysh**ja**	the grandmother

- If a noun ends in a stressed vowel, add **-ja**:

kafen**e**	coffee shop	kafene**ja**	the coffee shop

An exception to this rule is the word **grua** 'woman, wife', whose definite form is **gruaja** 'the woman, the wife', in spite of the fact that the final **-a** is not stressed.

- Some feminine nouns end in -**ël**, **-ëll**, -**ër**, or **-ërr**; in these cases, drop the **-ë** and add **-a**:

mot**ër**	sister	mot**ra**	the sister
pup**ël**	feather	pup**la**	the feather
krik**ëll**	mug	krik**lla**	the mug
let**ër**	letter	let**ra**	the letter
ënd**ërr**	dream	ënd**rra**	the dream

§28 Nominative singular definite nouns: masculine nouns

In §8 we saw that nouns that end in a consonant are typically masculine in Albanian. We also saw some masculine countries and cities that had an indefinite form and a definite form. As with feminine nouns, **në** 'in, at' is typically followed by the accusative indefinite form while **nga** 'from' is followed by the nominative definite form:

Filipi banon në **Brazil**.	Filip lives in Brazil.
Filipi është nga **Brazili**.	Filip is from Brazil.
Hansi punon në **Mynih**.	Hans works in Munich.
Hansi vjen nga **Mynihu** çdo muaj.	Hans comes from Munich every month.

To form the nominative definite form of nouns that are not countries, follow the same rules as with the countries in §8:

- If the noun ends in a **consonant**, add **-i**:

gjysh	grandfather	gjysh**i**	the grandfather

- A few masculine nouns end in **-ë**; in this case, replace **-ë** with **-i**:

burr**ë**	man, husband	burr**i**	the man, the husband
djal**ë**	boy	djal**i**	the boy

- Very few masculine nouns end in a stressed **-a**; in this case, add -**i**:

bab**a**	father	baba**i**	the father

- Some masculine nouns end in **-ër**; in this case, drop the **-ë** and add **-i**:

lib**ër**	book	lib**ri**	the book

- If a noun ends in **-k**, **-g**, or **-h**, add **-u**:

sho**k**	friend	shok**u**	the friend
zo**g**	bird	zog**u**	the bird
kra**h**	hand	krah**u**	the hand

§29 **Ka** 'there is', 'there are'

Ka is used to express 'there is' and 'there are', regardless of whether the noun that follows is singular or plural:

Ka një student këtu.	There is a student here.
Ka shumë studentë këtu.	There are many students here.

§30 The prepositions **mbi** 'on' and **nën** 'under'

In Dialogu 5.1, part C, you encountered the following constructions:

Qeni është **mbi divan**.	The dog is on the couch.
Macja është **nën kolltuk**.	The cat is under the armchair.

The prepositions **mbi** 'on' and **nën** 'under', just like **në** 'at' (§14), require the accusative indefinite form of the noun, which is the same as the nominative form, or the base form typically listed in the dictionary. Notice that in English, unlike what is observed in Albanian, the noun that follows the prepositions 'on' and 'under' appears in the definite form.

USHTRIMI 5.1

Indicate whether the following statements are true (T) or false (F) based on Dialogu 5.1.

Dialogu 5.1, part A

1. ______ Era është në punë kur bie telefoni.
2. ______ Në telefon është Kastrioti.
3. ______ Arbi është në shtëpi.
4. ______ Arbi dhe Era punojnë bashkë.
5. ______ Takimi fillon në orën tetë e një çerek.
6. ______ Era banon afër.

Dialogu 5.1, part B

7. ______ Besa shikon një fotografi.
8. ______ Fotografia është e bukur.
9. ______ Shoqja e Besës (Besa's female friend) është beqare.
10. ______ Shoku i Besës (Besa's male friend) është i martuar.
11. ______ Kastrioti është majtas në fotografi.
12. ______ Besa ka një mace dhe një qen.

Dialogu 5.1, part C

13. ______ Nëna e Sokolit (Sokoli's mother) është tek mjeku.
14. ______ Babai i Sokolit (Sokoli's father) është në punë.
15. ______ Gjyshi i Sokolit është në kuzhinë.
16. ______ Gjyshja e Sokolit po gatuan
17. ______ Macja dhe qeni janë në shtëpi.
18. ______ Macja është mbi divan.
19. ______ Qeni është në kuzhinë.
20. ______ Gjyshi i Sokolit po shikon televizor.

USHTRIMI 5.2

Ask questions and have a classmate answer, as in the following examples. Try both dialogue models:

telefon, majtas
Ku është telefoni?
Telefoni është majtas.

1. zog, djathtas

2. student, në universitet

3. peshk, në frigorifer

4. kolltuk, dhomë

5. laps, mbi tryezë

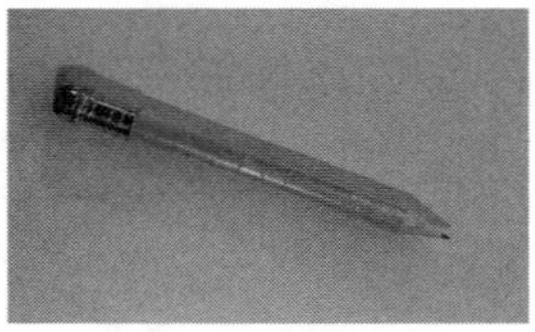

6. shtëpi, afër

7. frigorifer, në kuzhinë

8. vajzë, në shkollë

9. televizor, në dyqan

10. shkollë, afër
11. shah, mbi tryezë[2]
12. studente, në universitet

13. çelës, mbi tryezë

2. **Në** can also be used.

14. flamur, jashtë

15. mësues, në shkollë

16. fletore, në shtëpi

17. karrige,[3] në dhomë

18. kuti, mbi karrige

19. tryezë, në oborr

20. lugë, mbi tryezë

USHTRIMI 5.3

Ask questions and have a classmate answer as in the following example:

orë, mbi tryezë
A ka një orë këtu?
Po, ka një orë.
Ku është ora?
Ora është mbi tryezë.

3. The definite form of **karrige** 'chair' is not **karrigja** but **karrigia.** This is due to the fact that we need to maintain the [g] sound of the original form.

1. pirun, mbi tryezë

2. lule, në vazo

3. makinë, në garazh

4. fletore, mbi tryezë

5. mjek, në spital

6. kolltuk, në shtëpi

7. çelës, këtu

8. gotë, në kuzhinë

9. pemë, në oborr

10. dritare, atje

DIALOGU 5.2: QYTETI IM

Martini: Dea, si është qyteti yt, Tirana?

Dea: Tirana është një qytet i madh dhe i bukur. Është qytet i zhurmshëm dhe plot me gjallëri. Po qyteti yt, si është Martin?

Martini: Qyteti im, Shëngjini, është një qytet i vogël bregdetar. Është shumë i këndshëm në pranverë dhe në verë, por i trishtuar në vjeshtë dhe në dimër.

Dea: Pse është i trishtuar në vjeshtë dhe në dimër?

Martini: Sepse në vjeshtë dhe në dimër, qyteti është i qetë dhe pa gjallëri.

Dea: Si është koha në vjeshtë?

Martini: Nuk është e ftohtë, por bie shpesh shi dhe fryn shumë erë. Qielli është shpesh gri dhe nganjëherë ka edhe mjegull. Prandaj vjeshta është pak e trishtuar.

Dea: Po dimri, si është?

Martini: Dimri është i butë dhe jo shumë i gjatë. Bie shi, por nuk bie asnjëherë borë. Po në Tiranë, si është koha në dimër?

Dea: Koha në dimër nuk është e keqe. Nuk bën shumë ftohtë, por bie shpesh shi. Shumë rrallë bie edhe borë.

Martini: Po vera, si është në Tiranë?

Dea: Vera në Tiranë është e nxehtë. Bën shumë vapë dhe nganjëherë bie shi.

Martini: Cila është stina jote e parapëlqyer, Dea?

Dea: Stina ime e parapëlqyer është pranvera.[4] Koha në pranverë është e ngrohtë dhe natyra është e bukur. Qielli është i kaltër; dielli ndriçon. Dita është e gjatë; nata është e shkurtër. Në rrugë ka shumë gjallëri.

Martini: Kurse stina ime e preferuar është vera. Në verë, dielli ndriçon, deti është blu dhe qyteti është plot jetë.

4. **Stina ime e preferuar** can also be used instead of **Stina ime e parapëlqyer** to mean 'my favorite season'.

FJALOR

asnjëhérë	never
i bárdhë, e bárdhë	white (masc., fem.)
blu	blue
bór/ë, -a	snow
bíe bórë	it snows
bregdetár, -e	coastal
budallá, -qe	stupid
i,e búkur	beautiful, handsome
i,e bútë	mild, soft
cíli	which (masc.)
cíla	which (fem.)
dét, -i	ocean
díe/ll, -lli, -j	sun
dím/ër, -ri, -ra	winter
dít/ë, -a, -ë	day
dhjetór, -i	December
i,e ftóhtë	cold
fjalór, -i, -ë	dictionary
frýj	to blow
frýn érë	it is windy (lit., it blows wind)
gri	gray
gúsht, -i	August
gjallërí, -a	liveliness, vitality
i,e gjátë	long
i,e gjélbër	green
i,e hápur	open
i,e húaj	foreign
janár, -i	January
jét/ë, -a, -ë	life
jóte	your (fem., sing.)
i,e káltër	sky blue
i keq, e kéqe	bad
i,e kënáqur	satisfied
i këndsh/ëm, e -me	pleasant
kliént, -i, -ë	client
kóh/ë, -a	weather, time
korrík, -u	July
i kuq, e kúqe	red
i,e léhtë	easy, light
i,e lírë	free, not busy, not occupied; cheap
i,e lúmtur	happy
i mádh, e mádhe	big
máj, -i	May
márs, -i	March
i,e mbýllur	closed
mjégull, -a	fog
ka mjégull	it is foggy (lit., it has fog)
múaj, -i, -	month
nát/ë, -a, net	night
natýr/ë, -a	nature
ndërsá	whereas
ndriçój	to shine
díelli ndriçón	the sun shines
i ndrýsh/ëm, e -me	different
i nevójsh/ëm, e -me	necessary
nëntór, -i	November
nga ána tjétër	on the other hand
nganjëhérë	sometimes
i,e ngróhtë	warm
i,e nxéhtë	hot
i,e parapëlqýer	preferred, favorite
plot	full
plot jétë	full of life
prandáj	therefore
pranvér/ë, -a, -a	spring
i,e preferúar	favorite
príll, -i	April
qershór, -i	June
i,e qétë	quiet
qíe/ll, -lli, -j	sky
qytét, -i	city
i,e rëndë	heavy
i rí, e ré	new, young
rrállë	rarely
rrallëhérë	rarely
rrúg/ë, -a, -ë	street, road
si	how
i sót/ëm, e -me	today's, from today

stín/ë, -a, -ë	season	vér/ë, -a, -a	summer
i shëndétsh/ëm, e -me	healthy	i,e vërtétë	true
		i,e vështírë	difficult
shí, -u, -ra	rain	vjésht/ë, -a, -a	fall
bíe shí	it rains	i,e vjétër	old
shkúrt, -i	February	i,e vógël	small
i,e shkúrtër	short	yt	your (masc., informal)
i,e shpéjtë	fast	i,e zakónsh/ëm, e -me	usual
shtatór, -i	September		
i,e shtrénjtë	expensive	i,e zënë	busy, occupied
tetór, -i	October	i zi, e zézë	black
i,e trishtúar	gloomy, sad	i,e zgjúar	smart, intelligent
ushtrím, -i, -e	exercise	i zhúrmsh/ëm, e -me	noisy
valíxh/e, -ja, -e	suitcase		

GRAMATIKË

§31 Class 2 adjectives: the linking article with singular definite nouns

As we have seen before (§7), adjectives typically follow nouns in Albanian. We have also seen that there are two kinds of adjectives: those that appear without a linking article (like adjectives of nationality, see §7, Class 1 adjectives) and those that appear with a linking article (Class 2 adjectives). In this lesson we will concentrate on adjectives that bear an obligatory linking article. Consider first the following examples with definite singular nouns:

(1) **Studenti i mirë** është këtu.	The good student (masc.) is here.
(2) **Studentja e mirë** është këtu.	The good student (fem.) is here.

Class 2 adjectives require a linking article to be able to modify a noun; this linking article always precedes the adjective. Look at examples (1) and (2) above and write down the linking article for the definite singular nouns in the examples above:

	Masculine	Feminine
Nominative (subject)	______________	______________

As you have observed, the linking article **i** is used with a nominative masculine noun while **e** is used with a nominative feminine noun (remember that nominative is normally the case used with subjects).

Notice that in all these examples the adjective immediately follows the noun. When an adjective modifies a noun directly we say that it is **an attributive adjective. The** following chart shows the forms of the linking article with attributive adjectives in the nominative singular form:

	Singular	
	Masculine	*Feminine*
Nominative	studenti **i** mirë	studentja **e** mirë

Adjectives can also be used after a copular verb, such as **jam** 'to be' or **duket** 'to seem'. In these instances we say that the adjective is a predicative adjective. Consider the following examples:

(3) Studenti është **i mirë**.	The student (masc) is good.
(4) Studentja është **e mirë**.	The student (fem) is good.

Write down the linking article for the predicative adjectives above:

	Singular	
	Masculine	*Feminine*
Nominative (subject)	___________________	___________________

As you can see, the forms of the linking article are the same when the adjective is used attributively as when it is used predicatively. This is true for singular nouns.[5] The following chart shows the forms of the linking article with predicative adjectives in the nominative singular form:

	Singular	
	Masculine	*Feminine*
Nominative	Studenti është i mirë.	Studentja është e mirë

§32 Class 2 adjectives: adjective agreement (singular forms)

Now that you know the form of the linking article for singular nominative nouns, you need to master the different forms of the adjective. As you already know, the adjective agrees with the noun it modifies. Most class 2 adjectives only have two forms, one for the feminine plural and another form for all the other cases. Let's consider the singular forms first:

Studenti **i mirë** (masc.).	The good student (masc.).
Studentja **e mirë** (fem.).	The good student (fem.).

As you can see, adjectives that require a linking article have the same form in the masculine singular as in the feminine singular; only the linking article changes. Here are some more useful adjectives. They are not from the dialogue, but you will find them useful for everyday conversation:

Masculine	Feminine	
i bardhë	e bardhë	white
i gjelbër	e gjelbër	green
i hapur	e hapur	open
i huaj	e huaj	foreign
i kaltër	e kaltër	sky blue
i kënaqur	e kënaqur	satisfied
i lehtë	e lehtë	easy, light
i lirë	e lirë	free
i lumtur	e lumtur	happy
i mbyllur	e mbyllur	closed
i rëndë	e rëndë	heavy

5. We will see later (§42) that plural definite forms have different forms for the linking article when used attributively and when used predicatively. Hence it is important to understand the difference between these two types of modification.

i sëmurë	e sëmurë	sick
i shpejtë	e shpejtë	fast
i shtrenjtë	e shtrenjtë	expensive
i verdhë	e verdhë	yellow
i vërtetë	e vërtetë	true
i vështirë	e vështirë	difficult
i vjetër	e vjetër	old
i zënë	e zënë	busy, occupied
i zgjuar	e zgjuar	smart, intelligent

Adjectives that end in **-ëm** in the masculine form take **-me** in the corresponding feminine singular form:

Masculine	Feminine	
i këndsh**ëm**	e këndsh**me**	pleasant
i ndrysh**ëm**	e ndrysh**me**	different
i nevojsh**ëm**	e nevojsh**me**	necessary
i sot**ëm**	e sot**me**	today's, of today
i shëndetsh**ëm**	e shëndetsh**me**	healthy
i zakonsh**ëm**	e zakonsh**me**	usual

Some adjectives are irregular. These you must memorize:

Masculine	Feminine	
i keq	e keq**e**	bad
i kuq	e kuq**e**	red
i madh	e madh**e**	big
i ri	e **re**	young, new
i zi	e **zezë**	black

Notice that **i ri** means both 'young' and 'new', while **i vjetër** means 'old', referring to both people and objects:

Djali është **i ri**.	The boy is young.
Libri është **i ri**.	The book is new.
Burri është **i vjetër**.	The man is old.
Libri është **i vjetër**.	The book is old.

§33 Class 2 adjectives with nominative singular indefinite nouns

In §31 we saw how class 2 adjectives behaved when modifying definite nouns. In this section we will learn how they behave when modifying indefinite nouns. Consider the following examples:

Ky është **një student i mirë**.	This is a good student (masc.).
Kjo është **një studente e mirë**.	This is a good student (fem.).

Write down your observations. What is the linking article when the adjective is used attributively and when the noun is indefinite?

	Masculine	Feminine
Nominative	____________	____________

The following charts summarize the forms of the linking article with attributive adjectives when they modify a nominative (subject) noun:

Linking articles to modify a definite noun:

	Singular	
	Masculine	*Feminine*
Nominative	studenti **i** mirë	studentja **e** mirë

Linking articles to modify an indefinite noun:

	Singular	
	Masculine	*Feminine*
Nominative	(një) student **i** mirë	(një) studente **e** mirë

§34 The weather

Here are some useful expressions for the weather.

Si është koha sot?	How is the weather today?
Koha është e mirë sot.	The weather is good today.
Është me diell.	It's sunny.
Po ndriçon dielli.	The sun is shining.
Është vapë.	It's hot.
Bën vapë.	It's hot.
Është ngrohtë.	It's warm.
Koha është e keqe sot.	The weather is bad today.
Po bie shi.	It's raining.
Është me erë.	It's windy.
Fryn erë.	It's windy.
Po bie borë.	It's snowing.
Është ftohtë.	It's cold.
Është me re.	It's cloudy.
Ka re.	It's cloudy.
Është me lagështirë.	It's muggy.
Ka lagështirë.	It's muggy.
Është me mjegull.	It's foggy.
Ka mjegull.	It's foggy.
Është freskët.	It's cool.

§35 The seasons and the months of the year

Muajt (the months) and **dhe stinët** (the seasons):

Stinë	dimër	pranverë	verë	vjeshtë
Muaj	janar	prill	korrik	tetor
	shkurt	maj	gusht	nëntor
	mars	qershor	shtator	dhjetor

There are two ways to ask for the date:

Sa është data sot?	What's the date today?
Sot është 12 qershor 2012.	Today is June 12, 2012.
Ç'datë është sot?	What's the date today?
Sot është 28 nëntor 2012.	Today is November 28, 2012.

When you write the date on a letter, you write:

Tiranë, më 12.02.2012 (më dymbëdhjetë shkurt dy mijë e dymbëdhjetë)

Notice that in Albanian you must write day, month, year in that order. Thus, the date above is February 12, not December 2!

Notice the way the different English prepositions are translated into Albanian when using days, months, seasons, and years:

on Monday	**të** hën**ën** (see §22)
in February	**në** shkurt
in 2012	**në** vit**in** 2012 (or **në** 2012-**ën)**
on Monday, February 18, 2012	**të** hënën, **më** 18 shkurt 2012
in (the) summer	**në** verë
in the summer of 2012	**në** verën e vitit 2012
Christmas is on December 25.	Krishtlindjet janë **më** 25 dhjetor.
Summer starts on June 21.	Vera fillon **më** 21 qershor.

USHTRIMI 5.4

Indicate whether the following statements are true (T), false (F), or not mentioned (NM) based on Dialogu 5.2.

1. ______ Tirana është një qytet i madh dhe i bukur.
2. ______ Tirana është e zhurmshme dhe plot gjallëri.
3. ______ Shëngjini është një qytet i vogël. Është shumë i këndshëm në dimër dhe në vjeshtë.
4. ______ Tirana është shumë e qetë në verë.
5. ______ Në Tiranë qielli është shpesh gri dhe nganjëherë ka dhe mjegull në dimër.
6. ______ Dea thotë se vjeshta është stinë e këndshme.
7. ______ Në dimër bie shumë shi në Tiranë.

8. ______ Martini thotë se në dimër qielli është gri në Shëngjin.
9. ______ Në Tiranë bie nganjëherë borë.
10. ______ Në Tiranë, vera nuk është asnjëherë e nxehtë.
11. ______ Dea thotë se stina e saj e parapëlqyer është dimri.
12. ______ Koha në pranverë është e ngrohtë dhe natyra është shumë e bukur në Tiranë.
13. ______ Shëngjini është një qytet bregdetar dhe është plot jetë në verë.
14. ______ Në Shëngjin, deti në verë është blu.

USHTRIMI 5.5

Answer the following questions based on Dialogu 5.2.

1. Nga është Dea?

   ____

2. Nga është Martini?

   ____

3. Si është Tirana?

   ____

4. Si është Shëngjini?

   ____

5. Si është koha në dimër në Tiranë?

   ____

6. Si është koha në verë në Tiranë?

   ____

7. Pse thotë Martini se vjeshta është stinë e trishtuar?

   ____

8. Si është koha në pranverë?

   ____

9. Bie shi në dimër në Tiranë?

   ____

10. Si është koha në verë në Shëngjin?

   ____

USHTRIMI 5.6

Si është koha? Briefly describe the weather in the two cities mentioned in Dialogu 5.2 depending on the season.

	Shëngjini	Tirana
Në pranverë:	______________	______________
	______________	______________

Në verë: ____________________ ____________________

____________________ ____________________

Në vjeshtë: ____________________ ____________________

____________________ ____________________

Në dimër: ____________________ ____________________

____________________ ____________________

USHTRIMI 5.7

Complete the following sentences with the appropriate form of the adjective in parentheses. Make sure you understand the meaning of the adjectives you are using!

1. Qyteti është ______________(i madh) dhe ______________(i bukur).
2. Rruga është ______________(i zhurmshëm).
3. Natyra është ______________(i këndshëm) në pranverë.
4. Pranvera është stinë ______________(i bukur).
5. Dimri është ______________(i ftohtë).
6. Dita është ______________(i gjatë).
7. Shtëpia është ______________(i qetë).
8. Vjeshta është ______________(i bukur) dhe pak ______________(i trishtuar).
9. Qielli është ______________ (i kaltër).
10. Qyteti është ______________ (i qetë).

USHTRIMI 5.8

Complete the following sentences with the appropriate form of the words in parentheses.

1. ____________________ (The red notebook) është mbi tryezë.
2. ____________________ (Today's newspaper) është këtu.
3. ____________________ (The small boy) tani shkon në shkollë.
4. ____________________ (The white book) është mbi tryezë.
5. ____________________ (The table) është ______________ (red).
6. ______________ (This beer) është ______________ (cold), kurse ajo është ______________ (warm).
7. ______________ (The new lesson) është ______________ (easy).
8. ______________ (The new discotheque) është ______________ (open), kurse ______________ (the old discotheque) është ______________ (closed).
9. ______________ (The new [male] student) nuk është ______________ (healthy), ai është shpesh ______________ (sick).
10. ______________ (The flower) është ______________ (yellow); nuk është ______________ (green).

USHTRIMI 5.9

In Dialogu 5.1, you encountered the following expression:

Sa fotografi e bukur! What a beautiful picture!

This is what we call an exclamative noun phrase. What is the "formula" to form exclamative noun phrases?

(i) __________ + (ii) ______________ + (iii) ______________.

Now try to say the following exclamative noun phrases. Be careful with the form of the linking article. Remember that you need to use the indefinite form of the noun. These exclamative noun phrases always start with the exclamative word **sa** 'how'.

1. What a beautiful girl! ______________________________
2. What a tall boy! ______________________________
3. What an intelligent woman! ______________________________
4. What an easy exercise! ______________________________
5. What an expensive car! ______________________________
6. What an old house! ______________________________
7. What a cold winter! ______________________________
8. What a hot summer! ______________________________
9. What a difficult book! ______________________________
10. What an old city! ______________________________

LEXIMI 5.1: LETËR NGA PUSHIMET

Xhimi është një student nga Shtetet e Bashkuara dhe studion shqip në universitet. Tani është me pushime në Sarandë dhe po shkruan një letër për një shok që banon në Tiranë

Sarandë, më 15.08.2012

I dashur Artan,

Tani jam në Sarandë. Jam në hotel "Cosmopole". Kam një dhomë me pamje nga deti. Dhoma ka një ballkon. Në ballkon ka dy karrige, një tryezë dhe një çadër. Atje ha mëngjes [I eat breakfast] çdo ditë. Për mëngjes zakonisht ha kos me fruta, bukë me gjalpë dhe me reçel dhe pi kafe turke me shumë sheqer. Kafeja është shumë e fortë këtu.

Koha është e mirë. Në mëngjes, temperatura është 20 gradë Celsius dhe është shumë këndshëm, sepse nuk bën vapë. Por në mesditë dielli është shumë i fortë dhe bën shumë vapë (30–33 gradë C). Zakonisht në mesditë unë shkoj në plazh. Edhe në mbrëmje është vapë dhe ka pak lagështi. Për fat të mirë, hoteli ka ajër të kondicionuar dhe nga deti fryn gjithmonë një fllad i freskët.

Në dhomë ka dy krevate dhe një dollap. Dhoma nuk është si dhoma ime në Uashington. Në dhomë ka frigorifer dhe televizor. Unë shikoj televizor çdo pasdite. Megjithëse ka disa kanale në anglisht si BBC dhe CNN, unë shikoj vetëm kanale shqiptare. Nuk kuptoj çdo gjë, por kuptoj shumë (70 për qind). Në televizor ka shumë telenovela italiane dhe latino-amerikane!

Tri minuta larg nga hoteli është tregu dhe një supermarket.[6] Shkoj çdo ditë në treg, sepse blej fruta, kurse në supermarket blej bukë, djathë, gjalpë, reçel, qumësht, lëng frutash dhe koka-kola.[7] Drekë ha zakonisht në plazh. Në mbrëmje shkoj në kafene ku pi kafe ose lëng frutash, ose ha patate të skuqura.[8]

Çdo ditë blej dy gazeta dhe lexoj disa artikuj. Kam edhe dy shokë këtu. Ata nuk janë nga Saranda, por punojnë këtu në verë. Valdeti është nga Tirana dhe Tofiku është nga Prishtina (nga Kosova). Valdeti punon si kamarier në një hotel këtu afër, kurse Tofiku është murator. Valdeti dhe Tofiku vijnë çdo pasdite në hotel.

Tani në Sarandë ka kryesisht turistë nga Balkani, por jo nga Evropa Perëndimore ose nga Shtetet e Bashkuara.

Nuk po shkruaj më, sepse po troket dera.

Të fala, shoku yt Xhimi

FJALOR

áfër	nearby
ájër i kondicionúar	air conditioning (nom.)
ájër të kondicionúar	air conditioning (acc.)
ballkón, -i, -e	balcony
búk/ë, -a, -ë	bread
çád/ër, -ra, -ra	parasol, sunshade
dér/ë, -a, dyer	door
dét, -i, -e	sea
díe/ll, -lli, -j	sun
djáth/ë, -i, -ëra	cheese
dolláp, -i, -ë	wardrobe
drek/ë, -a, -a	lunch
fát, -i	fate, destiny, luck
për fat të mírë	luckily, fortunately
fllad, -i, -e	light breeze
i,e fórtë	strong
i,e fréskët	refreshing, fresh
frigorifér, -i, -ë	refrigerator
frút/ë, -a, -a	fruit
fryj	to blow
gadíshu/ll, -lli, -j	peninsula
grád/ë, -a, -a	degree
gjálp/ë, -i	butter
gjë, -ja, -ra	thing
çdó gjë	everything
gjithmónë	always
kanál, -i, -e	channel
i këndsh/ëm, e -me	comfortable
kóka-kóla	Coca-Cola
kos, -i	yogurt
krevát, -i, -e	bed
kryesísht	mainly
lagështí, -a	humidity
latíno-amerikán, -e	Latin American
lën/g, -gu, -gje	juice
lëng frútash	fruit juice
megjíthëse	although
më	more, any more
muratór, -i, -ë	stonemason, bricklayer
pámj/e, -ja, -e	view, sight

6. In the spoken language, **tre minuta** is usually used.
7. In the spoken language, just use **kola.**
8. In the spoken language, **kafe** is used instead of **kafene: Shkojmë në kafe!** 'Let's go to a coffee shop!'

me pámje nga	facing, with a view to	telenovél/ë, -a, -a	soap opera
patát/e, -ja, -e	potato	të fála	greetings, regards
patáte të skúqura	fried potatoes	tré/g, -gu, -gje	market
perëndimór, -e	western	trokás	to knock
për qínd	percent	Po trokét déra.	Someone is knocking. (lit., The door is knocking.)
pi	to drink	turíst, -i, -ë	tourist
plázh, -i, -e	beach	váp/ë, -a	heat
qúmësht, -i	milk	Është vápë.	It's hot.
reçél, -i	jam	Kam vápë.	I am hot.
sa	like		
i,e skúqur	fried		
sheqér, -i	sugar		

USHTRIMI 5.10

Answer the following questions based on Leximi 5.1.

1. Nga është Xhimi? Ku është tani?
2. Ç'muaj është? Ç'stinë është?
3. Sa është data?
4. Ç'po bën Xhimi në Sarandë tani? Në ç'hotel është ai?
5. Si është koha në Sarandë në verë?
6. Si është dhoma?
7. Ç'ka në ballkon?
8. Çfarë ka në dhomë?
9. A shikon Xhimi programe në anglisht në televizor? Pse?
10. Sa gazeta blen çdo ditë?
11. Sa shokë ka ai në Sarandë? Ç'bëjnë ata? Çfarë kombësie kanë?
12. A ka turistë nga Evropa Perëndimore?

USHTRIMI 5.11

Classify the following words into one of the following categories. Write these nouns (except **turistë**) in their singular definite form, as in the example. These are very practical words to know when you're traveling!

> ballkon, bukë, çadër, det, diell, dhomë, fllad, frigorifer, frutë, gjalpë, kafe, kamarier, karrige, krevat, lagështi, murator, reçel, sheqer, tryezë, televizor, [turistë], treg, Tofik, Valdet, vapë, verë

Ushqime/Pije	Mobilje	Qytet	Hotel	Shokë	Koha
(food/drink)	(furniture)	(city)	(hotel)	(friends)	(weather)
		turistë	ballkoni		

USHTRIMI 5.12

Create dialogues for the following situations.

1. Imagine you are Xhimi. Using the information given in the reading, register at the Hotel Cosmopole in Saranda. A classmate will play the role of the receptionist. Ask as many questions as you can about the room.
2. Xhimi eats breakfast in the hotel dining room. He talks to the waiter about where he is from. The waiter tells him what the hotel offers for breakfast. Use some of the vocabulary in Ushtrimi 5.11
3. Xhimi goes to dinner at a nice restaurant. He talks to the waiter and asks many questions about Saranda. The waiter tells him what is on the menu. Use some of the vocabulary in Ushtrimi 5.11.

Shëngjin (photo: Edmond Prifti)

INFORMACIONE KULTURORE

- Tirana, located in central Albania, is the capital of Albania.
- Shëngjin is a city on the Adriatic Sea.
- Saranda is a city in southern Albania on the coast of the Ionian Sea.
- Albania has a mild, Mediterranean climate, with hot, dry summers and cool, wet winters in the lowlands. In the highlands, snow can fall from November until March; mountain towns are very cold at this time of year. The coastal lowlands typically have Mediterranean weather; the highlands have a Mediterranean continental climate. In both the lowlands and the interior, the weather varies markedly from north to south. The lowlands have mild winters, averaging about 7° C. Summer temperatures average 24° C. In the southern lowlands, temperatures average about five degrees higher throughout the year. The difference is greater than five degrees during the summer and somewhat less during the winter.
- In Gheg, the months of the year are **Kallnuer** (**kallnor**), **fruer** (**fror**), mars, prill, **qershuer**, korrik, gusht, **shtatuer**, **Tetuer**, **nantuer**, **dhetuer**.
- In Gheg, the seasons of the year are **pra(e)ndverë**, **verë**, **vjeshtë**, **dimën**.
- Adjectives that end in **-uar** in Standard Albanian typically end in **-u(e)m** in the Gheg dialect:

  i trisht**uar** → i trisht**u(e)m**
  i gëz**uar** → i gëz**u(e)m**

- Adjectives that end in **-ur** end in **-un** in Gheg:

  i lumt**ur** → i lumt**un**

MËSIMI 6

Përsëritje

Review

DIALOGU 6.1: PAMELA

Drini: Kush është kjo këtu në fotografi?
Vesa: Kjo është Pamela.
Drini: Nga është Pamela?
Vesa: Është nga Uashingtoni.[1]
Drini: Sa vjeçe është ajo?
Vesa: Pamela është 20 vjeçe.
Drini: Është në punë apo studion në universitet?
Vesa: Studion në universitet.
Drini: Për çfarë studion ajo?[2]
Vesa: Pamela studion për matematikë. Ajo ka bursë nga universiteti.
Drini: Banon me prindërit apo vetëm?
Vesa: Jo, banon me dy shoqe në konvikt.
Drini: Sa lëndë ka këtë semestër?
Vesa: Këtë semestër ka katër lëndë: matematikë, kimi, fizikë. Studion edhe shqip.
Drini: Shqip? Pse studion shqip?
Vesa: Sepse babai i saj është shqiptar.
Drini: Po në shtëpi, çfarë gjuhe flet me prindërit?
Vesa: Në shtëpi flet vetëm anglisht. Nëna e saj është amerikane dhe nuk flet shqip.
Drini: Ku punon babai i saj?
Vesa: Babai i saj është dentist dhe punon në një klinikë dentare.
Drini: Po nëna e saj, ç'punë bën?
Vesa: Nëna është pedagoge. Punon në universitet. Jep letërsi.
Drini: A ka motra dhe vëllezër?
Vesa: Ka një motër dhe një vëlla. Ata shkojnë në shkollë.
Drini: Ç'bën Pamela në fundjavë?
Vesa: Të shtunën në mëngjes noton në pishinë ose vrapon. Pastaj studion pak. Në mbrëmje shkon në diskotekë ose në kinema.
Drini: Po të dielën?
Vesa: Të dielën shkon në bibliotekë. Atje kalon shumë orë, sepse studion dhe bën detyrat.

1. Typically, foreign names are written the way they sound to an Albanian person. Notice that since Uashington ends in a consonant, it is considered a masculine noun. Hence, Uashingtoni is its definite form, which is required after **nga.**

2. This structure is used to ask about the major a person is pursuing at a university.

FJALOR

A ka mótra dhe vëllézër?	Does she have brothers and sisters?
búrs/ë, -a, -a	scholarship, stock exchange
detýr/ë, -a, -a	assignment, homework
bëj detýrat	to do the homework
Është në púnë?	Is she working? (lit, Is she at work?)
fizík/ë, -a	physics
kalój	to spend time
këtë	this (accusative)
kimí, -a	chemistry
kliník/ë, -a, -a	clinic
kliníkë dentáre	dental clinic
letërsí, -a	literature
lënd/ë, -a, -ë	course, subject
matematík/ë, -a	mathematics
pastáj	afterward
pedagóg, -u, -ë	teacher, professor (at the university level)
pishín/ë, -a, -a	swimming pool
prind, -i, -ër	parent
me príndërit	with the parents
semést/ër, -ri, -ra	semester
këtë seméster	this semester
shúmë	many
shúmë órë	many hours
Uashingtón, -i	Washington
vétëm	only, alone
vrapój	to run

USHTRIMI 6.1

True (T), false (F), or not mentioned (NM)?

1. ______ Pamela është nga Shtetet e Bashkuara.
2. ______ Pamela është 20 vjeçe.
3. ______ Pamela studion në mëngjes dhe punon në mbrëmje.
4. ______ Pamela jeton me një shoqe.
5. ______ Pamela studion në universitet.
6. ______ Pamela ka 4 lëndë këtë semestër.
7. ______ Pamela flet shqip lirisht.
8. ______ Babai i Pamelës (Pamela's father) është nga Shqipëria.
9. ______ Nëna e Pamelës (Pamela's mother) është amerikane.
10. ______ Babai i Pamelës punon në Uashington.
11. ______ Nëna e Pamelës punon në shkollë.
12. ______ Nëna e Pamelës jep matematikë.
13. ______ Pamela ka një vëlla dhe një motër.
14. ______ Të shtunën dhe të dielën Pamela shkon në diskotekë.

USHTRIMI 6.2

Answer the following questions based on Dialogu 6.1.

1. A është Pamela nga Uashingtoni?
____
2. Ç'bën babai i saj? Ku punon ai?
____
3. Ç'bën nëna e saj? Ku punon ajo?
____
4. A ka vëllezër dhe motra? Ç'bëjnë ata?
____
5. Ku studion Pamela? Ç'studion?
____
6. Sa lëndë ka këtë semestër?
____
7. Studion Pamela shqip? Pse?
____
8. Ka ajo bursë nga universiteti?
____
9. Ç'bën ajo të shtunën?
____
10. Ç'bën Pamela të dielën?
____

USHTRIMI 6.3

Geri is in the fifth grade. Below is his **orari i mësimeve** 'schedule of classes' preceded by a brief vocabulary list. Study the schedule and answer the questions.

aftësím, -i	qualification, skill
aftësím teknologjík	technology (lit., technological skill)
diturí, -a	knowledge
diturí natýre	science (lit., knowledge of nature)
edukát/ë, -a	education
edukátë fizíke	physical education
ekonomí, -a	economics
ekonomí shtëpiáke	home economics
lexím, -i	reading
lexím letrár	the subject of literature for elementary school
pushím, -i	break
vizatím, -i	drawing

ORARI I MËSIMEVE					
	E hënë	**E martë**	**E mërkurë**	**E enjte**	**E premte**
08:00–08:45	Gjuhë Shqipe	Histori	Gjuhë Shqipe	Anglisht	Gjuhë Shqipe
08:50–09:35	Histori	Edukatë fizike	Lexim letrar	Matematikë	Anglisht
09:40–10:25	Vizatim	Matematikë	Dituri natyre	Edukatë fizike	Matematikë
10:25–10:50	P	U	Sh	I	M
10:50–11:35	Anglisht	Gjeografi	Matematikë	Gjuhë Shqipe	Ekonomi shtëpiake
11:40–12:25	Matematikë	Lexim letrar	Muzikë	Lexim letrar	Aftësim teknologjik
12:30–13:15	Muzikë	Ekonomi shtëpiake		Dituri natyre	Dituri natyre

1. Në ç'orë fillon shkolla (the school) çdo ditë?

____

2. Në ç'orë mbaron?

____

3. Sa orë kalon Geri në shkollë çdo ditë?

____

4. Ka Geri mësim çdo ditë?

____

5. Sa lëndë ka Geri në shkollë?

____

6. Kur ka Geri gjuhë shqipe?

____

7. Sa orë matematikë ka në javë? Kur ka matematikë?

____

8. Sa orë histori ka Geri në javë? Po dituri natyre?

____

9. Kur ka lexim letrar?

____

10. Ç'lëndë ka të premten?

____

11. Nga ç'orë deri në ç'orë ka pushim çdo ditë?

____

12. Ç'gjuhë mëson Geri? Sa orë ka në javë?

____

13. Mëson ai italisht në shkollë?

____

14. Në ç'lëndë mëson kompjuterin (learn about the computer)?

____

Polytechnic University of Tirana (photo: Albes Fusha)

USHTRIMI 6.4

Create dialogues for the following situations.

1. You are an exchange student in Tirana. A classmate is a reporter and interviews you about your life in Albania. Follow the model of Ushtrimi 6.3.
2. You and a friend go for a drink at a coffee shop. You each talk about your family and friends.
3. Briefly discuss your weekly schedule of classes as a university student.
4. You are a junior in high school. Briefly discuss your schedule of classes. Look up in the dictionary the names of the classes you are taking that you have not learned yet.

INFORMACIONE KULTURORE

- Albanian law used to require all children to attend school for eight years. Since the educational reform of 2004, education is now compulsory for nine years.
- Children typically start first grade at the age of six.
- The first cycle of elementary education (grades 1–5) is called **Cikël i Ulët** (Low Cycle). The second cycle is called **Cikël i Lartë** (High Cycle).
- After **Cikël i Lartë** students earn a **Dëftesë Lirimi** (Leaving Certificate).
- In the Albanian grading system, 10 is the highest grade, and 5 is the lowest passing grade.
- Compulsory subjects for elementary education are mother tongue/literature (Albanian), mathematics, history, geography, physics, biology, knowledge of nature, art, music, civic education, technological education (technology), physical education, and a foreign language.

MËSIMI 7

Çfarë ka sonte në televizor?

What's on TV tonight?

In this lesson you will learn:

- activities that you do in a language class
- how to describe a city

You will learn the following grammatical points:

- the verbs **njoh** 'to know' and **shoh** 'to see' in the present indicative
- the nominative and accusative forms of plural nouns
- class 1 adjectives that modify a plural noun
- class 2 adjectives that modify a plural noun

DIALOGU 7.1: NË KLASË

Gazetari: Mirëdita, profesor! Sa studentë ka kjo klasë?
Profesori: Mirëdita! Kjo klasë ka 15 studentë.
Gazetari: Çfarë studiojnë ata?
Profesori: Ata studiojnë shqip.
Gazetari: Pse studiojnë shqip?
Profesori: Ata studiojnë shqip për shumë arsye. Disa studentë po mësojnë shqip, sepse jetojnë në Shqipëri. Disa po mësojnë shqip sepse janë studiues dhe po bëjnë kërkime në Shqipëri. Në klasë ka edhe dy përkthyes. Ata flasin disa gjuhë dhe tani po mësojnë edhe shqip.
Gazetari: A është kjo klasë për fillestarë?
Profesori: Jo. Këta studentë tashmë kuptojnë dhe flasin mirë shqip.
Gazetari: A bëjnë shumë gabime kur flasin?
Profesori: Jo shumë!
Gazetari: Ç'bëjnë studentët në klasë?
Profesori: Studentët flasin shqip, lexojnë tekste, bëjnë ushtrime dhe shpesh shohin në televizor emisione kulturore.
Gazetari: A diskutojnë ata në klasë për tekstet që lexojnë?
Profesori: Po. Ata diskutojnë gjatë për tekstet që lexojnë: bëjnë pyetje dhe japin mendime. Ata shfaqin interes në veçanti për tekstet historike dhe kulturore. Po ashtu, bëjnë diskutime për emisionet kulturore dhe për filmat shqiptarë që shohin në klasë ose në shtëpi.
Gazetari: Studentët punojnë në grupe apo në mënyrë individuale?
Profesori: Studentët punojnë kryesisht në grupe. Ndërsa, kur bëjnë ushtrime në fletore, punojnë në mënyrë individuale.
Gazetari: A shohin filma në klasë?

Profesori: Po, nganjëherë ata shohin edhe filma. Pastaj ne diskutojmë për filmat në klasë dhe unë shpjegoj me hollësi çdo gjë që ata nuk kuptojnë.

Gazetari: Klasa duket shumë interesante dhe informuese. Përgëzime!

Profesori: Shumë faleminderit!

FJALOR

arsý/e, -ja, -e	reason
për shúmë arsýe	for many reasons
ashtú	so, thus
bisedój	to talk, discuss
diskutím, -i, -e	discussion
bëj një diskutím	to have a discussion
diskutój	to discuss
dúket	(it) seems
emisión, -i, -e	show (from TV)
fílm, -i, -a	film
fillestár, -i, -ë	beginner
gabím, -i, -e	mistake
grúp, -i, -e	group
gjátë	long, for a long time
hollësí, -a, -	detail
me hollësí	in detail
individuál, -e	individual
informatív, -e	informative
interés, -i, -a	interest
shfáq interés	to show interest
interesánt, -e	interesting
jap	to give
jáp mendíme	to give opinions
jetój	to live
kërkím, -i, -e	research
kryeqytét, -i	capital (city)
kryesísht	primarily
kulturór, -e	cultural
kuptój	to understand
mendím, -i, -e	opinion
jáp mendíme	to give opinions
mënýr/ë, -a	manner, way
në mënýrë individuále	individually (lit., in an individual way)
përgëzím, -i, -e	compliment
Përgëzíme!	Congratulations!
përkthéj	to translate
përkthýes, -i, -	translator
prandáj	therefore
që	that, who, which
studiúes, -i, -	researcher
shfaq	to show
shoh	to see, watch
shpéjt	fast
táshmë	already
tékst, -i, -e	text
ushtrím, -i, -e	exercise
veçantí, -a	particularity, peculiarity
në veçantí	especially

§36 The verbs **njoh** 'to know' and **shoh** 'to see' in the present indicative

	njoh	shoh
unë	njoh	shoh
ti	njeh	sheh
ai, ajo	njeh	sheh
ne	njohim	shohim
ju	njihni	shihni
ata, ato	njohin	shohin

Njoh 'to know' and **shoh** 'to see' are class 2 verbs (see §6). Notice the vowel change from **-o-** to **-e-** with **ti** and **ai/ajo** and from **-o-** to **-i-** with **ju**.

Njoh and **shoh** are transitive verbs; that is, they typically occur with a direct object, which is marked with the accusative case. We have already learned that subjects are typically marked with the nominative case. Indefinite nouns have the same form in the nominative (when used as subjects) as in the accusative case (when used as direct objects).

Një student po lexon.	One/A student is reading.
Unë njoh **një student**.	I know one/a student.

In the examples above, **një student** 'a student' is used both as a subject and as a direct object, respectively. The former is in the nominative case, while the latter is in the accusative case. In the next couple of sections we will learn how to form plural indefinites; these can also be used either as subjects or as objects. Then we will learn how to form and use plural definite forms in subject and object positions.

§37 Nominative/accusative plural indefinite nouns: masculine nouns

Masculine nouns typically end in a consonant in Albanian. The following explains how masculine indefinite nouns form their nominative/accusative plural.

1. Some masculine nouns add **-ë**. This is perhaps the most productive of all classes.

(një) student	(a) student
(disa) student**ë**	(some) students
(një) kompozitor	(a) composer
(disa) kompozitor**ë**	(some) composers

2. Other masculine nouns form their plural by adding **-a**:

(një) film	a film
(disa) film**a**	some films

3. Other masculine nouns add **-e**:

(një) gabim	a mistake
(disa) gabim**e**	some mistakes

(një) ushtrim	an exercise
(disa) ushtrim**e**	some exercises
(një) universitet	a university
(disa) universitet**e**	some universities
(një) mendim	an opinion
(disa) mendim**e**	some opinions
(një) stacion	a (bus, train) stop
(disa) stacion**e**	some stations

Notice that most nouns in group 3 end in **-im** or are foreign loanwords that end in **-et** or **-on**. It is important to remember that these masculine nouns change gender in the plural. Thus, while they are masculine in the singular, they become feminine in the plural.

një shtet **evropian** (masc.)	a European country
disa shtete **evropiane** (fem.)	some European countries

4. Some masculine names that end in **-ër** drop the **-ë-** and add **-a**:

(një) libër	a book
(disa) libr**a**	some books

5. Masculine nouns that end in **-ll** form their plural by replacing **-ll** with **-j**:

(një) artikull	an article
(disa) artiku**j**	some articles
(një) papagall	a parrot
(disa) papaga**j**	some parrots
(një) konsull	a consul
(disa) konsu**j**	some consuls

6. Some masculine nouns have the same form in the singular and in the plural. These are typically nouns that end in **-as**, **-(ë)s**, **-ues**, or **-yes**:

(një) maqedonas	a Macedonian
(disa) maqedonas	some Macedonians
(një) nxënës	a student
(disa) nxënës	some students
(një) mësues	a teacher
(disa) mësues	some teachers
(një) përkthyes	a translator
(disa) përkthyes	some translators
(një) studiues	a researcher
(disa) studiues	some researchers

7. Some nouns are irregular. You have already encountered several:

(një) baba (disa) **baballarë**	a father some fathers
(një) djalë (disa) **djem**	a boy, son some boys, sons
(një) gjysh (disa) **gjyshër**	a grandfather some grandfathers
(një) prind (disa) **prindër**	a parent some parents
(një) vëlla (disa) **vëllezër**	a brother some brothers
(një) zë (disa) **zëra**	a sound, voice some sounds, voices

With the exception of the nouns in groups 2, 4, 5, and 6, Albanian masculine nouns are a little erratic as to how they form their plural. You must memorize these forms! The plural form will be listed immediately after the definite form in the vocabulary lists and in the glossary. Thus, if you find the following entries in the vocabulary list or in the glossary at the end of the book, you will know how to make the singular definite form as well as the plural indefinite form:

Vocabulary Entry	Singular Indefinite	Singular Definite	Plural Indefinite
student, -i, -ë (student)	student	student**i**	student**ë**
universitet, -i, -e (university)	universitet	universitet**i**	universitet**e**
film, -i, -a (film)	film	film**i**	film**a**
lib/ër, -ri, -ra (book)	libër	lib**ri**	lib**ra**
nxënës, -i, - (pupil)	nxënës	nxënës**i**	nxënës
burr/ë, -i, -a (man)	burrë	burr**i**	burr**a**
gjysh, -i, -ër (grandfather)	gjysh	gjysh**i**	gjysh**ër**

Indefinites share the same form in the nominative as in the accusative, and thus they can be used either as subjects (where they bear the nominative case) or as direct objects (where they bear the accusative case):

Një student po shkruan në tabelë. Unë njoh **një student**.	A student is writing on the board. I know a student.
Disa studentë po shkruajnë tani. Unë njoh **disa studentë**.	Some students are writing now. I know some students.

§38 Nominative/accusative plural definite nouns: masculine nouns

In §37 you learned how to form the plural indefinite. To make the plural definite, simply add **-t** to the plural indefinite form:

Singular Indefinite	Plural Indefinite	Plural Definite
student (student)	studentë	studentët (the students)
burrë (man)	burra	burrat (the men)
ushtrim (exercise)	ushtrime	ushtrimet (the exercises)
libër (book)	libra	librat (the books)
artikull (article)	artikuj	artikujt (the articles)

If the plural form ends in a consonant, add **-it**:

Singular Indefinite	Plural Indefinite	Plural Definite
maqedonas (Macedonian)	maqedonas	maqedonas**it**
nxënës (pupil)	nxënës	nxënës**it**
mësues (teacher)	mësues	mësues**it**
përkthyes (translator)	përkthyes	përkthyes**it**
vëlla (brother)	vëllezër	vëllezër**it**
prind (parent)	prindër	prindër**it**

Unlike English, Albanian does not allow plain indefinites to be used as subjects. Generic subjects (when we refer to an entity as a group) are typically used with a definite article in Albanian:

Studentët punojnë shumë. — Students work hard.

If we want to refer to an indefinite group, we must use the determiner **disa** 'some':

Disa studentë nuk mësojnë në shtëpi. — Some students don't study at home.

Masculine plural definite nouns have the same form in both the nominative and accusative cases; therefore, just like the indefinites discussed in §37, these plural definite forms can be used either as subjects (nominative) or as direct objects (accusative):[1]

Mësuesit lexojnë ushtrimet. — The teachers read the exercises.
Ne shohim **mësuesit**. — We see the teachers.

§39 Nationality and class 1 adjectives

We saw in §7 that class 1 adjectives are those adjectives that are used without a linking article. Consider the following examples:

(1) një mësues **shqiptar** — an Albanian (male) teacher
(2) një mësuese **shqiptare** — an Albanian (female) teacher

(3) mësuesi **shqiptar** — the Albanian (male) teacher
(4) mësuesja **shqiptare** — the Albanian (female) teacher

Why do we find **shqiptar** in examples (1) and (3) but **shqiptare** in (2) and (4)?[2]

---

1. Masculine singular definite nouns have different forms in the nominative and accusative (see §53).
2. If you cannot answer quickly, please review §7.

Consider now the corresponding plural forms:

(5) disa mësues **shqiptarë**	some Albanian (male) teachers
(6) disa mësuese **shqiptare**	some Albanian (female) teachers
(7) mësuesit **shqiptarë**	the Albanian (male) teachers
(8) mësueset **shqiptare**	the Albanian (female) teachers

Why do we find **shqiptarë** in examples (5) and (7) but **shqiptare** in (6) and (8)?

____

Now look at examples (1) through (8). Do the adjectives take a different form when they modify a definite or an indefinite noun?

____

Write the corresponding forms for the adjective **shqiptar** 'Albanian':

masculine singular	feminine singular	masculine plural	feminine plural
________	________	________	________

Adjectives must agree with the noun they modify. In general, nationality adjectives and adjectives that end in a consonant and that are stressed on the last syllable take an **-ë** to form the plural if they are masculine and an **-e** if they are feminine. The feminine forms are the same in the singular and in the plural. Class 1 adjectives remain the same whether they modify a definite or an indefinite noun.

Masculine		Feminine	
Singular	*Plural*	*Singular*	*Plural*
shqiptar	shqiptar**ë**	shqiptar**e**	shqiptar**e**
amerikan	amerikan**ë**	amerikan**e**	amerikan**e**
italian	________	________	________
anglez	________	________	________
interesant	interesant**ë**	interesant**e**	interesant**e**
kulturor	kulturor**ë**	kulturor**e**	kulturor**e**
informativ	________	________	________
fillestar	________	________	________

Class 1 adjectives in Albanian are not inflected for case, so the adjective will have the same form when it modifies a nominative subject and an accusative direct object:

Studentët **amerikanë** flasin mirë shqip.
The American students speak Albanian well.

Unë njoh disa studentë **amerikanë**.
I know some American students.

USHTRIMI 7.1

Indicate whether the following statements are true (T), false (F), or not mentioned (NM) in Dialogu 7.1.

1. ______ Klasa ka 25 studentë.
2. ______ Ajo nuk është një klasë për fillestarë.
3. ______ Studentët bëjnë shumë gabime kur flasin shqip.
4. ______ Studentët bisedojnë për filma shqiptarë.
5. ______ Studentët mësojnë shqip për shumë arsye
6. ______ Ka tre përkthyes në klasë.
7. ______ Në klasë ka pesë studiues.
8. ______ Klasa është shumë interesante.
9. ______ Profesori shpjegon çdo gjë me hollësi, kur studentët nuk kuptojnë.
10. ______ Në klasë, studentët flasin shqip, lexojnë tekste, bëjnë ushtrime dhe shpesh shohin në televizor emisione kulturore.
11. ______ Studentët nuk diskutojnë për filmat që shohin në klasë.
12. ______ Studentët flasin shqip në klasë.

USHTRIMI 7.2

Answer the following questions based on Dialogu 7.1.

1. Sa studentë ka klasa?

   ____

2. Studentët janë fillestarë?

   ____

3. Pse mësojnë shqip studentët?

   ____

4. Ç'bëjnë studiuesit në Shqipëri?

   ____

5. Ç'bëjnë studentët në klasë?

   ____

6. A bëjnë shumë gabime kur flasin?

   ____

7. A shohin ata filma në klasë?

   ____

8. A diskutojnë ata për filmat që shohin?

   ____

9. A japin mendime për tekstet që lexojnë në klasë?

   ____

10. Si duket klasa?

   ____

USHTRIMI 7.3

Here are some nouns that appear in Dialogu 7.1. Write the corresponding forms, as in the example.

Singular Indefinite	Singular Definite	Plural Indefinite	Plural Definite
student	studenti	studentë	studentët
gabim			
përkthyes			
ushtrim			
televizor			
film			
studiues			
kërkim			
mendim			

USHTRIMI 7.4

Now let's practice the plural of masculine nouns. Change the following sentences into the plural, making all necessary additional changes.

1. **Ky këngëtar** është nga Turqia.
2. Unë njoh **një kuzhinier** në hotel.
3. Ata mësojnë **një mësim** çdo ditë.
4. Ne lexojmë **një libër**.
5. Unë njoh **një djalë**.
6. Ne shohim **një film** në mbrëmje.
7. **Universiteti** është në **kryeqytet**.
8. **Takimi** mbaron në orën katër.
9. **Kuzhinieri** po gatuan darkë (dinner).
10. **Mësuesi** po shikon një emision në televizor.

USHTRIMI 7.5

Change all the nouns in the following sentences into the plural. Make all the necessary additional changes.

1. Zakonisht bëj një gabim kur shkruaj.
2. Përkthyesi po përkthen një libër.
3. Ky burrë po sheh një film.
4. Ku është vëllai?
5. Ushtrimi është në fletore.
6. Tani (Now) po lexojmë një tekst.

7. Ku është gjyshi dhe babai?
8. Unë njoh një studiues gjerman.
9. Nxënësi është në klasë.
10. Mësuesi po shpjegon një ushtrim.

DIALOGU 7.2: ÇFARË PO SHIKON NË TELEVIZOR?

Dardani: Çfarë po sheh Ajkuna?

Ajkuna: Po shoh lajmet në televizor.

Dardani: Çfarë po japin lajmet?

Ajkuna: Tani po japin një kronikë për një olimpiadë ballkanike në matematikë.

Dardani: A ka nxënës shqiptarë në olimpiadë?

Ajkuna: Po, ka dhe një ekip me nxënës shqiptarë. Ata përfaqësojnë shkolla të ndryshme private dhe publike.

Dardani: Si janë rezultatet e tyre në olimpiadë?

Ajkuna: Ata po arrijnë rezultate shumë të mira dhe mësuesit e tyre janë shumë të kënaqur. Ata thonë se këta djem të rinj dhe vajza të reja janë krenaria jonë.

Dardani: Po vetë nxënësit shqiptarë çfarë thonë?

Ajkuna: Ata thonë se në olimpiadë ka shumë vajza të talentuara dhe djem të talentuar, prandaj konkurrenca është shumë e fortë.

Dardani: A studiojnë shumë?

Ajkuna: Po. Ushtrimet janë shumë të vështira, prandaj ata studiojnë disa orë në ditë.

Dardani: A janë të gëzuar që kanë rezultate të larta?

Ajkuna: Po, ata janë shumë të gëzuar që kanë rezultate të larta.

Dardani: Po në olimpiada botërore a janë të suksesshme ekipet shqiptare?

Ajkuna: Po. Ekipet shqiptare janë të suksesshme në aktivitete të rëndësishme ballkanike dhe botërore.

Dardani: Shumë mirë. Rezultatet e larta në aktivitetet kombëtare dhe ndërkombëtare janë shumë të rëndësishme për nxënësit e talentuar shqiptarë dhe për shkollat shqiptare.

FJALOR

arríj	to achieve, arrive, reach
botërór, -e	world (adj.), worldwide
diskutím, -i, -e	discussion
bëj një diskutím	to have a discussion
ekíp, -i, -e	team
i,e fórtë	strong
ftoj	to invite
i,e gëzuar	glad
jónë	our
konkurrénc/ë, -a	competition
krenarí, -a	pride
kulturór, -e	cultural
lajm, -i, -e	news
i,e lártë	high
ndërkombëtár, -e	international
i ndrýsh/ëm, e -me	different
përfaqësój	to represent
prandáj	therefore

privát, -e	private (adj.)	shoh	to see
publík, -e	public (adj.)	shpéjt	fast
që	that, who, which	i,e talentúar	talented
rezultát, -i, -e	result	tékst, -i, -e	text
i rëndësísh/ëm, e -me	important	i,e týre	their
studiúes, -i, -	researcher, scholar	i,e vështírë	difficult
i sukséssh/ëm, e -me	successful	vetë	oneself
shfaq	to show	vetë nxënësit	the students themselves

GRAMATIKË

§40 Nominative/accusative plural indefinite nouns: feminine nouns

Feminine nouns are typically those that end in a vowel in Albanian (see §27). The following shows how feminine nouns form their nominative/accusative plural indefinite form:

1. If a noun ends in **-ë**, replace the **-ë** with -**a**. This is the most common class.

një gazet**ë**	a newspaper
(disa) gazet**a**	some newspapers
një revist**ë**	a magazine
(disa) revist**a**	some magazines

2. Feminine nouns that end in **-ër** drop the **-ër** and add **-a**:

(një) mot**ër**	a sister
(disa) mot**ra**	some sisters
(një) let**ër**	a letter
(disa) letr**a**	some letters

3. Feminine nouns that end in a stressed **-i**, **-e**, or **-a** have the same form in the singular and plural:

(një) shtëp**i**	a house
(disa) shtëp**i**	some houses
(një) kafen**e**	a coffeehouse
(disa) kafen**e**	some coffeehouses
(një) kal**a**	a castle
(disa) kal**a**	some castles

4. Feminine nouns that end in an unstressed **-e** or **-o** also have the same form in the singular and plural:

(një) mac**e**	a cat
(disa) mac**e**	some cats
(një) radi**o**	a radio
(disa) radi**o**	some radios

5. Some feminine nouns that end in **-ë** have the same form in the singular and plural:

(një) dit**ë**	a day
(disa) dit**ë**	some days
(një) gjuh**ë**	a language
(disa) gjuh**ë**	some languages
(një) këmb**ë**	a leg
(disa) këmb**ë**	some feet

6. Some feminine nouns are irregular. So far you have encountered only a couple of these irregular forms:

(një) grua	a woman
(disa) **gra**	some women
(një) derë	a door
(disa) **dyer**	some doors

With the exception of the rules in groups 5 and 6, feminine plural nouns, unlike masculine nouns, are very easy to form and to remember. The irregular forms in groups 5 and 6 must be memorized. The other forms are predictable. The plural forms will be listed immediately following the definite form in the vocabulary lists and in the glossary:

Vocabulary Entry	Singular Indefinite	Singular Definite	Plural Indefinite
gazet/ë, -a, -a (newspaper)	gazetë	gazet**a**	gazet**a**
mot/ër, -ra, -ra (sister)	motër	mot**ra**	mot**ra**
shtëpi, -a, - (house)	shtëpi	shtëpi**a**	shtëpi
mac/e, -ja, -e (cat)	mace	mac**ja**	mac**e**
dit/ë, -a, -ë (day)	ditë	dit**a**	dit**ë**
grua, -ja, gra (woman)	grua	grua**ja**	**gra**

As we mentioned in §37, indefinites (whether singular or plural) share the same form in the nominative as in the accusative case; thus, they can be used either as subjects or as direct objects:

Një gazetë është mbi tryezë.	A newspaper is on the table.
Ne lexojmë **një gazetë** çdo ditë.	We read a newspaper every day.
Disa gazeta janë mbi tryezë.	Some newspapers are on the table.
Ne lexojmë **disa gazeta** çdo ditë.	We read some newspapers every day.

§41 Nominative/accusative plural definite nouns: feminine nouns

We saw in §38 that to make the definite form of masculine plural nouns we take the plural indefinite form as the base. The same is observed with feminine nouns. This is how you form feminine plural nouns:

1. If the plural ends in an unstressed vowel, add **-t**:

Singular Form	Plural Indefinite	Plural Definite
revistë (magazine)	revist**a**	revista**t**
motër (sister)	motr**a**	motra**t**
ditë (day)	dit**ë**	ditë**t**
mace (cat)	mac**e**	mace**t**

2. If the plural ends in a stressed vowel, add **-të**:

Singular Form	Plural Indefinite	Plural Definite
shtëpi (house)	shtëp**i**	shtëpi**të**
kafene (coffee shop)	kafen**e**	kafene**të**
kala (castle)	kal**a**	kala**të**
grua (woman)	gr**a**	gra**të**

Feminine plural definite nouns—just like masculine plural definite nouns (see §38)—have the same form in the nominative and accusative cases. Thus, they can appear in both the subject and the direct object positions:[3]

Gazetat janë mbi tryezë.	The newspapers are on the table.
Ne lexojmë **gazetat**.	We read the newspapers.

§42 Class 2 adjectives: the linking article with plural definite nouns

In §§31–33, we saw how class 2 adjectives behave when they modify a singular noun. Let's review before we look at class 2 adjectives that modify plural nouns. In this section, we will concentrate on the forms of the linking article that appear with the adjective. In the next section, we will look at the way the adjective itself agrees with the noun.

Consider the following examples with singular nouns. In examples (1) and (2), the adjectives are being used attributively; in examples (3) and (4), they are being used predicatively:[4]

(1) Studenti **i mirë** është atje.	The good (male) student is over there.
(2) Studentja **e mirë** është atje.	The good (female) student is over there.
(3) Studenti është **i mirë**.	The (male) student is good.
(4) Studentja është **e mirë**.	The (female) student is good.

Write down the forms of the linking article depending on whether the adjective is used attributively (examples [1] and [2]) or predicatively (examples [3] and [4]):

	Singular	
	Masculine	*Feminine*
Attributive adjective	___________	___________
Predicative adjective	___________	___________

3. Singular definite nouns will have a different form in the nominative and accusative cases (see §53).

4. An attributive adjective modifies a noun directly (in Albanian it typically follows the noun directly; see examples [1] and [2] as well as [5] and [6]), while a predicative adjective is used after a copular verb like the verb **jam** 'to be' (see

Consider the following examples of definite nouns in the plural:

(5) Studentët **e mirë** janë atje.	The good (male) students are over there.
(6) Studentet **e mira** janë atje.	The good (female) students are over there.
(7) Studentët janë **të mirë**.	The (male) students are good.
(8) Studentet janë **të mira**.	The (female) students are good.

Let's concentrate on the form of the linking article first. Write down the forms of the linking article depending on whether the plural adjective is used attributively (examples [5] and [6]) or predicatively (examples [7] and [8]):

	Plural	
	Masculine	*Feminine*
Attributive adjective	__________	__________
Predicative adjective	__________	__________

When an adjective modifies a plural noun, the form of the linking article is sensitive to whether the adjective is attributive or predicative. The following chart contains the forms the linking article takes depending on whether it modifies a singular or a plural noun. Keep in mind that all the cases we have discussed so far involve nominative definite nouns and adjectives:

	Singular		Plural	
	Masculine	*Feminine*	*Masculine*	*Feminine*
Attributive adjective	**i** mirë	**e** mirë	**e** mirë	**e** mira
Predicative adjective	**i** mirë	**e** mirë	**të** mirë	**të** mira

As you can see, **i** is the linking article for masculine singular adjectives, whether they are used attributively or predicatively, and **e** is the linking article for feminine singular adjectives when they are used either as attributes or as predicates. For plural adjectives, on the other hand, **e** is the linking article both for masculine and feminine attributive adjectives, while **të** is the linking article for masculine and feminine predicative adjectives.[5]

Now that you know how the linking article works, let's see the different forms that the adjective itself may take.

§43 Class 2 adjectives: adjective agreement (plural forms)

Now we will look at the forms of class 2 adjectives when they modify a noun. Look at the chart at the end of §42, repeated here for convenience.

examples [3] and [4] as well as [7] and [8]). As you can see in the plural examples (5) through (8), this difference is important in Albanian (not so in English!), since the linking article will have a different form depending on whether it is being used attributively or predicatively.

5. Notice that in examples (5) and (6) the linking article appears following the definite noun. If the linking article is separated from the definite noun, then instead of the linking article **e**, you must use **të**:

1. a. studentët **e** mirë	the good (male) students
b. studentët shqiptarë **të** mirë	the good Albanian (male) students
2. a. studentet **e** mira	the good (female) students
b. studentet shqiptare **të** mira	the good Albanian (female) students

	Singular		Plural	
	Masculine	*Feminine*	*Masculine*	*Feminine*
Attributive adjective	**i** mirë	**e** mirë	**e** mirë	**e** mira
Predicative adjective	**i** mirë	**e** mirë	**të** mirë	**të** mira

If we take the masculine singular form **mirë** as the base form, how are the other forms derived?

____

You probably concluded that the only adjective form that varies in form is that of the feminine plural form, which takes an -**a** rather than an -**ë** ending. Notice that the form of the adjective itself (excluding the linking article!) remains the same when used as an attribute or when used as a predicate. That is easy and should compensate for the complexity of the linking article!

§44 Class 2 adjectives with nominative/accusative plural indefinite nouns

In §33 we saw the forms of the linking article when it modifies a singular indefinite noun. Let's review:

(1) Ky është një student **i mirë**.	He is a good (male) student.
(2) Kjo është një studente **e mirë**.	She is a good (female) student.
(3) Unë njoh një student **të mirë**.	I know a good (male) student.
(4) Unë njoh një studente **të mirë**.	I know a good (female) student.

In examples (1) and (2), the adjective modifies a nominative indefinite noun; in (3) and (4), it modifies an accusative indefinite noun. Write down the forms of the linking article when it modifies a singular indefinite noun:

	Singular	
	Masculine	*Feminine*
Nominative	__________	__________
Accusative	__________	__________

Let's consider now the corresponding plural forms:

(5) Këta janë studentë **të mirë**.	These are good (male) students.
(6) Këto janë studente **të mira**.	These are good (female) students.
(7) Unë njoh disa studentë **të mirë**.	I know some good (male) students.
(8) Unë njoh disa studente **të mira**.	I know some good (female) students.

Write down the forms for the linking article when a class 2 adjective modifies a plural indefinite noun:

	Plural	
	Masculine	*Feminine*
Nominative	__________	__________
Accusative	__________	__________

The following chart summarizes the forms we have studied so far. The accusative singular forms will be dealt with in Mësimi 9.

Linking articles when modifying a definite noun:

	Singular		Plural	
	Masculine	*Feminine*	*Masculine*	*Feminine*
Nominative	studenti **i** mirë	studentja **e** mirë	studentët **e** mirë	studentet **e mira**
Accusative	xxx	xxx	studentët **e** mirë	studentet **e mira**

Linking articles when modifying an indefinite noun:

	Singular		Plural	
	Masculine	*Feminine*	*Masculine*	*Feminine*
Nominative	(një) student **i** mirë	(një) studente **e** mirë	(disa) studentë **të** mirë	(disa) studente **të mira**
Accusative	(një) student **të** mirë	(një) studente **të** mirë	(disa) studentë **të** mirë	(disa) studente **të mira**

Observe that **mirë** is used with masculine singular and feminine singular as well as with masculine plural nouns, while **mira** is used with feminine plural nouns. That form of the adjective remains the same whether the adjective modifies a definite or an indefinite noun. As you can see in the charts above, the only element that changes is the linking article.

Before you start using class 2 adjectives productively, try to explain both the form of the linking article as well as the form of the adjective in the following examples from Dialogu 7.2:

Konkurrenca është shumë **e fortë**.	Competition is very strong.
Mësuesit e tyre janë shumë **të kënaqur**.	Their professors are very satisfied.
Ushtrimet janë shumë **të vështira**.	The exercises are very hard.[6]
Ata po arrijnë rezultate shumë **të mira**.	They are achieving very good results.

Ata janë shumë **të gëzuar** që kanë rezultate **të larta**.
They are very happy that they have high scores.

Ekipet shqiptare janë **të suksesshme** në aktivitete **të rëndësishme** ballkanike dhe botërore.
The Albanian teams are successful in important Balkan and world activities (competitions).

Rezultatet **e larta** në aktivitetet kombëtare dhe ndërkombëtare janë shumë **të rëndësishme**.
High results (scores) in national and international activities (competitions) are very important.

§45 Some irregular class 2 adjectives in the plural

In §32 we saw that class 2 adjectives, without taking into account the linking article, typically have two forms: one for the feminine plural and another for both the masculine and feminine singular and the masculine plural:

djali i **zgjuar**	the intelligent boy
vajza e **zgjuar**	the intelligent girl
djemtë e **zgjuar**	the intelligent boys

6. Notice that **ushtrim** 'exercise' is masculine in the singular (**ushtrim** → **ushtrimi** 'the [masc.] exercise'). Why are we saying **të vështira** 'difficult (fem.)' here? If you cannot think of an answer fast, you may want to review §38.

but

vajzat e **zgjuara** the intelligent girls

In §32 we also saw some exceptions to that general rule. Write the corresponding feminine singular forms for the following adjectives:

i keq	________________
i madh	________________
i ri	________________
i zi	________________

These adjectives are also irregular in the plural, as you can see in the following chart. We add **i vogël** 'small, young' to our list. Although it is regular in the singular forms (they are the same), **i vogël** exhibits two plural forms, just like the other irregular class 2 plural adjectives:

Singular		Plural	
Masculine	*Feminine*	*Masculine*	*Feminine*
i keq	e keqe	e/të këqij	e/të këqija (bad)
i madh	e madhe	e/të mëdhenj	e/të mëdha (big)
i ri	e re	e/të rinj	e/të reja (new, young)
i vogël	e vogël	e/të vegjël	e/të vogla (small, young)
i zi	e zezë	e/të zinj	e/të zeza (black)

USHTRIMI 7.6

Indicate whether the following statements are true (T) or false (F) based on Dialogu 7.2. When a statement is false, briefly explain why (in Albanian!).

1. _______ Ajkuna po shikon televizor.
2. _______ Ajkuna po sheh një kronikë për një olimpiadë ballkanike.
3. _______ Olimpiada është në matematikë.
4. _______ Në olimpiadë ka dhe një ekip me nxënës shqiptarë.
5. _______ Ata studiojnë në shkolla publike dhe private.
6. _______ Mësuesit e tyre janë shumë të kënaqur.
7. _______ Konkurrenca është shumë e fortë, sepse në olimpiadë ka shumë nxënës të talentuar.
8. _______ Ata nuk studiojnë shumë, sepse ushtrimet janë shumë të lehta.
9. _______ Nxënësit janë shumë të gëzuar për rezultatet.
10. _______ Nxënësit shqiptarë kanë rezultate të mira në aktivitete të rëndësishme ballkanike dhe botërore.

USHTRIMI 7.7

Answer the following questions based on Dialogu 7.2. Provide as much information as you can.

1. Çfarë po bën Ajkuna?

   ____

2. Çfarë po japin lajmet?

   ____

3. Çfarë olimpiade është?

   ____

4. A ka nxënës shqiptarë në olimpiadë?

   ____

5. Si janë rezultatet e tyre në olimpiadë?

   ____

6. Çfarë thonë mësuesit e tyre?

   ____

7. Po vetë nxënësit?

   ____

8. A studiojnë shumë nxënësit?

   ____

9. A janë ata të gëzuar që kanë rezultate të larta?

   ____

10. Po në olimpiada botërore a janë të suksesshme ekipet shqiptare?

    ____

USHTRIMI 7.8

Complete the following sentences with the appropriate form of the adjective.

1. Nxënësit janë ____________ (i mirë).
2. Rezultatet janë ____________ (i lartë).
3. Ekipet shqiptare janë ____________ (i suksesshëm).
4. Këto vajza ____________ (i gëzuar) po flasin në telefon.
5. Këto aktivitete janë ____________ (i rëndësishëm).
6. Studentët janë shumë ____________ (i gëzuar).
7. Djemtë ____________ (i ri) nuk janë në shtëpi.
8. Këto vajza ____________ (i ri) po diskutojnë.
9. Mësueset janë ____________ (i kënaqur) me nxënësit.
10. Mësuesit janë ____________ (i kënaqur) me nxënësit.

USHTRIMI 7.9

Change the following sentences into the plural.

1. Qyteti është i madh dhe i bukur.
   ____
2. Djali është i madh.
   ____
3. Dita është e këndshme në pranverë.
   ____
4. Nata është e ngrohtë.
   ____
5. Ushtrimi është i gjatë.
   ____
6. Shtëpia është e qetë.
   ____
7. Mësimi është i vështirë.
   ____
8. Studentja është e talentuar.
   ____
9. Nxënësi është i mirë.
   ____
10. Libri është i bukur.
   ____

USHTRIMI 7.10

Complete the following sentences with the appropriate form of the words in parentheses. Then change those words into the plural. Finally, change the whole sentence into the plural form. Make all the necessary changes.

1. ______________ (The small boy) tani shkon në shkollë.
   ____
2. ______________ (The red notebook) është mbi tryezë.
   ____
3. __________ (The flower) është __________ (yellow); nuk është __________ (green).
   ____
   ____
4. ________________ (The white book) është mbi tryezë.
   ____

5. A është ________________ (expensive) apo ______________ (cheap) ______________ (that dictionary)?

____

6. ______________ (This beer) është ______________ (cold), kurse ajo është ______________ (warm).

____

____

7. ______________ (This suitcase) është ______________ (light), ndërsa ajo atje është ______________ (heavy).

____

____

8. ______________ (The new lesson) është ______________ (easy).

____

9. ______________ (This store) është ______________ (open), kurse ai atje është ____________ (closed).

____

____

10. ______________ (This magazine) është shumë ______________ (expensive). ______________ (This newspaper), nga ana tjetër (on the other hand), është ______________ (cheap).

____

____

LEXIMI 7.1

Tirana

Tirana është një qytet i madh dhe i bukur. Në Tiranë ka shumë ndërtesa të reja dhe të vjetra. Ndërtesat e reja janë të larta dhe moderne, kurse ndërtesat e vjetra janë kryesisht të ulëta dhe me ngjyra të forta.

Në ditët e sotme, Tirana është një qytet plot me hotele, restorante, bare dhe kafene. Tirana ka në qendër një shesh të madh dhe të bukur. Ky është sheshi 'Skënderbej'. Atje ndodhen Muzeu Historik Kombëtar, Pallati i Kulturës, Hotel 'Tirana', Xhamia e Ethem Beut, Kulla e Sahatit. Kulla e Sahatit është 35 metra e lartë. Kulla është e hapur për turistët. Nga kjo kullë, turistët shohin pamje shumë të bukura. Muzeu Historik Kombëtar është një muze shumë i rëndësishëm dhe me shumë objekte historike.

Në Tiranë ka disa kisha dhe xhami. Teatri i Operës dhe i Baletit, Teatri Kombëtar, Galeria e Arteve etj., janë qendra të rëndësishme kulturore. Në Tiranë ka universitete publike dhe private. Tirana ka një klimë të mirë. Dimri është i shkurtër dhe i butë. Temperaturat në dimër nuk janë shumë të ulëta. Kurse vera është e nxehtë dhe me temperatura të larta.

FJALOR

balét, -i, -e	ballet
i,e bútë	mild, soft, weak
etj. (e tjérë)	etc.
i,e hápur	open
historík, -e	historical
hotél, -i, -e	hotel
kísh/ë, -a, -a	church
klím/ë, -a, -a	climate
kultúr/ë, -a, -a	culture
kulturór, -e	cultural
kúll/ë, -a, -a	tower
Kúlla e Sahátit	Tower Clock
i,e lártë	tall, high
muzé, -u, -	museum
Muzéu Historík Kombëtár	National History Museum
ndërtés/ë, -a, -a	building
ndódhem	I am located
ndódhen	they are located
ngjýr/ë, -a, -a	color
objékt, -i, -e	object
óper/ë, -a, -a	opera
Teátri i Óperës dhe i Balétit	Opera and Ballet Theater
pallát, -i, -e	palace (building)
Palláti i Kultúrës	Palace of Culture
pámj/e, -a, -e	view
plot	full
plót me	full of
qénd/ër, -ra, -ra	center
i sót/ëm, e -me	today's, of today
sáll/ë, -a, -a	lobby, auditorium
shésh, -i, -e	square
shéshi 'Skënderbéj'	Skanderbeg Square
i,e úlët	low
universitét, -i, -e	university
teát/ër, -ri, -ro	theater
Teátri Kombëtár	National Theater
xhamí, -a, -	mosque
Xhamía e Ethém Béut	Ethem Bej Mosque

USHTRIMI 7.11

Indicate whether the following statements are true (T) or false (F) based on Leximi 7.1. When a statement is false, briefly explain why (in Albanian!).

1. ______ Tirana është një qytet i këndshëm.
2. ______ Tirana ka ndërtesa të reja dhe të vjetra, tradicionale dhe moderne.
3. ______ Ndërtesat janë me ngjyra të forta.
4. ______ Në Tiranë ka hotele dhe restorante.
5. ______ Sheshi 'Skënderbej' është një shesh i madh dhe i bukur.
6. ______ Kulla e Sahatit është 25 metra e lartë.
7. ______ Kulla e Sahatit është e hapur për turistët.
8. ______ Një muze shumë i rëndësishëm është Muzeu Historik Kombëtar.
9. ______Teatri i Operës dhe i Baletit është qendër e rëndësishme kulturore.
10. ______ Tirana ka klimë të mirë.

USHTRIMI 7.12

Answer the following questions based on Leximi 7.1.

1. Si është Tirana?
   ____
2. Çfarë ka në Tiranë?
   ____
3. Si janë ndërtesat e reja?
   ____
4. Po ndërtesat e vjetra?
   ____
5. Si është Tirana në ditët e sotme?
   ____
6. Ç'objekte ndodhen në shesh?
   ____
7. Sa e lartë është Kulla e Sahatit?
   ____
8. A është e hapur për turistët?
   ____
9. Cilat janë qendra të rëndësishme kulturore?
   ____
10. Si është klima në Tiranë? Si janë temperaturat në dimër, po në verë?
    ____

USHTRIMI 7.13

Complete the following text with the appropriate form of the adjective or expressions in parentheses.

Tirana është një qytet ____________ (big) dhe __________ (beautiful). Në Tiranë ka shumë ndërtesa _________ (new) dhe __________ (old). Ndërtesat _________ (new) janë ____________ (tall, high) dhe _____________ (modern), kurse ndërtesat ____________ (old) janë kryesisht ___________ (low) dhe me ngjyra ___________ (strong).

Në ditët __________ (of today's, these days), Tirana është një qytet plot me hotele, restorante, bare dhe kafene. Tirana ka në qendër një shesh _____________ (big) dhe __________ (beautiful). Ky është sheshi 'Skënderbej'. Atje ndodhen Muzeu Historik Kombëtar, Pallati i Kulturës, Hotel 'Tirana', Xhamia e Ethem Beut, Kulla e Sahatit. Kulla e Sahatit është 35 metra __________ (tall). Kulla është ____________ (open) për turistët. Nga kjo kullë turistët shohin pamje shumë _____________ (beautiful). Muzeu Historik Kombëtar është një muze shumë _______________ (important) dhe me shumë objekte _________ (historical).

Në Tiranë ka disa kisha dhe xhami. Teatri i Operës dhe i Baletit, Teatri ____________ (National), Galeria e Arteve etj. janë qendra _____________ (important, cultural). Në Tiranë ka universitete ______________ (public) dhe ______________ (private). Tirana ka klimë ____________ (good). Dimri është ______________ (short) dhe _______________ (mild). Temperaturat në dimër nuk janë shumë ____________ (low). Kurse vera është _____________ (hot) dhe me temperatura _______________ (high).

USHTRIMI 7.14

Create dialogues for the following situations.

1. Imagine you are an inhabitant of Tirana. A classmate will play the role of a tourist. Using the information given in the reading, the tourist will ask you for information about Tirana.
2. You are with some friends in Tirana. Describe your city to them.
3. You are a student, and you have met an Albanian friend who is studying English. Each of you describes your teacher. Then ask each other questions about the activities you do in class. Say what you like and don't like about your classes.

INFORMACIONE KULTURORE

- The city of Tirana was founded in 1614. Tirana became the capital of Albania in 1920. Recent archaeological findings have discovered that Tirana might have been settled at the beginning of the first or second century A.D.

National History Museum, Tirana (photo: Albes Fusha)

- The Mosque of Ethem Bej (Xhamia e Ethem Beut) was built in 1821.
- Tirana's Clock Tower (Kulla e Sahatit) was built in 1830.
- The Orthodox Church of Saint Prokop (Kisha e Shën Prokopit) was built in 1780.
- The Catholic Church of Saint Mary (Kisha e Shën Mërisë) was built in 1865.
- Twelve kilometers from Tirana is the Fortress of Petrela (Kalaja e Petrelës), which dates back to the fourth century B.C.
- The ministry buildings in the center of Tirana, the National Bank, the City Hall, and the Palace of Brigades (the former residence of the king of Albania) were designed by Italian architects.
- Tirana's main boulevard, Martyrs of the Nation (Dëshmorët e Kombit), was built in 1930. In honor of the king of Albania, Ahmet Zogu, it was then called Zogu I. After the Communists came into power in 1945, the street was renamed Dëshmorët e Kombit.
- Tirana is located thirty-five kilometers east of the Adriatic Sea (Deti Adriatik, or Adriatiku) and twenty-five kilometers west of Dajti Mountain (Mali i Dajtit).

MËSIMI 8

Në dyqan

At the store

In this lesson you will learn:

- about food
- about groceries
- how to go grocery shopping

You will learn the following grammatical points:

- class 2 verbs: **mbyll** 'to close', **përgatis** 'to prepare', **dal** 'to go out', **marr** 'to take', and so on
- the subjunctive and future indicative

DIALOGU 8.1: NË TELEFON

Eanda: Alo, Bojken, ku je?
Bojkeni: Tani po dal nga zyra. Po ti, Eanda, ku je?
Eanda: Jam në shtëpi. Po gatuaj për darkë, por kam nevojë për disa gjëra.
Bojkeni: Për çfarë ke nevojë?
Eanda: Po përgatis një byrek dhe një ëmbëlsirë me mjaltë dhe me arra, por nuk kam shumë miell.
Bojkeni: Sa kilogramë miell do?
Eanda: Dua dy kilogramë miell.
Bojkeni: Po arra, a ke?
Eanda: As arra nuk kam shumë. Nuk besoj se mjaftojnë.
Bojkeni: Mirë. Po shkoj në dyqan. Dyqanet mbyllin për një orë. Kam kohë. Po tjetër, çfarë do?
Eanda: Merr dy kilogramë sheqer, dy pako kafe dhe një kuti kakao.
Bojkeni: Mirë. Po çaj, a kemi në shtëpi?
Eanda: Nuk e di. Po shoh njëherë në bufe.
Bojkeni: Mirë. Po pres në telefon.
Eanda: Bojken, kemi disa kuti me çaj.
Bojkeni: Mirë. Në qoftë se kemi çaj, nuk po marr. Po marr dy pako makarona dhe dy kilogramë oriz. Si thua?
Eanda: Shumë mirë po bën. Merr makarona 'Barilla', sepse ato janë makaronat më të mira.
Bojkeni: Po vaj, a kemi?
Eanda: Kemi vetëm vaj vegjetal, kurse vaj ulliri nuk kemi.
Bojken: Atëherë, po marr dy litra vaj ulliri. Tjetër?
Eanda: Merr një pako kripë dhe piper të zi.
Bojkeni: Po rigon, do?

Eanda: Jo, rigon kemi.
Bojkeni: Eanda, po marr dhe gjalpë, reçel dhe çokollata. Si thua?
Eanda: Shumë mirë. Por merr gjalpë me kripë, sepse ai është gjalpi më i mirë.
Bojkeni: Mirë. Po pyes nëse ka.
Eanda: Nëse ke mundësi merr dhe 300 gramë bajame, 200 gramë lajthi dhe 500 gramë kikirikë.
Bojkeni: Në rregull. Po marr edhe një bukë dhe po paguaj tani.
Eanda: Merr një bukë të zezë, sepse është më e mirë se buka e bardhë.
Eanda: Mirë.

FJALOR

Remember that the vocabulary lists also include the new words introduced in the exercises following the respective grammar section.

árr/ë, -a, -a	nut, walnut	mas	to measure
as	neither, not even	mbyll	to close
bajám/e, -ja, -e	almond	Merr!	Take! (imperative form)
besój	to believe	míell, -i, -ra	flour
besój se	I believe that	i,e mírë	good
bufé, -ja, -	cupboard	më i/e mírë	better
búk/ë, -a, -ë	bread	mjaftój	to be sufficient
byrék, -u, -ë	pie	i mjaftúesh/ëm, e -me	sufficient
çáj, -i	tea		
çokollát/ë, -a, -a	chocolate	mjált/ë, -i	honey
dal	to go out, leave	mundësí, -a, -	possibility, opportunity
dál nga	to leave from	ndónjë	any
dárk/ë, -a, -a	dinner	ndónjë gjë	anything
dyqán, -i, -e	store, shop	nevój/ë, -a, -a	need
ëmbëlsír/ë, -a, -a	dessert, sweet	kám nevójë	to have the need
frík/ë, -a, -ë	fear, dread	në qóftë se	if
gjë, -ja, -ra	thing	nëse	if
káf/e, -ja, -e	coffee	njëhérë	first, once
kakáo, -ja	cocoa	oríz, -i	rice
kikirík, -u, -ë	peanut	páko, -ja, -	package, parcel
kilográm, -i, -ë	kilogram	një páko káfe	a package of coffee
kóh/ë, -a, -ë	time	përgatís	to prepare
kám kóhë	to have time	pipér, -i	pepper
kríp/ë, -a, -ëra	salt	pipér i zi	black pepper
lajthí, -a, -	hazelnut	pres	to wait, cut
lít/ër, -ri, -ra	liter	rigón, -i	oregano
makaróna, -t	pasta	sheqér, -i	sugar
bëj makaróna	to prepare pasta	telefonát/ë, -a, -a	phone call

tj**é**tër	other, something else	ushq**í**m, -i, -e	food
e/të tj**é**ra	other (fem. pl.)	v**á**j, -i	oil
e/të tj**é**rë	other (masc. pl.)	v**á**j ull**í**ri	olive oil
ull**í**, -ri, -nj	olive	v**á**j vegjet**á**l	vegetable oil

GRAMATIKË

§46 Class 2 verbs

In §6 we saw that verbs that end in a consonant belong to class 2 verbs. In Dialogu 8.1 you encountered the verbs **mbyll** 'to close' and **marr** 'to take', both of which are class 2 verbs:

> Dyqanet **mbyllin** për një orë.
> The shops close in one hour.
>
> Po **marr** edhe gjalpë.
> I am taking (buying) butter also.

The following chart shows the conjugation in the present indicative for the verbs **mbyll** 'to close' and **hap** 'to open':

	mbyll	**hap**
unë	mbyll	hap
ti	mbyll	hap
ai, ajo	mbyll	hap
ne	mbyll**im**	hap**im**
ju	mbyll**ni**	hap**ni**
ata, ato	mbyll**in**	hap**in**

Notice that class 2 verbs take no ending in the singular forms. In §6 you learned the conjugation for the verb **flas** 'to speak', which is also a class 2 verb.

Complete the following chart with the forms of the present indicative of **flas**:

unë	________________
ti	________________
ai, ajo	________________
ne	________________
ju	________________
ata, ato	________________

How does **flas**, which is a class 2 verb, differ from **mbyll** and **hap**?

____

The verb **flas** has two peculiarities that make it different from most class 2 verbs: (a) its conjugation includes three different vowels, and (b) the **-s** changes to **-t** in the second- and third-person singular.

In Dialogu 8.1 you saw two more verbs that function like **flas** with regard to the different vowels: the verbs **dal** 'to go out' and **marr** 'to take'. Here are their present indicative forms:

	flas	**dal**	**marr**
unë	flas	dal	marr
ti	flet	del	merr
ai, ajo	flet	del	merr
ne	flas**im**	dal**im**	marr**im**
ju	fl**i**s**ni**	d**i**l**ni**	merr**ni**
ata, ato	flas**in**	dal**in**	marr**in**

Notice the stem change in the forms **ti**, **ai/ajo** (the **a** of the first-person singular changes to **e**), and **ju** (the **a** changes to **i** or **e**).

In Dialogu 8.1 you also encountered the verb **përgatis** 'to prepare':

> Po **përgatis** një ëmbëlsirë me mjaltë dhe arra.
> I am preparing a dessert with honey and nuts.

Verbs like **përgatis** 'to prepare' are also considered class 2 verbs since they end in a consonant. However, just like the verb **flas**, the -s changes to **-t** in the second- and third-person singular.

Other verbs like **përgatis** are **pres** 'to wait', **shëtis** 'to walk', and **shes** 'to sell':

	përgatis	**pres**	**shëtis**	**shes**
unë	përgatis	pres	shëtis	shes
ti	përgatit	pret	shëtit	shet
ai, ajo	përgatit	pret	shëtit	shet
ne	përgatis**im**	presim	shëtisim	shesim
ju	përgatit**ni**	pritni	shëtitni	shitni[1]
ata, ato	përgatis**in**	presin	shëtisin	shesin

Some verbs that end in -s, like **përgatis** 'to prepare' and **mas** 'to weigh', take **-s-** with the persons unë, ne, ju, and ata/ato. However, they can also be conjugated with a -**t** throughout the whole paradigm:

	përgatis	**përgatit**	**mas**	**mat**
unë	përgatis	përgatit	mas	mat
ti	përgatit	përgatit	mat	mat
ai, ajo	përgatit	përgatit	mat	mat
ne	përgatisim	përgatitim	masim	matim
ju	përgatisni	përgatitni	masni	matni
ata, ato	përgatisin	përgatitin	masin	matin

§47 Superlative constructions

In Dialogu 8.1 you encountered the following structures:

> Ato janë makaronat **më** të mira.
> That is the best pasta.

1. You will also hear **përgatisni, prisni, shëtisni, shisni,** as the **s** generalizes in the plural form.

Por merr gjalpë me kripë, sepse ai është gjalpi **më** i mirë.
But take salted butter, because that is the best butter.

These constructions are called relative superlatives. In English, the superlative is formed in two ways: add '-est' to the end of the adjective, or add 'the most' in front of the adjective:

big → biggest
beautiful → the most beautiful

These constructions indicate that there is no other element within a group that has the quality being expressed by the adjective.

In Albanian, the superlative structure is formed by putting the adverb **më** 'most' in front of the adjective. Unlike the adjective and the linking article, which agree with the noun, the adverb **më** remains invariable. This applies to both class 1 and class 2 adjectives:

libri **interesant**	the interesting book
libri **më interesant**	the most interesting book
vajza **e zgjuar**	the smart girl
vajza **më e zgjuar**	the smartest girl

Be careful when you make the superlative of a plural definite noun. Since the linking article is no longer adjacent to the definite noun (it is now separated by the adverb **më** 'most'), the linking article must change from **e** to **të** (see §42).

vajzat **e zgjuara**	the smart girls
vajzat **më të zgjuara**	the smartest girls

Më 'most' can also be used with adverbs in a superlative construction. Notice the use of the preposition **nga** 'from, among' with superlative constructions:

Unë flas **shpejt**.
I speak fast.

Unë flas shpejt, por Gëzimi flet **më shpejt** nga të gjithë.
I speak fast, but Gëzim speaks the fastest of all.

Dona flet italisht **mirë**.
Dona speaks Italian well.

Elona flet **më mirë** nga të gjithë.
Elona speaks the best of all.

There is a second type of superlative, called the absolute superlative. It is formed with the help of adverbs like **absolutisht** 'absolutely', **fort** 'very', **jashtëzakonisht** 'extremely', **shumë** 'very', and **tepër** 'extremely'. This construction, just like the relative superlative, is used with class 1 and 2 adjectives as well as with adverbs.

Ky libër është **absolutisht interesant**!	This book is absolutely interesting!
Gëzimi flet **jashtëzakonisht shpejt**!	Gëzim speaks extremely fast!

Ky roman është **tepër i gjatë**.	This novel is very long.
Butrinti është **fort i bukur**.	Butrint is very beautiful.

§48 Comparative constructions

In Dialogu 8.1 you encountered the following structure:

Merr një bukë të zezë, sepse është **më e mirë se** buka e bardhë.
Take black bread (corn bread), because it is better than (the) white bread.

In English, we use '-er than' or 'more than' to compare qualities. In Albanian, we use **më . . . se/sesa** 'more than' to express a higher degree:[2]

Gëzimi është **më i zgjuar se** Artani.	Gëzim is smarter than Artan.
Këto ushtrime janë **më të lehta sesa** ato.	These exercises are easier than those.
Kjo ndërtesë është **më e lartë se** ajo.	This building is taller than that (one).
Vëllai im është **më i gjatë se(sa)** unë.	My brother is taller than I.

The same construction can be used with adverbs:

Qeni vrapon **më shpejt se** macja.	The dog runs faster than the cat.
Unë punoj **më shumë se** vëllai im.	I work more than my brother.
Unë mësoj **më pak se** ti.	I study less than you.

To express an equal degree of quality for both adjectives and adverbs, use **aq . . . sa (edhe)** 'as . . . as'. Notice that the particle **po** may also optionally appear in front of the comparative:

Gëzimi është **(po) aq i zgjuar sa** Artani.	Gëzim is as smart as Artan.
Ky mësim është **(po) aq i vështirë sa** ai.	This lesson is as hard as that (one).
Unë flas **(po) aq shpejt sa edhe** ti.	I speak as fast as you.

USHTRIMI 8.1

Indicate whether the following statements are true (T) or false (F) based on Dialogu 8.1.

1. _____ Bojkeni po del nga zyra, kurse Eanda është në shtëpi.
2. _____ Dyqanet mbyllin për dy orë.
3. _____ Eanda po përgatit një ëmbëlsirë me lajthi dhe bajame.
4. _____ Eanda ka nevojë për arra dhe mjaltë.
5. _____ Dyqanet mbyllin për tri orë.
6. _____ Bojkeni shkon në dyqan dhe blen kikirikë.
7. _____ Ai blen dy pako kafe dhe një pako kakao.
8. _____ Ata nuk kanë çaj në shtëpi.
9. _____ Bojkeni blen dhe një pako makarona dhe një kilogram oriz.
10. _____ Ai blen kripë dhe një litër vaj.

2. **Se** and **sesa** 'than' are interchangeable.

USHTRIMI 8.2

Answer the following questions based on Dialogu 8.1.

1. Ku është Bojkeni?
____
2. Po Eanda, ku është?
____
3. Për çfarë ka nevojë Eanda?
____
4. Çfarë po përgatit Eanda?
____
5. Ku shkon Bojkeni?
____
6. Sa kilogramë miell do Eanda?
____
7. Çfarë blen ai në dyqan?
____
8. A blen ai kafe dhe kakao?
____
9. A blen ai vaj?
____
10. A kanë ata çaj në shtëpi?
____

USHTRIMI 8.3

Complete the following sentences with the appropriate form of the verbs given in parentheses.

1. Kush po (hap) ________ dritaret? Unë po ________ (hap) dritaret.
2. Çfarë po ________ (përgatis) ju? Ne po ______ (përgatis) një ëmbëlsirë. Po ata, çfarë po _______ (përgatis)?
3. Ku po ________ (shëtis) ju? Ne po _____ (shëtis) në qytet.
4. Kush po ________ (mbyll) dyert? Djali po _____ (mbyll) dyert.
5. Çfarë po ________(mas) ju? Ne po ________ (mas) një shtëpi.
6. Në çfarë ore ______ (dal) ata nga zyra? Ata ___________ (dal) në orën 17:00. Po ju, kur ___________ (dal)? Ne ___________ (dal) për një orë.
7. Ti po ______ (marr) një shoqe në telefon.
8. Unë po _______________ (marr) një kilogram arra në dyqan.
9. Ju po _______________ (dal) nga shtëpia dhe po shkoni në zyrë.
10. Kush po _______ (marr) në telefon? Një shok po _______ (marr) në telefon.

USHTRIMI 8.4

Make comparative or superlative constructions as required. Pay attention to the agreement with the adjective.

(mace, qen, i vogël)	Macja është **më e vogël se** qeni.
(kjo, vajzë e bukur, të gjitha)	Kjo është vajza **më e bukur nga** të gjitha.

1. gjysh, gjyshe, i sëmurë
2. kjo zyrë, dhoma ime, i madh
3. kjo fotografi, ajo, i bukur
4. Gëzim, vëllai i tij, i gjatë
5. kjo kafe, ajo, i keq
6. ky, mësim i lehtë, ai
7. Dona dhe Besa, Sokol, i zënë
8. Artan, djalë i lumtur, të gjithë
9. shtëpia ime, shtëpia jote, i ri
10. këto valixhe, ato, i rëndë

DIALOGU 8.2: NË DYQAN

Shitësja: Mirëdita! Çfarë dëshironi?
Ana: Mirëdita! Dua të blej dy kilogramë domate. A keni?
Shitësja: Po. Kemi domate shumë të mira. Mund të zgjidhni këtu.
Ana: Po speca të kuq, a keni?
Shitësja: Po, kemi speca të kuq dhe speca jeshilë.
Ana: Mund të peshoni dy kilogramë speca të kuq?
Shitësja: Patjetër. Po tjetër, çfarë dëshironi?
Ana: Dua të blej një kilogram qepë të bardha dhe dy kilogramë tranguj.
Shitësja: Kemi qepë të mira dhe tranguj të freskët.
Ana: Duhet të blej dhe 200 gramë hudhra. A keni?
Shitësja: Po. Ja, ku janë. Ndonjë gjë tjetër?
Ana: Edhe një kilogram patëllxhan dhe dy kilogramë patate.
Shitësja: Patjetër. Kemi patate të reja.
Ana: Po bizelet, si janë?
Shitësja: Bizelet janë shumë të freskëta. Do të merrni?
Ana: Mirë. Po marr një kilogram bizele. Po të jetë e freskët, po marr edhe një kilogram sallatë jeshile.
Shitësja: Po, sallata jeshile është shumë e freskët. Po fruta do të merrni?
Ana: Do të marr dy kilogramë qershi, po të jenë të ëmbla. Pres të vijë vajza sot nga pushimet dhe dua të përgatis një ëmbëlsirë të mirë me qershi.
Shitësja: Qershitë janë shumë të ëmbla. Po të doni, mund të provoni një kokërr.
Ana: Mirë. Po pjeshkët si janë?

Shitësja: Pjeshkët janë shumë të mira.
Ana: Po kajsi, a keni?
Shitësja: Jo. Kajsi nuk kemi.
Ana: Po pjepra dhe shalqinj, a keni?
Shitësja: Po, kemi.
Ana: Atëherë, po marr një shalqi dhe dy pjepra të vegjël. Po dardhat si janë?
Shitësja: Janë pak të forta, por janë shumë të shijshme.
Ana: Mirë. Po marr një kilogram dardha dhe një kilogram mollë të kuqe. Sa kushtojnë të gjitha?
Shitësja: 2020 lekë.

FJALOR

bizél/e, -ja, -e	bean, pea
dárdh/ë, -a, -a	pear
dëgjój	to listen
do të	will (future marker)
domát/e, -ja, -e	tomato
i,e ëmbël	sweet
i,e fórtë	strong, hard
frút/ë, -a, -a	fruit
gjéj	to find
húdh/ër, -ra, -ra	garlic
jeshíl, -e	green
kajsí, -a, -	apricot
kilográm, -i, -ë	kilogram
kók/ërr, -rra, -rra	piece, unit (of fruit)
kushtój	to cost
Sa kushtójnë të gjítha?	How much for everything?
móll/ë, -a, -ë	apple
patát/e, -ja, -e	potato
patëllxhán, -i, -ë	eggplant
patjétër	certainly, definitely
períme, -t	vegetables[3]
peshój	to weigh
pjép/ër, -ri, -ra	honeydew melon
pjeshk/ë, -a, -e	peach
problém, -i, -e	problem
provój	to try
qép/ë, -a, -ë	onion
qershí, -a, -	cherry
sallát/ë, -a, -a	salad
sallátë jeshíle	green salad
spéc, -i, -a	pepper
shalqí, -ri, -nj	watermelon
i shíjsh/ëm, e -me	delicious, tasty
të	subjunctive marker
tjétër	other, else, something else
trángu/ll, -lli, -j	cucumber
zgjédh	to choose[4]

GRAMATIKË

§49 The present subjunctive

Consider the following examples from Dialogu 8.2:

> Dua **të blej** dy kilogramë domate.
> I want to buy two kilograms of tomatoes.

3. Also **zarzavat/e, -ja, -e** 'vegetables'.
4. Notice the present indicative for **zgjedh** 'to choose': zgjedh, zgjedh, zgjedh, zgjedhim, zgj**i**dhni, zgjedhin.

Mund **të zgjidhni** këtu.
You can choose here.

Mund **të peshoni** dy kilogramë speca të kuq?
Can you weigh two kilograms of red peppers?

Duhet **të blej** dhe 200 gramë hudhra.
I must buy 200 grams of garlic.

Pres **të vijë** vajza sot nga pushimet.
I am waiting for my daughter to come back from the holidays.

As you can see in the translations above, in English, we use an infinitive after the conjugated forms of the verb 'to want': "I want to buy," for example. Standard Albanian has no infinitive (see §6, §12); instead, we use a subjunctive form that agrees with the subject of the main verb. The subjunctive is formed by using the subjunctive particle **të** followed by the subjunctive form of the verb. The present subjunctive forms are very straightforward. The following chart contains the forms for class 1 verbs (e.g., **punoj** 'to work') and class 2 verbs (e.g., **dal** 'to leave'). Both the present indicative and the present subjunctive forms are given so that you can compare the forms:

	Indicative	Subjunctive	Indicative	Subjunctive
unë	punoj	të punoj	dal	të dal
ti	punon	të puno**sh**	del	të dal**ësh**
ai, ajo	punon	të puno**jë**	del	të dal**ë**
ne	punojmë	të punojmë	dalim	të dalim
ju	punoni	të punoni	dilni	të dilni
ata, ato	punojnë	të punojnë	dalin	të dalin

As you can see, all subjunctive forms are formed with the help of the subjunctive particle **të**. Most persons are the same in the indicative and in the subjunctive. However, two forms differ.

What persons change form?

____

In what verb class does the change occur?

____

How do we form the present subjunctive forms if the verb ends in:

	-oj	**a consonant (class 2 verb)**
ti	____________________	____________________
ai, ajo	____________________	____________________

Notice that the verb **dal** changes to **del** and **dilni** in the present indicative. Which of the three forms serves as the base for the present subjunctive to derive the forms of **ti** and **ai/ajo**?

____

For verbs that undergo a change of stem, we take the form of the first-person singular as the base for the subjunctive and add **-ësh** (for the **ti** form) or **-(j)ë** (for the **ai/ajo** form).

The verbs **jam** 'to be' and **kam** 'to have' are irregular in the present subjunctive. Both verbs take similar forms, as you can see in the chart below:

	Indicative	Subjunctive	Indicative	Subjunctive
unë	jam	të jem	kam	të kem
ti	je	të jesh	ke	të kesh
ai, ajo	është	të jetë	ka	të ketë
ne	jemi	të jemi	kemi	të kemi
ju	jeni	të jeni	keni	të keni
ata, ato	janë	të jenë	kanë	të kenë

The verbs **dua** 'to want' and **them** 'to say' are also irregular since they don't take the first-person singular as the base to form the second- and third-person singular in the present subjunctive:

	Indicative	Subjunctive	Indicative	Subjunctive
unë	dua	të dua	them	të them
ti	do	të duash	thua	të thuash
ai, ajo	do	të dojë	thotë	të thotë
ne	duam	të duam	themi	të themi
ju	doni	të doni	thoni	të thoni
ata, ato	duan	të duan	thonë	të thonë

§50 The modal verbs **duhet** 'must' and **mund** 'can' and the present subjunctive

English modal verbs like 'will', 'can', 'must', and so on, are typically followed by the root infinitive of a verb (i.e., the infinitive without the particle 'to'), so we say "I will eat," "I can go," "she must go," and so on. We saw before that Standard Albanian does not have infinitives; therefore, it also lacks root infinitives. Thus, a subjunctive fulfills the function of the root infinitive, as you can see in the following examples from Dialogu 8.2:

Duhet **të blej** dhe 200 gramë hudhra.	I must also buy 200 grams of garlic.
Mund **të zgjidhni** këtu.	You can choose here.

Just like in English, these modal verbs are not conjugated; that is, they keep the same form in all the different persons. Notice that in Albanian, the subjunctive verb, which obligatorily follows the modal, agrees with the main subject:

Unë **duhet të zgjedh**.	I must choose.
Ti **duhet të zgjedhësh.**	You must choose.
Ai **duhet të zgjedhë**.	She must choose.
Ajo **duhet të zgjedhë**.	She must choose.
Ne **mund të zgjedhim**.	We can choose.
Ju **mund të zgjidhni**.	You can choose.
Ata **mund të zgjedhin**.	They can choose.
Ato **mund të zgjedhin**.	They can choose.

To negate the sentences with a modal verb, simple add the word **nuk** 'not' in front of the modal:

Unë **nuk mund të shkoj** atje.	I cannot go there.
Ne **nuk duhet të shkojmë** atje.	We must not go there.

§51 Other basic constructions that require the present subjunctive

1. The verbs **filloj** 'to start' and **vazhdoj** 'to continue' are typically followed by the subjunctive. Notice that, unlike the modal verbs **duhet** 'must' and **mund** 'can', which remain invariable (see §50), these verbs are fully conjugated, similar to what we observed with the verb **dua** 'to want' in §49:

Ai po fillon **të studiojë**.	He is starting to study.
Po vazhdojmë **të këndojmë**.	We continue to sing.

2. With impersonal constructions like **është mirë** 'it's good', **është më mire** 'it's better', **është keq** 'it's bad', **është e vështirë** 'it's difficult', and **është e nevojshme** 'it's necessary', we typically find the subjunctive:

Është mirë të pushosh.	It's good (for you) to relax.
Nuk është keq të pushosh pak.	It is not bad if you rest a little bit.
Është e rëndësishme të mësoni çdo ditë.	It's important (for you) to study every day.[5]
Është e nevojshme të flasësh shqip.	It's necessary (for you) to speak Albanian.

To negate a subjunctive, use **mos** 'not' after the subjunctive marker **të**:

Është më mirë **të mos shkojmë** në teatër sot.
It's better that we not go to the theater today.

Është e vështirë **të mos thuash** asgjë.
It's difficult for you not to say anything.

3. To express a purpose, we usually use the conjunction **që** 'in order to'. As it is in English, this conjunction is optional, especially in spoken Albanian:

Po shkoj në dyqan (**që**) **të** blej patate.
I'm going to the store (in order) to buy potatoes.

A more formal conjunction to express purpose is **me qëllim që** 'in order to, so as to':

Po mësoj shqip **me qëllim që** të shkoj në Shqipëri.
I'm studying Albanian in order to go to Albania.

4. The subjunctive typically follows some temporal conjunctions when the event or state described by the verb has not taken place yet. Some of these temporal conjunctions are **kur** 'when', **para se** 'before', **pasi** 'after', **sapo** 'as soon as', and **derisa** 'until':

Po vij, **kur të telefonosh** ti.
I'm coming when you telephone.

Po vij, **para se të shkosh** ti atje.
I'm coming before you go there.

5. In general, when we use an impersonal expression with an adjective, we use the feminine form of the adjective.

Po shkoj, **pasi të mbaroj** detyrat.
I'm going after I finish the homework.

Duhet të kërkosh, **derisa të gjesh** atë që do.
You must look until you find what you want.

Ajo do të dalë me shokët, **sapo të mbarojë** detyrat.
She's going out with her friends as soon as she finishes her homework.

Notice that in the examples above the temporal clause (i.e., the clause that starts with the temporal conjunction) follows the main clause. In written Albanian, these two clauses are typically separated by a comma. The temporal clause may also precede the main clause. Again, a comma is needed to separate the two clauses:

Sapo të mbarojë detyrat, ajo do të dalë me shokët.
When she finishes her homework, she will go out with her friends.

In all the examples above, the action or state expressed by the temporal verb has not taken place. If it usually takes place, then the present indicative rather than the present subjunctive should be used:

Ajo del shpesh me shokët, sapo **mbaron** detyrat.
She often goes out with friends as soon as she finishes her homework.

Compare the previous example with the following example:

Ajo do të dalë me shokët, sapo të **mbarojë** detyrat.
She will go out with her friends as soon as she finishes her homework.

§52 The future indicative

The future tense is formed by adding the particle **do** in front of the subjunctive form of the verb:[6]

	punoj 'to work'	**dal** 'to leave'
unë	do të punoj	do të dal
ti	do të punosh	do të dalësh
ai, ajo	do të punojë	do të dalë
ne	do të punojmë	do të dalim
ju	do të punoni	do të dilni
ata, ato	do të punojnë	do të dalin

To form the negative of a future form, use **nuk** 'not' in front of the future marker:

Nesër **nuk do të punoj**.	I will not work tomorrow.
Ne **nuk do të vijmë nesër**.	We will not come tomorrow.

6. The future particle **do** was originally the form of the second/third person of the verb **dua** 'to want' in the present indicative, which has grammaticalized as a future marker in Albanian. The same is observed in English (and in many other languages), where the modal verb 'will', which we use to form the future tense, also comes from an original verb that means 'to want'.

Some typical future time expressions are the following:

javën e ardhshme	next week
këtë javë	this week
këtë vit	this year
muajin e ardhshëm	next month
muajin që vjen	next month, the coming month
nesër	tomorrow
pasnesër	the day after tomorrow
sivjet	this year
sot	today
të hënën, të martën, . . .	(next/on) Monday, Tuesday, . . .
vitin e ardhshëm	next year
vitin që vjen	next year

USHTRIMI 8.5

Indicate whether the following statements are true (T) or false (F) based on Dialogu 8.2.

1. _____ Ana do të blejë dy kilogramë domate.
2. _____ Në dyqan ka domate shumë të mira.
3. _____ Në dyqan nuk ka speca të kuq.
4. _____ Ana do të blejë një kilogram qepë të bardha.
5. _____ Bizelet nuk janë shumë të freskëta.
6. _____ Ana blen një kilogram bizele.
7. _____ Qershitë janë të ëmbla.
8. _____ Pjeshkët janë shumë të mira.
9. _____ Në dyqan nuk ka kajsi.
10. _____ Ana merr një kilogram dardha dhe një kilogram mollë të kuqe.

USHTRIMI 8.6

Answer the following questions based on Dialogu 8.2.

1. Çfarë do të blejë Ana?

____

2. Si janë domatet?

____

3. A ka speca të kuq në dyqan?

____

4. Çfarë blen tjetër Ana?

____

5. Si janë bizelet?
____

6. Po fruta, a blen Ana?
____

7. Po qershitë, si janë?
____

8. A ka kajsi në dyqan?
____

9. Si janë dardhat?
____

10. A blen mollë Ana?
____

USHTRIMI 8.7

Complete the following sentences with the correct form of the verb in parentheses.

1. Ato po shkojnë që të ______ (blej) fruta.
2. Ti duhet të ______ (flas) me shokët që të _____ (ata, vij) sonte në koncert.
3. Ne po presim që të ______ (takoj) mësueset dhe të ______ (bisedoj) për detyrat.
4. Ti duhet të ______ (shkoj) në disa dyqane, derisa të ______ (gjej) atë që dëshiron.
5. Është mirë të ______ (flas, ne) bashkë për këto probleme.
6. Është e nevojshme që të ______ (dëgjoj, ju) edhe studentët, para se të ______ (jap, ju) rezultatet.
7. Ti duhet të ______ (dal) nga zyra, sepse këtu ne nuk mund të ______ (bisedoj).
8. Kur të ______ (vij) nëna, po vij dhe unë.
9. Flasim kur ju të ______ (shkoj) atje.
10. Po fillojnë të ______ (dal) shumë probleme.

LEXIMI 8.1

Këshilla për një dietë të shëndetshme

Një dietë e shëndetshme dhe e rregullt është shumë e rëndësishme për njerëzit. Frutat, perimet e freskëta dhe drithërat duhet të jenë çdo ditë në tryezë. Njerëzit e shëndetshëm duhet të konsumojnë katër deri në gjashtë gota ujë në ditë. Mjekët thonë se një dietë e mirë duhet të ketë vitamina dhe kripëra minerale që janë shumë të nevojshme.

Në dimër, mjekët këshillojnë që të përdorim sa më shumë perime dhe fruta të freskëta që kanë vitamina A dhe C, si: mandarina, kivi, spinaqi, kungulli dhe karota. Duhet të konsumojmë dhe produkte që kanë vitaminë E si: gruri, bajamet, arrat, patatet dhe lajthitë.

Në verë është mirë të konsumojmë shumë perime dhe fruta, sepse kanë ujë. Zgjedhje e mirë janë frutat e freskëta, si shalqiri dhe pjepri, perimet si domatet, sallata jeshile dhe brokoli.

Në situata stresi mjekët këshillojnë një dietë me bukë, makarona, oriz, sallatë jeshile, qepë, djathë, kos, vezë dhe qumësht. Frutat e ëmbla dhe mjalti ndihmojnë që të Jemi të qetë.

Në këto situata është mirë të mos përdorim kafe, çaj, kakao apo çokollata. Edhe ushqime pikante me piper apo me shumë kripë, si dhe alkooli janë shumë të dëmshme.

FJALOR

alkoól, -i	alcohol
brókoli	broccoli
i dëmsh/ëm, e -me	harmful
diét/ë, -a, -a	diet
dríth/ë, -i, -ëra	grain, cereal
gót/ë, -a, -a	glass
një gótë újë	a glass of water
grúr/ë, -i	corn, wheat
karót/ë, -a, -a	carrot
këshillój	to advise
këshíll/ë, -a, -a	advice
kívi	kiwi
konsumój	to consume
kos, -i	yogurt
kríp/ë, -a, -ëra	salt
krípëra minerále	mineral salts
kúngu/ll, -lli, -j	pumpkin, squash
lajthí, -a, -	hazelnut
mandarín/ë, -a, -a	tangerine
minerál, -e	mineral
ndihmój	to help
períme (pl.)	vegetables
përdór	to use
pikánt, -e	spicy
qúmësht, -i	milk
i,e rrégullt	regular
sa më shúmë	as much as possible
situát/ë, -a, -a	situation, condition
në situáta strési	in stressful situations
spináq, -i	spinach
stres, -i	stress
tensión, -i, -e	blood pressure, pressure
új/ë, -i, -ra	water
véz/ë, -a, -ë	egg
vitamín/ë, -a, -a	vitamin
zgjédhj/e, -a, -e	choice, pick

USHTRIMI 8.8

Indicate whether the following statements are true (T) or false (F) based on Leximi 8.1. When a statement is false, briefly explain why (in Albanian!).

1. _______ Dieta e shëndetshme dhe e rregullt është shumë e rëndësishme.
2. _______ Nuk është mirë të konsumoni një gotë ujë në ditë.
3. _______ Mandarina, kivi, spinaqi, kungulli dhe karota kanë vitamina A dhe C.
4. _______ Gruri, bajamet, arrat, patatet dhe lajthitë kanë vitaminë E.
5. _______ Ne verë është mirë të konsumojmë shalqi dhe pjepër.
6. _______ Në verë nuk është mirë të përdorni domate dhe sallatë jeshile.
7. _______ Një dietë e mirë është e rëndësishme në situata stresi.
8. _______ Frutat e ëmbla dhe mjalti ndihmojnë që të jemi të qetë.
9. _______ Kakaoja dhe çokollatat janë të dëmshme në situata stresi.
10. _______ Është mirë të mos konsumoni shumë alkool.

USHTRIMI 8.9

Answer the following questions based on Leximi 8.1.

1. Çfarë është e rëndësishme për njerëzit?
2. Çfarë duhet të kenë njerëzit çdo ditë në tryezë?
3. Sa gota ujë në ditë duhet të konsumojnë njerëzit e shëndetshëm?
4. Çfarë duhet të ketë një dietë e mirë?
5. Çfarë këshillojnë mjekët në dimër?
6. Cilat fruta dhe perime kanë vitamina A dhe C?
7. Po vitaminë E?
8. Çfarë duhet të konsumojnë njerëzit në verë?
9. Çfarë diete këshillojnë mjekët në situata stresi?
10. Çfarë nuk duhet të përdorim në këto situata?
11. A është i dëmshëm alkooli?

USHTRIMI 8.10

Create dialogues for the following situations.

1. Using the information given in the reading, imagine you are a doctor who is asked for information about a healthy diet. A classmate will play the role of your patient. Ask your patient as many questions as you can about his or her diet.
2. It's your turn to cook dinner at home, and you are talking with your housemate about the food that you are going to prepare. You explain to him or her that you need to go to the supermarket to buy the different ingredients that you will need.

INFORMACIONE KULTURORE

- In Albania, fresh fruits and vegetables are available in all stores year-round. Some of them are season-specific. Tomatoes (**domate**), carrots (**karota**), salad greens (**sallatë jeshile**), green

The boulevard Dëshmorët e Kombit (Martyrs of the Nation), Tirana (photo: Albes Fusha)

beans (**bizele**), cucumbers (**tranguj**), garlic (**hudhra**; lit., garlics), and onions (**qepë**) can be found year-round.

- A large variety of fruits are sold year-round, for example, apples (**mollë**), oranges (**portokalle**), tangerines (**mandarina**), peaches (**pjeshkë**), watermelons (**shalqi**), honeydew melons (**pjepra**), grapes (**rrush**), apricots (**kajsi**), figs (**fiq**), and plums (**kumbulla**). The best watermelons and honeydew melons are produced in July and August. Fresh cherries (**qershi**) are typical of June.
- Albanians use the metric system:

Liquid Measure	Weight Measure
1 liter = 1.057 quarts	1 kilogram = 2.205 pounds
1 quart = .9464 liter	1 pound = .4536 kilogram
1 gallon = 3.785 liters	1 quintal = 220.5 pounds
1 liter = .2642 gallon	1 quintal = 100 kilograms

- In the spoken language, **kile** is used instead of **kilogram.** You will often hear **një kile domate** instead of **një kilogram domate.**
- In Kosovo, instead of **patëllxhan** (eggplant) you will hear **domate të zeza**. Also, instead of **dyqan**, the word **shitore** is used.
- In Gheg, just as in English and unlike what happens in Standard Albanian, an infinitive is used when the subject of both verbs is the same:

	Gheg	Standard Albanian	English
unë	**du(e) me shkue**	**dua të shkoj**	I want to go
ti	**do(n) me shkue**	**do të shkosh**	you want to go
ai, ajo	**do(n) me shkue**	**do të shkojë**	he/she wants to go
ne	**du(e)m me shkue**	**do të shkojmë**	we want to go
ju	**doni me shkue**	**do të shkoni**	you want to go
ata, ato	**du(e)n me shkue**	**do të shkojnë**	they want to go

- For the future tense, Gheg uses the verb **kam** 'to have' plus the infinitive:

	Gheg	Standard Albanian	English
unë	**kam me shkue**	**dua të shkoj**	I will go
ti	**ke me shkue**	**do të shkosh**	you will go
ai, ajo	**ka me shkue**	**do të shkojë**	he/she will go
ne	**kemi me shkue**	**do të shkojmë**	we will go
ju	**keni me shkue**	**do të shkoni**	you will go
ata, ato	**kanë me shkue**	**do të shkojnë**	they will go

MËSIMI 9

Shtëpi dhe hotel

House and hotel

In this lesson you will learn:

- how to talk about renting or buying an apartment
- how to read and write newspaper ads about renting and selling

You will learn the following grammatical points:

- the accusative (or object) case
- the demonstrative forms in the accusative case
- adjectives in the accusative case
- prepositions that require the accusative case
- **kush** 'who' and **cili** 'which' in the accusative case
- ordinal numbers
- class 3 and 4 verbs

DIALOGU 9.1: NË AGJENCINË IMOBILIARE

Arturi: Alo, mirëmëngjes! Flas me agjencinë imobiliare 'Tirana'?

Monika: Po. Jemi agjencia imobiliare 'Tirana'. Çfarë dëshironi?

Arturi: Jam një banor këtu në Tiranë dhe kërkoj një apartament me qira. Po lexoj në gazetën 'Shqip' se agjencia juaj ka shumë oferta të mira dhe me çmime të arsyeshme. Prandaj po marr në telefon, sepse jam i interesuar për këto oferta.

Monika: Është e vërtetë që ne kemi shumë oferta, por cilat janë kërkesat që keni ju për shtëpi?

Arturi: Unë dua një apartament me dy dhoma dhe një kuzhinë.

Monika: Kemi disa apartamente dy plus një. Kemi dy apartamente në rrugën 'Qemal Stafa', disa apartamente në rrugën 'Don Bosko', tri apartamente në rrugën 'Myslym Shyri', etj.

Arturi: Po në rrugën 'Mine Peza', a keni ndonjë apartament?

Monika: Kemi vetëm një apartament në atë rrugë, por është i pamobiluar.

Arturi: Nuk ka problem. Është apartament i ri apo i vjetër?

Monika: Është apartament i vjetër.

Arturi: Sa është çmimi për këtë apartament?

Monika: Është rreth 25 000 lekë, por për çmimin mund të diskutojmë më vonë.

Arturi: Shumë mirë, atëherë. Kam edhe një pyetje. A është me ballkon?

Monika: Po është me ballkon, por ballkoni nuk është i madh. A jeni i interesuar për këtë apartament?

Arturi: Jam shumë i interesuar, por sigurisht që duhet të shoh apartamentin para se të vendos.

Monika: Është mirë që të kaloni një ditë nga agjencia.

Arturi: A mund të vij sot?

Monika: Sot kemi shumë punë dhe nuk mund të shkojmë që të shohim apartamentin. Por mund të vini nesër.

Arturi: Në ç'orë?

Monika: Në orën dhjetë. Jeni i lirë në atë orë?

Arturi: Po. Atëherë, po vij nesër në orën dhjetë. Shumë faleminderit për ndihmën.

Monika: S'ka përse. Kënaqësia ime!

FJALOR

agjencí, -a, -	agency
agjencí imobiliáre	housing agency (where you can rent or buy a home or apartment; a real estate office)
apartamént, -i, -e	apartment
i arsýesh/ëm, e -me	reasonable
atëhérë	then
banór, -i, -ë	resident, inhabitant
çmím, -i, -e	price
i diskutúesh/ëm, e -me	negotiable
dhóm/ë, -a, -a	room
i,e interesúar	interested
júaj	your (formal)
kalój	to pass (by)
kënaqësí, -a, -	pleasure
kënaqësía íme	my pleasure
kërkés/ë, -a, -a	request, demand
kërkój	to look for
këtë	this (masc. sing., fem. sing. acc.)
kuzhín/ë, -a, -a	kitchen
lék, -u, -ë	Albanian money
i,e lírë	free, cheap
márr në telefón	to call on the phone

i,e mobilúar	furnished
ndíhm/ë, -a, -a	help
ndonjë	any
ndonjë apartamént	any apartment
ofért/ë, -a, -a	offer
ofrój	to offer
pallát, -i, -e	building (block of apartments), palace
i,e pamobilúar	without furniture
pára se	before
patjétër	surely, without fail
përse	why, what for
S'ká përsé!	You are welcome! Not at all!
prandáj	therefore, so
pýes	to ask
pýetj/e, -a, -e	question
qirá, -ja, -	rent, lease
marr me qirá	to rent
jap me qirá	to rent out
rreth	about, around
rrúg/ë, -a, -ë	street, road
vendós	to decide
i,e vërtétë	true, real
është e vërtétë	it is true
vónë	late
më vónë	later

§53 Accusative singular nouns

In Dialogu 9.1 you encountered definite nouns in the accusative (or object) case, which is the case we typically use with direct objects (the object immediately affected by the action of the verb) or after certain prepositions like **për** 'for', **me** 'with', and **në** 'in'.

Masculine nouns:

shohim apartament**in**	we see the apartment
për çmimi**n** mund të diskutojmë	we can discuss the price

Feminine nouns:

me agjenci**në** imobiliare	with the real estate office
në gazetë**n** 'Shqip'	in the newspaper *Shqip*
në rrugë**n** 'Mine Peza'	on Mine Peza Street

Do you see a pattern? How do we form the accusative definite form of singular nouns? What form do we take as the "base"? What do we add to that base?

Masculine nouns: ____

Feminine nouns: ____

Let's consider first the forms of the singular masculine nouns when used as subjects (in the nominative case) and when used as objects (in the accusative case).

Nominative		Accusative	
Indefinite	*Definite*	*Indefinite*	*Definite*
apartament	apartament**i**	apartament	apartament**in** (apartment)
shok	shok**u**	shok	shok**un** (friend)

In the chart above we can observe two facts:

1. The masculine indefinite forms are the same in the nominative and accusative cases.
2. The masculine accusative definite form is built on the definite form of the noun in the nominative case. To form the masculine accusative definite form, all we need to do is add **-n** to the nominative definite form.

Consider now the singular feminine forms:

Nominative		Accusative	
Indefinite	*Definite*	*Indefinite*	*Definite*
gazetë	gazet**a**	gazetë	gazetë**n** (newspaper)
mësuese	mesues**ja**	mësuese	mësuese**n** (teacher)
agjenci	agjenci**a**	agjenci	agjenci**në** (agency)

From the chart above we can get two generalizations:

1. The feminine indefinite forms are the same in the nominative and accusative cases.
2. The feminine accusative definite form is built on the indefinite form of the noun in the nominative case. There are basically two rules:
   a. Add **-n** if the noun ends in an unstressed vowel.
   b. Add **-në** if the noun ends in a stressed vowel.

We saw that feminine nouns that end in **-ër**, **-ërr**, or **-ël** typically drop the **ë** before the nominative definite article (**letër** 'letter' becomes **letra** 'the letter') (see §27). In the accusative definite form, this **ë** is also dropped, but since the result would be an unpronounceable **letrn**, we insert an extra **ë** before the **-n** of the accusative, getting **letrën**. Put simpler, if the noun ends in **-ër**, **-ërr**, or **-ël**, replace these endings with **-ën** to form the accusative singular definite form.

Nominative		Accusative	
Indefinite	*Definite*	*Indefinite*	*Definite*
motër	mot**ra**	motër	mot**rën** (sister)
ëndërr	ënd**rra**	ëndërr	ënd**rrën** (dream)
vegël	veg**la**	vegël	veg**lën** (instrument/tool)

The same rules apply to personal names and the names of countries and cities. To see if you have mastered the rules above, briefly explain the accusative definite forms below:

Nominative		Accusative	
Indefinite	*Definite*	*Indefinite*	*Definite*
Gëzim	Gëzim**i**	Gëzim	Gëzim**in**
Irak	Irak**u**	Irak	Irak**un**
Tiranë	Tiran**a**	Tiranë	Tiran**ën**
	Dian**a**		Dian**ën**
Kanada	Kanada**ja**	Kanada	Kanada**në**
Shkodër	Shkod**ra**	Shkodër	Shkod**rën**
Eritre	Eritre**ja**	Eritre	Eritre**në**

There is a pattern that unifies the formation of singular masculine and feminine definite nouns: to form the accusative definite case of a noun, add **-n** if the noun ends in an unstressed vowel, and add **-në** if the noun ends in a stressed vowel. Just remember to apply this rule to the singular definite form of the masculine noun and to the indefinite form of the feminine noun.

Since there is no rule without exceptions, let's just mention one exception here. Masculine nouns that end in a stressed **a** take **-në** for the accusative definite. Fortunately, "it stays in the family," as you can see below:[1]

Nominative		Accusative	
Indefinite	*Definite*	*Indefinite*	*Definite*
baba	baba**i**	baba	baba**në** (father)[2]
vëlla	vëlla**i**	vëlla	vëlla**në** (brother)

1. Why are these forms exceptions? Notice that both words end in a stressed vowel and take **-në** in the accusative plural, thus apparently obeying the rule given above! Hint: What kind of words typically take **-në** in the accusative?

2. You will hear the forms **babain** and **vëllain** much more often than the grammatically correct forms **babanë** and **vëllanë.**

§54 Accusative plural nouns

If you remember the nominative plural definite forms (§38, 41), then the accusative forms will be easy, since they are the same as the nominative forms:

Nominative		Accusative	
Indefinite	*Definite*	*Indefinite*	*Definite*
(disa) juristë	juristë**t**	(disa) juristë	juristë**t** (lawyers)
(disa) gazetarë	gazetarë**t**	(disa) gazetarë	gazetarë**t** (reporters)
(disa) grupe	grupe**t**	(disa) grupe	grupe**t** (groups)
(disa) shkolla	shkolla**t**	(disa) shkolla	shkolla**t** (schools)
(disa) agjenci	agjenci**të**	(disa) agjenci	agjenci**të** (agencies)

§55 Prepositions and the accusative case

We have seen that the prepositions **në** 'in, at' (§14), **mbi** 'on', and **nën** 'under' (§30) require the accusative form. We saw that, unlike English, Albanian does not require a definite noun if the noun appears unmodified (or alone); instead, the indefinite form is used:

Banoj në **Tiranë**.	I live in Tirana.
Jemi në **dhomë**.	We are in the room.
Macja është mbi **krevat**.	The cat is on the bed.
Qeni është nën **tryezë**.	The dog is under the table.

However, if the noun is modified, then the noun must be inflected as an accusative definite noun:

Jemi në **dhomën numër 121**.	We are in room 121.
Macja është mbi **krevatin djathtas**.	The cat is on the bed over there on the right.

Of course, the complement of the preposition can be an indefinite noun:

Drita punon në **një agjenci** në Elbasan.	Drita works for an agency in Elbasan.

In Dialogu 9.1, you encountered three more prepositions that also require the accusative case: **me** 'with', **për** 'for', and **pa** 'without':

Po flas me agjenci**në**.	I am speaking to the agency.
Mund të diskutojmë për çmimi**n**.	We can discuss the price.
Nuk shkoj pa Irenë**n**.	I am not going without Irena.

If a definite noun (where in English you would say "the + noun" or "possessive + noun") follows **me** 'with' or **pa** 'without', use an accusative definite form for human nouns and an accusative indefinite form for nonhuman nouns:

Bisedoj me **mësuesen**.	I speak with **the** teacher.
Vëllai im po luan me **top**.	My brother is playing with **the** ball.
Gëzimi shkon në shtëpi pa **shokët**.	Gëzim goes home without (**his**) friends.
Shkon në shkollë pa **stilograf**.	He goes to school without (**his**) pen.

However, if the noun appears modified, then use a definite form in both cases:

Vëllai im po luan me **topin** e kuq.	My brother is playing with the red ball.
Bisedoj me **mësuesen** shqiptare.	I speak with the Albanian teacher.

If a definite noun follows **për** 'for, about', then use the accusative definite form of the noun whether the object is human or not:

Flasin **për** mësues**in**.	They talk about **the** teacher.
Flasin **për** shkoll**ën**.	They talk about **the** school.

You may have noticed the following contradictory examples:

Po flas me **agjencinë**.	I am speaking to **the** agency.
Vëllai im po luan me **top**.	My brother is playing with **the** ball.

The indefinite form is used after **me** when what follows is the instrument with which we carry out the action expressed by the verb (**me top** 'with the ball'). Otherwise, we use the definite form (**me agjencinë** 'with the agency').

§56 The demonstrative forms in the accusative case

In Dialogu 9.1, you found the following demonstrative adjectives:

Kemi një apartament në **atë** rrugë.	We have an apartment on that street.
A jeni i interesuar për **këtë** apartament?	Are you interested in this apartment?

In these examples, **këtë** is in the accusative case. The same forms are used when the demonstrative is used as a pronoun:

Ata flasin për **këtë**.	They are speaking about this.

The different forms for the demonstrative in the nominative and accusative cases are shown below:

	Singular		Plural	
	Masculine	*Feminine*	*Masculine*	*Feminine*
Nominative	ky/ai	kjo/ajo	këta/ata	këto/ato
Accusative	këtë/atë	këtë/atë	këta/ata	këto/ato

As you can see, in the plural, the masculine and feminine forms are the same in the nominative and accusative cases. Only the singular forms change.

Ky apartament është këtu.	This apartment is here.
Po shikoj **këtë** apartament.	I am looking at this apartment.
Ky është këtu.	This is here.
Po punoj për **këtë.**	I am working on this.
Këta gazetarë janë këtu.	These journalists are here.
Flasim për **këta** gazetarë.	We speak about these journalists.
Këto studente po shkruajnë.	These students are writing.
Po flas me **këto** studente.	I am talking to these female students.

Ajo është rrugë e bukur.	That is a beautiful street.
Unë shikoj **atë** rrugë.	I see that street.
Ai apartament është atje.	That apartment is there.
Po kërkoj **atë** apartament	I am looking for that apartment.
Ai është këtu.	This is here.
Po punoj për **atë.**	I am working on this.
Ata gazetarë janë atje.	Those journalists are there.
Po shoh **ata** gazetarë.	I am looking at those journalists.
Ato shkolla janë larg.	Those schools are far.
Po kërkojmë **ato** shkolla.	We are looking for those schools.

§57 The interrogative pronouns **kush** 'who' and **cili** 'which'

Consider the following examples:

Kush po flet në telefon?	Who is talking on the phone?
Kë do të vizitojmë sot?	Whom will we visit today?
Po ti, me **kë** po flet?	And you, with whom are you talking?
	And you, to whom are you talking?

As you can see in the translation, **kush** and **kë** are equivalent to 'who' and 'whom', respectively. In colloquial English, the form 'whom' is losing ground to 'who'; however, in Albanian, these two forms are kept separate both in colloquial as well as in formal speech.

When do we use **kush**? ____

When do we use **kë**? ____

You may have observed that **kush** is used with subjects, while **kë** is used with direct objects or as the complement of a preposition that requires the accusative case. **Kush** is the nominative form, while **kë** is the corresponding accusative form.

In this lesson we will learn a new question word, **cili** 'which', which has more forms than **kush** 'who', since it must agree with the noun it modifies. Consider first the masculine noun **gazetar** '(male) journalist' and the corresponding plural form, **gazetarë** '(male) journalists':

Cili gazetar është ky?	Which journalist is this?
Me cili**n** gazetar po flet?	With which journalist are you talking?
Cilët gazetarë janë këta?	Which journalists are these?
Me **cilët** gazetarë po flet?	With which journalists are you talking?

Consider now the feminine noun **gazetare** '(female) journalist' and its corresponding plural form, **gazetare** '(female) journalists':

Cila gazetare është kjo?	Which journalist is this?
Me cilë**n** gazetare po flet?	With which journalist are you talking?
Cilat gazetare janë këto?	Which journalists are these?
Me **cilat** gazetare po flet?	With which journalists are you talking?

The forms for **cili** 'which' are shown in the following chart:

	Singular		Plural	
	Masculine	*Feminine*	*Masculine*	*Feminine*
Nominative (**kush**)	cil**i**	cil**a**	cil**ët**	cil**at**
Accusative (**kë**)	cil**in**	cil**ën**	cil**ët**	cil**at**

Notice that the masculine endings that **cili** takes are the same endings that **studenti** 'the (male) student' takes (see §28, §38), while the endings of **cila** are the same endings that **vajza** 'the girl' takes (see §27, §41):

	Singular	Plural
Nominative	student**i**	student**ët**
Accusative	student**in**	student**ët**

	Singular	Plural
Nominative	vajz**a**	vajz**at**
Accusative	vajz**ën**	vajz**at**

As the chart above shows, you are basically adding the definite article to the bases **cil-** (masculine) and **cil(ë)** (feminine).

USHTRIMI 9.1

Indicate whether the following statements are true (T) or false (F) based on Dialogu 9.1.

1. ______ Arturi po kërkon një apartament me qira.
2. ______ Artur kërkon informacione në një agjenci imobiliare.
3. ______ Ai po lexon në një gazetë se agjencia imobiliare 'Tirana' ka oferta të mira.
4. ______ Çmimet nuk janë shumë të larta.
5. ______ Agjencia ofron disa apartamente në rrugën 'Mine Peza'.
6. ______ Apartamenti në rrugën 'Mine Peza' është i ri dhe i mobiluar.
7. ______ Apartamenti ka një dhomë dhe një kuzhinë dhe nuk ka ballkon.
8. ______ Arturi nuk është i interesuar për apartamentin.
9. ______ Ai do të shkojë në agjenci sot pasdite.
10. ______ Ai do të shohë apartamentin në rrugën 'Myslym Shyri'.

USHTRIMI 9.2

Answer the following questions based on Dialogu 9.1.

1. Ku banon Arturi?

____

2. Çfarë po bën ai tani?

____

3. Cila është agjencia që ka oferta të mira për shtëpi?
____

4. Çfarë apartamenti po kërkon Arturi?
____

5. A ofron agjencia apartamente në rrugën 'Mine Peza'?
____

6. Si është apartamenti?
____

7. Sa është çmimi?
____

8. A është i interesuar Arturi për këtë apartament?
____

9. Çfarë do të bëjë Arturi, para se të vendosë për apartamentin?
____

10. Kur shkon ai në agjenci?
____

USHTRIMI 9.3

Ask four questions using the words given. Have different classmates answer your questions.

Mira, Belgjikë, bisedoj, një djalë, një vajzë, Genti, Ilda

Kush është kjo?	Kjo është Mira.
Ç'po bën ajo?	Ajo po bisedon.
Me kë po bisedon?	Ajo po bisedon me një djalë dhe me një vajzë.
Cilët janë ata?	Ata janë Genti dhe Ilda.

1. Drita, takoj, një vajzë, kam, mace
2. Erdriti, Vera, Beni, Igli, bisedoj, raport, ekonomik
3. Moza, luaj, golf, vetëm
4. Sara, flas, telefon, Rea
5. Agimi, mësoj, shqip, shkollë

USHTRIMI 9.4

Complete the following sentences with the appropriate form of the words given in parentheses, making all necessary changes.

1. Me ________ (kush) po bisedon?
   Po bisedoj me ________ (Drini).
2. ________ (Kush) është ________ (ky/kjo)?
   ______ (Ky/Kjo) është Diana. ________ (Ai/Ajo) po flet me ___________ (Erjoni, Albani dhe Besarti).

3. Për ________ (çfarë) po diskutojnë ________ (mësues)?
   Ata po diskutojnë për _____ (ky/kjo) shkolla?
4. ________ (Kush) po intervistojnë ________ (ky/kjo) gazetarë?
   _____ (Ky/Kjo) gazetarë po intervistojnë ____________ (një sportist).
5. Për ________ (cili) vajzë po flisni?
   Po flasim për ________ (Entela). Ajo ka disa ____________ (student) amerikane që po studiojnë në Tiranë.

USHTRIMI 9.5

Çfarë bëni ju? Create dialogues as in the example.

> lexoj, ti, gazetë, cila, kjo
> Çfarë bën ti?
> Po lexoj.
> Çfarë po lexon?
> Po lexoj një gazetë.
> Cilën gazetë?
> Po lexoj këtë gazetë.

1. flas, kjo, mjeke, kush
2. jap, një intervistë, çfarë, ky, gazetar
3. ky, manaxher/informoj (për)/projekt
4. Artani, përgatis, kjo, informacion, shtëpi
5. jurist, shkruaj, ky, raport
6. mësues, shpjegoj, mësim, këta, studentë
7. gazetar, raportoj, ky, takim, nga, Londër

DIALOGU 9.2: NË HOTEL

Recepsionistja: Hotel 'Tirana', mirëdita!
Klara: Mirëdita! Dua të bëj një rezervim.
Recepsionistja: Po, urdhëroni!
Klara: Dua të rezervoj një dhomë teke dhe një dhomë dyshe për datat 10–15 tetor.[3] A keni dhoma të lira në këto data?
Recepsionistja: Po. Kemi disa dhoma të lira.
Klara: Shumë mirë. Si janë dhomat?
Recepsionistja: Dhomat janë të mëdha dhe shumë komode.[4] Disa dhoma janë me pamje nga sheshi 'Skënderbej'. A jeni e interesuar të bëni rezervimin për këto dhoma?
Klara: Po, në rast se çmimi nuk është shumë i lartë.

3. **Dopio** can also be used instead of **dyshe** to mean 'double'.
4. You will also hear **i rehatshëm, e rehatshme** instead of **komod, -e.**

Recepsionistja: Jo. Çmimi ndryshon vetëm me pak euro.

Klara: Mirë. Sa është çmimi për dhomën teke?

Recepsionistja: Çmimi për dhomën teke është 114 euro.

Klara: A mund të rezervoni një dhomë teke në katin e dhjetë me pamje nga sheshi 'Skënderbej'?

Recepsionistja: Patjetër. Po për dhomën dyshe, cilin kat preferoni?

Klara: Preferoj katin e tetë.

Recepsionistja: Mirë. Pra, dhe njëherë, do të rrini në hotel pesë net, nga data 10 deri në datën 15 tetor, apo jo?

Klara: Saktë! Kam edhe një pyetje. Çfarë është e përfshirë në çmim?

Recepsionistja: Çmimi përfshin qëndrimin në hotel dhe mëngjesin. Ne kemi një restorant shumë të mirë, nëse jeni e interesuar të hani drekë apo darkë në hotel. Restoranti ka edhe një tarracë shumë të bukur.

Klara: Shumë mirë. Ne mund të rrimë në tarracë që të punojmë dhe të hamë darkë.

Recepsionistja: Në katin e parë kemi dhe një kafene, ku mund të pini kafe shumë të mirë.

Klara: Shumë mirë. A mund të paguaj me kartë?

Recepsionistja: Sigurisht. Ju mund të paguani me kartë kur të vini në hotel, me transfertë bankare ose dhe me para në dorë (kesh).

Klara: Edhe një kërkesë të fundit. A mund të dërgoni një taksi në aeroport më datë 10 tetor?

Recepsionistja: Po. Por duhet të dimë orën e saktë kur vjen avioni, si dhe linjën ajrore.

Klara: Do të telefonoj sërish që të jap informacionin e nevojshëm.

FJALOR

aeropórt, -i, -e	airport	dhóm/ë, -a, -a	room
ajrór, -e	air (adj.)	dhómë e lírë	free room (also 'cheap room')
línjë ajróre	airline		
apó	or	dhómë dýshe	double room
Apó jó?	Is that right? (lit., Or not?)	dhómë téke	single room
		étj/e, -a	thirst
avión, -i, -ë	airplane, aircraft	kam étje	to be thirsty
bankár, -e	banking	éuro	euro
çé/k, -ku, -qe	check	i,e fúndit	last
çmím, -i, -e	price	i,e gjáshtë	sixth
dárk/ë, -a, -a	dinner	ha	to eat
dát/ë, -a, -a	date	ha dárkë	to eat dinner
dërgój	to send, deliver	ha drékë	to eat lunch
di	to know	ha mëngjés	to eat breakfast
dópio	double	i,e interesúar	interested
drék/ë, -a, -a	lunch	kárt/ë, -a, -a	card
dýsh, -e	double	kártë kredíti	credit card
i,e dýtë	second	kát, -i, -e	floor
i,e dhjétë	tenth	i,e kátërt	fourth

kërkés/ë, -a, -a	demand, request, requirement	qëndrím, -i, -e	stay
komód, -e	comfortable	rást, -i, -e	case, event
i,e lártë	high	në rást se	in case, in the eventuality that
línj/ë, -a, -a	line	recepsioníst/e, -ja, -e	receptionist (fem.)
mëngjés, -i, -e	breakfast, morning	i rehátsh/ëm, e -me	comfortable
nát/ë, -a, net	night	rezervím, -i, -e	reservation
ndryshój	to change, differ	rri	to stay
i,e nëntë	ninth	sáktë	exactly
njëhérë	once	i,e sáktë	exact
pámj/e, -a, -e	view	sërísh	again
pará, -ja, -	money	i,e shtátë	seventh
me pará në dórë	(with) cash	taksí, -a, -	taxi
parapëlqéj	to prefer	tarrác/ë, -a, -a	terrace
i,e párë	first	ték, -e	single
i,e péstë	fifth	telefonój	to phone, call
përfshíj	to include	i,e tétë	eighth
i,e përfshírë	inclusive, included	transfért/ë, -a, -a	transaction, transfer
pra	so, then	i,e trétë	third
pra, dhe njëhérë	so, once more	urí, -a	hunger
preferój	to prefer	kam urí	to be hungry

GRAMATIKË

§58 Class 2 adjectives: the linking article with accusative definite nouns

As we have seen before (§7, §31), adjectives typically follow nouns in Albanian. We have also seen that there are two kinds of adjectives: class 1 adjectives, which appear without a linking article (§7, §39), and class 2 adjectives, which appear with a linking article (§31–§33). In this lesson we will concentrate on class 2 adjectives and learn how they behave when the noun they modify is in the accusative case. Consider first the following examples with singular definite nouns:

(1) **Studenti i mirë** është këtu.	The good student (masc.) is here.
(2) Unë shikoj **studentin e mirë**.	I see the good student (masc.).
(3) **Studentja e mirë** është këtu.	The good student (fem.) is here.
(4) Unë shikoj **studenten e mirë**.	I see the good student (fem.).

Class 2 adjectives require a linking article in order to modify a noun; this linking article always precedes the adjective. Look at examples (1) through (4) above and write down the linking article for each singular definite noun:

	Singular	
	Masculine	Feminine
Nominative	________	________
Accusative	________	________

As you have observed, the linking article **i** is used with masculine nouns, while **e** is used with feminine nouns. Notice that the same form of the linking article is used when the noun is in the nominative or accusative case if the noun is feminine. With definite masculine nouns, however, **i** in the nominative case changes to **e** in the accusative.

Let's now consider the equivalent plural forms:

(5) **Studentët e mirë** janë këtu.	The good students (masc.) are here.
(6) Unë shikoj **studentët e mirë**.	I see the good students (masc.).
(7) **Studentet e mira** janë këtu.	The good students (fem.) are here.
(8) Unë shikoj **studentet e mira**.	I see the good students (fem.).

Write down the linking article for each plural definite noun in examples (5) through (8) above:

	Plural	
	Masculine	*Feminine*
Nominative	________	________
Accusative	________	________

If the definite noun is plural, then the linking article is always **e**, whether it is masculine or feminine, whether it is nominative or accusative. Notice that in all these cases the adjective immediately follows the noun. We saw in §31 and §42 that when an adjective modifies a noun directly, we say that it is an attributive adjective. The following chart shows the forms of the linking article with attributive adjectives:

	Singular		Plural	
	Masculine	*Feminine*	*Masculine*	*Feminine*
Nominative	**i** mirë	**e** mirë	**e** mirë	**e** mira
Accusative	**e** mirë	**e** mirë	**e** mirë	**e** mira

Adjectives can also be used after a copular verb such as **jam** 'to be' or **duket** 'to seem'. In these instances, we say that the adjective is a predicative adjective. Consider the following examples.

(9) Studenti është **i mirë**.	The student (masc.) is good.
(10) Studentët janë **të mirë**.	The students (masc.) are good.
(11) Studentja është **e mirë**.	The student (fem.) is good.
(12) Studentet janë **të mira**.	The students (fem.) are good.

Write down the linking article for each predicative adjective above:

	Singular		Plural	
	Masculine	*Feminine*	*Masculine*	*Feminine*
Nominative	________	________	________	________

Now compare these linking articles with the linking articles in the previous chart. Notice that the singular forms are the same as the forms of the attributive adjective. However, in the plural forms, the linking article **të** is used instead of **e**. That's a complication to bear in mind!

Consider now these constructions:

(13) ditët **e ftohta**	the cold days
(14) ditët e **gjata të ftohta**	the long cold days
(15) ato ditë **të ftohta**	those cold days
(16) ditët shumë **të ftohta**	very cold days

In examples (13) through (16) we are using the adjective in an attributive function since we are not modifying the noun via a copular verb. In example (13), as expected, we use the linking article **e** because we are modifying the feminine plural noun **ditët** 'days'. In examples (14), (15), and (16), however, we are still modifying **ditë(t) e gjata**, but now the linking article is **të**! What happened? The plural linking article **e** changes to **të** when the adjective does not immediately follow the definite form of the noun. This simple rule also explains the predicative examples in (10) and (12), so you won't need to remember the difference between attributive and predicative anymore!

The following chart summarizes all the different forms of the linking article when an adjective modifies a definite noun. The slash indicates the possibility of two forms. Just remember that the second form is used when the adjective is far away from the definite form of the noun. This rule will explain both the predicative cases in examples (10) and (12) as well as the strange cases in examples (14), (15), and (16), where the plural adjective is not next to the definite noun.

	Singular		Plural	
	Masculine	*Feminine*	*Masculine*	*Feminine*
Nominative	**i** mirë	**e** mirë	**e/të** mirë	**e/të** mira
Accusative	**e/të** mirë	**e/të** mirë	**e/të** mirë	**e/të** mira

§59 Class 2 adjectives: the linking article with accusative indefinite nouns

Consider the following examples:

(1) Ai është (një) student **i mirë**.	He is a good student (masc.).
(2) Ajo është (një) studente **e mirë**.	She is a good student (fem.).
(3) Unë njoh një student **të mirë**.	I know a good student (masc.).
(4) Unë njoh një studente **të mirë**.	I know a good student (fem.).

Complete the following chart with the corresponding form of the linking article when the adjective modifies a singular indefinite noun:

	Singular	
	Masculine	Feminine
Nominative	__________	__________
Accusative	__________	__________

Consider now the corresponding examples in the plural:

(5) Ata janë studentë **të mirë**.	They are good students (masc.).
(6) Ato janë studente **të mira**.	They are good students (fem.).
(7) Unë njoh disa studentë **të mirë**.	I know some good students (masc.).
(8) Unë njoh disa studente **të mira**.	I know some good students (fem.).

Now complete the following chart with the corresponding forms of the linking article when the adjective modifies a plural indefinite noun:

	Plural	
	Masculine	Feminine
Nominative	__________	_________
Accusative	__________	_________

As you probably observed, **i** and **e** are used only with masculine nominative singular and feminine singular, respectively. In all other cases, we need to resort to **të**.

The following chart shows the different forms of the linking article when the adjective modifies an indefinite noun:

	Singular		Plural	
	Masculine	*Feminine*	*Masculine*	*Feminine*
Nominative	**i** mirë	**e** mirë	**të** mirë	**të** mira
Accusative	**të** mirë	**të** mirë	**të** mirë	**të** mira

§60 Ordinal numbers

There are two types of numbers: cardinal and ordinal. We use cardinal numbers when we count or when we want to indicate quantity: twenty students, ten houses. We use ordinal numbers when we want to put things in order: the twentieth house, the tenth house. The following charts summarize the different forms of both cardinal and ordinal numbers.

Cardinal	Ordinal	Cardinal	Ordinal
një	i/e parë	njëmbëdhjetë	i/e njëmbëdhjetë
dy	i/e dy**të**	dymbëdhjetë	i/e dymbëdhjetë
tre	i/e tre**të**	trembëdhjetë	i/e trembëdhjetë
katër	i/e katër**t**	katërmbëdhjetë	i/e katërmbëdhjetë
pesë	i/e pes**të**	pesëmbëdhjetë	i/e pesëmbëdhjetë
gjashtë	i/e gjashtë	gjashtëmbëdhjetë	i/e gjashtëmbëdhjetë
shtatë	i/e shtatë	shtatëmbëdhjetë	i/e shtatëmbëdhjetë
tetë	i/e tetë	tetëmbëdhjetë	i/e tetëmbëdhjetë
nëntë	i/e nëntë	nëntëmbëdhjetë	i/e nëntëmbëdhjetë
dhjetë	i/e dhjetë	njëzet	i/e njëzetë

Notice the difference between primary numbers and ordinal numbers for numbers above twenty:

Cardinal	Ordinal	Cardinal	Ordinal
njëzet e një	i,e njëzetenjë	dyzet	i,e dyzetë
njëzet e dy	i,e njëzetedy**të**	pesëdhjetë	i,e pesëdhjetë
njëzet e tre	i,e njëzetetre**të**	gjashtëdhjetë	i,e gjashtëdhjetë
njëzet e katër	i,e njëzetekatër**t**	shtatëdhjetë	i,e shtatëdhjetë
njëzet e pesë	i,e njëzetepes**të**	tetëdhjetë	i,e tetëdhjetë
njëzet e gjashtë	i,e njëzetegjashtë	nëntëdhjetë	i,e nëntëdhjetë
njëzet e shtatë	i,e njëzeteshtatë	njëqind	i/e njëqindtë
njëzet e tetë	i,e njëzetetetë	njëqind e pesëdhjetë e një	i,e njëqindtepesëdhjete një
njëzet e nëntë	i,e njëzetenëntë		
tridhjetë	i,e tridhjetë	dyqind	i,e dyqindtë

Cardinal	Ordinal	Cardinal	Ordinal
treqind	i,e treqindtë	një mijë	i,e njëmijtë
katërqind	i,e katërqindtë	një mijë e tetë	i,e njëmijetetë
pesëqind	i,e pesëqindtë	pesë mijë	i,e pesëmijtë
gjashtëqind	i,e gjashtëqindtë	pesëmijë e pesëdhjetë	i,e pesëmijepesëdhjetë
shtatëqind	i,e shtatëqindtë		
tetëqind	i,e tetëqindtë	një milion	i,e njëmiliontë
nëntëqind	i,e nëntëqindtë	një miliard	i,e njëmiliardtë

As you can see above, ordinal numbers are class 2 adjectives, and they need to be accompanied by a linking article (see §31, §42). Numbers from two to five add **-të** or **-t** to form the corresponding ordinal number; higher numbers just add the linking article.

Notice that, unlike cardinal numbers, ordinal numbers follow the noun. In the chart below, you can see all the forms for **student i parë** 'the first student':

	Singular		Plural	
	Masculine	*Feminine*	*Masculine*	*Feminine*
Nominative	studenti i parë	studentja e parë	studentët e parë	studentet e para
Accusative	studentin e parë	studenten e parë	studentët e parë	studentet e para

As with other class 2 adjectives, pay attention to the feminine plural forms; these forms are the only ones that differ from the others (see §32). There are similar forms for the other ordinal numbers: **e/të dyta** 'second', feminine plural, **e/të treta** 'third', feminine plural, **e/të katërta** 'fourth', feminine plural, and so on.

Attention:

- Ordinal numbers are typically written as one word.
- The vowel **ë** in 'ten' drops before the linking article **e**: **gjashtëdhjetë e nëntë** becomes **i,e gjashtëdhjetenëntë**

§61 Class 3 and 4 verbs

Class 3 verbs are the verbs that end with a vowel (see §6). The verbs **ha** 'to eat', **pi** 'to drink', **rri** 'to stay', **di** 'to know', and **fle** 'to sleep' are all class 3 verbs. The present indicative is shown in the chart below:

	ha	**pi**	**rri**	**di**	**fle**
unë	ha	pi	rri	di	fle
ti	ha	pi	rri	di	fle
ai, ajo	ha	pi	rri	di	fle
ne	ha**më**	pimë	rrimë	dimë	flemë
ju	ha**ni**	pini	rrini	dini	fl**i**ni
ata, ato	ha**në**	pinë	rrinë	dinë	flenë

Notice that the **ju** form of **fle** undergoes a stem change, where the **-e-** in the stem becomes **-i-.**

Remember that the present subjunctive has the same forms as the present indicative (§49), with the exception of **ti**, which takes **-sh**, and **ai/ajo**, which take **-jë**. The following are the forms of the present subjunctive for class 3 verbs:

	ha	**pi**	**rri**	**di**	**fle**
unë	të ha	të pi	të rri	të di	të fle
ti	të ha**sh**	të pish	të rrish	të dish	të flesh
ai, ajo	të ha**jë**	të pijë	të rrijë	të dijë	të flejë
ne	të hamë	të pimë	të rrimë	të dimë	të flemë
ju	të hani	të pini	të rrini	të dini	të fl**i**ni
ata, ato	të hanë	të pinë	të rrinë	të dinë	të flenë

Remember that the future indicative is formed by adding the auxiliary **do** in front of the subjunctive (§52).

	ha	**pi**	**rri**	**di**	**fle**
unë	do të ha	do të pi	do të rri	do të di	do të fle
ti	do të ha**sh**	do të pish	do të rrish	do të dish	do të flesh
ai, ajo	do të ha**jë**	do të pijë	do të rrijë	do të dijë	do të flejë
ne	do të hamë	do të pimë	do të rrimë	do të dimë	do të flemë
ju	do të hani	do të pini	do të rrini	do të dini	do të fl**i**ni
ata, ato	do të hanë	do të pinë	do të rrinë	do të dinë	do të flenë

There are three verbs that end in **-i** but that take different endings from verbs like **pi** 'to drink', **rri** 'to stay', and **di** 'to know', as shown above. These three verbs belong to class 4. The present indicative for **iki** 'to go', **eci** 'to walk, ride', and **hipi** 'to climb, get on' is shown below:

	iki	**eci**	**hipi**
unë	iki	eci	hipi
ti	ik**ën**	ec**ën**	hip**ën**
ai, ajo	ik**ën**	ec**ën**	hip**ën**
ne	ik**im**	ec**im**	hip**im**
ju	ik**ni**	ec**ni**	hip**ni**
ata, ato	ik**in**	ec**in**	hip**in**

	iki	**eci**	**hipi**
unë	do të iki	do të eci	do të hipi
ti	do të ik**ësh**	do të ec**ësh**	do të hip**ësh**
ai, ajo	do të ik**ë**	do të ec**ë**	do të hip**ë**
ne	do të ikim	do të ecim	do të hipim
ju	do të ikni	do të ecni	do të hipni
ata, ato	do të ikin	do të ecin	do të hipin

USHTRIMI 9.6

Indicate whether the following statements are true (T) or false (F) based on Dialogu 9.2.

1. _____ Klara bisedon me recepsionisten.
2. _____ Klara rezervon një dhomë teke.
3. _____ Dhoma është shumë e shtrenjtë.
4. _____ Dhomat që rezervon Klara shohin nga sheshi 'Skënderbej'.
5. _____ Klara rezervon një dhomë në katin e parë.
6. _____ Hoteli ka një restorant shumë të mirë.
7. _____ Rezervimi është për datat 1–5 maj.
8. _____ Restoranti ka një tarracë të bukur.
9. _____ Hoteli ka një kafene të mirë.
10. _____ Klara paguan me çek.

USHTRIMI 9.7

Answer the following questions based on Dialogu 9.2.

1. Me kë bisedon Klara?

   ____

2. Pse telefonon Klara?

   ____

3. Për cilat data është rezervimi?

   ____

4. Sa dhoma rezervon Klara?

   ____

5. Cilin kat preferon (parapëlqen) ajo?

   ____

6. Çfarë është e përfshirë në çmim?

   ____

7. A ka hoteli restorant?

   ____

8. Si mund të paguajë Klara?

   ____

9. Për cilën datë kërkon ajo një taksi?

   ____

10. Çfarë thotë recepsionistja?

   ____

USHTRIMI 9.8

Complete the following sentences with the appropriate form of the verb.

1. Ku ________________ (shkoj, ju) nesër?
   (Ne) ______________ (shkoj) në restorant. _____________ (Ha) drekë dhe darkë atje.
2. Çfarë doni __________ (pi)?
   Ngaqë nuk ____________ (kam, ne) shumë kohë, duam ______________ (pi) vetëm një kafe.
3. Ç'po _______________ (ha, ti)?
   Po ________________ (ha) pak bukë me gjalpë.
4. Sa orë _________________ (fle) ju çdo ditë?
   Motra ime dhe unë _________________ (fle) tetë orë, por gjyshja dhe gjyshi _____________ (fle) dhjetë orë.
5. A ___________ (flas) ju shumë me ata?
   Po, gjithmonë (ne) ______________ (ha) darkë bashkë dhe ______________ (flas) shumë.

USHTRIMI 9.9

Complete the following sentences with the correct form of the linking article.

1. Unë banoj në katin ______ parë.
2. Dhoma është në katin _____ tretë.
3. Po flas me mësuesen _____ re.
4. Po dëgjoj mësimin _____ ri.
5. Hoteli është _____ madh dhe _____ bukur.
6. Qëndrimi në hotel nuk është ____ gjatë.
7. Po shikojmë dritaren ____ hapur.
8. Çmimet janë ____ larta.
9. Ky është hoteli im _____ preferuar.
10. Dhomat janë shumë ______ mira.

LEXIMI 9.1

Njoftime

Kërkoj një dyqan me qira në Tiranë, në rrugën 'Myslym Shyri' ose në rrugën 'Dëshmorët e 4 shkurtit' me sipërfaqe nga 30 deri në 50 m^2.

Dua të blej dy shtëpi në Dhërmi ose në Himarë.
Të gjithë personat që duan të shesin shtëpitë e tyre në Dhërmi ose në Himarë, mund të kontaktojnë në këtë numër telefoni: 393 2202.

Shes apartament dy dhoma e një kuzhinë në rrugën 'Komuna e Parisit', Tiranë. Apartamenti ndodhet në katin e shtatë dhe është ndërtim i ri, i sapopërfunduar.
Apartamenti ka hapësira të mëdha me punime bashkëkohore. Apartamenti sheh nga kopshti botanik.
Çmimi është i diskutueshëm.
Në qoftë se jeni të interesuar, ose nëse keni nevojë për më shumë informacione, mund të kontaktoni në këtë numër telefoni: 2 344 472.

Shes apartament 3+1 në rrugën 'Sami Frashëri', në katin e shtatë, i mobiluar shumë bukur. Nga apartamenti shikon pamje të mrekullueshme. Apartamenti ka dy banja. Sipërfaqja është 150 m^2. Çmimi është 100 euro/ m^2.
tel: 2 239 523.

Jap me qira një vilë të re dykatëshe. Kati i parë është i përshtatshëm për zyra, kurse kati i dytë për banim. Ka edhe një oborr të madh në pjesën e përparme.
Vila ka punime shumë cilësore. Nuk është e mobiluar.
Cel: 069 20 21 715.

Ofrojmë apartamente të reja (me prenotim) një plus një dhe dy plus një, me punime shumë cilësore dhe pamje shumë të bukur. Apartamentet kanë sipërfaqe nga 60 m^2 deri në 150 m^2.
Çmimi për apartamentet është 450 euro/ m^2, kurse për dyqanet është 600 m^2.
Tel: 2 266 618.

FJALOR

baním, -i, -e	residence, dwelling
bánj/ë, -a, -a	toilet, bathroom
bashkëkohór, -e	contemporary
botaník, -e	botanical
cilësór, -e	distinctive
i diskutúesh/ëm, e -me	negotiable
dykátësh/e	two-story
hapësír/ë, -a, -a	space
jap	to give
jáp me qíra	to rent
kërkój	to search, look for
kontaktój	to contact
kópsht, -i, -e	garden
kópshti botaník	botanical garden
m^2 = métra katrórë	square meter
i,e mobilúar	furnished
i mrekullúesh/ëm, e -me	marvelous
ndërtím, -i, -e	building, construction
njoftím, -i, -e	announcement, ad
obórr, -i, -e	yard, court
i përpár/më, e -me	frontal, in the front
i përshtátsh/ëm, e -me	suitable, adaptable
pjés/ë, -a, -a	part
prenotím, -i, -e	reservation
puním, -i, -e	finish, scrollwork
qóftë	whether
në qóftë se	if, in case
i sapopërfundúar, -e	completed recently
sipërfáq/e, -ja, -e	surface, area
shes	to sell
víl/ë, -a, -a	villa
zýr/ë, -a, -a	office

USHTRIMI 9.10

Read the previous ads (**njoftime**) from the newspaper. With a classmate, play roles where one of you wants to rent or buy and the other one is renting or selling the indicated product.

USHTRIMI 9.11

The following ads appeared in last Sunday's paper.

1. Kërkoj një apartament me qira 2+1, në Tiranë, tek '21 dhjetori'. Çmimi 20 000–25 000 lekë (bashkë me dritat). Telefon: 876-4814.

2. Shes një shtëpi 1+1, në rrugën 'Mine Peza'. Çmimi është i arsyeshëm. Shtëpia ka një ballkon dhe korridor. Telefon: 311-8065.

3. Jap me qira një apartament 1+1, në rrugën 'Qemal Stafa', me sipërfaqe 67 metra katrorë. Apartamenti është i mobiluar. Telefon: 283-7186.

Match the following situations with one of the ads and then carry out the corresponding transaction with a classmate.

1. Bora kërkon të blejë një shtëpi.
2. Enedi jep një apartament me qira 2+1.
3. Aida kërkon një apartament me qira 1+1.

Hotel Sheraton, Tirana (photo: Albes Fusha)

Grand Hotel in Prishtina (photo: Edmond Prifti)

INFORMACIONE KULTURORE

- In Tirana, the five-star Sheraton Hotel is located near the National Park (the artificial lake and zoo). The Sheraton is a few minutes' walk from the Convention Center (Pallati i Kongreseve) and the Presidential Palace (Presidenca).
- Hotel Europapark 'Rogner' is situated on the main boulevard of Tirana, Dëshmorët e Kombit, where many ministry buildings, the Presidential Palace, and embassies are located within walking distance. This makes Hotel Europapark a meeting place for the international world of business, politics, and art.
- Chateau Linza is located on the hill in the Linza area facing the city of Tirana, at the foot of Dajti Mountain, only fifteen minutes from downtown and one hour from Rinas airport.
- In Prishtina, the Grand Hotel is located in the premier shopping and business district. A few steps from the National Theater (Teatri Kombëtar), the Grand Hotel is perfectly situated for easy exploration of Prishtina's principal attractions. It was built in 1978 and has 13 floors and 368 rooms.
- Hotel Prishtina is located within the heart of the city's most important business district. This hotel has 4 floors and 45 rooms and suites.

MËSIMI 10

Festat zyrtare në Shqipëri

Official holidays in Albania

In this lesson you will learn:

- how to ask and talk about cultural events
- the official holidays in Albania
- how to buy tickets for a cultural show

You will learn the following grammatical points:

- the genitive case for definite nouns
- the genitive case for indefinite nouns
- basic uses of the genitive case in Albanian
- how to ask questions with 'whose'
- the genitive forms of demonstratives
- linking articles that modify a genitive noun

DIALOGU 10.1: FESTAT ZYRTARE NË SHQIPËRI

Ejona: Cilat janë festat zyrtare në Republikën e Shqipërisë?

Rea: Në Republikën e Shqipërisë ka disa festa zyrtare. Disa nga këto festa janë festa fetare.

Ejona: Cilat janë festat fetare?

Rea: Në Shqipëri bashkëjetojnë në harmoni tri fe: feja myslimane, feja ortodokse dhe feja katolike. Për këtë arsye, ne festojmë festat e tyre më të rëndësishme: Pashkët Katolike, Pashkët Ortodokse, Ditën e Novruzit, Bajramin e Madh, Bajramin e Vogël dhe Krishtlindjet.

Ejona: Çfarë është Dita e Novruzit?

Rea: Dita e Novruzit ose Dita e Sulltan Novruzit është festa e bektashinjve.

Ejona: Është hera e parë që dëgjoj për bektashinjtë. Çfarë janë ata?

Rea: Bektashizmi është një sekt fetar islamik. Bektashinj ka kryesisht Jugu i Shqipërisë.

Ejona: Cilat janë festat e tjera?

Rea: Më 14 mars ne festojmë Ditën e Verës.

Ejona: Çfarë është Dita e Verës?

Rea: Dita e Verës është një festë pagane. Ajo simbolizon largimin e dimrit dhe ardhjen e pranverës. Kjo është një festë tradicionale sidomos për qytetin e Elbasanit.

Ejona: Po Dita e Pavarësisë, kur është?

Rea: Dita e Pavarësisë është më 28 Nëntor. Kurse më 29 Nëntor festojmë Ditën e Çlirimit.

Ejona: Po Viti i Ri, a është festë tradicionale në Shqipëri?

Rea: Po. Më 1 dhe 2 janar festojmë Vitin e Ri. Kjo është një festë tradicionale dhe shumë popullore.

Ejona: Po festa ndërkombëtare, a festoni?

Rea: Më 1 Maj festojmë Ditën e Punëtorëve, kurse më 19 Tetor festojmë Ditën e Lumturimit të Nënë Terezës.

Ejona: Ju keni një festë zyrtare për Nënë Terezën?

Rea: Po, Nënë Tereza është me origjinë shqiptare. Emri i vërtetë i Nënë Terezës është Gonxhe Bojaxhi. Që nga 19 tetori 2004, Dita e Lumturimit të Nënë Terezës, është festë zyrtare për shqiptarët.

Ejona: Po ditë përkujtimore keni?

Rea: Kemi disa ditë përkujtimore: si 5 Majin (Dita e Dëshmorëve), 7 Marsin (Dita e Mësuesit), 8 Marsin (Dita Ndërkombëtare e Gruas), 1 Qershorin (Dita Ndërkombëtare e Fëmijëve), etj.

FJALOR

árdhj/e, -a, -e	arrival
arsý/e, -ja, -e	reason
për këtë arsýe	for this reason
Bajrámi i Mádh	Eid ul-Fitr
Bajrámi i Vógël	Eid Mubarak
bashkëjetój	cohabit, coexist
bektashí, -u, -nj	Bektashi
bektashízëm, -i	Bektashism
çlirím, -i,	liberation
dëshmór, -i, -ë	martyr
dít/ë, -a, -ë	day
Díta e Çlirímit	Liberation Day
Díta e Dëshmórëve	Martyrs' Day
Díta e Lumturímit të Nënë Terézës	Mother Teresa's Beatification Day
Díta e Novrúzit	(Sultan) Novrusi's Day
Díta e Pavarësísë	Independence Day
Díta e Punëtórëve	Labor Day (lit., Workers' Day)
drejtúes, -i, -	director, head, leader
fé, -ja, -	religion, faith
fést/ë, -a, -a	holiday
festój	to celebrate
fetár, -e	religious
gjýsm/ë, -a, -a	half
harmoní, -a	harmony
hér/ë, -a, -ë	time, while
héra e párë	the first time
kalendár, -i, -ë	calendar
kanáç/e, -ja, -e	tin
katolík, -e	Catholic
kliént, -i, -ë	client
lumturím, -i	beatification
myslimán, -e	Moslem
kompjúter, -i, -a	computer
i,e krishtérë	Christian
Krishtlíndj/e, -a, -e	Christmas
largím, -i, -e	departure, removal
origjín/ë, -a, -a	origin, source
ortodóks, -e	Orthodox
Páshkët	Easter
Páshkët Katolíke	Catholic Easter
Páshkët Ortodókse	Orthodox Easter
patatína	potato chips
pavarësí, -a	independence
Díta e Pavarësísë	Independence Day
përkujtimór, -e	commemorative
popullór, -e	popular
prográm, -i, -e	program
qés/e, -ja, -e	bag
i rehátshëm, e -me	comfortable
sekt, -i, -e	sect
sidomós	especially
simbolizój	to symbolize
sulltán, -i, -ë	sultan
Sulltán Novrúzi	Sultan Novrus
shënój	to mark, indicate

tradicionál, -e	traditional	Víti i Rí	New Year
i,e veçántë	special	zyrtár, -e	official
i,e vërtétë	real, true		

GRAMATIKË

§62 Genitive singular definite nouns

In Dialogu 10.1, you encountered several definite nouns in the genitive case, which is the case we typically use to indicate possession (in English we typically indicate this case with an apostrophe plus *s* or the word 'of'). Let's start with masculine singular definite nouns:

Dita e **Novruzit**	Novrus's Day
libri i **Aliut**	Ali's book
makina e **babait**	my father's car
librat e **babait**	my father's books

The nouns in bold above are in the genitive case, and they indicate the possessor. How do we form the genitive case of a definite noun that indicates the possessor? Do you see a pattern? What form do we take as the "base"? What do we add to that base?

Masculine singular nouns:

Base	Genitive Form
Novruz	______________________
Ali	______________________

You can see in the examples above that there is also a linking article. What does this linking article agree with, the possessor or the possessed object?

____

Let's go step by step and consider first the genitive form of masculine singular nouns:

Nominative		Genitive
Indefinite	*Definite*	*Definite*
Novruz	Novruz**i**	Novruz**it** (Novrus)
baba	baba**i**	baba**it** (father)
student	student**i**	student**it** (student, masc.)
libër	libr**i**	libr**it** (book)[1]
Ali	Ali**u**	Ali**ut** (Ali)
shok	shok**u**	shok**ut** (friend)
Irak	Irak**u**	Irak**ut** (Iraq)

1. Notice that **libër** 'book' drops **-ë-** to form the definite form. The genitive form is formed on the definite form of the noun **libri** 'the book'; thus, there is no **-ë-** in the genitive form **librit** 'of the book' either.

As you have observed above, the masculine definite possessive form is built on the form of the definite noun in the nominative case. All we need to do is add **-t** to the nominative definite form of the masculine singular noun to obtain the genitive definite form.

We also need to have a linking article to connect the possessor with the object possessed. Notice that the linking article agrees with the noun that is possessed and has exactly the same form as the linking article we use with class 2 adjectives (see §31 and §42):

(1)

Ky është libri **i** mësues**it**.	This is the teacher's (masc.) book.
Kjo është shtëpia **e** mësues**it**.	This is the teacher's (masc.) house.
Këta janë librat **e** mësues**it**.	These are the teacher's (masc.) books.
Këto janë shtëpitë **e** mësues**it**.	These are the teacher's (masc.) houses.

As we saw with class 2 adjectives, the linking article must always agree in gender, case, number, and definiteness with the noun it modifies. In the previous examples, the (definite) possessee is in the nominative case. If the possessee is in the accusative case (i.e., it is a direct object), then the form of the linking article will always be **e** (see §58 and §59):

(2)

Unë shoh librin **e** mësues**it**.	I see the teacher's (masc.) book.
Unë shoh shtëpinë **e** mësues**it**.	I see the teacher's (masc.) house.
Unë shoh librat **e** mësues**it**.	I see the teacher's (masc.) books.
Unë shoh shtëpitë **e** mësues**it**.	I see the teacher's (masc.) houses.

When we have an indefinite possessee, the linking article also takes different forms, since it is sensitive to the gender, case, number, and definiteness of the possessee. Notice that the genitive form of the possessor, however, remains unchanged:

(3)

Ky është një libër **i** mësues**it**.	This is one of the teacher's (masc.) books.
Kjo është një fletore **e** mësues**it**.	This is one of the teacher's (masc.) notebooks.
Këta janë disa libra **të** mësues**it**.	These are some of the teacher's (masc.) books.
Këto janë disa fletore **të** mësues**it**.	These are some of the teacher's (masc.) notebooks.

(4)

Unë shoh një libër **të** mësues**it**.	I see one of the teacher's (masc.) books.
Unë shoh një fletore **të** mësues**it**.	I see one of the teacher's (masc.) notebooks.
Unë shoh disa libra **të** mësues**it**.	I see some of the teacher's (masc.) books.
Unë shoh disa fletore **të** mësues**it**.	I see some of the teacher's (masc.) notebooks.

The following chart summarizes the forms of the linking article used to express possession when the element possessed is a definite noun (see examples in [1] and [2] above). Remember that the linking article agrees with the element that is possessed:

	Singular		Plural	
	Masculine	*Feminine*	*Masculine*	*Feminine*
Nominative	i	e	e	e
Accusative	e	e	e	e

The following chart summarizes the forms of the linking article used to express possession when the element possessed is an indefinite noun (see examples in [3] and [4] above). Again, remember that the linking article agrees with the element possessed.

	Singular		Plural	
	Masculine	*Feminine*	*Masculine*	*Feminine*
Nominative	i	e	të	të
Accusative	të	të	të	të

Let's now consider the formation of the genitive form of feminine singular definite nouns. The nouns in bold are feminine nouns in the genitive case:

Jugu i **Shqipërisë**	the south of Albania
makina e **nënës**	(my) mother's car

How do we form the genitive form of feminine definite nouns? What is the "base" form? What do we add to that base?

Feminine singular nouns:

Base	Genitive Form
nënë	___________________
Shqipëri	___________________

What does the linking article agree with, the possessor or the possessee?

____

You discovered that there are two endings to form the genitive case of feminine definite nouns: **-s** and **-së**. Let's see if you can figure out when you use -**s** and when you use -**së**. Consider the following examples:

Nominative		Genitive
Indefinite	*Definite*	*Definite*
nënë	nën**a**	nënë**s** (mother)
Dritë	Drit**a**	Dritë**s** (Drita)
studente	student**ja**	studente**s** (student, fem.)
mësuese	mësues**ja**	mesuese**s** (teacher, fem.)
Shqipëri	Shqipëri**a**	Shqipëri**së** (Albania)
shtëpi	shtëpi**a**	shtëpi**së** (house)

Use -**s** when ____

Use -**së** when ____

You probably discovered that the genitive form of feminine singular definite nouns is built on the nominative indefinite form of the feminine noun. We add -**s** when the last syllable of the indefinite form is unstressed. If the last syllable is stressed, then we add -**së**.[2]

2. For pronunciation purposes, -s and -**së** are pronounced the same way when you speak at normal speed; thus, both **nënës** 'of the mother' and **shtëpisë** 'of the house' would have two syllables. In more careful speech, however, -**së** would add an extra syllable to the original word.

We saw that feminine nouns that end in -**ër**, **-ërr**, **or -ël** typically drop the -**ë** (and add **-a**) to form the definite nominative form (**letër** 'letter' → **letra** 'the letter') (see §27). In the definite possessive form, this -**ë** is also dropped, but since the result would be an unpronounceable **letrs**, we insert an extra -**ë** before the -**s** of the possessive, getting **letrës**. More simply put, if the noun ends in -**ër**, **-ërr**, or -**ël**, replace those endings with -**ës** to form the definite singular nominative form.

Nominative		Genitive
Indefinite	*Definite*	*Definite*
motër	motr**a**	motr**ës** (sister)
ëndërr	ëndrr**a**	ëndrr**ës** (dream)
vegël	vegl**a**	vegl**ës** (tool)

Feminine possessors also need a linking article to connect to the element being possessed. The linking article agrees with the preceding possessed object, as with class 2 adjectives (see §31 and §42):

Ky është libri **i** mësues**es**.	This is the teacher's (fem.) book.
Kjo është shtëpia **e** mësues**es**.	This is the teacher's (fem.) house.
Këta janë librat **e** mësues**es**.	These are the teacher's (fem.) books.
Këto janë shtëpitë **e** mësues**es**.	These are the teacher's (fem.) houses.

The linking article is sensitive to the gender, case, number, and definiteness of the noun it modifies. Notice that the genitive form of the noun **mësuese** 'female teacher' remains unchanged in the following examples, where the possessee is now in the accusative case (the possessee is a direct object). Only the linking article changes form (see §42 and §58):

Unë shoh librin **e** mësues**es**.	I see the teacher's (fem.) book.
Unë shoh shtëpinë **e** mësues**es**.	I see the teacher's (fem.) house.
Unë shoh librat **e** mësues**es**.	I see the teacher's (fem.) books.
Unë shoh shtëpitë **e** mësues**es**.	I see the teacher's (fem.) houses.

Notice the form of the linking article when the possessed noun is indefinite. On the other hand, the genitive form of **mësuese** remains unchanged:

Ky është një libër **i** mësues**es**.	This is one of the teacher's (fem.) books.
Kjo është një fletore **e** mësues**es**.	This is one of the teacher's (fem.) notebooks.
Këta janë disa libra **të** mësues**es**.	These are some of the teacher's (fem.) books.
Këto janë disa fletore **të** mësues**es**.	These are some of the teacher's (fem.) notebooks.
Unë shoh një libër **të** mësues**es**.	I see one of the teacher's (fem.) books.
Unë shoh një fletore **të** mësues**es**.	I see one of the teacher's (fem.) notebooks.
Unë shoh disa libra **të** mësues**es**.	I see some of the teacher's (fem.) books.
Unë shoh disa fletore **të** mësues**es**.	I see some of the teacher's (fem.) notebooks.

The following charts summarize the different forms of the linking article when the possessee is definite:

Singular definite possessee:

Nominative:	libri	**i**	mësue**sit**/mësue**ses**
	fletorja	**e**	mësue**sit**/mësue**ses**
Accusative:	librin	**e**	mësue**sit**/mësue**ses**
	fletoren	**e**	mësue**sit**/mësue**ses**

Plural definite possessee:

Nominative:	librat	**e**	mësue**sit**/mësue**ses**
	fletoret	**e**	mësue**sit**/mësue**ses**
Accusative:	librat	**e**	mësue**sit**/mësue**ses**
	fletoret	**e**	mësue**sit**/mësue**ses**

The following charts summarize the forms of the linking article when the possessed object is indefinite:

Singular indefinite possessee:

Nominative:	një libër	**i**	mësue**sit**/mësue**ses**
	një fletore	**e**	mësue**sit**/mësue**ses**
Accusative:	një libër	**të**	mësue**sit**/mësue**ses**
	një fletore	**të**	mësue**sit**/mësue**ses**

Plural indefinite possessee:

Nominative:	disa libra	**të**	mësue**sit**/mësue**ses**
	disa fletore	**të**	mësue**sit**/mësue**ses**
Accusative:	disa libra	**të**	mësue**sit**/mësue**ses**
	disa fletore	**të**	mësue**sit**/mësue**ses**

§63 Genitive plural definite nouns

Consider the following examples. The plural nouns in bold are the nouns bearing the genitive case:

shkolla	e **studentëve**	the (male) students' school
shkolla	e **studenteve**	the (female) students' school
babai	i **djemve**	the boys' father
babai	i **vajzave**	the girls' father
shtëpitë	e **studentëve**	the (male) students' houses
librat	e **studenteve**	the (female) students' books

How do we construct the genitive form of definite plural nouns? Which form do we take as the "base"? What suffix do we add to that base? Do masculine and feminine nouns differ in the way their genitive plural definite form is constructed?

Masculine plural nouns:

Base	Genitive Form
student	________________
djalë	________________

Feminine plural nouns:

Base	Genitive Form
studente	________________
vajzë	________________

You have just discovered that the genitive plural of definite nouns, both masculine and feminine, is formed by adding **-ve** to the plural indefinite form.

As with singular forms, we need a linking article to connect the possessor (in the genitive case) with the possessed object. The linking article will always agree in gender, case, number, and definiteness with the possessed object, while the genitive form of the possessor remains unchanged:

Ky është libri **i** vajzave/djemve.	This is the girls'/the boys' book.
Kjo është shtëpia **e** vajzave/djemve.	This is the girls'/the boys' house.
Këta janë librat **e** vajzave/djemve.	These are the girls'/the boys' books.
Këto janë shtëpitë **e** vajzave/djemve.	These are the girls'/the boys' houses.
Unë shoh librin **e** vajzave/djemve.	I see the girls'/the boys' book.
Unë shoh shtëpinë **e** vajzave/djemve.	I see the girls'/the boys' house.
Unë shoh librat **e** vajzave/djemve.	I see the girls'/the boys' books.
Unë shoh shtëpitë **e** vajzave/djemve.	I see the girls'/the boys' houses.
Ky është një libër **i** vajzave/djemve.	This is one of the girls'/the boys' books.
Kjo është një fletore **e** vajzave/djemve.	This is one of the girls'/the boys' notebooks.
Këta janë disa libra **të** vajzave/djemve.	These are some of the girls'/the boys' books.
Këto janë disa fletore **të** vajzave/djemve.	These are some of the girls'/the boys' notebooks.
Unë shoh një libër **të** vajzave/djemve.	I see one of the girls'/the boys' books.
Unë shoh një fletore **të** vajzave/djemve.	I see one of the girls'/the boys' notebooks.
Unë shoh disa libra **të** vajzave/djemve.	I see some of the girls'/the boys' books.
Unë shoh disa fletore **të** vajzave/djemve.	I see some of the girls'/the boys' notebooks.

The following charts summarize the forms of the linking article when the possessee is definite:

Singular definite possessee:

Nominative:	libri	**i**	djem**ve**/vajza**ve**
	fletorja	**e**	djem**ve**/vajza**ve**
Accusative:	librin	**e**	djem**ve**/vajza**ve**
	fletoren	**e**	djem**ve**/vajza**ve**

Plural definite possessee:

Nominative:	librat	**e**	djem**ve**/vajza**ve**
	fletoret	**e**	djem**ve**/vajza**ve**
Accusative:	librat	**e**	djem**ve**/vajza**ve**
	fletoret	**e**	djem**ve**/vajza**ve**

The following charts summarize the forms of the linking article when the possessee is indefinite:

Singular indefinite possessee:

Nominative:	një libër	i	djem**ve**/vajza**ve**
	një fletore	e	djem**ve**/vajza**ve**
Accusative:	një libër	të	djem**ve**/vajza**ve**
	një fletore	të	djem**ve**/vajza**ve**

Plural indefinite possessee:

Nominative:	disa libra	të	djem**ve**/vajza**ve**
	disa fletore	të	djem**ve**/vajza**ve**
Accusative:	disa libra	të	djem**ve**/vajza**ve**
	disa fletore	të	djem**ve**/vajza**ve**

§64 Basic uses of the genitive case

The genitive case is used:

1. to indicate possession:

shtëpia e vajzës	the girl's house
shoku i Dritës	Drita's friend

2. to indicate the object of a noun that expresses action:

Çlirimi i Shqipërisë	the liberation of Albania
leximi i librit	the reading of the book

3. to indicate the agent (or subject) of a noun that expresses action:

ardhja e pranverës	the arrival of spring
fillimi i dimrit	the beginning of winter

4. to indicate the name of a city, island, river, and so on:

qyteti i Elbasanit	the city of Elbasan
ishulli i Sazanit	the island of Sazan
liqeni i Shkodrës	Shkodër Lake
lumi i Vjosës	the Vjosa River

5. to indicate a part or division:

shumica e vajzave	the majority of the girls
gjysma e studentëve	half of the students

With measure phrases, you use just the plural form of count nouns (notice that in English you use a genitive form with the preposition 'of'):

një kilogram domate	a kilo of tomatoes
një paketë cigare	a pack of cigarettes
dhjetëra libra	a dozen books
gjashtë kokrra vezë	half a dozen eggs

With the phrase **një kuti** 'a box' or **një qese** 'a bag', the preposition **me** 'with' is typically used, although in colloquial Albanian it is typically omitted:

një kuti (me) çokollata	a box of chocolates
një kuti (me) mollë	a box of apples
një kuti (me) drithëra	a box of cereal
një qese (me) patatina	a bag of potato chips

If the noun is a mass noun, use the singular form:[3]

gjysmë kilogram sallam	half a kilo of salami
një shishe birrë	a bottle of beer
një gotë verë	a glass of wine
disa feta djathë	some slices of cheese
një kanaçe kola	a tin of soda

§65 Asking questions with "whose"

If we want to ask for the possessor of an object, in English we use the interrogative word 'whose'. Notice the two ways the question can be asked in Albanian:

Mësuesi **i kujt** është ky?	Whose teacher (masc.) is this?
I kujt është ky mësues?	lit., Whose is this teacher (masc.)?
Mësuesja **e kujt** është kjo?	Whose teacher (fem.) is this?
E kujt është kjo mësuese?	lit., Whose is this teacher (fem.)?
Mësuesit **e kujt** janë këta?	Whose teachers (masc.) are these?
Të kujt janë këta mësues?	lit., Whose are these teachers (masc.)?
Mësueset **e kujt** janë keto?	Whose teachers (fem.) are these?
Të kujt janë këto mësuese?	lit., Whose are these teachers (fem.)?

Remember that the plural linking articles **i** and **e** change to **të** when the linking article is not next to a definite noun (see §31 and §42). This explains the use of **të kujt** rather than **i/e kujt** when the question word appears at the beginning of the question in the last two sets of examples. Use a parallel structure to answer these questions:

Mësuesi i kujt është ky?	Whose teacher (masc.) is this?
(Ky është **mësuesi**) **i Gëzimit**.	This is Gëzim's teacher (masc.).
I kujt është ky mësues?	lit., Whose is this teacher (masc.)?
(Ky mësues është) **i Gëzimit**.	lit., This teacher's (masc.) is Gëzim's.
Mësuesit e kujt janë këta?	Whose teachers (masc.) are these?
Këta janë **mësuesit e Gëzimit**.	These are Gëzim's teachers.
Të Gëzimit.[4]	Gëzim's.

3. With the measure phrase **një liter** 'a liter' you need to use the ablative case (see §89 to §91): **një litër qumësht** 'a liter of milk'.

4. Notice that if the preceding sentence is not pronounced, we must use the linking article **të** instead of **e**. As we saw in §42, **të** is used when the linking article is not immediately adjacent to the definite noun it modifies.

Të kujt janë këta mësues?	lit., Whose are those teachers (masc.)?
(Këta mësues janë) **të Gëzimit**.	lit., Those teachers are Gezim's.

§66 Modifying the genitive definite form

It is possible for a possessor to be possessed by another noun, as you can see in the following examples. Use **së** as the linking article when modifying a feminine genitive singular definite noun; use **të** in the other cases:

mësuesja e vëllait **të Dritës**	Drita's brother's teacher (fem.) (lit., the teacher of the brother of Drita's)
mësuesja e motrës **së Dritës**	Drita's sister's teacher (fem.) (lit., the teacher of the sister of Drita's)
mësuesja e vëllezërve **të Dritës**	Drita's brothers' teacher (fem.) (lit., the teacher of the brothers of Drita's)
mësuesja e motrave **të Dritës**	Drita's sisters' teacher (fem.) (lit., the teacher of the sisters of Drita's)

The same forms of the linking article are used when we modify a genitive noun with a class 2 adjective:

mësuesi i djalit **të vogël**	the small boy's teacher
mësuesi i vajzës **së vogël**	the little girl's teacher
mësuesi i djemve **të vegjël**	the little boys' teacher
mësuesi i vajzave **të vogla**	the little girls' teacher

Së changes to **të** if **së** is not next to the noun it modifies or if this noun is not definite:

mësuesja e motrës **së Dritës**	Drita's sister's teacher
mësuesja e motrës së vogël **të Dritës**	Drita's small sister's teacher
mësuesi i vajzës **së vogël**	the small girl's teacher
mësuesi i vajzës së zgjuar dhe **të vogël**	the teacher of the intelligent and small girl

Notice that in the examples above, the first adjective appears with the linking article **së**, while the second modifier (whether a possessor or an adjective) appears with the linking article **të** since the latter is not adjacent to the noun it modifies. We saw a similar phenomenon for **e** in §42.

The following chart summarizes the different forms of the linking article when modifying a definite noun. Where there are two forms, the second form is obligatorily used if the modifying element (whether a class 2 adjective or a possessive) is not next (or adjacent) to the definite noun it modifies.

	Singular		Plural	
	Masculine	*Feminine*	*Masculine*	*Feminine*
Nominative	i	e	e/të	e/të
Accusative	e/të	e/të	e/të	e/të
Genitive	të	së/të	e/të	e/të

USHTRIMI 10.1

Indicate whether the following statements are true (T) or false (F) based on Dialogu 10.1.

1. _____ Në Shqipëri bashkëjetojnë në harmoni tri fe, feja myslimane, feja ortodokse dhe feja katolike.
2. _____ Në Shqipëri, nuk festojnë festat fetare katolike më të rëndësishme.
3. _____ Dita e Sulltan Novruzit është festa e katolikëve.
4. _____ Bektashizmi është një sekt fetar islamik.
5. _____ Më 10 mars, në Shqipëri, festojnë Ditën e Verës.
6. _____ Dita e Verës është një festë pagane.
7. _____ Dita e Pavarësisë së Shqipërisë është më 28 Nëntor.
8. _____ Dita e Çlirimit të Shqipërisë është më 30 nëntor.
9. _____ Nënë Tereza është me origjinë shqiptare.
10. _____ Data 19 nëntor është festa e Lumturimit të Nënë Terezës.
11. _____ Pesë Maji është Dita e Dëshmorëve.
12. _____ Dita e Mësuesit është më 8 Mars.
13. _____ Më 1 Qershor është Dita e Fëmijëve.

USHTRIMI 10.2

Answer the following questions based on Dialogu 10.1.

1. Sa festa zyrtare ka në Republikën e Shqipërisë?

   ____

2. Cilat janë festat fetare?

   ____

3. Çfarë është Dita e Novruzit?

   ____

4. Çfarë është bektashizmi?

   ____

5. Çfarë është Dita e Verës?

   ____

6. Çfarë simbolizon ajo?

   ____

7. Ku është Dita e Verës festë tradicionale?

   ____

8. Kur është Dita e Pavarësisë së Shqipërisë?

   ____

9. Kur është Dita e Çlirimit të Shqipërisë?

   ____

10. Kur është Dita e Punëtorëve?

    ____

11. Cili është emri i vërtetë i Nënë Terezës?

____

12. Çfarë është 5 Maji?

____

13. Çfarë është 7 Marsi?

____

14. Kur është Dita Ndërkombëtare e Fëmijëve?

____

15. Çfarë është 19 Tetori?

____

USHTRIMI 10.3

Explain the use of the linking articles **i**, **e**, **së**, and **të** in the following examples. Identify the case (nominative, accusative, genitive), gender (masculine, feminine), and number (singular, plural) of the noun being modified. Refer to the charts of linking articles in §62:

1. Në Shqipëri, ne festojmë festat më **të** rëndësishme **të** komuniteteve fetare myslimane, ortodokse dhe katolike.
2. Dita **e** Sulltan Novruzit është festa **e** bektashinjve.
3. Dita **e** Pavarësisë së Shqipërisë është më 28 Nëntor.
4. Data 19 Tetor është Dita **e** Lumturimit **të** Nënë Terezës.
5. Më 1 Qershor është Dita Ndërkombëtare **e** Fëmijëve.
6. Emri **i** vërtetë **i** Nënë Terezës është Gonxhe Bojaxhi.
7. Çfarë është Dita **e** Verës?
8. Cila është ëmbëlsira tradicionale për Ditën **e** Verës?
9. Viti **i** Ri është festë tradicionale.
10. Shtatë Marsi është Festa **e** Mësuesit.

USHTRIMI 10.4

Complete the following sentences with the necessary linking article and the genitive form of the noun in parentheses. Then make the sentences plural, changing the possessor and the possessee into the plural.

1. Fletorja _____________ (vajzë) është mbi karrige.

____

2. Libri _____________ (djalë) është mbi televizor.

____

3. Ky është lapsi _____________ (student).

____

4. Po lexoj librin _____________ (shkrimtar) shqiptar.

____

5. Ai po shikon djalin ____________ (motër).

____

6. Shikoj nga dritarja vajzën ____________ (shoqe).

____

7. Biçikleta ________________ (nënë) është blu.

____

8. Kjo është dhoma ________________ (hotel).

____

9. Kërkoj fjalorin ________________ (anglishte).[5]

____

10. Po takoj babanë ____________ (djalë).

____

DIALOGU 10.2: NË ZYRËN E INFORMACIONIT

Punonjësja: Mirëmbrëma, zonjë!

Mirela: Mirëmbrëma! Kam nevojë për disa informacione për aktivitetet kulturore që ka sot pasdite në Tiranë.

Punonjësja: Në Tiranë ka shumë aktivitete kulturore sot pasdite. Për çfarë jeni e interesuar?

Mirela: Ç'shfaqje ka në Teatrin e Operës dhe të Baletit?

Punonjësja: Në Teatrin e Operës dhe të Baletit ka një shfaqje shumë të bukur. Ansambli i Këngëve dhe i Valleve Popullore hap sezonin e ri artistik me një koncert me këngë e valle popullore.

Mirela: Çfarë ka në program?

Punonjësja: Në program ka këngë e valle të shumë trevave shqiptare, të Veriut, të Jugut dhe të Shqipërisë së Mesme. Ka dhe këngë e valle kosovare dhe çame.

Mirela: Në çfarë ore fillon koncerti?

Punonjësja: Koncerti fillon në orën 20:00 dhe mbaron në orën 22:00.

Mirela: A ka ndonjë koncert tjetër sot pasdite?

Punonjësja: Po, në Akademinë e Arteve të Bukura ka një koncert recital.

Mirela: I kujt është koncerti recital?

Punonjësja: Është koncerti i një pianisteje shqiptare, studente në Akademinë e Arteve. Kurse nesër në mbrëmje, në Pallatin e Kongreseve fillon Festivali i Këngës në Radio-Televizion.

Mirela: A ka bileta në shitje?

Punonjësja: Po. Sot po shesim biletat e fundit.

Mirela: Në cilat radhë janë vendet?

Punonjësja: Janë në radhën e fundit, karriget 5, 6, 7 dhe 8.

Mirela: Mirë. Po blej dy bileta. Po në Teatrin Kombëtar, çfarë ka sonte?

Punonjësja: Trupa e Teatrit Kombëtar shfaq një shfaqje të re.

5. You have learned the word **anglisht**, as in **Unë flas anglisht** 'I speak English'. However, **anglisht** is an adverb, so when you say **Unë flas anglisht**, you are actually saying something close to 'I speak in an English way'. If you add **-e** to the language adverb, you get the corresponding language, so **anglishte** is 'the English language', **italishte** 'the Italian language', **shqipe** 'the Albanian language', and so on. **Fjalor i shqipes** means 'dictionary of the Albanian language'.

Mirela: E kujt është kjo shfaqje?
Punonjësja: Është e një dramaturgu rumun.
Mirela: Po në Galerinë e Arteve çfarë aktiviteti ka?
Punonjësja: Në Galerinë e Arteve sot pasdite është përurimi i një ekspozite pikture.
Mirela: Të kujt janë punimet?
Punonjësja: Punimet janë të piktorëve shkodranë: Kolë Idromeno dhe Zef Kolombi. Edhe në Muzeun Historik Kombëtar ka një ekspozitë të përbashkët të disa artistëve të njohur.
Mirela: Shumë faleminderit për informacionet.
Punonjësja: Asgjë. Është kënaqësia ime.

FJALOR

akademí, -a, -	academy
Akademía e Árteve të Búkura	Academy of Fine Arts
aktivitét, -i, -e	activity, show
ansámb/ël, -li, -le	ensemble
Ansámbli i Këngëve dhe i Válleve Popullóre	Ensemble of Folk Music and Dance
asgjë	anything, nothing
Asgjë!	You're welcome!
balét, -i, -e	ballet
çám, -e	related to the Çam population
dramatúrg/-u, -ë	playwright, dramatist
ekspozít/ë, -a, -a	exhibit
ekspozítë piktúre	painting exhibit
Festiváli i Këngës	Song Festival
i,e fúndit	last
galerí, -a, -	gallery
galería e árteve	art gallery
hóll, -i, -e	hall
kënaqësí, -a, -	pleasure
kongrés, -i, -e	congress, convention, conference
mbrëmj/e, -a	evening
në mbrëmje	in the evening
i més/ëm, e -me	central, middle
nát/ë, -a	night
net	nights
i,e njóhur	famous, well-known
óper/ë, -a, -a	opera
pallát, -i, -e	palace, building (group of apartments)
Palláti i Kongréseve	Convention Center
i,e përbáshkët	joint
përurím, -i, -e	inauguration
pianíst/e, -ja, -e	pianist
píst/ë, -a, -a	lane, floor
popullór, -e	popular, folk
puním, -i, -e	work
rádh/ë, -a, -ë	row
recitál, -i, -e	recital
sezón, -i, -e	season
sónte	tonight
shfáq, -a, -ur	to show, put on
shfáqj/e, -a, -e	show
shítj/e, -a, -e	sale
shkodrán, -e	from Shkodër
Teátri Kombëtár	National Theater
Teátri i Óperës dhe i Balétit	Theater of Opera and Ballet
trév/ë, -a, -a	region
trúp/ë, -a, -a	troupe, company
váll/e, -ja, -e	dance
vallëzím, -i, -e	dancing

GRAMATIKË

§67 The genitive indefinite form

In the previous sections of this lesson, we learned how to form the genitive definite. In this section, we will learn how to form the genitive indefinite. You encountered a few examples in Dialogu 10.2:

është **e një dramaturgu**	it's by (of) a playwright
koncerti **i një pianisteje**	the concert of a pianist
përurimi **i një ekspozite**	the inauguration of an exhibit
ka një ekspozitë **të disa artistëve**	there is an exhibit by some artists

We have already seen that the linking article always agrees in gender, case, number, and definiteness with the noun that the possessive modifies. Here we will concentrate on the forms of the indefinite possessor. Let's first consider masculine singular indefinite nouns:

libri i një shok**u**	a friend's book (lit., the book of a friend)
pupla e një zog**u**	a bird feather (lit., the feather of a bird)
libri i një student**i**	a student's book (lit., the book of a student)
klasa e një mësues**i**	a teacher's class (lit., the class of a teacher)

Do these endings remind you of any other form you have studied?

____

What is "strange" about the endings of these indefinite constructions?

____

Let's now concentrate on the way you form the genitive indefinite:

1. To form the genitive indefinite of masculine singular nouns, add -**u** if the noun ends in **-k**, **-g**, or -**h**. Otherwise, add -**i**. As you can see, these forms are exactly the same as those of the nominative definite (see §28). It is a bit shocking to find these forms here, since these forms are not definite!

Now let's consider feminine singular indefinite nouns:

përurimi i një ekspozit**e**	the inauguration of an exhibit
dera e një shtëpi**e**	the door of a house
klasa e një mësuese**je**	a teacher's class (lit., the class of a teacher)

2. To form the genitive indefinite of a feminine singular noun, there are basically three patterns (cf. §27):
   a. If the indefinite nominative noun ends in -**ë**, replace **-ë** with -**e** (ekspozitë → i/e një ekspozit**e** 'of an exhibit').[6]
   b. If the nominative indefinite noun ends in a stressed **-i**, add -**e** (shtëpi → i/e një shtëpi**e** 'of a house').

6. The same rule applies to nouns ending in **-ër** (**motër** → **i/e një motre** 'of a sister'), **-ërr** (**ëndërr** → **i një ëndrre** 'of a dream'), **-ël** (**vegël** → **vegle** 'of a tool').

c. If the nominative indefinite noun ends in -**e** or in a stressed vowel (except **-i**), add **-je** (studente → i/e një student**eje** 'of a student', kala → i/e një kala**je** 'of a castle'). This is an "elsewhere" or "default" rule. If you haven't applied rules (a) or (b), simply apply rule (c).[7]

Finally, let's consider the formation of genitive plural indefinite nouns:

librat e disa studentë**ve**	the books of some students (masc.)
librat e disa studente**ve**	the books of some students (fem.)
klasat e disa mësues**ve**	the classes of some teachers (masc.)
klasat e disa mësuese**ve**	the classes of some teachers (fem.)

3. To form genitive plural indefinite nouns, both masculine and feminine, simply add -**ve** to the nominative plural indefinite form. Notice that the forms are the same as the corresponding genitive plural definite forms (§63).

Genitive endings for both indefinite and definite nouns are summarized in the following charts for easy reference:

Masculine singular:

Nominative indefinite	*Genitive indefinite*	*Nominative definite*	*Genitive definite*
(një) qytet	(i/e) një qytet**i**	qytet**i**	(i/e) qytet**it**
(një) dramaturg	(i/e) një dramaturg**u**	dramaturg**u**	(i/e) dramaturg**ut**

Masculine plural:

Nominative indefinite	*Genitive indefinite*	*Nominative definite*	*Genitive definite*
(disa) qytete	(i/e) disa qytete**ve**	qytete**t**	(i/e) qytete**ve**
(disa) dramaturgë	(i/e) disa dramaturgë**ve**	dramaturgë**t**	(i/e) dramaturgë**ve**

Feminine singular:

Nominative indefinite	*Genitive indefinite*	*Nominative definite*	*Genitive definite*
(një) ekspozitë	(i/e) një ekspozit**e**	ekspozit**a**	(i/e) ekspozit**ës**
(një) shtëpi	(i/e) një shtëpi**e**	shtëpi**a**	(i/e) shtëpi**së**
(një) pianiste	(i/e) një pianiste**je**	pianist**ja**	(i/e) pianist**es**

Feminine plural:

Nominative indefinite	*Genitive indefinite*	*Nominative definite*	*Genitive definite*
(disa) ekspozita	(i/e) disa ekspozita**ve**	ekspozita**t**	(i/e) ekspozita**ve**
(disa) shtëpi	(i/e) disa shtëpi**ve**	shtëpi**të**	(i/e) shtëpi**ve**
(disa) pianiste	(i/e) pianiste**ve**	pianiste**t**	(i/e) pianiste**ve**

7. The word **grua** 'woman' falls into the "elsewhere" rule. It does not end in **-ë** or **-e**, so it ought to take **-je**. That is exactly what we observe: **grua** → **i/e një gruaje** 'of a woman'.

§68 The genitive forms of **cili** 'which'

In §65 you learned how to ask questions with **i/e kujt** 'whose' about the possessor.

I kujt është ky libër?	Whose is this book?
Libri **i kujt** është ky?	Whose book is this?
E kujt është kjo fletore?	Whose is this notebook?
Fletorja **e kujt** është kjo?	Whose notebook is this?

In these examples, you are asking about the identity of the possessor. In some cases, you may know the identity of the possessor (i.e., that it is a boy or a girl), but you may want to make that information more specific (which boy?, which girl?). In this instance, you would use **cili** rather than **kujt**:

Libri **i cilit** djalë është ky?	Which boy's book is this?
I cilit djalë është ky libër?	lit., Which boy's is this book?
Libri **i cilës** vajzë është ky?	Which girl's book is this?
I cilës vajzë është ky libër?	lit., Which girl's is this book?
Librat **e cilëve** djem janë këta?	Which boys' books are these?
Të cilëve djem janë këta libra?[8]	lit., Which boys' are these books?
Librat **e cilave** vajza janë këta?	Which girls' books are these?
Të cilave vajza janë këta libra?	lit., Which girls' are these books?

Notice that in the examples above, the linking article agrees with the possessee (the object possessed), while **cili** agrees with the possessor. As you can see, **cili** is inflected for gender, case, and number; the possessor, on the other hand, is not inflected for case.

The following chart summarizes the forms of **cili** in the three cases that we have studied so far:

	Singular		Plural	
	Masculine	*Feminine*	*Masculine*	*Feminine*
Nominative	cili	cila	cilët	cilat
Accusative	cilin	cilën	cilët	cilat
Genitive	i/e/të cilit	i/e/të cilës	i/e/të cilëve	i/e/të cilave

§69 The genitive forms of the demonstratives **ky** 'this' and **ai** 'that'

Demonstratives are also inflected for case. As with all possessive constructions, the linking article agrees with the possessee (the possessed object). The demonstrative appears in the genitive case, and it agrees in gender and number with the possessor. Furthermore, notice that the possessor appears in the genitive indefinite form (see §67):

libri i **këtij** djal**i**	this boy's book
fletorja e **kësaj** vajz**e**	this girl's notebook
fletoret e **këtyre** djem**ve**	these boys' notebooks
librat e **këtyre** vajza**ve**	these girls' books

8. Notice the change of **e** to **të** in this example and in the following when the linking article is not next to the definite noun it modifies (see §65, §47).

fletorja e **atij** djali — that boy's notebook
libri i **asaj** vajze — that girl's book
librat e **atyre** djemve — those boys' books
fletoret e **atyre** vajzave — those girls' notebooks

I kujt është ky libër? — Whose is that book?
(Ky libër është) i **këtij djali**. — That book is this boy's.

Librat e kujt janë ata? — Whose books are those?
Ata janë librat e **atyre djemve**. — Those books are those boys'.

Të kujt janë ata libra? — Whose are those books?
(Ata libra janë) **të atyre djemve**. — (Those books are) those boys'.

The following charts summarize the forms of the demonstrative adjectives/pronouns in the nominative, accusative, and genitive cases.

	Singular		Plural	
	Masculine	*Feminine*	*Masculine*	*Feminine*
Nominative	ky	kjo	këta	këto
Accusative	këtë	këtë	këta	këto
Genitive	i/e/të këtij	i/e/të kësaj	i/e/të këtyre	i/e/të këtyre

	Singular		Plural	
	Masculine	*Feminine*	*Masculine*	*Feminine*
Nominative	ai	ajo	ata	ato
Accusative	atë	atë	ata	ato
Genitive	i/e/të atij	i/e/të asaj	i/e/të atyre	i/e/të atyre

USHTRIMI 10.5

Indicate whether the following statements are true (T) or false (F) based on Dialogu 10.2.

1. ______ Në Tiranë ka disa aktivitete pasdite.
2. ______ Në Teatrin e Operës dhe të Baletit ka një shfaqje shumë të bukur.
3. ______ Ansambli i Këngëve dhe i Valleve Popullore hap sezonin e ri artistik me një koncert me këngë e valle popullore.
4. ______ Në program nuk ka këngë e valle kosovare dhe çame.
5. ______ Koncerti fillon në orën 20:00 dhe mbaron në orën 22:00.
6. ______ Në Akademinë e Arteve të Bukura ka një koncert recital.
7. ______ Shfaqja në Teatrin Kombëtar është e një dramaturgu italian.
8. ______ Punimet në Galerinë e Arteve janë të piktorëve kosovarë.
9. ______ Në Muzeun Historik Kombëtar ka një ekspozitë të përbashkët të disa artistëve të njohur.
10. ______ Trupa e Teatrit Kombëtar shfaq një shfaqje të re.

USHTRIMI 10.6

Answer the following questions based on Dialogu 10.2.

1. Ç'aktivitete kulturore ka sot pasdite në Tiranë?
   ______
2. Ç'shfaqje ka në Teatrin e Operës dhe të Baletit?
   ______
3. Në çfarë ore fillon koncerti?
   ______
4. A ka ndonjë koncert në Akademinë e Arteve?
   ______
5. I kujt është koncerti?
   ______
6. Çfarë ka në Pallatin e Kongreseve?
   ______
7. A ka bileta për në festival?
   ______
8. Ç'shfaqje ka në Teatrin Kombëtar?
   ______
9. E kujt është kjo shfaqje?
   ______
10. Të kujt janë punimet në Galerinë e Arteve?
   ______

USHTRIMI 10.7

Change the following sentences as in the example.

Ky është libri i studentit.	Këta janë librat e studentëve.
	Unë shikoj librin e studentit.
	Unë shikoj librat e studentëve.
1. Kjo është klasa e nxënëses.	______
	______
	______
2. Kjo është galeria e artit.	______
	______
	______
3. Kjo është vajza e shoqes.	______
	______
	______

4. Ky është fjalori i një studenti. ______________________

____

____

5. Kjo është lulja e parkut. ______________________

____

____

USHTRIMI 10.8

Change the nouns in bold in the following sentences to the corresponding feminine form, as in the example. Make all other necessary changes:

Libri i **nxënësit** është i ri.
Libri i **nxënëses** është i ri.

1. Fletorja e **djalit** është mbi tryezë.
____
2. Koncerti i **pianistit** është i bukur.
____
3. Shpjegimi **i mësuesit** është i mirë.
____
4. Po takoj **shokun** e klasës.
____
5. **Aktorët** e teatrit luajnë bukur.
____
6. Ai po bisedon me **pianistin** e ri.
____
7. Po dëgjoj këngën e **një kompozitori** shqiptar.
____
8. Takimi i **studentëve** është i rëndësishëm.
____
9. A është kjo adresa e **këtij mjeku**?
____
10. Ne po flasim me **mësuesit** e shkollës.
____

LEXIMI 10.1

Festivali Folklorik Kombëtar i Gjirokastrës

Festivali Folklorik Kombëtar i Gjirokastrës është një aktivitet i një rëndësie të veçantë. Kalaja e Gjirokastrës pret një herë në katër vjet grupe folklorike nga Shqipëria, dhe nga shqiptarët e Kosovës, e Malit të Zi, e Maqedonisë, Turqisë, Greqisë, e Amerikës, nga grupet arbëreshe etj.

Këto grupe paraqesin folklorin shqiptar të trevave të ndryshme. Qyteti i Gjirokastrës, në ditët e Festivalit Folklorik ka shumë vizitorë shqiptarë dhe të huaj. Ky është një aktivitet i Qendrës së Veprimtarisë Folklorike, nën kujdesin e Ministrisë së Kulturës, Turizmit, Rinisë dhe Sporteve. Ky festival dëshmon se folklori muzikor është i pasur dhe i larmishëm. Këngët kanë forma të ndryshme të interpretimit. Instrumenta muzikorë specifikë, si lahuta, çiftelia, sharkia dhe daullja shoqërojnë këngët dhe vallet e Veriut. Kurse në Jug të vendit është karakteristike iso-polifonia që tani është pjesë e trashëgimisë orale të njerëzimit.

Pjesë e rëndësishme e festivalit janë vallet. Valle të famshme janë vallja e Rugovës, vallja e Tropojës, e Devollit, e Lunxhërisë, vallja e Rrajcës, vallet labe si dhe vallja çame e Osman Tagës.

FJALOR

çiftelí, -a, -	two-stringed lute
dashurí, -a, -	love
daúll/e, -ja, -e	drum
dëshmój	to witness, testify
i fámsh/ëm, e -me	famous
festivál, -i, -e	festival
Festiváli Folklorík Kombëtár	National Folk Festival
fórm/ë, -a, -a	form
instrumént, -i, -e	instrument
interpretím, -i, -e	interpretation
kalá, -ja, -	fortress, palace
Kalája e Gjirokástrës	Fortress of Gjirokastra
karakteristík, -e	typical, peculiar
kujdés, -i, -e	care, responsibility
lahút/ë, -a, -a	lute
i larmísh/ëm, e -me	varied, diversified
ministrí, -a, -	ministry
Ministría e Kultúrës, Turízmit, Rinísë dhe Spórteve	Ministry of Culture, Tourism, Youth, and Sports
muzikór, -e	musical
njerëzím, -i	humanity
një hérë në kátër vjét	once every four years
orál, -e	oral
paraqés	to introduce, present
i,e pásur	rich
përfaqësój	to represent
polifoní, -a, -	polyphony
rëndësí, -a	weight; fig., importance, significance
riní, -a, -	youth
specifík, -e	specific
shoqërój	to accompany
trashëgimí, -a	heritage
váll/e, -ja, -e	dance
veprimtarí, -a, -	activity
vizitór, -i, -ë	visitor

USHTRIMI 10.9

Indicate whether the following statements are true (T), false (F), or not mentioned (NM) based on Leximi 10.1. Where they are false or not mentioned, briefly explain why (in Albanian!).

1. ______ Festivali Folklorik Kombëtar i Gjirokastrës është një aktivitet i një rëndësie të veçantë.
2. ______ Kalaja e Gjirokastrës pret një herë në katër vjet grupe folklorike nga Shqipëria, dhe nga shqiptarët e Kosovës, e Malit të Zi, e Maqedonisë, Turqisë, Greqisë, e Amerikës, nga grupet arbëreshe etj.
3. ______ Këto grupe paraqesin folklorin shqiptar të trevave të ndryshme.
4. ______ Ky aktivitet është nën kujdesin e Ministrisë së Kulturës, Turizmit, Rinisë dhe Sporteve.
5. ______ Ky festival dëshmon se folklori muzikor në Shqipëri nuk është i pasur dhe i larmishëm.
6. ______ Këngët nuk kanë forma të ndryshme të interpretimit.
7. ______ Iso-polifonia tani dhe është pjesë e trashëgimisë orale të njerëzimit.
8. ______ Vallet nuk janë pjesë e rëndësishme e festivalit.
9. ______ Në festivalin e Gjirokastrës nuk ka shumë vizitorë shqiptarë.
10. ______ Në Veri të vendit është karakteristike iso-polifonia.
11. ______ Valle të famshme janë vallja e Rugovës, vallja e Tropojës, e Devollit, e Lunxhërisë, etj.

USHTRIMI 10.10

Together with a classmate, create dialogues using the following information. Try to read the ads without consulting a dictionary, even though there may be words you don't know. Try to guess their meaning from the context.

Ekspozitë ikonografike: Zografi, Shpataraku, Onufri, Selenica
Muzeu Historik Kombëtar
Sheshi 'Skënderbej'
9–24 qershor
E martë—E diel, ora: 09:00–13:00 & 17:00–19:00
Tel: 223 446

Në Muzeun Historik Kombëtar ka një ekspozitë ikonografike me rreth 50 ikona. Ikonat janë të ikonografëve të njohur Zografi, Shpataraku, Onufri, Selenica etj.
Publiku do të shohë për herë të parë disa prej këtyre ikonave me vlera historike, estetike dhe artistike.
Ceremonia e hapjes është më 9 qershor, në orën 9:00.

Recital për piano
Teatri i Operës dhe i Baletit
Sheshi 'Skënderbej'
20 qershor, ora: 19:00
Tel: 227 471, 224 753

Pianistë shqiptarë dhe të huaj vijnë me një recital për piano në Teatrin e Operës dhe të Baletit. Ata do të interpretojnë pjesë nga Bahu, Vivaldi, Shopen, Brahms, Shubert etj.

Kinema 'Millenium'
Filmi 'Letra fatale'
Nga data 12 dhjetor
Tel: 253 654

e hënë—e enjte		e premte—e diel	
Ora	Çmimi	Ora	Çmimi
10:00	200 lekë	10:00	200 lekë
12:30	200 lekë	12:30	300 lekë
15:00	200 lekë	15:00	500 lekë
17:30	300 lekë	17:30	500 lekë

Kinema 'Millenium' shfaq filmin 'Letra fatale'. Ky është një film mbi rininë dhe problemet e sotme sociale. Në qendër është jeta dhe fati i dy të rinjve. Filmi është prodhim i Radio-Televizionit Shqiptar.

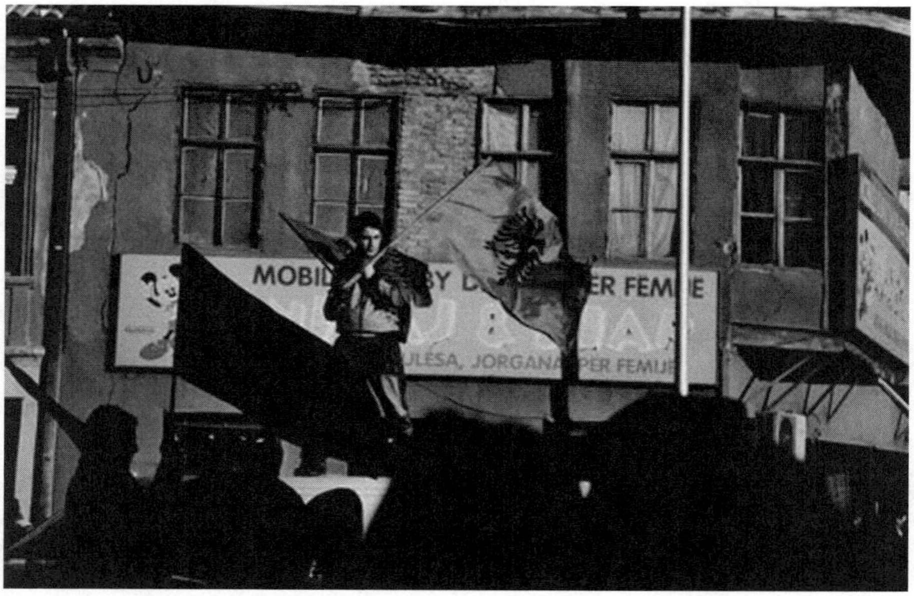

Kosovo Independence Day, 17 February 2008 (photo: Bevis Fusha)

FJALOR

artistík, -e	artistic	i,e njóhur	known
ceremoní, -a, -	ceremony	prej	from
estetík, -e	aesthetic	prodhím, -i, -e	production
fát, -i, -e	luck	i ri, të rinj	young man, youth
fatál, -e	fatal	sociál, -e	social
hápj/e, -a, -e	opening	i sót/ëm, e -me	of today
historík, -e	historical	shésh, -i, -e	square, plaza
ikonografík, -e	with icons	shfaq	to show, display
interpret/ój, -óva, -úar	to interpret	vlér/ë, -a, -a	value
mjedís, -i, -e	premises, environment		

MËSIMI 11

Rrobat

Clothes

In this lesson you will learn:

- about clothes
- how to shop for clothes

You will learn the following grammatical points:

- class 6 verbs
- the passive form of verbs
- the dative case
- the impersonal passive forms

DIALOGU 11.1

Mimoza: Çfarë do të bësh sot, Jeta?

Jeta: Sot do të dal nëpër dyqane bashkë me Krenarin.

Mimoza: Çfarë do të blesh?

Jeta: Dua të blej një fund dhe një bluzë, kurse Krenari do të blejë një palë këpucë.

Mimoza: A mund të vij dhe unë me ju? Kam nevojë për një kostum të zi.

Jeta: Nëse do të vish me ne, duhet të ngrihesh nga krevati dhe të bëhesh gati shpejt.

Mimoza: Kur do të takohesh me Krenarin?

Jeta: Për një orë.

Mimoza: Po ngrihem menjëherë. Ndërkohë që ti po hekuros rrobat, unë po shkoj të lahem dhe të krihem.

Jeta: Moza, ti do të hekurosësh ndonjë gjë?

Mimoza: Jo. Do të vesh xhinset dhe një bluzë pambuku. Nuk kanë nevojë të hekurosen.

Jeta: Kurse unë do të vesh një palë pantallona të zeza dhe një këmishë të bardhë.

Mimoza: Pse nuk vishesh me xhinse?

Jeta: Ndihem më mirë kështu.

Mimoza: Mirë.

Jeta: Moza, po përpiqem të marr dhe Norën në telefon, por nuk përgjigjet. Si thua sikur të vijë dhe ajo me ne?

Mimoza: Shumë mirë do të bësh. Nora martohet muajin tjetër dhe tani po merret me përgatitjet e dasmës. Ndoshta ka nevojë që të bëjë blerjet e fundit.

Jeta: Po, por nuk po përgjigjet në telefon.

Mimoza: Mbase është e zënë tani.

Jeta: Mirë. Por po shqetësohem sepse nuk po përgjigjet as në telefonin e shtëpisë.

Mimoza: Presim dhe pak. Me siguri që do të telefonojë vetë më vonë.

Jeta: Po sikur të mos telefonojë?

Mimoza: Atëherë, para se të kthehemi për në shtëpi, do të shkojmë tek Nora të pyesim si është me shëndet.

FJALOR

afróhem	to reach, approach
bëhem	to become, get
bëhem gáti	to get ready
blérj/e, -a, -e	buying, purchasing
blúz/ë, -a, -a	blouse
blúzë pambúku	cotton blouse
çlódhem	to rest
dásm/ë, -a, -a	wedding
dhëmb, -i, -ë	tooth
fúnd, -i, -e	skirt
fúnd i gjátë	long skirt
fúnd i shkúrtër	short skirt
fúnd me pála	pleated skirt
fúnd xhins	denim skirt
i,e fúndit	last
fustán, -i, -e	dress
hekurós	to iron
këmísh/ë, -a, -ë	shirt
këpúc/ë, -a, -ë	shoe
këpúcë me cilësí	quality shoes
kostúm, -i, -e	costume, suit
kostúm për búrra	men's suit
kostúm për grá	women's outfit
kreh	to comb (someone's hair)
kríhem	to comb one's own hair, have one's hair combed
kthéhem	to return
láj	to wash (something), bathe (someone), clean
mérrem	to be busy, have a job
ndíhem	to feel
ndóshta	maybe
nëpër	about, around, up and down
nëse	if
ngríhem	to get up
pál/ë, -a, -a	pleat, crease
pál/ë, -a, -ë	pair
një pálë këpúcë	a pair of shoes
pambúk, -u	cotton
pantallóna	pants
pantallóna të zéza	black pants
përgatítj/e, -a, -e	preparation
përgjígjem	to answer
përpíqem	to try
rrób/ë, -a, -a	clothes
sigurí, -a	certainty
me sigurí	certainly
sikúr	as if
po sikúr	what if
shqetësóhem	to get worried
takój	to meet (someone)
takóhem	to meet with
vesh	to dress, wear
víshem	to dress oneself, get dressed
xhínse	jeans, denim
pantallóna (blu) xhins	blue jeans

§70 Class 6 Verbs: the present indicative of verbs that end in -(h)em

In Dialogu 11.1 you encountered several verbs that end in **-hem**. The chart below shows the present indicative of the verbs **zgjohem** 'to wake up' and **nisem** 'to leave':

	zgjohem	**nisem**
unë	zgjohem	nisem
ti	zgjohesh	nisesh
ai, ajo	zgjohet	niset
ne	zgjohemi	nisemi
ju	zgjoheni	niseni
ata, ato	zgjohen	nisen

Now you complete the forms for the verbs **lahem** 'to wash oneself' and **përgjigjem** 'to answer':

	lahem	**përgjigjem**
unë	____________	____________
ti	____________	____________
ai, ajo	____________	____________
ne	____________	____________
ju	____________	____________
ata, ato	____________	____________

As you can see above, many of the verbs that end in **-(h)em** are verbs where the subject both carries out and receives the action of the verb. Because of this property, verbs like **zgjohem** 'to wake up', **lahem** 'to wash oneself', and **vishem** 'to dress oneself' are called reflexive verbs.

Consider the following pairs of sentences:

Nëna **zgjon** vajzën në orën 8.	The mother wakes the girl up at 8 o'clock.
Nëna **zgjohet** në orën 7.	The mother wakes up at 7 o'clock.
Nëna **lan** vajzën çdo ditë.	The mother bathes the girl every day.
Nëna **lahet** çdo mëngjes.	The mother takes a bath every morning.
Unë **vesh** djalin.	I dress the boy/the son.
Babai **vesh** djalin.	The father dresses the boy/the son.
Babai **vishet** dhe ha mëngjes.	The father gets dressed and has breakfast.[1]

As you can see above, when the subject performs the action on another person, then we use the transitive form of the verb, where the direct object is the (different) person receiving the action of the verb. If the subject both carries out and receives the action, then we must use the **-(h)em** form of the verb.

1. In Dialogu 11.1 you had the following sentence: Unë do të **vesh** një palë pantallona të zeza. (I will wear a pair of black pants [lit., I will dress a pair of black pants].) In this case, the verb **vesh** is being used transitively; thus, we do not use the corresponding class 6 verb. If we make the verb intransitive, then a class 6 verb is called for: Unë do të **vishem** me pantallona të zeza. (I will wear a pair of black pants.)

How do we form the -**(h)em** form of verbs that have a corresponding transitive form? You take the second-person plural of the present indicative of the transitive verb, drop the **-ni** of the third person, and then add **-(h)em**. If the second-person plural (without the -**ni** ending) ends in a consonant, add -**em**; add -**hem** if it ends in a vowel.

If the verb changes stem in the second-person plural, use this stem all throughout the -**(h)em** form. Below you can see the conjugations for for **vesh** 'to dress (someone)' and **vishem** 'to dress oneself' as well as for **marr** 'to take' and **merrem** 'to be engaged (with something)'. Notice that the **-hem** form comes from the second-person plural: **vish** 'he or she dresses (someone)' and **merr** 'he or she takes':

	vesh	**vishem**	**marr**	**merrem**
unë	vesh	**vish**em	marr	**merr**em
ti	vesh	**vish**esh	merr	**merr**esh
ai, ajo	vesh	**vish**et	merr	**merr**et
ne	veshim	**vish**emi	marrim	**merr**emi
ju	**vish**ni	**vish**eni	**merr**ni	**merr**eni
ata, ato	veshin	**vish**en	marrin	**merr**en

The following verbs are interpreted as reflexive verbs when used with the -**(h)em** form:

fsheh 'to hide'	fshihem 'to hide oneself'
kreh 'to comb'	krihem 'to comb oneself'
largoj 'to remove'	largohem 'to go away'
mërzit 'to bore, bother'	mërzitem 'to get bored'
paraqes 'to present'	paraqitem 'to present oneself'
përgatis 'to prepare'	përgatitem 'to prepare oneself'
rruaj 'to shave'	rruhem 'to shave oneself'

As you can see with the pair **marr** 'to take' and **merrem** 'to be engaged (with something)', the semantic relation is not as transparent as with the other pairs of verbs that we saw before. Therefore, we recommend that you memorize these -**(h)em** verbs as separate verbs from their corresponding transitive nonreflexive forms.

As with **marr** 'to take' and **merrem** 'to be engaged (with something)', some verbs will also undergo a slight change of meaning, thus further suggesting that you should memorize these forms as separate verbs:

afroj 'to bring closer'	afrohem 'to draw nearer, approach'
bëj 'to do'	bëhem 'to become'
çlodh 'to rest'	çlodhem 'to rest, vacation'
gjej 'to find (something)'	gjendem 'to find oneself, be'
kthej 'to return (something)'	kthehem 'to return, come back'
ngre 'to lift'	ngrihem 'to get up'
shpreh 'to express, declare'	shprehem 'to declare oneself'
takoj 'to meet (someone)'	takohem 'to meet with (someone)'
vras 'to kill'	vritem 'to fall'
zhvilloj 'to develop'	zhvillohem 'to take place, be developed'

Furthermore, many -**(h)em** verbs have no corresponding regular transitive form.[2] You already encountered the verb **nisem** 'to leave', which does not have a corresponding transitive verb. These verbs are known as mediopassive verbs:

ankohem 'to complain'
duhet 'must'
dukem 'to seem'
ndodhem 'to be located'
përgjigjem 'to answer'
përpiqem 'to try'

In the next sections, we will see other constructions that make use of the -**(h)em** form.

§71 Passive constructions

Consider the following sentences:

Gazeta **publikon** artikullin.	The newspaper **publishes** the article.
Artikulli **publikohet** nga gazeta.	The article **is published** by the newspaper.

The first sentence is an active sentence because the subject performs the action of the verb. The second example is a passive sentence because the subject receives rather than performs the action of the verb. Notice that in English we use the passive auxiliary verb 'to be' + the past participle to form such constructions. In Albanian we use the -**hem** form of the verb to form a passive construction. Below are a few more examples:

Nëna **hap** dritaret.	The mother opens the windows.
Dritaret **hapen** nga nëna.	The windows are opened by the mother.
Babai **mbyll** derën.	The father closes the door.
Dera **mbyllet** nga babai.	The door is closed by the father.

Notice the use of **nga** in the passive sentence to express the agent of the action.

§72 Negative, progressive, subjunctive, and future of class 6 verbs

Verbs that end in **-(h)em** are negated by putting the negative adverb **nuk** in front of the verb:

Nuk përgjigjet në telefon.	She is not answering the phone.

Progressive forms are formed by putting the particle **po** in front of the verb:

Po lahem dhe **po krihem**.	I am taking a shower and combing (my hair).

The present subjunctive is formed by putting **të** in front of the corresponding form of the present indicative. Second- and third-person singular forms keep their -**(h)em** form in the subjunctive as well, unlike what is observed with the equivalent forms in classes 1–5 (cf. §49):

2. Most traditional and pedagogical grammars of Albanian that follow that tradition do not consider class 6 a separate class of verbs. We argue for a class 6 for verbs ending in **-(h)em** here because, first, these verbs have a distinct paradigm in all the different tenses; second, verbs like **ankohem** 'to complain' and others would not belong to any class of verbs if there were no class 6, since they do not have a corresponding transitive counterpart; and third, there are verbs that change meaning when they are used in the **-(h)em** form.

Duhet **të ngrihesh** nga krevati.
You should get out of bed.

Mimoza duhet **të ngrihet** nga krevati.
Mimoza has to get out of bed.

The future form is formed by putting the auxiliary **do të** in front of the verb. Again, -(**h**)**em** verbs do not change in the second- or third-person singular, unlike what is observed in other verb classes (cf. §52):

Kur **do të takohesh** me Krenarin?
When are you meeting with Krenar?

Jeta **do të takohet** me Krenarin më vonë.
I will meet with Krenar later.

The following chart summarizes the forms of the present indicative, present subjunctive, and future for the two types of class 6 verbs: those that end in **-hem** and those that end in **-em**, respectively.

	Present Indicative	Present Subjunctive/Future	Present Indicative	Present Subjunctive/Future
unë	zgjo**hem**	(do) të zgjo**hem**	nis**em**	(do) të nis**em**
ti	zgjo**hesh**	(do) të zgjo**hesh**	nis**esh**	(do) të nis**esh**
ai, ajo	zgjo**het**	(do) të zgjo**het**	nis**et**	(do) të nis**et**
ne	zgjo**hemi**	(do) të zgjo**hemi**	nis**emi**	(do) të nis**emi**
ju	zgjo**heni**	(do) të zgjo**heni**	nis**eni**	(do) të nis**eni**
ata, ata	zgjo**hen**	(do) të zgjo**hen**	nis**en**	(do) të nis**en**

USHTRIMI 11.1

The following statements, based on Dialogu 11.1, are all false. Briefly indicate why.

1. _____ Jeta do të rrijë në shtëpi më Krenarin.
2. _____ Krenari do të blejë bluzë të zezë.
3. _____ Mimoza po lan shtëpinë.
4. _____ Jeta po lahet.
5. _____ Krenari do të blejë një kostum të ri.
6. _____ Mimoza po hekuros xhinset dhe bluzën e pambukut.
7. _____ Jeta preferon të vishet me xhinse.
8. _____ Krenari vesh një palë pantallona të zeza dhe një këmishë të bardhë.
9. _____ Vajzat flasin në telefon me Norën.
10. _____ Ajo martohet të dielën.
11. _____ Nora nuk blen shumë rroba të reja.
12. _____ Vajzat shqetësohen, sepse Nora nuk shkon me ato.
13. _____ Jeta dhe Mimoza shkojnë në shtëpinë e Norës.
14. _____ Nora është shumë mirë me shëndet.

USHTRIMI 11.2

Answer the following questions based on Dialogu 11.1.

1. Me kë po bisedon Jeta?
   ____
2. Ku do të shkojë Jeta?
   ____
3. Çfarë thotë Mimoza?
   ____
4. Pse ngrihet Mimoza menjëherë nga krevati?
   ____
5. Ç'po bën Jeta?
   ____
6. Çfarë do të bëjë Mimoza?
   ____
7. Kë merr Jeta në telefon?
   ____
8. Kur martohet ajo?
   ____
9. Çfarë do të blejë Jeta? Po Mimoza?
   ____
10. Pse shqetësohen vajzat?
    ____

USHTRIMI 11.3

Complete the following sentences with the appropriate form of the verb in parentheses.

1. Në ç'orë ______________ (zgjohem, ti) çdo ditë?
   ______________ (Zgjohem) në orën 7, por nuk ______________ (ngrihem) deri në orën 7:15.
   Ç'bën pasi ______________ (ngrihem)?
   ______________ (Rruhem), ______________ (lahem), ____________ (laj) dhëmbët
   dhe ______________ (vishem). ______________ (Ha) mëngjes shumë shpejt dhe
   ______________ (nisem) për në punë.
2. Në ç'orë ______________ (zgjohem) Artani çdo ditë?
   ______________ (Zgjohem) në orën 7, por nuk ______________ (ngrihem) deri në orën 7:15.
   Ç'bën pasi ______________ (ngrihem)?
   ______________ (Rruhem), ______________ (lahem), ____________ (laj) dhëmbët
   dhe ______________ (vishem). ______________ (Ha) mëngjes shumë shpejt dhe
   ______________ (nisem) për në punë.
3. Në ç'orë ______________ (zgjohem, ju) çdo ditë?
   ______________ (Zgjohem) në orën 7, por nuk ______________ (ngrihem) deri në orën 7:15.

Ç'bëni pasi ______________ (ngrihem)?
______________ (Rruhem), ______________ (lahem), __________ (laj) dhëmbët dhe ______________ (vishem). ______________ (Ha) mëngjes shumë shpejt dhe ______________ (nisem) për në punë.

4. Në ç'orë ______________ (zgjohem) Sokoli dhe Artani çdo ditë?
______________ (Zgjohem) në orën 7, por nuk ______________ (ngrihem) deri në orën 7:15.
Ç'bëjnë pasi ______________ (ngrihem)?
______________ (Rruhem), ______________ (lahem), __________ (laj) dhëmbët dhe ______________ (vishem). ______________ (Ha) mëngjes shumë shpejt dhe ______________ (nisem) për në punë.
5. Ç'po ____________ (bëj) djali?
Po ______________ (vishem). __________ (Dua) të ______________ (luaj) pak.
6. Ç'po ____________ (bëj) djemtë?
Po ______________ (vishem). __________ (Dua) të ______________ (luaj) pak.
7. Ç' __________ (bëj, ti) në fillim: ______________ (rruhem) apo ______________ (krihem)?
Zakonisht ______________ (rruhem) kur ____________________ (bëj) dush. Pastaj ______________ (krihem).
8. Zonja dhe zotërinj! Po ____________________ (afrohem, ne) në qytetin e Sarandës dhe do të ______________ (çlodhem) atje për 20 minuta, para se ______________ (vazhdoj) udhëtimin për në qytetin e Vlorës.
9. Ç'do të ________________ (bëhem) vëllai yt?
Do të __________________ (bëhem) ekonomist.

DIALOGU 11.2: NË DHOMËN E PROVËS

Jeta: Mimoza, ku është dhoma e provës? Dua të shkoj të provoj rrobat.
Mimoza: Është atje në fund.
Jeta: Shkojmë bashkë, sepse dua të më thuash si më rrinë.
Mimoza: Mirë, Jeta. Shkojmë.
Jeta: Po provoj në fillim fundin. Mimoza, si më rri fundi?
Mimoza: Të rri shumë bukur. Mua më pëlqen shumë.
Jeta: Mirë. Të lutem, më jep pak bluzën e bardhë?
Mimoza: Po, një sekondë. Ja, ku është.
Jeta: Oh! Bluza më rri e vogël. Nuk është masa ime.
Mimoza: Ndoshta ka masa të tjera. Po shkoj të shoh.
Jeta: Jo, Mimoza. Tani dua të provoj sandalet. Si thua, më rrinë mirë?
Mimoza: Të rrinë shumë mirë dhe duken shumë të rehatshme.
Jeta: Po, ashtu janë. Mua po më pëlqejnë shumë.
Mimoza: Jeta, të vjen keq të presësh dhe pak minuta sa të provoj dhe unë kostumin?
Jeta: Patjetër.
Mimoza: Hë, Jeta, si më rri?
Jeta: Të rri shumë mirë në trup dhe të shkon shumë. Të tregon elegante.

Mimoza: Faleminderit! A shkojmë tani të gjejmë një bluzë të bardhë?

Jeta: Shkojmë. Pastaj dua të provoj dhe një palë këpucë që janë në vitrinë. Janë shumë të bukura.

Mimoza: Në rregull.

Jeta: Nuk ka bluza të bardha. Shkojmë të provojmë këpucët. Po i them shitëses që dua një palë këpucë si ato që janë në vitrinë. Shpresoj të ketë numër 38.

Mimoza: Kurse mua më duhen një palë çizme.

Jeta: Shumë mirë. Pastaj shkojmë në restorant, sepse po më dhemb koka dhe po më hahet shumë. Po i them Krenarit që të vijë atje.

Mimoza: Edhe unë kam uri. Shkojmë të hamë një drekë të mirë.

Jeta: Ndërkohë po i telefonoj edhe njëherë Norës. Ndoshta përgjigjet tani.

FJALOR

çízm/e, -ja, -e	knee-high boot
dhemb	to hurt
dúkem	to appear, seem
më dúket	it seems to me
fal	to excuse
Më fál.	Excuse me.
fillím, -i, -e	beginning
në fillím	at the beginning
fúnd, -i, -e	skirt, end, bottom
grýk/ë, -a, -ë	throat
ha	to eat
më háhet	I am hungry
Hë!	Hey!
i	her, to her
këmb/ë, -a, -ë	foot
kók/ë, -a, -ë	head
más/ë, -a, -a	size
më	me, to me
mos	don't, not, perhaps
múa	to me
ndërkóhë	in the meantime
ndóshta	perhaps, probably
pëlqéj	to like
më pëlqén	I like
próv/ë, -a, -a	fitting
dhóma e próvës	fitting room
provój	to try on
i rehátsh/ëm, e -me	comfortable
rri	to fit, stay
Më rrí.	It suits me, it fits me.
Më rrí i/e vógël.	It's too small for me.
sandál/e, -ja, -e	sandals
stomák, -u, -ë	stomach
shkoj	to go, suit
Të shkón shúmë.	It suits you very well.
shpresój	to hope
të	you, to you
tjétër, të tjér/ë, -a	other, another
tregój	to show, narrate
Të tregón . . .	It looks . . . on you.
trúp, -i, -a	body
ty	to you
urí, -a	hunger
Më vjén uría.	I get hungry.
víj	to come
Më vjén mírë që . . .	I am glad that . . .
Më vjén kéq.	I'm sorry.
Të vjén kéq të . . . ?	Is it inconvenient for you to . . . ?
vitrín/ë, -a, -a	shop window

GRAMATIKË

§73 Dative pronouns: strong and weak forms

As you can see from the chart below, all personal nominative pronouns have two corresponding dative forms, a strong one and a weak one. The weak forms are also referred to as clitics or clitic pronouns:

	Strong Dative Form	Weak Dative Form
unë	mua	më
ti	ty	të
ai	atij	i
ajo	asaj	i
ne	neve	na
ju	juve	ju
ata, ato	atyre	u

The strong forms of the dative personal pronouns are not obligatory in a structure; they are only used for contrast or for emphasis, and they must co-occur with the weak form:

Më duket se bën vapë jashtë.
It seems to me that it's hot outside.

Mua më duket se bën vapë jashtë. Po ty?
(As for me), it seems to me that it's hot outside. And (how does it seem) to you?

In the next section we will study the basic uses of the dative pronouns.

§74 Basic uses of the dative case

1. The verbs **pëlqen** 'to like', **rri** 'to fit', and **shkoj** 'to fit, go'.

Compare the following sentences in English and Albanian:

Më **pëlqen** kjo këmishë.	I like this shirt.
Më **pëlqejnë** këto këmishë.	I like these shirts.
I **pëlqen** libri i ri.	She/He likes the new book.
I **pëlqejnë** librat e rinj.	She/He likes the new books.
Atyre u **pëlqejnë** këngët shqiptare.	They like Albanian songs.
Atyre u **pëlqen** këngëtari shqiptar.	They like the Albanian singer.
Të **pëlqen** ai film?	Do you like that film?
Ju **pëlqen** Shqipëria?	Do you like Albania?

Notice that the verb **pëlqen** 'to like' appears in two forms in the previous examples: **pëlqen** and **pëlqejnë**. When do we use each form?

We use the singular form **pëlqen** when ____
We use the plural form **pëlqejnë** when ____

What do the dative pronouns refer to? To the object we like or to the person who likes something?
____

What does the verb agree with? With the object that we like or with the person that does the liking? How does English compare with Albanian regarding this construction?

___

___

It is important to notice that the verb agrees with the object that we like, which is the grammatical subject. The person who "likes" appears as a dative pronoun. Thus, when you say **Më pëlqen kjo këmishë**, it's as if you were saying "This shirt is pleasing to me," and the verb appears in the singular because the object that we like (the grammatical subject) is **kjo këmishë** 'this shirt'. If instead of **kjo këmishë** we had the corresponding plural form, **këto këmishë** 'these shirts', then, as expected, the verb also changes to the plural form: **Më pëlqejnë këto këmishë**.

Another verb that is used like **pëlqen** 'to like' is the verb **dhemb** 'to hurt':

Më **dhemb** koka.	My head hurts (lit., The head hurts to me).
Të **dhemb** gryka?	Does your throat hurt?
I **dhembin** këmbët.	His/Her feet hurt.
Na **dhemb** stomaku.	Our stomachs hurt (lit., Our stomach hurts).

Notice that the possessive is not used with the noun, as it is in English. The possessor is understood through the dative pronoun. Notice that with both **pëlqen** 'to like' and **dhemb** 'to hurt' the grammatical subject (the object liked or the part that hurts) typically appears after the verb.

In the dialogue you encountered other verbs that function like **pëlqen** in that they take a dative pronoun:

Më **rri** mirë fundi?	Does the skirt fit me?
Të **rri** shumë bukur.	It fits you very well.
Bluza të **shkon** shumë.	The blouse fits you well (lit., It goes well with you).

Unlike what we observed with **pëlqej** and **dhemb**, where the subject typically follows the verb, with the verbs **rri** and **shkoj** the subject may appear either before or after the verb with these verbs.

The verb **duket** 'to seem' also takes a dative complement:

Më **duket** se bluza të rri mirë.	It seems to me that the shirt fits you well.

The expressions **vjen keq** 'to be sorry (lit., it comes bad)' and **vjen mirë** 'to be pleased (lit., it comes well)' also take an indirect object:

Më vjen keq, por duhet të shkoj.	I'm sorry, but I have to leave.
I vjen keq, por nuk mund të vijë.	She/He is sorry, but she/he cannot come.
Më vjen mirë që të pëlqejnë këpucët.	I'm pleased that you like the shoes.

Vjen keq is taken in a more literal sense in the following expression in the dialogue:

Të vjen keq të presësh pak minuta?	Is it inconvenient for you to wait for a few minutes?

2. The most common and basic function of the dative pronoun is to indicate the recipient (i.e., someone who "receives" something), and as such, it is typically used with indirect objects:

jap: Unë **të** jap një letër.	I give you a letter.
dërgoj: Ata po **na** dërgojnë një letër.	They are sending us a letter.
shkruaj: Unë **i** shkruaj një letër.	I write him/her a letter.

Dative pronouns are also typically used with verbs of communication, where we can imagine that the content of the message is "received" by someone (hence also a recipient):

them: Unë **të** them diçka	I am telling you something.
flas: Ti po **më** flet mua?	Are you speaking to me?

3. Some verbs allow an impersonal passive construction. These impersonal passive constructions typically appear with indirect object clitic pronouns:

Më hahet.	I'm hungry (lit., It is eaten to me).
Më pihet.	I'm thirsty (lit., It is drunk to me).
Më flihet.	I'm sleepy (lit., It is slept to me).

§75 Dative case on nouns

Consider the following examples:

Po **i** them **shitëses** se dua një palë këpucë.
I'm telling the seller (fem.) that I want a pair of shoes.

Po **i** shkruaj **babait** një letër.
I'm writing my father a letter.

Po **i** dërgoj **nënës** një dhuratë.
I'm sending my mother a present.

Po **u** them **shitëseve** se dua një palë këpucë.
I'm telling the sellers (fem.) that I want a pair of shoes.

Po **u** shkruaj **prindërve**.
I'm writing to my parents.

Remember that the indirect object is the one that is a recipient. The nouns above in bold are indirect objects. Briefly explain the use of the pronouns **i** and **u** in the examples above:

The dative clitic pronoun **i** is used when ____

The dative clitic pronoun **u** is used when ____

Each noun in bold is in its dative form. What do these dative forms remind you of?

____

The dative forms are the same forms as the genitives that you learned in Lesson 10! (see §62 and §63). Remember that the word order in Albanian is quite flexible, so don't be surprised to find the indirect object in different places in a sentence. However, no matter where it appears, the indirect object must always be doubled by a clitic pronoun:

I dërgoj **nënës** një dhuratë.	I send my mother a gift.
I dërgoj një dhuratë **nënës**.	I send a gift to my mother.
Nënës i dërgoj një dhuratë.	I send my mother a gift.

§76 Position of the dative clitic pronouns

Look at the following examples, where we use a dative clitic pronoun: (1) in the present indicative in a declarative sentence, (2) in the present indicative in a negative sentence, (3) in the progressive construction with **po**, (4) in a subjunctive construction, and (5) in a future construction:

(1) Besa **më** dërgon një letër.	Besa sends me a letter.
(2) Besa nuk **më** dërgon një letër.	Besa does not send me a letter.
(3) Besa po **më** dërgon një letër.	Besa is sending me a letter.
(4) Besa duhet të **më** dërgojë një letër.	Besa must send me a letter.
(5) Besa do të **më** dërgojë një letër.	Besa will send me a letter.

Where does the dative clitic pronoun appear in relation to the following elements?

the negative marker **nuk**: ______________________

the progressive marker **po**: ______________________

the subjunctive marker **të**: ______________________

the future marker **do të**: ______________________

You may have observed that the dative clitic pronoun always follows all of the above markers. The generalization we can draw from examples (1) through (5) above is that dative clitic pronouns always precede and are immediately adjacent to the verb.

§77 Dative demonstratives

Consider the following examples:

Po **i** shkruaj **asaj studente*je*.**
I am writing to that student (fem.).

Po **i shpjegoj këtij mësues*i*.**
I am explaining to this teacher (masc.).

Atyre vajza*ve* nuk **u** rrinë mirë sandalet.
Those sandals don't fit those girls well.

Këtyre djem*ve* nuk **u** pëlqejnë gjuhët e huaja.
These boys don't like foreign languages.

Do these demonstrative forms remind you of any other form you have studied before?

____

What about the endings on the nouns that follow the demonstratives? Have you encountered these endings before?

____

You may have discovered that the forms for the dative demonstratives are the same as the genitive demonstratives that we studied in §69. The nouns that follow the demonstratives are also the same as the indefinite genitive forms that we studied in §67. The different forms of the demonstratives are shown in the following chart:

	Singular		Plural	
	Masculine	*Feminine*	*Masculine*	*Feminine*
Nominative	ky	kjo	këta	këto
Accusative	këtë	këtë	këta	këto
Genitive/Dative	këtij	kësaj	këtyre	këtyre

	Singular		Plural	
	Masculine	*Feminine*	*Masculine*	*Feminine*
Nominative	ai	ajo	ata	ato
Accusative	atë	atë	ata	ato
Genitive/Dative	atij	asaj	atyre	atyre

§78 Dative forms of **kush** 'who' and **cili** 'which'

When you ask for the identity of the indirect object, you must use the dative form of **kush** 'who', which is **kujt** 'to whom'. Notice that both **kujt** in the question and the indirect object in the reply appear doubled by a direct object clitic pronoun:

Kujt po **i** shkruan tani?	Whom are you writing to now?
Tani po **i** shkruaj **nënës**.	I'm writing to my mother.
Kujt po **i** telefonon tani?	Whom are you calling on the phone now?
Po **i** telefonoj **Dritës**.	I'm calling Drita now.

If instead of 'who' you want to ask 'which', then you must use the dative form of **cili**:

Cilit djalë po **i** blen një dhuratë?	Which boy are you buying a present for?
Po **i** blej **Artanit** një dhuratë.	I'm buying a present for Artan.
Cilës studente po **i** tregon revistën?	Which student (fem.) are you showing the magazine to?
Po **i** tregoj **Verës** revistën.	I'm showing Vera the magazine.
Cilëve djem po u blen një dhuratë?	Which boys are you buying a present for?
Po u blej Artanit dhe Sokolit një dhuratë.	I'm buying Artan and Sokol a present.
Cilave vajza po **u** tregon revistën?	Which girls are you showing the magazine to?
Po **u** tregoj **Verës dhe Dritës** revistën.	I'm showing Vera and Drita the magazine.

The following chart includes the forms of **kush** 'who' and **cili** 'which' in the different cases that we have studied so far:

		Singular		Plural	
		Masculine	*Feminine*	*Masculine*	*Feminine*
Nominative	kush	cili	cila	cilët	cilat
Accusative	kë	cilin	cilën	cilët	cilat
Genitive	i,e kujt	i,e cilit	i,e cilës	i,e cilëve	i,e cilave
Dative	kujt	cilit	cilës	cilëve	cilave

USHTRIMI 11.4

Indicate whether the following statements are true (T) or false (F) based on Dialogu 11.2.

1. _______ Jeta dhe Mimoza shkojnë në dhomën e provës.
2. _______ Ato duan të provojnë rrobat.
3. _______ Jeta provon në fillim një fund.
4. _______ Mimoza i thotë Jetës se fundi i rri shumë bukur.
5. _______ Bluza e bardhë i rri e madhe nuk është masa e saj.
6. _______ Jeta do një bluzë tjetër.
7. _______ Kostumi i zi i rri shumë mirë Erës.
8. _______ Jetës dhe Mimozës u pëlqen kostumi i zi.
9. _______ Jeta dhe Mimoza kërkojnë për një bluzë të bardhë.
10. _______ Jeta blen një palë këpucë.
11. _______ Mimoza do të blejë sandale.
12. _______ Jeta do të blejë çizmet që janë në vitrinë.

USHTRIMI 11.5

Answer the following questions based on Dialogu 11.2.

1. Ku shkojnë Mimoza dhe Jeta?

   ____

2. Çfarë bëjnë ato atje?

   ____

3. Çfarë provon Jeta në fillim?

   ____

4. Si i rri fundi? Po bluza?

   ____

5. Si i rri kostumi Mimozës?

   ____

6. Çfarë ka në vitrinë?

   ____

7. A ka bluza të bardha në dyqan?

   ____

8. Pse do të shkojë Jeta në restorant?

____

9. Kush do të blejë çizme?

____

10. Kujt i telefonojnë ato?

____

USHTRIMI 11.6

Complete the following sentences with the weak form of the dative pronoun. Remember that the use of the strong dative pronoun emphasizes or contrasts the indirect object.

1. Vajza ______________ thotë mua diçka të rëndësishme.
2. Shitësja ______________ tregon asaj një fund të bukur.
3. Ty ______________ duket ky dyqan i bukur.
4. Neve ______________ pëlqejnë gjërat e reja.
5. Juve ______________ vjen keq për Dritanin.
6. Atij ______________ rrinë shumë bukur rrobat.
7. Po ______________ shpjegoj atyre problemin.

Complete the following sentences with the strong form of the dative pronoun.

8. Vajza po i thotë ____________ (him) diçka të rëndësishme.
9. Shitësja ju tregon __________ një libër të ri.
10. _______ na duket ky dyqan pak i shtrenjtë.
11. _______ nuk më pëlqejnë gjërat e vjetra.
12. _______ i vjen keq për nënën. (She feels sorry . . .)
13. _______ të shkon shumë ajo këmishë. Po ______, si më rrinë këto pantallona?
14. _______ u dhemb koka. Po ______, çfarë të dhemb?

USHTRIMI 11.7

Complete the following sentences with the appropriate form of the noun and the corresponding weak pronouns.

1. Andi ______________ shkruan një kartolinë ______________(Vilma).
2. Djali ______________ dërgon ______________ (miq) disa libra.
3. Po ______________ japim mësime ______________ (studentë).
4. Ne po ______________ flasim ______________ (shqiptarë).
5. ______________ (Djem) ______________ pëlqen sporti.
6. ______________ (Djalë) ______________ pëlqen basketbolli.
7. ______________(Vajza, sing.) ______________ pëlqen baleti.
8. ______________ (Vajza, pl.) ______________ pëlqejnë gjuhët e huaja.

9. ______________ (Këta studentë) _______ duket i vështirë mësimi.
10. ______________ (Kjo mësuese) _______ duket i lehtë mësimi.
11. ______________ (Baba) _______ dhemb koka, kurse ____________ (nënë) ______ dhembin këmbët.
12. Kjo bluzë _________ shkon shumë ____________ (Besa).
13. Ç'po _____ thotë nëna ____________ (Sokol)?
14. Artani po _____ blen ________ (Entela) një CD me muzikë shqiptare.
15. ______ (Ju) _________ duket se po bie shi?
16. ________ (Prindër) ______ vjen mirë kur unë marr nota të mira në shkollë.
17. Mësuesja po ____________ shpjegon ____________ (ai student) gramatikën.
18. Polici po _____ tregon ________ (ajo grua) adresën që po kërkon.
19. ___________ (Gjysh) nuk ______ pëlqen shahu. Po ________ (gjyshja)?
20. Ajo po ______ shkruan ________ (disa shoqe) një kartolinë.

LEXIMI 11.1

Qendra tregtare në Tiranë

Në Tiranë ka disa qendra tregtare ku banorët e kryeqytetit kanë mundësinë të blejnë ushqime, veshje, pajisje elektronike etj. Në këto qendra tregtare ka dyqane me mallra të firmave të njohura të huaja dhe shqiptare. Po ashtu, në këto qendra kryejnë aktivitetin e tyre dhe banka, kompani celulare, agjenci turistike etj.

Dyqanet e veshjeve numërojnë me mijëra klientë. Dyqanet ofrojnë veshje të përditshme, veshje sportive dhe veshje elegante.

Për veshjet e brendshme, rrobat e banjës, getat e çorapet ka dyqane të veçanta.

Në dyqanet e këpucëve, kompani të vendit dhe të huaja ofrojnë modele të shumëllojshme të këpucëve për meshkuj dhe femra. Edhe dyqanet për fëmijë tërheqin shumë klientë. Prindërit mund të plotësojnë nevojat dhe dëshirat e fëmijëve me produkte të larmishme, me cilësi të lartë dhe me çmime konkurruese.

FJALOR

agjencí turistíke	tourist agency	dëshír/ë, -a, -a	desire
aktivitét, -i, -e	activity	elektroník, -e	electronic
bánk/ë, -a, -a	bank	fém/ër, -ra, -ra	female
i bréndsh/ëm, e-me	interior, underwear	gét/ë, -a, -a	panty hose
celulár, -e	cellular (adj.)	konkurrúes, -e	competitive
kompaní celuláre	cellular companies	krýej	to carry out
telefón celulár	cell phone	i larmísh/ëm, e -me	varied, diversified
cilësí, -a, -	quality	máll, -i, -ra	goods
çoráp/e, -ja, -e	socks	máshkull, -i, méshkuj	male

míjëra	thousands	i shumëllójsh/ëm, e -me	various, diverse
mundësí, -a, -	possibility	tërhéq	to attract
kám mundësínë	to have the possibility	tregtár, -e	commercial
nevój/ë, -a, -a	need, necessity	qéndër tregtáre	commercial center
numërój	to count	ushqím, -i, -e	food
pajísj/e, -a, -e	device	i,e veçántë	special, specific
i përdítshëm, e -me	daily	véshj/e, -a, -e	clothing
plotësój	to complete, satisfy	véshje sportíve	sport clothes
rrób/ë, -a, -a	cloth, clothes	véshjet e bréndshme	underwear
rróba bánje	bathing suit		
rróbat e bánjës	bathing suit		

USHTRIMI 11.8

Indicate whether the following statements are true (T), false (F), or not mentioned (NM). If they are false or not mentioned, briefly explain why (in Albanian).

1. ______ Në Tiranë ka disa qendra tregtare.
2. ______ Në këto qendra tregtare klientët mund të blejnë ushqime, veshje dhe pajisje elektronike.
3. ______ Në këto qendra tregtare ka dyqane vetëm me mallra të firmave të njohura shqiptare.
4. ______ Atje kryejnë aktivitetin e tyre dhe kompani celulare, banka, agjenci turistike etj.
5. ______ Dyqanet e veshjeve numërojnë me qindra klientë.
6. ______ Dyqanet ofrojnë veshje të përditshme, veshje sportive dhe veshje elegante.
7. ______ Për veshjet e brendshme, për rrobat e banjës, getat e çorapet ka dyqane të veçanta.
8. ______ Dyqanet për fëmijë tërheqin shumë klientë.
9. ______ Ato ofrojnë produkte me cilësi të lartë.

USHTRIMI 11.9

Answer the following questions based on Leximi 11.1. Give as much information as you can.

1. Çfarë ka në Tiranë?
   ____
2. A ka dyqane me mallrat të firmave të njohura?
   ____
3. A kanë klientë këto qendra tregtare?
   ____
4. Çfarë ofrojnë dyqanet?
   ____
5. A ka dyqane të veçanta?
   ____

Albanian traditional dresses (photos: Edmond Prifti)

6. A ka klientë në dyqanet për fëmijë?

 ____

7. A kanë mundësi prindërit që të plotësojnë dëshirat e fëmijëve?

 ____

8. Si janë çmimet?

 ____

9. Ka kompani të ndryshme në këto qendra tregtare?

 ____

MËSIMI 12

Përsëritje
Review

DIALOGU 12.1

Martini: Ulpjana, ti je nga Prishtina, apo jo?
Ulpjana: Po, Martin, jam nga Prishtina. Pse po pyet?
Martini: Sepse di pak për Prishtinën dhe jam shumë kureshtar të mësoj më shumë për të.
Ulpjana: Prishtina është qytet shumë i vjetër. Dhjetë kilometra nga Prishtina është Ulpiana, dikur një qytet i madh antik, i njohur me emrin Justiniana Sekunda.
Martini: Po sot, si është Prishtina?
Ulpjana: Prishtina është sot një qytet i madh, me rreth 600 000 banorë.
Martini: Sa është sipërfaqja e saj?
Ulpjana: 854 km^2.
Martini: A është e bukur Prishtina?
Ulpjana: Prishtina është një qytet modern. Tani ka shumë ndërtesa të reja dhe të larta. Është qytet me shumë gjallëri, sepse është qendër shumë e rëndësishme administrative, kulturore dhe universitare.
Martini: Çfarë mund të vizitoj në Prishtinë?
Ulpjana: Mund të vizitosh Parkun Kombëtar 'Gërmia'. Gërmia është një vend shumë i bukur me pyje, ku prishtinasit kalojnë kohën e lirë. Atje ka një liqen dhe restorante të ndryshme.
Martini: Po tjetër?
Ulpjana: Mund të vizitosh Muzeun e Kosovës. Ai ndodhet në një ndërtesë të vjetër.
Martini: Po Galeria e Arteve, si është në Prishtinë?
Ulpjana: Prishtina ka një galeri shumë të mirë. Ajo organizon çdo vit ekspozita kombëtare dhe ndërkombëtare, publikime, katalogë etj.
Martini: Po objekte historike, a mund të vizitoj në Prishtinë?
Ulpjana: Po, në Prishtinë ka 21 monumente që mbrohen nga shteti. Objekte me rëndësi historike janë: Sahat kulla, Shadërvani, Hamami i Madh etj.
Martini: Po klima, si është në Prishtinë?
Ulpjana: Prishtina ka klimë kontinentale. Në dimër bën ftohtë. Shpesh bie borë dhe temperaturat shkojnë deri në minus zero gradë Celsius. Kurse vera është e nxehtë, me temperatura të larta.
Martini: Atëherë, është mirë që unë të vizitoj Prishtinën në pranverë. Faleminderit për informacionin.

FJALOR

administratív, -e	administrative	kureshtár, -e	curious
di	to know	liqén, -i, -e	lake
ekspozít/ë, -a, -a	exhibition	i,e lírë	free
galerí, -a, -	gallery	modérn, -e	modern
galería e árteve	art gallery	monumént, -i, -e	monument
hamám, -i, -e	Turkish bath	ndërkombëtár, -e	international
historík, -e	historical	i ndrýsh/ëm, e -me	different
kalój	to spend	objékt, -i, -e	object
kalój kóhën e lírë	to spend one's free time	organizój	to organize
katalóg, -u, -ë	catalog	pár/k, -ku, -qe	park
kënaqësí, -a, -	pleasure	prishtínas, -i, -	inhabitant of Prishtina
me kënaqësí	with pleasure	publikím, -i, -e	publication
klím/ë, -a, -a	climate	pýll, -i, -je	forest
kóh/ë, -a, -ë	time, weather	shtét, -i, -e	state
kontinentál, -e	continental	universitár, -e	university (adj.)
kulturór, -e	cultural	vizitój	to visit

USHTRIMI 12.1

Indicate whether the following statements are true (T) or false (F) based on Dialogu 12.1.

1. _____ Martini dhe Ulpjana bisedojnë për Prishtinën.
2. _____ Martini është i interesuar për Prishtinën, sepse nuk ka shumë informacione për këtë qytet.
3. _____ Ulpjana thotë se Prishtina është qytet i vogël, por modern.
4. _____ Prishtina është qendër e rëndësishme kulturore dhe administrative.
5. _____ Në Prishtinë ndodhet një park i rëndësishëm kombëtar.
6. _____ Prishtinasit kalojnë kohën e lirë në këtë park.
7. _____ Muzeu është në një ndërtesë të vjetër.
8. _____ Galeria e Arteve është shumë e vogël.
9. _____ Galeria e Arteve organizon shumë aktivitete.
10. _____ Prishtina ka klimë kontinentale.

USHTRIMI 12.2

Answer the following questions based on Dialogu 12.1.

1. Për çfarë po bisedojnë Martini me Ulpjanën?

____

2. Pse është i interesuar Martini për Prishtinën?

____

3. Si është Prishtina?

____

4. A është e bukur Prishtina?

____

5. Çfarë është Gërmia?

____

6. Ku ndodhet Muzeu i Kosovës?

____

7. Si është Galeria e Arteve?

____

8. Çfarë organizon Galeria e Arteve?

____

9. A ka objekte historike në Prishtinë?

____

10. Cilat janë disa nga këto objekte?

____

11. Si është klima në Prishtinë?

____

12. Si është dimri?

____

LEXIMI 12.1

Prizreni

Prizreni është një qytet i lashtë me vlera të shumta historike, kulturore dhe arkitekturore. Të dhënat arkeologjike dëshmojnë se Prizreni është një nga qytetet më të vjetra në Evropën Juglindore. Arkeologët mendojnë se jeta në Prizren fillon me Therandën, një qendër dardane (fis ilir), që ndodhet 6 km larg nga Prizreni i sotëm.

Prizreni ka objekte me vlera historike që dëshmojnë për lashtësinë e tij.

Prizreni është i përmendur në shumë burime historike si në dokumente me karakter ekonomik ose politik dhe në kronika, apo vepra fetare dhe shkencore.

Në periudha të ndryshme historike, Prizreni del me emra të ndryshëm: në dokumentet latine emrin Prisrien, Prisrenum etj, kurse në dokumentet osmane me emrat Tarzerin, Perserin etj. Në Prizren ka terma dhe mure nga periudha romake (tek Sahat Kulla), si dhe mozaikë. Prizreni quhet 'Qytet-muze'.

FJALOR

burím, -i, -e	source	i,e láshtë	ancient
dardán, -e	Dardan	lashtësí, -a	antiquity
dëshmój	to witness, testify	latín, -e	Latin
		mendój	to think, consider
dokumént, -i, -e	document	mozaík, -u, -ë	mosaic
të dhënat	the data	múr, -i, -e	wall
ém/ër, -ri, -ra	name	osmán, -e	Ottoman
fetár, -e	religious	i,e përméndur	mentioned
fís, -i, -e	tribe	politík, -e	political
gjithmónë	always	romák, -e	Roman
ilír, -e	Illyrian	si dhe	as well as
jét/ë, -a	life	shkencór, -e	scientific
juglindór, -e	southeastern	térma	thermal baths
karaktér, -i, -e	character, nature	vép/ër, -ra, -ra	work
kroník/ë, -a, -a	chronicle, annals	i,e vjétër	old
kryeqytét, -i, -e	capital (city)	vlér/ë, -a, -a	value

USHTRIMI 12.3

Answer the following questions based on Leximi 12.1.

1. Çfarë është Prizreni?

   ___

2. Çfarë dëshmojnë të dhënat arkeologjike?

   ___

3. Në cilat dokumente përmendet Prizreni?

   ___

4. Cilat janë emrat latinë për Prizrenin?

   ___

5. Cilat janë emrat osmanë për Prizrenin?

   ___

6. A ka monumente nga periudha romake në Prizren?

   ___

7. Cilat janë ato?

   ___

USHTRIMI 12.4

Complete the following text with the appropriate form of the word(s) indicated in parentheses. Make all the necessary changes. The words have been classified according to their syntactic class. You may use some words more than once.

Nouns:
arkeolog, burim, të dhënat, dokument, emër, Evropë, fis, jetë, kronikë, mozaik, mur, periudhë, Prizren, qendër, qytet, Therandë, vepër

Adjectives:
dardan, ekonomik, fetar, juglindor, historik, i lashtë, latin, i ndryshëm, osman, i përmendur, politik, romak, i sotëm, shkencor, i vjetër

Verbs:
dëshmoj, filloj, mendoj, ndodhet

Prepositions:
në, nga, tek

________ (Prisren) është qytet ________ (ancient). _______ (The data) arkeologjike ________ (witness) se Prizreni është një _____ (from) ________ (the cities) ______________ (oldest) në _________ (Europe) ________ (southeastern). ____________ (Archaeologists) ________ (think/believe) se _________ (life) _____ (in) ________ (Prisren) ___________ (starts) me ______________ (Theranda), një ________ (center) _________ (Dardan) (________ [tribe] ilir), që ___________ (is located) 6 km nga Prizreni _________ (today's). Prizreni ______________ (is mentioned) në shumë _______________(historical sources) si në ________ (documents) me karakter ___________ (economic) ose _________ (political) dhe në ___________ (chronicles), apo _____________ (works) ____________ (religious) dhe ____________ (scientific). Në periudha ___________ (different/various) historike, Prizreni del me _______________________ (different names): në dokumentet ___________ (Latin) me ____________ (the name) Prisrien, Prisrenum etj, kurse në _________ (the Ottoman documents) me ________ (the names) Tarzerin, Perserin etj. Në _________ (Prisren) e sotëm ka terma dhe _________ (walls) nga ____________ (the Roman period) (_____ [at] Sahat Kulla), si dhe _________ (mosaics).

INFORMACIONE KULTURORE

Prishtina, the capital of Kosovo, has several protected monuments:

- **Sahat Kulla**, built in the nineteenth century, was reconstructed in brick after it burned down.
- **Hamami i madh** dates back to the fifteenth century. This building was a fundamental part of the complex of the Mosque of King Fatih.
- **Shadërvani** is a marble decorated fountain. It is located between **Xhamia e Çarshisë** and the Museum of Kosovo. It is the only public fountain that remains in Prishtina.

Prizren, Kosovo (photo: Edmond Prifti)

- **Varrezat e hebrenjve** (the cemeteries of the Jews) are located on top of the hill of Tauk Bashqa. They date back to the nineteenth century, the period during which there was a population of about 1 500 Jews in Prishtina.

In Prizren there are several important historical spots:

- **Nënkalaja** has a unique urban structure: narrow winding lanes climbing up the hill and small old houses with a beautiful view of the town.
- **Kalaja** (the Fortress) is considered the symbol of Prizren, and it is extremely important for Kosovo's cultural identity. The Fortress is built on a high hill on the southeastern side of the city. It is now on the list of endangered World Heritage Sites.

MËSIMI 13

Pushime dhe libra

Vacations and books

In this lesson you will learn:

- how to talk about a trip you took
- how to buy books

You will learn the following grammatical points:

- the simple past indicative
- the accusative forms of personal pronouns

DIALOGU 13.1: PUSHIMET E VERËS

Drini: Briz, ku ishe sivjet me pushime?
Brizi: Isha bashkë me disa miq të huaj në një udhëtim nëpër Shqipëri.
Drini: Si kaluat?
Brizi: Kaluam shumë mirë. Ishte një udhëtim shumë i bukur. Vizituam shumë qendra arkeologjike dhe pika turistike.
Drini: Ku shkuat?
Brizi: Në fillim shkuam në Durrës. Atje vizituam amfiteatrin dhe muzeun arkeologjik.
Drini: U pëlqeu amfiteatri miqve të huaj?
Brizi: Po. U pëlqeu shumë. U tregova për historinë e amfiteatrit dhe mbetën të habitur kur u thashë se ai është amfiteatri romak më i madh dhe më i rëndësishëm në Ballkan.
Drini: Po në Krujë, a shkuat?
Brizi: Po, nga Durrësi shkuam në Krujë. Në Krujë u bëri përshtypje Muzeu Etnografik dhe pazari karakteristik i Krujës. Atje blenë shumë suvenire, veshje tradicionale, qilima etj. Në Krujë bëmë dhe shumë fotografi.
Drini: Po më pas, për ku udhëtuat?
Brizi: Udhëtuam për në Shkodër. Në Shkodër qëndruam vetëm një natë. Nga Shkodra shkuam në Razëm. Razma është vërtet një vend shumë i bukur dhe me klimë shumë të mirë. Atje fjetëm disa net dhe organizuam shumë aktivitete: shëtitëm në ajrin e pastër, bëmë piknikë etj.
Drini: Po në Jug, a shkuat?
Brizi: Po. Fillimisht vizituam Beratin. Në Berat, na lanë mbresa të forta shtëpitë në kala dhe Muzeu Kombëtar Onufri. Nga Berati shkuam në Vlorë, ku ndenjëm disa ditë.
Drini: A vizituat vende të tjera?
Brizi: Po, vizituam dhe Kalanë e Ali Pashë Tepelenës që ndodhet në Porto Palermo.
Drini: Po plazh, a bëtë?

Brizi: Po. Plazh bëmë në Potam, Ksamil dhe Sarandë. Atje mbetën të mahnitur nga bukuria e natyrës shqiptare.

Drini: Shkuat në Butrint?

Brizi: Patjetër. Butrinti ishte pjesë e rëndësishme e këtij udhëtimi. Atje pamë qytetin antik, kurse në mbrëmje ndoqëm një shfaqje teatrale në Teatrin e Butrintit. Në Butrint kishte shumë turistë shqiptarë dhe të huaj.

Drini: A mbetët të kënaqur nga ky udhëtim?

Brizi: Shumë të kënaqur. Vitin tjetër mund të organizojmë një udhëtim në vende të tjera turistike.

FJALOR

áj/ër, -ri	air
ájër i pástër	fresh air
në ájër të pástër	in the open air
amfiteát/ër, -ri, -ro	amphitheater
antík, -e	ancient, old
bë/j, -ra	to make, do
bëj fotografí	to take pictures
bëj përshtýpje (+ dat.)	to make an impression
bëj plázh	to go swimming (at the beach)
bëmë (bëj)	we made
bëri (bëj)	he/she/it made
blé/j, -va	to buy
blénë (blej)	they bought
bukurí, -a, -	beauty
fillím, -i, -e	beginning
fillimísht	at the beginning
fle, fjéta	to sleep
fjétëm (fle)	we slept
i,e habítur	surprised, astonished
i,e húaj	foreign
jam	to be
ísha (jam)	I was
íshe (jam)	you were
íshte (jam)	he/she/it was
kalá, -ja, -	fortress
kal/ój, -óva	to pass, go
Kalúam shúmë mírë.	We had a good time (lit., We passed very well).
Si kalúat?	How did it go (for you)?
karakteristík, -e	typical, peculiar

kíshte (kam)	there was, there were
lë, láshë	to leave
lánë (lë)	they left
lë mbrésë (+ dat.)	to make an impresssion
i,e mahnítur	amazed
mbé/s, -ta	to remain, stay, be
mbés i kënaqúr	to be satisfied
mbés i mahnítur	to be amazed
mbétën	they remained, they were
mbétët	you remained, you were
mbrés/ë, -a, -a	impression
lë mbrésë	to make an impression, to impress
më pás	afterwards
muzé, -u, -	Museum
Muzéu Arkeologjík	Archaelogical Museum
Muzéu Etnografík	Ethnographic Museum
ndal/ój, -óva	to stop
ndénjëm (rri)	we stayed
ndjék, ndóqa	to attend, follow
ndóqëm (ndjek)	we attended
ndódhem	to be located
nëpër	around
organiz/ój, -óva	to organize
organizúam	we organized
përshtýpj/e, -a, -e	impression
bëj përshtýpje	to make an impression, impress
pík/ë, -a, -a	point
pjés/ë, -a	part
pámë (shoh)	we saw

i,e p**á**stër	clean
ájër i p**á**stër	pure air
patj**é**tër	certainly, definitely
paz**á**r, -i, -e	market
pl**á**zh, -i, -e	beach
push**í**m, -i, -e	vacation
qëndr/**ó**j, -**ó**va	to stay, spend (time)
qëndr**ú**am	we spent the night
qil**í**m, -i, -a	carpet
i rëndës**í**sh/ëm, e -me	important
rom**á**k, -e	Roman
rr**í**, nd**é**nja	to stay
sivj**é**t	this year
suven**í**r, -i, -e	souvenir
sh**é**ku/ll, -lli, -j	century
shët**í**/s, -ta	to walk, stroll
shët**í**tëm	we walked, strolled
shf**á**qj/e, -a, -e	show, performance
shk/**ó**j, -**ó**va	to go
shk**ú**am (shkoj)	we went
shk**ú**at (shkoj)	you went
shoh, p**á**shë	to see
teatr**á**l, -e	theatrical
tradicion**á**l, -e	traditional
treg/**ó**j, -**ó**va	to tell, narrate
th**á**shë (them)	I told
them, th**á**shë	to tell
udhët**í**m, -i, -e	travel, journey
udhët/**ó**j, -**ó**va	to travel
udhët**ú**am (udhëtoj)	we traveled
udhët**ú**at (udhëtoj)	you traveled
v**é**nd, -i, -e	place, area, country, region
viz**í**t/ë, -a, -a	visit
vizit/**ó**j, -**ó**va	to visit
vizit**ú**am (vizitoj)	we visited
vizit**ú**at (vizitoj)	you visited

GRAMATIKË

§79 The simple past indicative of class 1 verbs

Consider the following examples from Dialogu 13.1. Remember that class 1 verbs end in **-oj, -aj, -ëj, -ij, -yj, -iej, -uaj,** or **-yej** (see §6):

Udhëtuam për në Shkodër.	We traveled to Shkodra.
Ku **shkuat**?	Where did you go?
Fillimisht **vizituam** Beratin.	First, we visited Berat.
Ju **pëlqeu** amfiteatri?	Did you like the amphitheater?

These examples demonstrate the simple past indicative, which is typically used to indicate that an action has been completed or finished in the past. Some typical past expressions are the following:

dje	yesterday
të hënën e kaluar, të hënën që shkoi	last Monday
të mërkurën e kaluar, të mërkurën që shkoi	last Wednesday
javën e kaluar, javën që shkoi	last week
muajin e kaluar, muajin që shkoi	last month
vitin e kaluar, vitin që shkoi/kaloi	last year
javën e kaluar, një javë më parë	a week ago
muajin e kaluar, muajin që shkoi	a month ago
një vit më parë, vitin që shkoi	a year ago

In this section we will learn how to form the past indicative of class 1 verbs.

Let's start with the verbs that end in **-aj**, **-ej**, **-ij**, or **-yj**:[1]

	blej	**laj**	**fshij**	**fryj**
	to buy	to wash	to sweep	to blow
unë	ble**va**	lava	fshiva	fryva
ti	ble**ve**	lave	fshive	fryve
ai, ajo	ble**u**	lau	fshiu	fryu
ne	ble**më**	lamë	fshimë	frymë
ju	ble**të**	latë	fshitë	frytë
ata, ato	ble**në**	lanë	fshinë	frynë

Verbs that end in **-oj** or **-uaj** have the following endings in the past indicative:

	punoj	**shkruaj**[2]
	to work	to write
unë	pun**ova**	shkrova
ti	pun**ove**	shkrove
ai, ajo	pun**oi**	shkroi
ne	pun**uam**	shkruam
ju	pun**uat**	shkruat
ata, ato	pun**uan**	shkruan

Verbs that end in **-yej** take the following endings. Notice that the -**y**- disappears in the singular forms but reappears in the plural forms:[3]

	thyej
	to break
unë	th**eva**
ti	th**eve**
ai, ajo	th**eu**
ne	th**yem**
ju	th**yet**
ata, ato	th**yen**

There are a few exceptions to the forms we saw above, but don't get too anxious! The irregularities are of two types, and not many verbs fall into this category. The verbs **bëj** 'to do' and the **hyj** 'to enter' take the following forms. Notice that the singular forms bear an **-r-** that is not present in the past endings we discussed earlier:

1. Because of all the irregularities found in the past indicative, we will list the first person singular of the simple past indicative form of all verbs, whether regular or irregular. This form will appear following the simple present indicative form. In the glossary at the end of the book, verbs will appear with three forms. Take **punoj** 'to work', for instance. In the glossary at the end of the book you will find **pun/oj, -ova, -uar**. **Punoj** is the present indicative, **punova** is the simple past, and **punuar** is the past participle, respectively.

2. In colloquial Albanian you will also hear **shkruajta**. This form, however, is not considered "standard."

3. The verb **pëlqej** 'to like' also behaves like **thyej** 'to break': pëlqe**va**, pëlqe**ve**, pëlqe**u**, pëlqye**m**, pëlqye**t**, pëlqye**n**.

	bëj	hyj
	to do	to enter
unë	bë**ra**	hyra
ti	bë**re**	hyre
ai, ajo	bë**ri**	hyri
ne	bë**më**	hymë
ju	bë**të**	hytë
ata, ato	bë**në**	hynë

A few verbs take an extra **-t-** in the past indicative. Contrary to the **-r-** with the two verbs noted above, this **-t-** is kept throughout the past indicative paradigm:

	arrij	gjej	luaj
	to arrive	to find	to play
unë	arri**ta**	gjeta	luajta
ti	arri**te**	gjete	luajte
ai, ajo	arri**ti**	gjeti	luajti
ne	arri**tëm**	gjetëm	luajtëm
ju	arri**tët**	gjetët	luajtët
ata, ato	arri**tën**	gjetën	luajtën

§80 The simple past indicative of class 3 verbs

Class 3 verbs are the verbs that end in a vowel in the present indicative form. These verbs take the same endings as the verbs that end in **-aj**, **-ej**, **ij**, or **yj** discussed in §79.

	pi
	to drink
unë	pi**va**
ti	pi**ve**
ai, ajo	pi**u**
ne	pi**më**
ju	pi**të**
ata, ato	pi**në**

However, many class 3 verbs are irregular. Some form the past indicative with **-ta**:

> **di** 'to know': di**ta**, di**te**, di**ti**, di**tëm**, di**tët**, di**tën**
> **fle** 'to sleep': fjeta, fjete, fjeti, fjetëm, fjetët, fjetën

Other class 3 verbs take **-ra**, but only in the singular forms:

> **vë** 'to put': vu**ra**, vu**re**, vu**ri**, vumë, vutë, vunë
> **zë** 'to catch': zura, zure, zuri, zumë, zutë, zunë

§81 The simple past indicative of class 2 verbs

Class 2 verbs are the ones that end in a consonant. They take the following endings in the simple past:

	ha
	to open
unë	hap**a**
ti	hap**e**
ai, ajo	hap**i**
ne	hap**ëm**
ju	hap**ët**
ata, ato	hap**ën**

If the verb ends in **-h**, then the third person singular takes **-u** rather than -i:[4]

kreh 'to comb (someone's hair)': kreh**a**, kreh**e**, kreh**u**, kreh**ëm**, kreh**ët**, kreh**ën**
njoh 'to know': njoha, njohe, njohu, njohëm, njohët, njohën

Class 2 verbs that end in **-as**, **-es**, or **-yes** take **-ta** in the past indicative. Notice that the vowel preceding **-s** in the stem becomes **-i-** when it precedes **-ta**:

bërtas 'to shout': bërt**ita**, bërt**ite**, bërt**iti**, bërt**itëm**, bërt**itët**, bërt**itën**
pres 'to wait': prita, prite, priti, pritëm, pritët, pritën[5]
shes 'to sell': shita, shite, shiti, shitëm, shitët, shitën

Verbs that end in **-yes** drop the **-s** and take **-ta**; no **-i-** is necessary:

pyes 'to ask': pyeta, pyete, pyeti, pyetëm, pyetët, pyetën

Other verbs change stem, but the endings remain the same as those for **hap** above. The following verbs take an **-o-** in the past indicative:

dal 'to go out': **dol**a, dole, doli, dolëm, dolët, dolën
flas 'to speak': **fol**a, fole, foli, folëm, folët, folën
marr 'to take': **mor**a, more, mori, morëm, morët, morën
nxjerr 'to take out/off': **nxor**a, nxore, nxori, nxorëm, nxorët, nxorën
sjell 'to bring': **soll**a, solle, solli, sollëm, sollët, sollën
zgjedh 'to choose': **zgjodh**a, zgjodhe, zgjodhi, zgjodhëm, zgjodhët, zgjodhën

The following verbs also change their stem, but instead of taking an **-o-**, they take an **-i-**. Notice that the final **-i** for the third-person singular is absorbed by **-q**:

thërras 'to call': **thirr**a, thirre, thirri, thirrëm, thirrët, thirrën[6]
vdes 'to die': **vdiq**a, vdiqe, **vdiq**, vdiqëm, vdiqët, vdiqën

§82 The simple past indicative of irregular verbs

We noticed in §6 that irregular verbs belong to class 5. For pedagogical reasons, in this section of the chapter we include verbs that drastically change their stems when forming the past, although they do not necessarily belong to class 5.

4. This rule refers to the sound [h] rather than to the letter *h*. Notice the past indicative of the verb **vesh** 'to dress (someone)': vesha, veshe, vesh**i**, veshëm, veshët, veshën.

5. Notice that the verb **pres** 'to cut' takes the following endings (compare these forms with those of the verb **pres** 'to wait' in the text): preva, preve, preu, premë, pretë, prenë.

6. **Thërras** 'to call' can also take **-ta** in the simple past: thërrita, thërrite, thërriti, thërritëm, thërritët, thërritën.

bie 'to fall': rashë, re, ra, ramë, ratë, ranë
jap 'to give': dhashë, dhe, dha, dhamë, dhatë, dhanë
jam 'to be': qeshë, qe, qe, qemë, qetë, qenë[7]
lë 'to leave': lashë, le, la, lamë, latë, lanë
shoh 'to see': pashë, pe, pa, pamë, patë, panë
them 'to say': thashë, the, tha, thamë, thatë, thanë
kam 'to have': pata, pate, pati, patëm, patët, patën[8]
vete 'to go': vajta, vajte, vajti, vajtëm, vajtët, vajtën
dua 'to want': desha, deshe, deshi, deshëm, deshët, deshën
ha 'to eat': hëngra, hëngre, hëngri, hëngrëm, hëngrët, hëngrën
rri 'to stay': ndenja, ndenje, ndenji, ndenjëm, ndenjët, ndenjën
vij 'to come': erdha, erdhe, erdhi, erdhëm, erdhët, erdhën

USHTRIMI 13.1

Indicate whether the following statements are true (T), false (F), or not mentioned (NM) in Dialogu 13.1. When a statement is false, briefly say why (in Albanian!).

1. _______ Sivjet Brizi shkoi me disa miq në një vend të huaj.
2. _______ Në fillim Brizi dhe miqtë e tij shkuan në Krujë.
3. _______ Në Durrës nuk ka qendra arkeologjike.
4. _______ Amfiteatri i Durrësit është amfiteatër grek dhe nuk është shumë i madh.
5. _______ Në Krujë qëndruan një natë.
6. _______ Kruja ka klimë shumë të mirë.
7. _______ Muzeu Etnografik i Durrësit i bëri përshtypje Brizit.
8. _______ Brizi dhe miqtë e tij qëndruan në Shkodër vetëm një natë.
9. _______ Në Berat u lanë mbresa të forta shtëpitë në plazh.
10. _______ Kalaja e Ali Pashë Tepelenës ndodhet në Jug të Shqipërisë.

USHTRIMI 13.2

Answer the following questions based on Dialogu 13.1.

1. Me kë bisedon Drini?

   ____

2. Ku ishte Brizi?

   ____

3. Cilin vend vizituan në fillim?

   ____

7. The imperfect tense rather than the simple past tense of the verb **jam** is used more often to express the past. The forms are: isha, ishe, ishte, ishim, ishit, ishin.

8. The imperfect forms of the verb **kam** are also used more often than those of the past tense. The imperfect forms are: kisha, kishe, kishte, kishim, kishit, kishin.

4. Çfarë bënë turistët në Durrës?

____

5. Çfarë bënë turistët në Krujë?

____

6. Sa ditë qëndruan në Shkodër?

____

7. Po në Jug, a shkuan?

____

8. Çfarë u la mbresa në Berat?

____

9. Po plazh, a bënë ata?

____

10. A shkuan në Butrint?

____

USHTRIMI 13.3

Complete the following sentences with the past indicative of the verbs in parentheses.

1. Ata ______________ (shkoj) në plazh.
2. Studentët ________________ (lexoj) librat e rinj.
3. Atyre u ________________ (pëlqej) shumë udhëtimi.
4. Ne ______________ (shoh) vende shumë të bukura.
5. Turistët ____________ (udhëtoj) nëpër Shqipëri.
6. Në pazar ajo ________________ (blej) disa suvenire.
7. Në autobus _________________ (këndoj, ne) shumë këngë.
8. Ju ________________ (them) se sot është pushim.
9. Djali ________ (vë) çantën mbi bankë.
10. _______________ (Pi, unë) një çaj të ftohtë.
11. Ku ________________ (shkoj) ata?
12. Çfarë ________________ (marr, ti) nga Shqipëria?
13. Nuk ________________ (dal, ato) dje nga shtëpia.
14. Pse nuk ________________ (vij, ju) me ne?
15. U ________________ (jap, ne) disa informacione të rëndësishme.
16. Sot nuk ________________ (ha, ne) mëngjes.
17. __________________________ (Rri, unë) gjithë fundjavën në shtëpi.
18. Ku ________________ (jam, ti) dje?
19. _____________________ (Mbyll, ata) derën e shtëpisë.
20. Në muze ________________ (kam) shumë turistë.

USHTRIMI 13.4

Change the following sentences to the simple past indicative.

1. Ajo po udhëton nëpër Shqipëri.
2. Ne po vizitojmë disa vende të bukura turistike.
3. Ata nuk kanë shumë informacione për Shqipërinë.
4. Të pëlqen Durrësi?
5. Unë rri gjithë ditën në qytet.
6. Ata bëjnë vizita në muze.
7. Po hamë darkë këtu.
8. Ata mbeten të mahnitur nga bukuria e natyrës shqiptare.
9. Po shohim Kalanë e Ali Pashë Tepelenës.
10. Ti po merr informacione për Skënderbeun.
11. Unë po shoh disa dokumente.
12. Do të qëndrojë vetëm një natë.

DIALOGU 13.2: NË LIBRARI

Genti: Mirëdita!
Shitësi: Mirëdita! Si mund t'ju ndihmoj?
Genti: Interesohem për libra të autorëve shqiptarë. Çfarë më sugjeroni?
Shitësi: Interesoheni për libra të shkrimtarëve modernë apo të traditës?
Genti: E kam porosi nga disa miq që nuk jetojnë në Shqipëri që të blej libra nga shkrimtarë të ndryshëm shqiptarë. Ata duan t'i pasurojnë bibliotekat e tyre me libra në gjuhën shqipe, që fëmijët e tyre ta njohin letërsinë shqipe. Çfarë më këshilloni të marr?
Shitësi: Së pari, ju këshilloj të merrni veprën e poetit Naim Frashëri.
Genti: Shumë mirë. Po e marr. Tjetër?
Shitësi: Blini dhe veprën e Faik Konicës. Është në katër vëllime.
Genti: Mirë. Po i marr të katër vëllimet.
Shitësi: Po nga veprat e Ismail Kadaresë, çfarë doni të merrni?
Genti: E keni librin 'Kronikë në gur'?

Shitësi: E kemi.

Genti: Atëherë, po marr disa kopje nga ky roman. Jam i gëzuar që e gjeta. Dua të blej dhe disa nga botimet e fundit, pasi shumë libra të këtij autori i kam.

Shitësi: Nëse doni, mund të merrni veprën e plotë të Ismail Kadaresë, sepse tashmë është e përmbledhur në disa vëllime.

Genti: A mund ta shoh?

Shitësi: Patjetër. Ja, ku i keni të gjitha vëllimet.

Genti: Mirë, atëherë, po i marr të gjitha vëllimet. Më falni, por dua t'ju pyes edhe për libra të autorëve të tjerë shqiptarë. Çfarë më këshilloni?

Shitësi: Mund të merrni romanet e Petro Markos, Fatos Kongolit etj.

Genti: Po libra me poezi keni?

Shitësi: Po kemi antologjinë e poezisë bashkëkohore shqiptare. E doni?

Genti: Po. Po nga librat për fëmijë, çfarë më rekomandoni?

Shitësi: Ju rekomandoj librin 'Tregime të moçme shqiptare'.

Genti: Sa mirë që më kujtuat për librin 'Tregime të moçme shqiptare'. Fëmijët tanë duhet ta lexojnë atë patjetër. Ju falënderoj pa masë për ndihmën. Do të vij sërish nesër, nëse do të më kërkojnë të blej libra të tjerë.

Shitësi: Mirë se të vini!

FJALOR

From now on, all verbs except class 6 verbs will be introduced in the present, simple past, and past participle forms.

antologjí, -a, -	anthology
bashkëkohór, -e	contemporary
botím, -i, -e	edition, publication
falënder/ój, -óva, -úar	to thank
i,e fúndit	last
i,e gëzúar	glad
gúr, -i, -ë	stone
gjé/j, -ta	to find
interesóhem	to be interested in
kërk/ój, -óva, -úar	to ask
këshill/ój, -óva, -úar	to advise, suggest
kópj/e, -a, -e	copy
kroník/ë, -a, -a	chronicle
Kroníkë në gúr	*Chronicle in Stone*
kujt/ój, -óva, -úar	to remind
librarí, -a, -	bookstore
más/ë, -a, -a	measure
pa másë	immensely
Mirë se të vini!	You are welcome! Any time!
i móç/ëm, e -me	ancient, old
në mënýrë që	in order to, so that
pa másë	immensely
pasí	since
pasur/ój, -óva, -úar	to enrich
i,e përmblédhur	collected
i,e plótë	whole, complete
poét, -i, -ë	poet
porosí, -a, -	request (n.)
próz/ë, -a, -a	prose
Sa míré që . . .	It's good that . . . , a good thing that . . .
sërísh	again
tánë	our
tradít/ë, -a, -a	tradition
i,e týre	their
vëllím, -i, -e	volume
vép/ër, -ra, -ra	work
vépër e plótë	complete work(s)
i,e zgjédhur	selected

GRAMATIKË

§83 Accusative pronouns: strong and weak forms

In Dialogu 13.2 you saw the following sentences:

E keni librin 'Kronikë në gur'?
Do you have the book *Chronicle in Stone*? (lit., It you have the book *Chronicle in Stone*?)

Po, **e** kemi.
Yes, we have it (lit., Yes, it we have).

Ja, ku **i** keni të gjitha vëllimet.
Here (is where) we have all the volumes (lit., Here them you have all the volumes).

The words in bold are direct object pronouns, or clitics, in Albanian. As the indirect object pronouns (§73) they can appear in two forms, a strong form and a weak one (also called a clitic pronoun). The chart below summarizes both forms:

	Strong Accusative Form	Weak Accusative Form
unë	mua	më
ti	ty	të
ai	atë	e
ajo	atë	e
ne	ne	na
ju	ju	ju
ata	ata	i
ato	ato	i

The weak forms cannot be used separately from the verb, and thus we use the term *clitic pronouns* to refer to them. The strong forms of the accusative personal pronouns, on the other hand, are not obligatory and can be used alone, without the verb. However, when they are used in a sentence, they are used only for contrast or emphasis, and they must necessarily co-occur with the weak form:

Ai **e** takoi në universitet.
He met her/him at the university.

Ai **e** takoi **atë** në rrugë.
He met her/him on the street.

In the next section we will study the basic uses of the weak accusative clitic pronouns.

§84 Basic uses of the accusative clitic pronouns

1. The clitic pronoun generally replaces the direct object.

Consider the following example from Dialogu 13.2:

E keni **librin 'Kronikë në gur'**?
Do you have the book *Chronicle in Stone*?

Po, **e** kemi.
Yes, we have it.

In the previous example, the clitic pronoun **e** replaces the whole direct object, **librin 'Kronikë në gur'**, 'the book *Chronicle in Stone*'.

2. The clitic pronoun anticipates the direct object.

Consider the following examples:

> Ja, ku **i** keni **të gjitha vëllimet**.
> Here you have all the volumes.
>
> Ata duan t'**i** pasurojnë **bibliotekat** e tyre.
> They want to enrich their libraries.
>
> Nuk e di, a **e** keni **veprën e Kutelit**.
> I don't know if you have Kuteli's work.

In Albanian, an accusative weak clitic pronoun is typically used if the direct object is definite. We see that the accusative clitics **i** and **e** above "anticipate" the direct object. This phenomenon, where both the clitic and the object appear simultaneously, is called clitic doubling.

3. The direct object precedes the verb.

Remember that word order is quite flexible in Albanian. If the direct object precedes the verb, then the weak accusative clitic pronoun must appear obligatorily:

> **Librin e fundit të Konicës e** kemi atje.
> Lit., Konica's last book, we have it there.

In the example above, the direct object is definite. The accusative clitic may appear even when an indefinite direct object precedes the verb:

> **Një pjesë të veprave të Kadaresë i** kam.
> Lit., One volume of the works by Kadare, I have (it).

§85 Të plus accusative clitic pronouns

In Dialogu 13.2 you encountered the weak forms of accusative clitics used with the future and the subjunctive:

> Ata duan **t'i** pasurojnë bibliotekat e tyre.
> They want to enrich their libraries.
>
> Më falni, por dua **t'ju** pyes edhe për vepra të autorëve të tjerë shqiptarë.
> Excuse me, but I want to ask you about works by other Albanian authors.

As you can see above, **të** is contracted to **t'** in front of **i** 'them' and **ju** 'you'.

When **të** is followed by **e**, we use the form **ta**:

> Fëmijet tanë duhet **ta** lexojnë atë libër patjetër.
> Our children must read that book by all means.
>
> A mund **ta** shoh?
> Can I see it?

The following chart summarizes the different combinations of **të** with direct object clitics. Incidentally, notice that the verb **pyes** 'to ask' takes an accusative complement; that is, the person being asked always appears in the accusative case:

	Subjunctive	Future
më	Duhet **të më** pyesësh.	Do **të më** pyesësh.
	You have to ask me.	You will ask me.
të	Duhet **të të** pyes.	Do **të të** pyes.
	I have to ask you.	I will ask you.
e	Duhet **ta** pyes.	Do **ta** pyes.
	I have to ask him/her.	I will ask him/her.
na	Duhet **të na** pyesësh.	Do **të na** pyesësh.
	You have to ask us.	You will ask us.
ju	Duhet **t'ju** pyes.	Do **t'ju** pyes.
	I have to ask you.	I will ask you.
i	Duhet **t'i** pyes.	Do **t'i** pyes.
	I have to ask them.	I will ask them.

The following chart contains the three forms of **të** that get truncated or altered:

të + ju	→	t'ju
të + i	→	t'i
të + e	→	ta

USHTRIMI 13.5

Indicate whether the following statements are true (T), false (F), or not mentioned (NM) in Dialogu 13.2. When a statement is false, briefly say why (in Albanian!).

1. ______ Genti po blen libra për disa miq që nuk jetojnë në Shqipëri.
2. ______ Shitësi i këshillon të marrë veprën e poetit Naim Frashëri.
3. ______ Vepra e Faik Konicës është në dy vëllime.
4. ______ Shitësi thotë Gentit se nuk e ka librin 'Kronikë në gur'.
5. ______ Genti nuk ka asnjë libër të Ismail Kadaresë.
6. ______ Shitësi e këshillon të marrë romanet e Fatos Kongolit.
7. ______ Genti e pyet nëse ka libra me poezi.
8. ______ Genti blen antologjinë e poezisë bashkëkohore shqiptare.
9. ______ Genti kërkon të blejë dhe libra për fëmijë.
10. ______ Genti blen librin 'Tregime të moçme shqiptare'.

USHTRIMI 13.6

Answer the following questions based on Dialogu 13.2.

1. Ku zhvillohet dialogu?
 ____
2. Pse kërkon Genti të blejë libra?
 ____
3. Për çfarë interesohet ai?
 ____
4. Cili është autori që i sugjeron shitësi?
 ____
5. Në sa vëllime është vepra e Faik Konicës?
 ____
6. Për cilin libër të Kadaresë interesohet ai?
 ____
7. A blen ai libra nga Mitrush Kuteli?
 ____
8. A blen libra me poezi?
 ____
9. Çfarë i thotë ai shitësit? A do të vijë ai sërish në librari?
 ____
10. Cili është autori i librit 'Kronikë në gur'?
 ____

USHTRIMI 13.7

Complete the following sentences with the appropriate form of the weak accusative clitic pronoun.

1. Po ____________ (ti) pyes për librat.
2. Ai ____________ (unë) mori dje në telefon.
3. Si mund të____________ (ti) ndihmoj?
4. Ata duan të ____________ (ato) pasurojnë bibliotekat e tyre.
5. Çfarë ____________ (unë) këshilloni të marr?
6. ____________ (Ju) këshilloj të merrni veprën e poetit Naim Frashëri.
7. Ata po ____________ (unë) dëgjojnë.
8. Sa mirë që ____________ (ajo) kujtuat librin 'Tregime të moçme shqiptare'.
9. Ai ____________(ne) pa i çuditur.
10. ____________ (Ai) takova dje.

USHTRIMI 13.8

Complete the following sentences with the appropriate form of the strong accusative pronoun.

1. Po e kërkoj ____________ (ai) për një punë.
2. Më mori ____________ (unë) në telefon.
3. Çfarë të pyeti ____________ (ti)?
4. Kjo histori na kujtoi ____________ (ne) për atë natë.
5. Çfarë e keni ____________ (ajo)?
6. Ju këshillova ____________ (ju) të blini një libër me poezi.
7. Nëse i dëgjoni ____________ (ata), mos shkoni në Durrës nesër.
8. I pashë ____________ (ato) në shkollë.

LEXIMI 13.1

Gjergj Kastrioti Skënderbeu

Gjergj Kastrioti Skënderbeu është heroi kombëtar i shqiptarëve. Ai vlerësohet si prijësi më i madh në historinë e Shqipërisë, por edhe si sundimtar, diplomat, strateg e ushtarak.

Informacionet për jetën e Skënderbeut vijnë kryesisht nga Marin Barleti. Në vitet 1508–1510 ai shkroi në latinisht veprën 'Historia e jetës dhe e bëmave të Skënderbeut'. Gjergj Kastrioti ishte 63 vjeç kur vdiq, më 17 janar 1468, prandaj mendohet se ai lindi në vitin 1405. Në moshë të vogël e morën peng në pallatin e Sulltan Muratit II. Atje i dhanë emrin mysliman Iskënder.

Si një ushtarak i zoti, në vitin 1443 luftoi me Janosh Huniadin. Ushtria osmane humbi luftën dhe Skënderbeu, bashkë me kalorës shqiptarë dhe me nipin e tij Hamza Kastrioti, shkoi në Dibër, dhe më pas në Krujë. Më datë 28 nëntor 1443 shpalli rimëkëmbjen e principatës së Kastriotëve. Më 2 mars 1444, Skënderbeu organizoi Kuvendin e Arbrit në Lezhë (Shqipëri). Lidhja Shqiptare e Lezhës ishte një aleancë politike dhe ushtarake e fisnikëve shqiptarë.

Për njëzet e pesë vjet me radhë Skënderbeu mbrojti vendin e tij dhe Evropën Perëndimore nga pushtimi osman.

FJALOR

aleánc/ë, -a, -a	alliance
bëm/ë, -a, -a	deed, action
diplomát, -i, -ë	diplomat
fisník, -u, -ë	nobleman, knight
heró, -i, -nj	hero
húmb, -a	to lose
húmbj/e, -a, -e	loss
kalórës, -i, -	rider, horseman
kryesísht	mainly
kuvénd, -i, -e	assembly, convention
lídhj/e, -a, -e	linkage, league
Lídhja shqiptáre e Lézhës	Albanian League of Lezha
línd, -a, -ur	to be born
lúft/ë, -a, -a	war
mbrój, -ta, -tur	to defend

mendóhet	it is thought	me rádhë	in a row, consecutively
myslimán, -e	Muslim	rimëkëmbj/e, -a	reestablishment
níp, -i, -a	nephew	stratég, -u, -ë	strategist
osmán, -e	Ottoman	sundimtár, -i, -ë	ruler
pén/g, -gu, -gje	pledge	shpáll, -a, -ur	to proclaim
polítík, -e	political	ushtarák, -u, -ë	military, officer
príjës, -i, -	leader, commander	ushtrí, -a, -	army
principát/ë, -a, -a	principality, princedom	vdes, vdíqa, vdékur	to die
pushtét, -i, -e	power	vlerësóhet	he/she/it is appreciated, is appraised
pushtím, -i, -e	invasion		
rádh/ë, -a, -ë	row, line	i zóti, e zónja	skilled

USHTRIMI 13.9

Match the words with the definitions.

1. shpall	a. dal në jetë
2. vdes	b. djali i vajzës apo i djalit, i motrës apo i vëllait
3. lind	c. nuk jetoj më
4. sundimtar	d. bëj diçka të njohur
5. nip	e. ai që ka pushtet të plotë

USHTRIMI 13.10

Answer the following questions based on Leximi 13.1. Expand your answers as much as possible.

1. Cili është Gjergj Kastrioti Skënderbeu?

   ____

2. Si vlerësohet ai?

   ____

3. Kur e shkroi Marin Barleti veprën e tij për Skënderbeun?

   ____

4. Çfarë bëri Skënderbeu në vitin 1443?

   ____

5. Çfarë ishte Lidhja Shqiptare e Lezhës?

   ____

6. Ç'bëri ai për njëzet e pesë vjet me radhë?

   ____

7. Kur lindi dhe kur vdiq Skënderbeu?

   ____

8. Cili është emri i tij i vërtetë?

   ____

USHTRIMI 13.11

Create dialogues for the following situations.

1. Discuss with a friend your last summer vacation. Ask as many questions as you can and give as much information as possible.
2. You are at a bookstore and ask the salesperson questions about the latest novels.
3. Do research about your favorite historical character. Then give a small presentation about his or her life.

INFORMACIONE KULTURORE

- Located on the coast of the Adriatic Sea, **Durrës** is just a short drive from Tirana, Albania's capital city. Not only is Durrës the main port of Albania, it is also a very popular tourist destination because of its picturesque beaches.
- The amphitheater, constructed in the second century B.C., is an important landmark.
- The old fortress was built around A.D. 600.

Durrës amphitheater, Albania (photo: Edmond Prifti)

- The archaelogical museum has a collection of objects dating back to antiquity.
- **Krujë**, the birthplace of Albania's legendary hero Skanderbeg, resisted an Ottoman takeover from 1443 to 1468. Krujë comes from the word **krua** 'spring' in Albanian. In Krujë be sure to visit the restored castle, the Ethnographic Museum, the Skanderbeg Museum (located in the castle), and the old bazaar.
- A member of the UNESCO World Heritage List for its religious and cultural diversity throughout the centuries, **Berat** is home to the Kala, a castle built during the thirteenth century, as well as many Byzantine churches also dating back to that period. This south-central Albanian town also features a number of mosques built during the Ottoman era, from approximately 1417 onward.
- János Hunyadi (1387?–1456) was a renowned Hungarian military leader.

MËSIMI 14

Kinema, imejl dhe internet

Movies, e-mail, and the Internet

In this lesson you will learn:

- how to talk about movies
- how to talk about the Internet and e-mail

You will learn the following grammatical points:

- the simple past indicative (class 6 verbs)
- the nominative and accusative forms of possessive adjectives

DIALOGU 14.1: BISEDË

Vesa: Dita, çfarë bëre sot paradite?
Dita: Sot fjeta deri vonë, se e kisha pushim.
Vesa: Në ç'orë u zgjove?
Dita: U zgjova në orën 9:00. Hëngra një mëngjes të mirë dhe pastaj u mora me punët e shtëpisë.
Vesa: U lodhe shumë?
Dita: U lodha se pastrova gjithë shtëpinë. Pasi mbarova gjithë punët, përgatita dhe drekën.
Vesa: Po pasdite çfarë bëre?
Dita: Pasi hëngra drekë, u bëra gati dhe dola për një kafe. U takova me me dy shoqe dhe në orën 19:00 shkuam në kinema.
Vesa: Çfarë filmi patë?
Dita: Ishte nata e parë e festivalit të filmit dhe në kinema u shfaqën dy filma të shkurtër: një film shqiptar dhe një film italian.
Vesa: Ju pëlqyen filmat?
Dita: Po. Ishin filma shumë të bukur. Filmat u shoqëruan dhe me diskutime që ngjallën shumë interes tek publiku në sallë.
Vesa: Për çfarë u diskutua?
Dita: U diskutua për mesazhet e filmave. Në sallë ishin të pranishëm dhe regjisorët e filmave që u dhanë përgjigje shumë pyetjeve të publikut.
Vesa: Zgjatën shumë diskutimet?
Dita: Gati një orë. Ne u larguam nga kinemaja, pasi mbaruan të gjitha diskutimet, sepse na pëlqeu shumë atmosfera që u krijua.
Vesa: Kur u ktheve në shtëpi?
Dita: Nuk ka shumë. Tani do të shtrihem të fle, sepse ndihem shumë e lodhur. Po ti, si kalove sot?
Vesa: Mirë. Edhe unë sapo u ktheva në shtëpi. Sot shkova në Vlorë, sepse kisha një mbledhje.
Dita: Kur u nise për në Vlorë?

Vesa: U nisa herët në mëngjes, sepse mbledhja ishte në orën 10:00.
Dita: Kalove mirë?
Vesa: Shumë mirë. Tani po bie të fle dhe unë, sepse nesër do të ngrihem herët në mëngjes.
Dita: Faleminderit që më telefonove. Natën e mirë.
Vesa: Natën e mirë.

FJALOR

atmosfér/ë, -a, -a	atmosphere	nís/em, u -a	to leave, depart
bë/hem, u -ra	to become	nuk ka shumë	not long ago
bëhem gáti	to get ready	pasí	after, when
diskutím, -i, -e	discussion	pastr/ój, -óva, -úar	to clean
diskut/óhet, u -óva	it is discussed	i praním/ëm,e -me	present
gjúm/ë, -i	sleep	publí/k, -e	public
hérët	early	púnët e shtëpísë	house chores
krij/óhet, u -óva	it is created	sáll/ë, -a	room
kth/éhem, u -éva	to return	sápo	just, this moment
larg/óhem, u -óva	to leave	se	because
lódh/em, u -a	to get tired	shfáq/em, u -a	to appear, display, show (movie)
i,e lódhur	tired		
mblédh/je, -ja, -je	meeting	shfáqet	it is being shown (movie)
mérrem, u móra	to be busy, occupied		
mesázh, -i, -e	message	shoqër/óhem, u -óva	to be accompanied
ndíhem, u ndjéva	to feel	shtrí/hem, u -va	to lie down
ngrí/hem, u -ta	to get up, stand up	tak/óhem, u -óva	to meet with
ngjáll, -a	to create, inspire, arouse	zgját, -a, -ur	to last, lengthen, prolong
ngjárj/e, -a, -a	event	zgj/óhem, u -óva	to wake up

GRAMATIKË

§86 The simple past indicative of class 6 verbs

Remember that class 6 verbs are those that end in **-em** or **-hem** (see §6, §70, §71), and they are usually nonactive forms. The simple past indicative of class 6 verbs is formed by adding the particle **u** in front of the corresponding active form. Look at the verbs **lahem** 'to be washed' and **futem** 'to be put' below and compare them with the corresponding active forms. Then answer the questions:

	la	**lahem**	**fut**	**futem**
	to wash	to be washed	to put	to be put
unë	lava	**u** lava	futa	u futa
ti	lave	**u** lave	fute	u fute
ai, ajo	lau	**u la**	futi	u fut
ne	lamë	**u** lamë	futëm	u futëm
ju	latë	**u** latë	futët	u futët
ata, ato	lanë	**u** lanë	futën	u futën

What forms take **u** in front of the past indicative? ______________________________
What form is different in the corresponding passive form? ______________________________
How is this form different? ______________________________

You noticed that the third-person singular is the only person that differs. The third person typically loses the past indicative ending that it takes in the active form.

An exception to this rule are the verbs that end in **-oj** or **-uaj**, on the one hand, and those that end in **-ej** or **-yej**. Verbs that end in **-oj** or **-uaj** take the ending **-ua** instead of **-oi** in the third-person singular (as you can see, the third-person singular takes the same vowels that the plural forms take). This is illustrated with the verbs **takoj/takohem** and **rruaj/rruhem** in the following chart:

	takoj	**takohem**	**rruaj**	**rruhem**
	to meet	to meet with someone	to shave	to be shaved by someone
unë	takova	**u** takova	rrova	u rrova
ti	takove	**u** takove	rrove	u rrove
ai, ajo	takoi	**u** tak**ua**	rroi	u rrua
ne	takuam	**u** takuam	rruam	u rruam
ju	takuat	**u** takuat	rruat	u rruat
ata, ato	takuan	**u** takuan	rruan	u rruan

Verbs that end in **-ej** or **-yej** take **-ye** instead of **-eu** in the third-person singular. As with the verbs above, notice that in the ending found in the third-person singular vowels, we find the same vowels as those of the plural forms:

	kthej	**kthehem**	**thyej**	**thyhem**
	to return	to return something, come back	to break	to be broken
unë	ktheva	**u** ktheva	theva	u theva
ti	ktheve	**u** ktheve	theve	u theve
ai, ajo	ktheu	**u** kth**ye**	theu	u thye
ne	kthyem	**u** kthyem	thyem	u thyem
ju	kthyet	**u** kthyet	thyet	u thyet
ata, ato	kthyen	**u** kthyen	thyen	u thyen

Verbs that take **-ra** in the simple past indicative (see §80) lose the **-ri** ending in the corresponding passive form:[1]

	vë	**vihem**	**bëj**	**bëhem**
	to put	to be put	to do	to become, be made
unë	vura	**u** vura	bëra	u bëra
ti	vure	**u** vure	bëre	u bëre
ai, ajo	vuri	**u vu**	bëri	u bë
ne	vumë	**u** vumë	bëmë	u bëmë
ju	vutë	**u** vutë	bëtë	u bëtë
ata, ato	vunë	**u** vunë	bënë	u bënë

USHTRIMI 14.1

Indicate whether the following statements are true (T) or false (F) based on Dialogu 14.1.

1. _____ Dita po bisedon me Entelën në telefon.
2. _____ Dita u zgjua nga gjumi në orën 10:00.
3. _____ Pasi hëngri mëngjesin, Dita u nis për në Vlorë.
4. _____ Dita pastroi gjithë shtëpinë.
5. _____ Pasi mbaroi gjithë punët, përgatiti drekën.
6. _____ Në orën 17:00 shkoi me dy shoqe në kinema.
7. _____ Në kinema u shfaq një film francez.
8. _____ Filmi u shoqërua me diskutime në sallë.
9. _____ Në sallë ishte i pranishëm dhe regjisori i filmit francez.
10. _____ Dita u largua nga kinemaja, pasi mbaruan të gjitha diskutimet.
11. _____ Vesa ishte në Vlorë.
12. _____ Ajo kishte atje një mbledhje.
13. _____ Vesa u nis për në Vlorë në orën 10:00.
14. _____ Vesa do të ngrihet herët në mëngjes.

USHTRIMI 14.2

Answer the following questions based on Dialogu 14.1.

1. Me kë po bisedon Dita në telefon?

____

2. Në ç'orë u zgjua Dita nga gjumi?

____

1. Compare the simple past of the verb **marr** 'to take, receive' with the simple past of **merrem** 'to get involved, occupy oneself with':

marr: mora, more, **mori**, morëm, morët, morën
merrem: u mora, u more, u **mor**, u morëm, u morët, u morën

3. Çfarë bëri pasi u zgjua nga gjumi?
____

4. A u lodh shumë?
____

5. Çfarë bëri ajo pasi i mbaroi gjithë punët?
____

6. Me kë u takua Dita pasdite?
____

7. Në ç'orë shkoi me shoqet në kinema?
____

8. Çfarë filmi panë në kinema?
____

9. Si ishin filmat?
____

10. Me se u shoqëruan filmat?
____

11. Për çfarë u diskutua?
____

12. Zgjatën shumë diskutimet?
____

13. Ku ishte Vesa?
____

14. Kur u nis ajo për në Vlorë?
____

15. Pse shkoi Vesa në Vlorë?
____

USHTRIMI 14.3

Complete the following sentences with the past indicative of the verbs in parentheses.

1. Ti ______________ (nisem) për në shkollë.
2. Ata ________________ (kënaqem) shumë në kinema.
3. Vajza _______________ (largohem) nga kinemaja në orën 21:00.
4. Fëmijët ________________ (lahem) në det.
5. Aktiviteti _____________ (organizohet) shumë bukur.
6. Në takim ____________ (diskutohet) për shumë probleme.
7. Filmi _________________ (shoqërohet) me diskutime.
8. Djali _________________ (ngrihem) nga gjumi në orën 7:00.
9. Vesa _________________ (lahem), ________________ (krihem) dhe ________________ (bëhem) gati për në punë.
10. Ne _________________ (mërzitem) shumë në shtëpi.

DIALOGU 14.2: LIBRA NË INTERNET

Indriti: Alo, Neritan, e more imejlin (e-mail) tim?

Neritani: Sapo e kontrollova postën elektronike dhe pashë imejlin tënd. E hapa dhe i shkarkova[2] materialet e bashkëlidhura. I ruajta në kompjuter, por nuk i lexova dot se nuk pata kohë. Do t'i lexoj më vonë.

Indriti: Shpresoj të të pëlqejnë. Janë materiale që i nxora nga interneti.

Neritani: Më bëre kureshtar tani. Mund të më thuash se ç'materiale janë?

Indriti: Janë materiale shumë interesante. Bashkë me shokët e mi bëmë një kërkim të gjatë në internet dhe u habitëm kur pamë se kishte disa libra të vjetër për gjuhën shqipe dhe historinë e Shqipërisë, të cilët mund të shkarkohen falas nga interneti.

Neritiani: Janë libra të autorëve shqiptarë apo të huaj?

Indriti: Të autorëve të huaj.

Neritani: Në ç'gjuhë janë?

Indriti: Janë në anglisht, frëngjisht dhe gjermanisht.

Neritani: I shkarkove të gjithë librat nga interneti?

Indriti: Po, i shkarkova të gjithë dhe i ruajta në kompjuterin tim në një skedar[3] të veçantë.

Neritani: Shumë mirë. Besoj se këta libra janë me shumë interes dhe për miqtë e mi, prandaj po i dërgoj menjëherë me e-mail në adresat e tyre.

Indriti: Po të duash, po të dërgoj dhe një adresë në internet me libra elektronikë në gjuhën shqipe.

Neritani: Ç'libra janë?

Indriti: Janë libra me tregime për fëmijë, me përralla dhe legjenda në gjuhën shqipe.

Neritani: Më duken me shumë interes për motrën time. Ajo është mësuese dhe mund t'i përdorë këto materiale për nxënësit e saj.

Indriti: Shumë mirë. Po ta dërgoj faqen e internetit me imejl në adresën tënde. Nëse do materiale të tjera për vete ose për miqtë e tu, mund të komunikojmë me imejl. Kjo është adresa ime e re.

Neritani: Shumë faleminderit.

FJALOR

i, e bashkëlídhur	attached	fálas	free, gratis
dërg/ój, -óva, -úar	to send	fáq/e, -ja, -e	page
elektroník, -e	electronic	fáqe internéti	webpage, website
e mi	my (masc. pl.)	habít/em, u -a	to be surprised
e mía	my (fem. pl.)	iméjl, -i, -e	e-mail
e tu	your (masc. pl.)	internét, -i	Internet
e túa	your (fem. pl.)	kërkím, -i, -e	search
i,e saj	her (masc., fem.)	komunik/ój, -óva, -úar	to communicate
i,e tij	his (masc., fem.)	kontroll/ój, -óva, -úar	to check
i,e týre	their (pl.)	kureshtár, -e	curious

2. Colloquially, **daunlodoj**.
3. In colloquial speech, **folder**.

legjénd/ë, -a, -a	legend	tim	my (acc. masc.)
nxjérr, nxóra, nxjérrë	to take out, download	tíme	my (acc. fem.)
përdór, -a	to use	tënd	your (acc. masc.)
përráll/ë, -a, -a	fairy tale, folktale	tënde	your (acc. fem.)
póst/ë, -a, -a	post	tónë	our (acc. masc., fem.)
póstë elektroníke	e-mail	tánë	our (acc. masc., fem.)
prandáj	therefore	tregím, -i, -e	story, narration
rúaj, rúajta, rúajtur	to save	i,e veçántë	special
skedár, -i, -ë	folder	vét/e, -ja	(one)self
shkark/ój, -óva, -úar	to download		

GRAMATIKË

§87 Possessive adjectives: nominative forms

Consider the following sentences and then answer the following questions:

(1) (a) **Djali im** shkon në shkollë.
My son goes to school.
(b) **Vajza ime** nuk flet shqip.
My daughter does not speak Albanian.

(2) (a) **Djemtë e mi** shkojnë në shkollë.
My sons go to school.
(b) **Vajzat e mia** nuk flasin shqip.
My daughters don't speak Albanian.

How do **djali** in example (1a) and **djemtë** in example (2b) differ?

____

How do **vajza** in example (1b) and **vajzat** in example (2b) differ?

____

Are we using the words in bold as the subject (nominative) or the object (accusative)?

____

Im and **e mi** both mean 'my'. Explain when we use **im** and when we use **e mi**.

____

Im and **ime** both mean 'my'. Explain when we use **im** and when we use **ime**.

____

Explain when we use **ime** and when we use **e mi**.

____

As you can see in the examples above, these four possessive forms (**im**, **ime**, **e mi**, and **e mia**) are all translated as 'my' in English. In Albanian, however, possessive adjectives agree with the noun possessed. They agree in gender and number, and, as we will see in the next section, they also agree in case. In this section we are only looking at possessives used in nominative, that is, when they indicate possession of a subject noun. The chart below summarizes the different possessive forms in nominative:

	Singular		Plural	
	Masculine	*Feminine*	*Masculine*	*Feminine*
my	shoku **im**	shoqja **ime**	shokët **e mi**	shoqet **e mia**
your	shoku **yt**	shoqja **jote**	shokët **e tu**	shoqet **e tua**
his	shoku **i tij**	shoqja **e tij**	shokët **e tij**	shoqet **e tij**
her	shoku **i saj**	shoqja **e saj**	shokët **e saj**	shoqet **e saj**
our	shoku **ynë**	shoqja **jonë**	shokët **tanë**	shoqet **tona**
your	shoku **juaj**	shoqja **juaj**	shokët **tuaj**	shoqet **tuaja**
their	shoku **i tyre**	shoqja **e tyre**	shokët **e tyre**	shoqet **e tyre**

Since these forms are quite complex, in this book we will concentrate on and give you intensive practice with all the singular forms (my, your, his, her) and with the third-person plural (their). In the next volume we will reinforce the first- and second-person plural forms. At this point, you should only be able to recognize these latter forms.

§88 Possessive adjectives: accusative forms

Possessive adjectives have different forms depending on the gender, number, and case of the person or object possessed. Read the following examples and then answer the questions that follow:

(1) (a) **Djali im** shkon në shkollë.
My son goes to school.
(b) E njeh ti **djalin tim**?
Do you know my son?
(2) (a) **Vajza ime** nuk flet shqip.
My daughter does not speak Albanian.
(b) E njeh ti **vajzën time**?
Do you know my daughter?

Explain why we use **djali** in example (1a) but **djalin** in example (1b):

____

Why do you think we use **im** in example (1a) but **tim** in example (1b)?

____

Why do we use **im** in example (1a) but **ime** in example (2a)?

____

Why do we use **tim** in example (1b) but **time** in example (2b)?

____

As you can see in the examples above, possessives agree with the element possessed. Not only do they agree in number, but they also agree in case. Yes, we sympathize with you! There are four ways to say 'my', and this only when the object possessed is singular (and when it is a subject [nominative] or an object [accusative])! Let's make the sentences above plural to see what happens to the possessive. You will see that there are two additional ways of saying 'my':

(3) (a) **Djemtë e mi** shkojnë në shkollë.
My sons go to school.
(b) **Vajzat e mia** nuk flasin shqip.
My daughters don't speak Albanian.

(4) (a) I njeh ti **djemtë e mi?**
Do you know my children?
(b) I njeh ti **vajzat e mia**?
Do you know my daughters?

Let's see what patterns we find here.

When do we use **e mi**? Do we use this form exclusively with subjects?

___

When do we use **e mia**? Do we use this form exclusively with direct objects?

___

The charts below show the different forms of the possessives in nominative (when used with subjects) and accusative (when used as direct objects). We recommend that, as a beginning student, you master the following forms:

Possessive, first-person singular (my):				
Nominative	shoku **im**	shoqja **ime**	shokët **e mi**	shoqet **e mia**
Accusative	shokun **tim**	shoqen **time**	shokët **e mi**	shoqet **e mia**
Possessive, second-person singular (your):				
Nominative	shoku **yt**	shoqja **jote**	shokët **e tu**	shoqet **e tua**
Accusative	shokun **tënd**	shoqen **tënde**	shokët **e tu**	shoqet **e tua**
Possessive, third-person singular masculine (his):				
Nominative	shoku **i tij**	shoqja **e tij**	shokët **e tij**	shoqet **e tij**
Accusative	shokun **e tij**	shoqen **e tij**	shokët **e tij**	shoqet **e tij**
Possessive, third-person singular feminine (her):				
Nominative	shoku **i saj**	shoqja **e saj**	shokët **e saj**	shoqet **e saj**
Accusative	shokun **e saj**	shoqen **e saj**	shokët **e saj**	shoqet **e saj**
Possessive, third-person plural, masculine or feminine (their):				
Nominative	shoku **i tyre**	shoqja **e tyre**	shokët **e tyre**	shoqet **e tyre**
Accusative	shokun **e tyre**	shoqen **e tyre**	shokët **e tyre**	shoqet **e tyre**

The following generalizations may help you memorize the forms above.

1. All the plural forms as well as the third-person possessive forms are formed with a linking article. This linking article is typically **e** with the exception of 'his' when referring to a nominative singular possessed element.
2. All plural forms share the same forms in the nominative and accusative.
3. Add an **-e** to the masculine singular forms to form a feminine form for first-person singular (my) and second-person singular (your). Pay attention to **yt**, which becomes **jote** in the feminine.
4. Add an -**a** to the masculine plural form to form a feminine plural form for the first-person singular (my) and second-person singular (your).

We recommend that you become acquainted with the following remaining forms. These forms will be reinforced for mastery in volume 2:

Possessive, first-person plural (our):				
Nominative	shoku **ynë**	shoqja **jonë**	shokët **tanë**	shoqet **tona**
Accusative	shokun **tonë**	shoqen **tonë**	shokët **tanë**	shoqet **tona**
Possessive, second-person plural (your):				
Nominative	shoku **juaj**	shoqja **juaj**	shokët **tuaj**	shoqet **tuaja**
Accusative	shokun **tuaj**	shoqen **tuaj**	shokët **tuaj**	shoqet **tuaja**

USHTRIMI 14.4

Indicate whether the following statements are true (T) or false (F) based on Dialogu 14.2.

1. _______ Neritani e hapi dhe e lexoi imejlin e Indritit.
2. _______ Neritani i shkarkoi dhe i ruajti në kompjuterin e tij materialet.
3. _______ Indriti bashkë me shokët e tij bënë një kërkim në internet.
4. _______ Ata gjetën libra në turqisht për historinë e Shqipërisë.
5. _______ Librat janë shumë të vjetër dhe mund të shkarkohen falas.
6. _______ Në internet ka libra me tregime për fëmijë, me përralla dhe legjenda në gjuhën shqipe.
7. _______ Motra e Neritanit është mësuese dhe ajo është shumë e interesuar për këta libra.
8. _______ Indriti i dërgon asaj një imejl.
9. _______ Indriti ka dhe materiale të tjera që janë me interes për Neritanin dhe miqtë e tij.
10. _______ Ata do të komunikojnë me imejl.

USHTRIMI 14.5

Answer the following questions based on Dialogu 14.2.

1. Me kë po bisedon Indriti?

   ____

2. Cila është pyetja e tij?

   ____

3. E lexoi Neritani imejlin e Indritit?

   ____

4. Ku i ruajti ai materialet që shkarkoi?

   ____

5. Pse u habitën Indriti dhe shokët e tij?

   ____

6. Çfarë u dërgon Neritani me imejl miqve të tij?

   ____

7. Pse Neritani mendon se librat elektronikë janë me interes për motrën e tij?

   ____

8. Si e dërgon Indriti informacionin për librat elektronikë?

9. A ka libra elektronikë me përralla?

10. Si do të komunikojnë Indriti dhe Neritani?

USHTRIMI 14.6

Change the noun phrases in bold to the plural. Make all the necessary changes.

1. **Djali im** jeton në Tiranë.
2. **Shoku yt** po studion në universitet.
3. **Mësuesja e tij** shpjegoi mësimin.
4. **Vajza e saj** po shikon një fotografi.
5. **Motra ime** po bëhet gati për punë.
6. **Shoqja ime** po shkruan detyrën pa gabime.
7. **Shtëpia jote** është larg që këtej.
8. **Televizori i tij** ishtë i shtrenjtë.
9. **Hoteli i tyre** është i madh.
10. **Shoqja e tyre** shkoi në shkollë.

USHTRIMI 14.7

Change the noun phrases in bold to the feminine.

1. **Djali im** jeton në Tiranë.
2. **Babai i tij** është mjek i njohur.
3. **Miku yt** do të vijë tani.

4. **Vëllai i saj** takohet shpesh me ne.

____

5. **Djemtë e mi** studiojnë në Romë.

____

6. **Mësuesit e tyre** janë të shqetësuar për mësimin.

____

7. **Studentët e tu** po bëjnë detyrat.

____

8. **Mjekët e tij** janë shumë të përgatitur.

____

9. **Mësuesit e mi** janë shumë të mirë.

____

10. **Shokët e saj** duan të shkojnë në kinema.

____

USHTRIMI 14.8

Complete the following sentences with the accusative form of the noun phrases in parentheses.

1. Po takoj _______________ (vajza ime).
2. Bisedoj me _______________ (babai i tij).
3. Fola me _______________ (shoku yt).
4. Kërkova _______________ (vëllai i saj).
5. Shkova në _______________ (shtëpia e saj).
6. Vizitova _______________ (nena jotë).
7. Po takohen me _______________ (mësuesit e tyre).
8. Shoh _______________ (studentët e tu).
9. Mërzitem për _______________ (problemet e tua).
10. Gjeta _______________ (librat e tij).

LEXIMI 14.1

Besa e Konstandinit[4]

Ishte një herë një nënë shumë e mirë që kishte dymbëdhjetë djem dhe një vajzë shumë të bukur, me emrin Doruntinë. Kur Doruntina u rrit, një trim i huaj e kërkoi për nuse. Nëna dhe njëmbëdhjetë vëllezërit nuk e pranuan këtë kërkesë, sepse trimi ishte nga një vend i largët. Vetëm djali i vogël Konstandini ishte dakord.

—Trimi është shumë i mirë, -i tha ai nënës. Mua më pëlqen shumë. Të jap besën se kur ti ta duash Doruntinën në shtëpi, do të shkoj unë dhe do ta sjell.

4. Adapted from Mitrush Kuteli's 'Tregime të moçme shqiptare'.

Nëna dhe njëmbëdhjetë vëllezërit u bindën. E fejuan dhe e martuan Doruntinën me trimin e largët. Bënë dasmë nëntë ditë. Ditën e dhjetë trimi mori nusen dhe shkoi.
Kaluan vite. Vendi u pushtua dhe dymbëdhjetë vëllezërit luftuan dhe u vranë në luftë.

Kur u vra Konstandini, nëna shkoi te varri i Konstandinit dhe i tha:

—O Konstandin, ku është besa që më dhe? Nuk do ta shoh kurrë më Doruntinën.

Në mesnatë, Konstandini u ngrit nga varri. Varri u bë kalë. Ai udhëtoi ditë e natë dhe arriti te shtëpia e motrës.

—Doruntinë, shkojmë në shtëpi. Të pret nëna.

Ata u nisën për në shtëpi. Kur arritën në shtëpi, Konstandini i tha motrës:

—Doruntinë, unë po hyj pak në kishë. Vij më vonë.

Doruntina shkoi në shtëpi dhe trokiti në derë.

—Kush je ti që po troket?—e pyeti nëna.

—Jam unë, Doruntina!

—Ti nuk je Doruntina, ti je vdekja që më mori 12 djem dhe tani po vjen për mua që të mos e shoh më Doruntinën.

—Ç'thua ashtu nënë. Jam unë Doruntina, nuk më njeh?

—Kush të solli këtu?—e pyeti nëna.

—Më solli vëllai im Konstandini.

—Çfarë thua, Doruntinë? Konstandini nuk jeton më,—i tha nëna.

Dhe të dyja, njëra te pragu e tjetra te dera, plasën si qelqi me verë . . .

FJALOR

bés/ë, -a, -a	oath
jap bésën	to give an oath
mbaj bésën	to keep an oath
bë/hem, u -ra	to become
bínd/em, u -a	to be convinced
Ç'thua ashtu nënë?	Why are you saying that, Mother?
dásm/ë, -a, -a	wedding
fej/ój, -óva	to get someone engaged
fej/óhem, u -óva	to get engaged
hý/j, -ra	to go in
kál/ë, -i, kuaj	horse
kërkés/ë, -a, -a	request
kísh/ë, -a, -a	church
kúrrë	never
i,e lárgët	distant
luft/ój, -óva	to fight
mart/ój, -óva	to marry, make someone marry
mart/óhem u -óva	to get married
ngrí/hem, u -ta	to rise
nús/e, -ja, -e	bride, wife
njëra . . . tjétra	the one . . . the other, one another (fem.)
njëri . . . tjétri	the one . . . the other, one another (masc.)
nuk do ta shoh kurrë më Doruntinën	I will never see Doruntina
plás, -a	to explode
prá/g, -u, -gje	doorstep, threshold
pran/ój, -óva	to accept
pusht/óhem, u -óva	to be invaded, embrace
qelq, -i	glass
rrít/em, u -a	to grow up
sjéll, sólla, sjéllë	to send

sólli	he/she sent	vdékj/e, -a, -e	death
të dy, të dýja	both of them	vdes, vdíqa	to die
trím, -i, -a	brave person	vé/rë, -ra, rëra	wine
trok/ás, -íta	to knock	vrítem, u vráva	to be killed
várr, -i, -e	grave		

USHTRIMI 14.9

Indicate whether the following statements are true (T), false (F), or not mentioned (NM). Where they are false or not mentioned, briefly explain why (in Albanian).

1. ______ Kjo është një histori e vjetër shqiptare.
2. ______ Doruntina u martua shumë larg.
3. ______ Vendi u pushtua dhe dymbëdhjetë vëllezërit luftuan dhe u vranë në luftë.
4. ______ Dymbëdhjetë vëllezërit u vranë në luftë.
5. ______ Nëna shkoi te varri i Konstandinit.
6. ______ Konstandini nuk e mbajti besën.
7. ______ Ai udhëtoi ditë e natë dhe shkoi te shtëpia e motrës.
8. ______ Kur arritën në shtëpi, ai hyri në kishë.
9. ______ Njëmbëdhjetë vëllezërit e pritën Doruntinën te dera e shtëpisë.
10. ______ Nëna dhe Doruntina vdiqën tek dera.

USHTRIMI 14.10

Answer the following questions. Expand your answers as much as possible.

1. Për çfarë flet kjo histori?

____

2. Pse u vranë dymbëdhjetë vëllezërit?

____

3. Pse shkoi nëna te varri i Konstandinit?

____

4. Çfarë i tha nëna Konstandinit?

____

5. Ç'bëri Konstandini?

____

6. Si udhëtoi ai?

____

7. Ku hyri ai kur arritën në shtëpi?

____

8. Çfarë i thotë Doruntina nënës?

____

9. Çfarë i thotë nëna Doruntinës?

10. Ishte e gëzuar nëna kur pa Doruntinën pas dasmës?

USHTRIMI 14.11

Create dialogues for the following situations.

1. Talk to a friend about all the activities he or she did yesterday. Ask as many questions as possible.
2. You go to a cybercafé in Tirana. Ask for as much information as possible about how to open your e-mail and download a file that a friend has sent you.
3. You must certainly remember a story or legend you learned in your childhood. Prepare to narrate it in front of the class.

INFORMACIONE KULTURORE

- Dhimitër Pasko, known as Dimitrie Pascu in Romania and as Mitrush Kuteli (1907–67) in Albania, sets the model for the short story in Albania. He is known for having adapted into prose traditional Albanian oral verse. His most famous work is 'Tregime të moçme shqiptare' (Old Albanian stories), published in Tirana in 1965.
- The Albanian word **besa** is usually translated into English as 'faith', 'trust', or 'oath of peace', but its truer meaning is 'word of honor', and it is typically associated with keeping a promise. The word first gained prominence in the *Kanun* by Lekë Dukagjini (1410–81), which contains a collection of customary codes and traditions transmitted orally and then recorded by this chieftain. In the *Kanun*, the **besa** is described as the highest authority. Some proverbs contain the word **besa** in them:

  Besa e shqiptarit nuk shitet pazarit (The Albanians' word of honor cannot be sold in the bazaar).

  Besa e shqiptarit si purteka e arit (The Albanians' word of honor is like the golden rod).

- The same word is also found in expressions like:

e pres në besë dikë	to betray someone
i rri në besë dikujt	to keep one's promise to someone
shkel/thyej/kthej besën	to break one's promise
kam besë	to be reliable
me besë	loyally
Për besë!	My word of honor!

- Albanian songs, language, folklore, and literature are full of references to the **besa**.

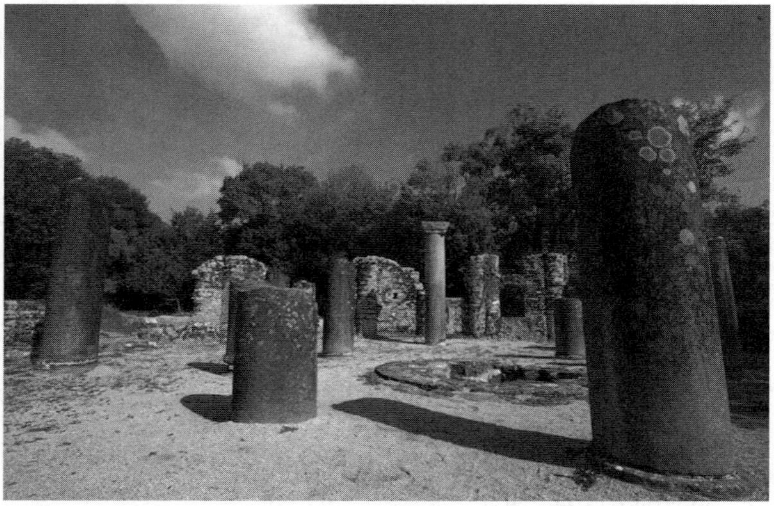

Sixth-century baptistery, Butrint (photo: Albes Fusha)

- The legend of young Constantine, who rises from the grave to bring his sister Dhoqina back to his dying mother in fulfillment of his pledge, is one of the best-known stories of Albanian folklore. In Albania, Constantine's sister is known either as Dhoqina or Doruntina, and in the Italo-Albanian version of the legend, she appears as Garantina or Fjoruntina. Constantine is also known in northern Albania under the name Halil Garria. The Muslims of central Albania on occasion call him Ali or Hysen i vogël. The ballad is known wherever Albanian is spoken, not only in Albania but also in southern Italy, Kosovo, Montenegro, and Macedonia. It was adapted by the writer Ismail Kadare (1936–present) in his successful 1979 novel *Kush e solli Doruntinën?* (Who brought Doruntina back?). This novel was translated into English as *Doruntine* (1998, New Amsterdam Books).[5]

5. See www.elsie.de.

MËSIMI 15

Çfarë dëshironi?

How can I help you?

In this lesson you will learn:

- how to ask and talk about food
- how to order food in a restaurant
- about Albanian money

You will learn the following grammatical points:

- the indefinite ablative case
- the imperative
- the definite ablative case
- basic uses of the ablative case in Albanian
- the pronouns 'who' and 'which' in the ablative case
- the ablative forms of demonstratives

DIALOGU 15.1: NË DYQAN

Pranvera: Mirëdita!
Shitësja: Mirëdita, zonjë! Çfarë dëshironi?
Pranvera: Një kilogram djathë.
Shitësja: Çfarë djathi doni? Kemi djathë të bardhë dhe djathë kaçkavall.
Pranvera: Si është djathi i bardhë?
Shitësja: Është shumë i mirë. Kemi shumë lloje djathërash. Kemi djathë Gjirokastre, djathë Sarande etj. Çfarë ju pëlqen juve?
Pranvera: A mund të provoj pak djathë Gjirokastre?
Shitësja: Patjetër.
Pranvera: Më pëlqen. Do të marr një kilogram.
Shitësja: Mirë. Po tjetër, çfarë dëshironi?
Pranvera: Dua dhe gjalpë. Keni gjalpë me pako?
Shitësja: Po, kemi. Sa pako doni?
Pranvera: Më jepni tre pako gjalpë. Po gjizë a keni?
Shitësja: Kemi gjizë Sarande. Është shumë e mirë.
Pranvera: Është gjizë me kripë?
Shitësja: Jo. Është gjizë pa kripë. Kemi dhe salcë kosi.
Pranvera: Në rregull, më bëni gjysmë kilogrami gjizë dhe dyqind gramë salcë kosi. A keni salsiçe?
Shitësja: Kemi salsiçe vendi, sallam dhe proshutë.

Pranvera: Mirë. Dua një kilogram salsiçe vendi dhe 300 gramë proshutë. Po suxhuk Kosove a keni?
Shitësja: Po, kemi. Sa kilogramë do të merrni?
Pranvera: Një gjysmë kilogrami. A keni mish?
Shitësja: Kemi mish viçi, mish qengji, mish lope, mish derri, mish deleje dhe pula.
Pranvera: Si është mishi i viçit?
Shitësja: Shumë i freskët.
Pranvera: Më peshoni një kilogram mish viçi, pa kocka.
Shitësja: Sot kemi dhe brinjë qengji. Dëshironi?
Pranvera: Jo, faleminderit. Po marr dhe një gjysmë pule, nëse keni.
Shitësja: Kemi pula fshati shumë të mira.
Pranvera: Më jepni dhe katërqind gramë mish të grirë.
Shitësja: Urdhëroni!
Pranvera: Faleminderit. Tani, po shkoj të bëj pagesën në arkë.

FJALOR

árk/ë, -a, -a	cash register, cashier
b**ë**/j, -ra, -rë	to make, do, prepare, give
më b**ë**j	give me
br**í**nj/ë, -a, -ë	rib
br**í**një q**é**ngji	lamb ribs
d**é**l/e, -ja, -e	ewe, goat
m**í**sh d**é**leje	goat meat
d**é**rr, -i, -a	pig
m**í**sh d**é**rri	pork
dj**á**th/ë, -i, -ëra	cheese
dj**á**thë i b**á**rdhë	feta cheese
dj**á**thë kaçkav**á**ll	fat cheese
dj**á**thërash	cheese (ablative pl. form)
fajt**ó**r, -e	guilty
f**é**st/ë, -a, -a	holiday
i,e gr**í**rë	minced
m**í**sh i gr**í**rë	mincemeat
gj**á**lp/ë, -i, -ë	butter
gj**á**lpë me kr**í**pë	salted butter
gj**í**z/ë, -a	curd, cottage cheese
gj**í**zë me kr**í**pë	salted curd
gj**í**zë pa kr**í**pë	unsalted curd
gjyk**á**tës, -i, -	judge
gj**ý**sm/ë, -a	half
j**á**p, dh**á**shë, dh**ë**në	to give
më j**é**pni	give me (imp.)
j**ú**ve	to you
kab**í**n/ë, -a, -a	booth
kab**í**në telef**ó**ni	telephone booth
kilogr**á**m, -i, -ë	kilogram
k**ó**ck/ë, -a, -a	bone
pa k**ó**cka	boneless
k**ó**s, -i	yogurt
kr**í**p/ë, -a, -ëra	salt
l**ó**p/ë, -a, -ë	cow
m**í**sh l**ó**pe	beef
ll**ó**j, -i, -e	type
m**í**sh, -i, -ra	meat
pag**é**s/ë, -a, -a	payment
p**á**ko, -ja, -	pack, package
patj**é**tër	certainly, absolutely
paz**á**r, -i, -e	bazaar, marketplace
pesh/**ó**j, **-ó**va, **-ú**ar	to weigh
më pesh**ó**ni	weigh for me (imp.)
prov/**ó**j, **-ó**va, **-ú**ar	to try, taste
prosh**ú**t/ë, -a, -a	ham, bacon
p**ú**l/ë, -a, -a	chicken
gj**ý**smë p**ú**le	half a chicken

qéngj, -i	lamb[1]	tjét/ër, -ra	other, another (fem.)
mísh qéngji	lamb	ullí, -ri, -nj	olive
sálc/ë, -a, -a	sauce	váj, -i	oil
sálcë kósi	sour cream	váj ullíri	olive oil
salsíç/e, -ja, -e	sausage	vénd, -i, -e	place, area, region, country
salsíçe véndi	local sausages		
sallám, -i, -e	sausage	víç, -i, -a	calf
suxhúk, -u, -ë	hot dog, sausage	mísh víçi	veal
tjét/ër, -ri	other, another (masc.)	xhép, -i, -a	pocket

GRAMATIKË

§89 Attributive ablative singular indefinite nouns

In Dialogu 15.1 you encountered several indefinite nouns in the ablative case:

mish **viçi**	veal
djathë **Sarande**	Saranda cheese
salcë **kosi**	sour cream (lit., yogurt sauce)

The ablative case is typically used when a noun modifies an indefinite noun. These constructions are usually called attributive ablative constructions. Since the noun in the ablative case functions as an attribute to the noun, it modifies the noun like an adjective.[2]

Let's look at the formation of ablative forms, starting with singular indefinite nouns:

Masculine nouns:

viç	mish **viçi**	veal
fik	reçel **fiku**	fig jam

Feminine nouns:

lopë	qumësht **lope**	cow's milk
dele	mish **deleje**	ewe meat

The nouns in bold above are in the ablative indefinite case. How do we form the ablative indefinite case of these nouns? Do you see a pattern? What form do we take as the "base"? What do we add to that base?

1. Mostly used as **qingj**.
2. If the noun to be modified is in the definite form, then the attribute will be in the genitive:

mishi **i viçit**	the veal meat
djathi **i Sarandës**	the Saranda cheese
salca **e kosit**	the sour cream (lit., the yogurt sauce)

These constructions where the attribute is in the genitive are called attributive genitive constructions.

Masculine singular nouns:

Base	Ablative Form
viç	________________
fik	________________

Feminine singular nouns:

Base	Ablative Form
pulë	________________
dele	________________

What previous form(s) does the ablative indefinite remind you of?

____ (see §67)
____ (see §77)

Let's consider first the ablative indefinite form of masculine singular nouns:

Nominative		Ablative
Indefinite	*Definite*	*Indefinite*
viç	viçi	viç**i** (veal)
qengj	qengji	qengj**i** (lamb)
fik	fiku	fik**u** (fig)
zog	zogu	zog**u** (bird)
krah	krahu	krah**u** (hand)

As you can see, the masculine ablative indefinite form is built on the form of the indefinite noun in the nominative case. All we need to do is add **-i** to the nominative indefinite form of the masculine singular noun to obtain the ablative indefinite form. For nouns ending in -**k**, -**g**, or -**h**, we add -**u** to the indefinite form of the nominative. Notice that the ablative indefinite forms are exactly the same as the definite nominative forms when the noun is masculine and singular.

Let's consider next the ablative indefinite form of feminine singular nouns:

Nominative		Ablative
Indefinite	*Definite*	*Indefinite*
Sarandë	Saranda	Sarand**e** (Saranda)
pulë	pula	pul**e** (chicken, lit., hen)
Shqipëri	Shqipëria	Shqipëri**e** (Albania)
shtëpi	shtëpia	shtëpi**e** (house)
dele	delja	dele**je** (ewe)
kala	kalaja	kala**je** (castle)

As you can see above, there are basically three patterns (see also §67):

1. If the nominative indefinite noun ends in -ë, replace **-ë** with -**e** (pulë → pule).[3]
2. If the nominative indefinite noun ends in a **stressed -i**, add -**e** (shtëpi → shtëpi**e**).
3. If the nominative indefinite noun ends in -**e** or in a **stressed vowel except -i**, add **-je** (dele → de-le**je**, kala → kala**je**). This is an "elsewhere" or "default" rule. If you haven't applied rules 1 or 2, simply apply rule 3.[4]

§90 Attributive ablative plural indefinite nouns

Consider the following examples. The plural nouns in bold are the nouns bearing the ablative case:

kostume **burrash**	men's suits
këpucë **grash**	women's shoes
disa lloje **shtëpish**	some types of houses
disa lloje **kalash**	some types of fortresses
një tufë **lulesh**	a bunch of flowers

How do we get the ablative form of plural indefinite nouns? Which form do we take as the "base"? What suffix do we add to that base? Do masculine and feminine nouns differ in the way their ablative plural definite form is created?

Masculine plural nouns:

Base	Ablative Form
burrë	________________
dele	________________

Feminine plural nouns:

Base	Ablative Form
grua	________________
shtëpi	________________
kala	________________
lule	________________

You have just discovered that the ablative plural of indefinite nouns, both masculine and feminine, is formed by adding **-sh** to the plural indefinite form.

§91 Basic uses of the ablative indefinite case

(a) We have already seen (§90) that the ablative indefinite is used when an indefinite noun serves as an attribute to another indefinite noun, that is, when an indefinite noun modifies another indefinite noun:

mish **viçi**	veal (lit., meat of veal)
qumësht **lope**	cow's milk (lit., milk of cow)

3. Feminine nouns that end in -**ër** take -**re**: **Gjirokastër** → **Gjirokastre**.

4. The word **grua** 'woman' falls into the "elsewhere" rule. It does not end in -**ë** or -**e**, so it ought to take -**je**. That is exactly what we observe: **grua** → **gruaje**.

As we observed in §90, when the main noun is definite, then both nouns must be definite:

mishi **i viçit**	the veal (lit., the meat of the veal)
qumështi **i lopës**	the cow's milk (lit., the milk of the cow)

(b) The indefinite ablative is typically used to indicate the material composition of an object:

këpucë **lëkure**	leather shoes (lit., shoes of leather)
këmishë **pambuku**	cotton shirt (lit., shirt of cotton)
brinjë **qengji**	lamb chops (lit., chops of lamb)

As we observed in (a), if the main noun is definite, then we must use the genitive form:

këpucët **e lëkurës**	the leather shoes (lit., the shoes of the leather)
këmisha **e pambukut**	the cotton shirt (lit., the shirt of the cotton)
brinjët **e qengjit**	the lamb chops (lit., the chops of the lamb)

(c) The ablative indefinite is also used with some measure phrases:

shumë lloje **djathërash**	many types of cheese
një gjysmë **kilogrami**	half a kilo

However, notice that with the following measure expressions, we use the indefinite form:

tre pako **gjalpë**	three packages of butter
dyqind gramë **proshutë**	two hundred grams of ham
një kilogram **salsiçe**	one kilogram of sausages

§92 Çfarë versus ç'

Since Mësimi 1 you have been using both **çfarë** and **ç'** to mean 'what'. However, you had to be careful to remember the form of the noun that follows **çfarë**:

ç'gjuhë, çfarë **gjuhe**?	what language?
ç'kombësi, çfarë **kombësie**?	what nationality?
ç'profesion, çfarë **profesioni**?	what profession?
në ç'orë, në çfarë **ore**?	at what time?
ç'ngjyrë, çfarë **ngjyre**?	what color?

What is the form of the noun that follows **ç'**? ____________________
What is the form of the noun that follows **çfarë**? ____________________

As you can see in the previous examples, **ç'** is followed by the indefinite form of the noun,[5] while **çfarë** is followed by the ablative form of the indefinite noun. Exactly the same behavior is observed in the plural forms.

Ç'libra përdorni në klasë?	**What books** do you use in that class?
Çfarë librash përdorni në klasë?	

5. The indefinite form of the noun is the form given in the vocabulary lists and in dictionaries, in general. It corresponds to the nominative or accusative indefinite form of the noun.

Ç'fruta vini në sallatë?	**What fruits** do you put in that salad?
Çfarë frutash vini në sallatë?	

§93 The imperative

Imperative forms are used when we want to express an order. In Dialogu 15.1, you encountered the following imperative forms:

Më **peshoni** një kilogram mish viçi.	Please weigh a kilogram of veal for me.
Më **jepni** tre pako gjalpë.	Please give me three packages of butter.
Më **bëni** gjysmë kilogrami gjizë.	Please give me half a kilo of cottage cheese.

The imperative is used only for the second-person singular (**ti**) and second-person plural (**ju**). The second-person plural in the imperative has the same form as the second-person plural in the present indicative (see §12, §46, and §61). The following chart shows the forms for regular class 1, 2, and 3 verbs, respectively:

	Indicative	Imperative	
punoj	(ju) punoni	puno**ni!**	work!
hap	(ju) hap	hap**ni**!	open!
pi	(ju) pi	pi**ni**!	drink!

Verbs that undergo a vowel change in the present indicative in the **ju** form also exhibit the vowel change in the imperative of the **ti** form:

	Indicative	Imperative	
dal	(ju) dilni	dil**ni**!	go out!
fle	(ju) flini	fli**ni**!	sleep!
marr	(ju) merrni	merr**ni**!	take!
jap	(ju) jep	jepni!	give!

The forms of the singular **ti** are a bit more complex and exhibit the following patterns:

(a) For class 2, 3, and 4 verbs as well as for class 1 verbs ending in **-oj** and **-ij**, take the imperative form for **ju** (which is equivalent to the **ju** form of the present indicative) and drop the ending **-ni**:

hap	hapni!	hap!	open!
pi	pini!	pi!	drink!
eci	ecni!	ec!	walk!
iki	ikni!	ik!	go!
punoj	punoni!	puno!	work!
fshij	fshini!	fshi!	clean, sweep!

If the **ju** form undergoes a vowel change in the **ju** form, use the same vowel in the **ti** form:

dal	dilni!	dil!	go out!
fle	flini!	fli!	sleep!
marr	merrni!	merr!	take!
jap	jepni	jep!	give!

(b) Class 1 verbs that end in **-aj**, **-ëj**, or **-uaj** keep the final **-j** in the **ti** form:[6]

laj	lani!	la**j**!	wash!
luaj	luani!	lua**j**!	play!
bëj	bëni!	bë**j**!	do!
shkruaj	shkruani!	shkrua**j**!	write!

Monosyllabic verbs that end in **-ej** also keep the **-j** in the **ti** form; those verbs with more than one syllable drop the **-j**. Where the vowel changes in the **ju** form, the same vowel is observed in the **ti** forms:

gjej	gjeni!	gje**j**!	find!
kërcej	kërceni!	kërce!	dance!
blej	blini	bli!	buy!

(c) Class 2 verbs that end in **-s** take a **-t** in the **ti** form:

pyes	pyesni!	pye**t**!	ask!

If the verb undergoes a vowel change in the **ju** form of the present indicative, the same vowel is maintained for the **ti** form in the imperative:

ngas	ngani!	nga!	ride![7]
pres	pr**i**tni!	pr**i**t!	wait!
shes	sh**i**tni!	sh**i**t!	buy!
vras	vrani!	vra!	kill![8]
zbres	zbr**i**tni!	zbr**i**t!	get off!

(d) Certain verbs take **-r**:[9]

bie	bini	bje**r**!	fall!
hyj	hyni!	hy**r**!	come in!
lë	lini!	lë**r**!	leave!
shpie	shpini!	shpje**r**!	send!
vë	vini!	vë**r**!	put!
zë	zini!	zë**r**!	take, hold!

(e) Some verbs are irregular:

	ti	**ju**	
dua	duaj!	doni!	want!
flas	fol!	flisni!	speak!
jam	ji!	jini!	be!

6. The same rule applies to verbs that end in **-yej** and **-yj**, but we will set these aside for the moment, since they are not as productive.

7. You may also hear **ngit**, **ngitni** instead of **nga**, **ngani** 'ride'!

8. You may also hear **vrit**, **vritini** instead of **vra**, **vrani** 'kill'!

9. Notice that most of these verbs also take **-ra** in the simple past indicative: **hyj** → **hyra** 'to enter, come in', **shpie** → **shpura** 'to send', **vë** → **vura** 'to put', **zë** → **zura** 'to take, hold'. Exceptions would be **bie** → **rashë** 'to fall' and **lë** → **lashë** 'to leave'.

kam	ki!	kini!	have!
them	thuaj!	thoni!	say!
vij	eja!	ejani!	come!

§94 Negative imperative clitic pronouns

To form the negative of an imperative, simply use **mos** in front of the imperative form of the verb:

Fol shpejt!	**Mos** fol shpejt!	Don't speak fast!
Shkruaj ngadalë!	**Mos** shkruaj ngadalë!	Don't write fast!
Hyni brenda!	**Mos** hyni brenda!	Don't come in!
Dilni nga klasa!	**Mos** dilni nga klasa!	Don't leave the class!

In Dialogu 15.1, you encountered the following imperative forms:

Më **peshoni** një kilogram.	Please weigh a kilogram for me.
Më **jepni** tre pako gjalpë.	Please give me three packages of butter.
Më **bëni** gjysmë kilogrami gjizë.	Please give me half a kilo of cottage cheese.

As you can see, the clitic pronoun **më** precedes the imperative. This is very typical of spoken Albanian. In a more formal style, the clitic pronoun **më** typically follows the affirmative imperative. The same behavior is exhibited by the pronoun **na** '(to) us':

Informal style	Formal style	
Më pesho një kilogram!	Pesho**më** një kilogram!	Please weigh a kilo for me!
Më jep tre pako!	Jep**më** tre pako!	Please give me three packages!
Na jep një kilogram!	Jep**na** një kilogram!	Give us a kilo, please!

In the examples above, we use the imperative for the **ti** form. The same is observed with the **ju** forms, although the structure is slightly more complicated when the clitic pronoun follows the verb:

Informal style	Formal style	
Më peshoni një kilogram!	Pesho**mëni** një kilogram!	Please weigh a kilo for me!
Më jepni tre pako!	Jep**mëni** tre pako!	Please give me three packages!
Na jepni një kilogram!	Jep**nani** një kilogram!	Please give us a kilo!

As you can see above, in the formal style the clitic pronouns (**më** and **na**) go between the verb and the **-ni** ending. This phenomenon is called mesoclisis, and it is typically found with the **ju** form in the imperative when there is a clitic pronoun.

Verbs that keep the **-j** in the imperative (see §92(b)) drop the **-j** in the clitic pronoun that follows:

Na **shkruaj** një kartolinë!	**Shkrua**na një kartolinë!	(Please) write us a postcard!
Më **laj** një këmishë!	**La**më një këmishë!	(Please) wash a shirt for me!

Other clitic pronouns will follow the formal style; that is, they will follow the affirmative imperative.

USHTRIMI 15.1

Indicate whether the following statements are true (T) or false (F) based on Dialogu 15.1.

1. _____ Në dyqan ka djathë të bardhë dhe djathë kaçkavall.
2. _____ Atje ka djathë Gjirokastre, djathë Sarande etj.
3. _____ Pranvera blen 2 kilogramë djathë Delvine.
4. _____ Ajo blen dhe 1 pako gjalpë me kripë.
5. _____ Blerësja blen dy kilogramë gjizë dhe pesëqind gramë salcë kosi.
6. _____ Në dyqan nuk ka sallam dhe salsiçe vendi.
7. _____ Pranvera blen një kilogram salsiçe vendi dhe 300 gramë proshutë.
8. _____ Pranvera kërkon të blejë suxhuk Kosove, por nuk ka në dyqan.
9. _____ Shitësja thotë se kanë mish viçi, mish qengji, mish lope, mish derri, por nuk kanë mish deleje.
10. _____ Mishi i viçit nuk është shumë i freskët.
11. _____ Pranvera do të blejë dy kilogramë mish viçi me kocka.
12. _____ Pranvera blen dhe dyqind gramë mish të grirë.
13. _____ Shitësja thotë se nuk ka pula në dyqan.
14. _____ Pranvera i jep lekët shitëses.

USHTRIMI 15.2

Answer the following questions based on Dialogu 15.1.

1. Çfarë djathi blen Pranvera?

____

2. Çfarë djathi provon Pranvera?

____

3. Çfarë gjalpi ka në dyqan?

____

4. A ka gjizë në dyqan?

____

5. Si është gjiza?

____

6. A blen Pranvera salcë kosi?

____

7. Çfarë salsiçesh ka në dyqan?

____

8. A ka suxhuk Kosove në dyqan?

____

9. Sa lloje mishi ka në dyqan?

____

10. Çfarë mishi blen Pranvera?

____

11. A është i freskët mishi i viçit?

____

12. A blen Pranvera mish të grirë?

____

USHTRIMI 15.3

Complete the following sentences with the ablative form of the noun in parentheses.

1. Në dyqan ka mish ____________ (pulë).
2. Vajzat po hanë mish ______________ (qengj).
3. Po blej salcë _____________ (kos).
4. Në restorant ha shpesh brinjë ______________ (qengj).
5. Bleva disa lloje ______________ (djathë).
6. Ka disa lloje ______________ (shtëpi) në projekt.
7. Ky model ______________ (zyrë), më pëlqen.

USHTRIMI 15.4

Complete the following sentences with the correct form of the noun in parentheses.

1. Çfarë ____________ (ditë) është sot?
2. Në çfarë ____________ (orë) është takimi?
3. Çfarë ____________ (mësim) kemi nesër?
4. Për çfarë ______________ (problem) po diskutoni?
5. Në çfarë ____________ (vend) jeni?

USHTRIMI 15.5

Put the verbs in parentheses in the imperative. Provide both the **ti** and the **ju** forms of the imperative.

1. ____________ (Hyj) në shtëpi!
2. ____________ (Dal) nga klasa!
3. ______________ (Mësoj) shumë!
4. Mos ______________ (kaloj) në rrugë!
5. ____________ (Ha) tani!
6. Mos ____________ (hap) librat!
7. ______________ (Marr) në telefon!
8. Mos ______________ (shkoj) në shkollë sot!
9. ______________ (Kam) më shumë kujdes!
10. ______________ (Jam) më të vëmendshëm!

DIALOGU 15.2: NË RESTORANT

Kamarieri: Mirëmbrëma! Mirë se vini!

Klientët: Mirëmbrëma. Duam një tavolinë për katër veta.

Kamarieri: Ku dëshironi të uleni?

Klientët: A mund të ulemi tek ajo tavolina afër dritares?

Kamarieri: Po. Më ndiqni, ju lutem.

Kamarieri: Çfarë dëshironi të pini?

Klientët: Duam dy shishe ujë natyral dhe një shishe ujë me gaz. Na sillni dhe një shishe verë të kuqe.

Kamarieri: Çfarë dëshironi të porosisni?

Klientët: Çfarë na sugjeroni?

Kamarieri: Unë po ju tregoj në fillim menynë. Po filloj me supat dhe sallatat. Kemi lloje të ndryshme supash: supë me perime, supë peshku, supë me domate, etj. Kemi dhe disa lloje sallatash: sallatë me perime të skarës ose të ziera: sallatë me domate, tranguj, ullinj; sallatë me speca turshi; sallatë mikse etj.[10] Përveç këtyre mund të porosisni dhe sallatë sipas dëshirës. Çfarë dëshironi të merrni?

Klientët: Po marrim një sallatë me perime të skarës dhe një sallatë mikse. Po për pjatë të parë, çfarë mund të porosisim?

Kamarieri: Nëse doni produkte mishi, mund të zgjidhni mes llojeve të ndryshme të bërxollave dhe të biftekëve: bërxollë viçi, bërxollë derri, biftek viçi. Përveç tyre kemi dhe filetë pule.

Klientët: A keni gatime peshku?

Kamarieri: Po. Kemi lloje të ndryshme peshku: levrek, koran, gjuhëz, barbun, etj. Mund të përgatisim dhe karkaleca, sepje, kallamarë etj.

Klientët: Si është peshku?

Kamarieri: Është peshk shumë i freskët. E marrim çdo ditë prej peshkatarëve vendas.

Klientët: Po gatime tradicionale shqiptare, a keni?

Kamarieri: Po, kemi tavë kosi me mish qengji, tavë me patëllxhanë ose me speca të mbushur, patate furre etj.

Klientët: Atëherë, po porosisim dy biftekë të skarës, një sallatë me fruta deti, një pjatë me karkaleca të skuqur dhe një tavë kosi.

Kamarieri: Doni të porosisni dhe ndonjë gjë tjetër?

Klientët: Dhe një pyetje: çfarë ëmbëlsirash keni?

Kamarieri: Krahas ëmbëlsirave tradicionale si bakllavaja dhe kadaifi, kemi edhe krem karamel, torta të ndryshme, akullore etj.

Klientët: Po marrim nga një ëmbëlsirë të ndryshme për secilin prej nesh.

Kamarieri: Po ju sjell menjëherë porosinë.

10. You will also find **zgarë** instead of **skarës** in colloquial speech.

FJALOR

ashtú	thus
bakllavá, -ja, -	baklava
barbú/n, -ni, -nj	red mullet
bërxóll/ë, -a, -a	chop
bërxóllë dérri	pork chop
bërxóllë víçi	beef steak
bifték, -u, -ë	beefsteak
domát/e, -ja, -e	tomato
ëmbëlsír/ë, -a, -a	sweet
filét/ë, -a, -a	fillet
filétë púle[11]	chicken fillet
filétë víçi	beef fillet
frút/ë, -a, -a	fruit
frúta déti	seafood
fúrr/ë, -a	baked
gatím, -i, -e	cooking, cuisine
gáz, -i, -e	gas
gjúhëz, -a, -a	tongue
kadaíf, -i	kadaifi, a type of sweet
kallamár, -i, -ë	squid
karkaléc, -i, -a	shrimp
korán, -i, -ë	trout
kráhas	beside, along with
kráp, -i	carp
krem karamél	caramel cream
kryesór, -e	main, principal
levrék, -u, -ë	bass
lokál, -i, -e	parlor
i,e mbúshur	stuffed
mes	among, across
menÿ, -ja, -	menu
Më ndíqni, ju lútem!	Follow me, please!
míks, -e	mix
ndjék, ndóqa, ndjékur	to follow
nesh	(to) us (abl.)
ndónjë gjë	anything
ndónjë gjë tjétër	anything else
i,e párë	first
patëllxhán, -i, -ë	eggplant, aubergine
períme, -t	vegetables
períme të skárës	grilled vegetables
períme të zíera	stewed vegetables
peshkatár, -i, -ë	fisherman
përgatí/s, -ta, -tur	to prepare
përmés	through
përvéç	besides, apart from
përvéç këtýre	besides these
përvéç týre	besides them
píj/e, -a, -e	drink
pját/ë, -a, -a	plate, dish
porosí/s, -ta, -tur	to order
qóft/e, -ja, -e	meatball
rreth	around
sallát/ë, -a, -a	salad
secíl/i, -a	each one, every single one
sépj/e, -a, -e	cuttlefish
sipás	according to, in conformity with
sipás dëshírës	at will
sípër	above, on
skár/ë, -a, -a	grill
i,e skúqur	fried
spéc, -i, -a	pepper
sugjer/ój, -óva, -úar	to suggest
súp/ë, -a, -a	soup
súpë me períme	vegetable soup
súpë péshku	fish soup
súpë me domáte	tomato soup
shísh/e, -ja, -e	bottle
shishqebáp,-i, -ë	shish kebab
táv/ë, -a, -a	pan
tórt/ë, -a, -a	cake
tradicionál, -e	traditional

11. In colloquial speech you will also hear **fileto**.

trángu/ll, -lli, -j	cucumber
turshí, -a, -	pickle
úl/em, u -a, -ur	to sit
ullí, -ri, -nj	olive
ushqím, -i, -e	food
variánt, -i, -e	variant, variation
véndas, -e	local
vendós, -a, -ur	to place, set
vét/ë, -a, -a	person
skár/ë, -a, -a	grill
të skárës	grilled
zgjédh, zgjódha	to select, choose
zgjídhni	you select
i,e zíer	boiled

GRAMATIKË

§95 Ablative singular definite nouns

In the previous sections of this lesson we learned how to form the ablative indefinite. In this section we will learn how to form the ablative definite. You have already encountered a few examples in Dialogu 15.2:

afër **dritares**	near the window
sipas **dëshirës**	at will
prej **peshkatarëve**	from the fishermen
krahas **ëmbëlsirave**	apart from the sweets

The ablative forms are in bold in the examples above. What form(s) do these forms remind you of?

____

These endings are familiar to you because they are the same as the genitive definite forms that you learned in §62 and §63.

The **masculine singular form** is based on the **definite form** of the noun. All you need to do is add -**t** to that form. The **feminine singular form**, on the other hand, is formed on the **indefinite form**, and you need to add -**s** or -**së**:

Indefinite	Nominative Definite	Genitive/Ablative Definite
baba	babai	babai**t** (father)
libër	libri	libri**t** (book)
shok	shoku	shoku**t** (friend)
nënë	~~nëna~~	nën**ës** (mother)
Dritë	~~Drita~~	Drit**ës** (Drita)
shtëpi	~~shtëpia~~	shtëpi**së** (house)
Shqipëri	~~Shqipëria~~	Shqipëri**së** (Albania)

The plural forms are also identical to the corresponding genitive ones. All you need to do is add **-ve** to the plural form:

Indefinite	Plural Indefinite	Genitive/Ablative Plural Definite
libër	libra	libr**ave** (books)
student	studentë	studentë**ve** (students, masc.)
studente	studente	studente**ve** (students, fem.)
vajzë	vajza	vajz**ave** (girls)

§96 Basic uses of the ablative case

The ablative definite is used only after the following prepositions and adverbs:

afër	near
gjatë	during
jashtë	outside
krahas	beside, along; in addition to
kundër	opposite, against
larg	far from
para	before
pas	after
përballë	opposite, in front of
përgjatë	along
përpara	in front of
përveç	besides, except for
pranë	near, close
prapa	behind
prej	from, because of
rreth	around
sipas	according to

Ne banojmë **afër** universitet**it**.
We live near the university.

Gjatë mësim**it**, studentët flasin vetëm shqip.
During the lesson the students speak only Albanian.

Përpara shkoll**ës**, ka një hotel.
In front of the school there is a hotel.

Sipas Genc**it**, sot kemi pushim.
According to Genci, we have the day off today.

Çfarë ka **prapa** bank**ës**?
What is there behind the bank?

Po vij prej takim**it**.
I'm coming from the meeting.

Çfarë ka **përballë** dyqan**it** dhe kinemas**ë**?
What is there opposite the store and the cinema?

§97 The ablative forms of **kush** 'who' and **cili** 'which'

In Mësimi 10 (§65) and Mësimi 11 (§78) you learned that the form of the pronoun **kush** in the genitive and dative is **kujt**. The same form is used also in the ablative, but in the ablative this form requires the presence of a preposition, as do ablative definite nouns (see §95):

> **Prej kujt** po merr mesazhe?
> **Who(m)** are you receiving messages **from**?
>
> **Afër kujt** banon ti?
> **Near whom** do you live? (i.e., You live near who?)

Notice that in English the interrogative pronoun *who(m)* may appear separated from the preposition or immediately following the preposition. In Albanian **kujt** must always follow the preposition, and it must appear in front of the sentence.

Let's now turn to **cili** 'which'. The ablative forms of **cili** are the same as the corresponding genitive and dative forms you learned before (§68, 78). The following chart summarizes the different forms of **cili** that we have studied so far:

	Singular		Plural	
	Masculine	*Feminine*	*Masculine*	*Feminine*
Nominative	cili	cila	cilët	cilat
Accusative	cilin	cilën	cilët	cilat
Genitive	i/e/të cilit	i/e/të cilës	i/e/të cilëve	i/e/të cilave
Dative	cilit	cilës	cilëve	cilave
Ablative	(prej) cilit	(prej) cilës	(prej) cilëve	(prej) cilave

> Prej **cilit** djalë merrni mesazhe?
> From which boy do you receive messages?
>
> Prej **cilës** vajzë merrni mesazhe?
> From which girl do you receive messages?
>
> Prej **cilëve** djem merrni mesazhe?
> From which boys do you receive messages?
>
> Prej **cilave** vajza merrni mesazhe?
> From which girls do you receive messages?

§98 The ablative forms of **ky** 'this' and **ai** 'that'

The ablative forms of demonstratives are the same as the genitive and dative forms. The ablative forms, however, require the use of a preposition. The following charts summarize the different forms of **ky** 'this' and **ai** 'that':

	Singular		Plural	
	Masculine	*Feminine*	*Masculine*	*Feminine*
Nominative	ky	kjo	këta	këto
Accusative	këtë	këtë	këta	këto
Genitive	i/e/të këtij	i/e/të kësaj	i/e/të këtyre	i/e/të këtyre
Dative	këtij	kësaj	këtyre	këtyre
Ablative	(prej) këtij	(prej) kësaj	(prej) këtyre	(prej) këtyre

	Singular		Plural	
	Masculine	*Feminine*	*Masculine*	*Feminine*
Nominative	ai	ajo	ata	ato
Accusative	atë	atë	ata	ato
Genitive	i/e/të atij	i/e/të asaj	i/e/të atyre	i/e/të atyre
Dative	atij	asaj	atyre	atyre
Ablative	(prej) atij	(prej) asaj	(prej) atyre	(prej) atyre

Here are some examples with these demonstratives in the ablative case:

rreth asaj date	around that date
sipas kësaj gazetare**je**	according to that journalist (fem.)
përpara atij takimi	before that meeting
përgjatë këtij dimri	during this winter

Notice that the noun following the demonstrative appears in its indefinite ablative from (see §89).

§99 The ablative forms of the personal pronouns

In Dialogu 15.2, you encountered some of the personal pronouns used in the ablative:

. . . për secilin prej **nesh**	. . . for each of us
Përveç **tyre** kemi dhe filetë pule.	Besides them, we also have chicken fillets.

The following chart summarizes the forms of the personal pronouns in the nominative, ablative, and dative cases. Notice that, unlike what we have observed for nouns, demonstratives, and the pronouns **kush** and **cili**, for which the genitive, dative, and ablative forms are the same, the dative and ablative forms of personal pronouns differ:

Nominative	Ablative	Dative	
		strong	*weak*
unë	(prej) **meje**	mua	më
ti	(prej) **teje**	ty	të
ai	(prej) **atij**	atij	i
ajo	(prej) **asaj**	asaj	i
ne	(prej) **nesh**	neve	na
ju	(prej) **jush**	juve	ju
ata	(prej) **(a)tyre**	atyre	u
ato	(prej) **(a)tyre**	atyre	u

Here are some examples of personal pronouns following a preposition that requires the ablative case:

Sokoli është **prapa meje**.	Sokol is behind me.
Vera është **përballë atij** dhe **asaj**.	Vera is between him and her.
Banon mësuesi **afër teje**?	Does the teacher live near you?

USHTRIMI 15.6

Indicate whether the following statements are true (T) or false (F) based on Dialogu 15.2.

1. ______ Tre klientë po bisedojnë me kamarierin.
2. ______ Ata ulen pranë derës.
3. ______ Klientët porosisin dy shishe ujë natyral dhe një shishe ujë me gaz.
4. ______ Kamarieri u tregon menynë.
5. ______ Klientët porosisin supë me perime.
6. ______ Ata marrin dhe një sallatë me perime të skarës.
7. ______ Peshku është shumë i freskët.
8. ______ Klientët porosisin peshk të skarës.
9. ______ Në restorant nuk ka gatime tradicionale.
10. ______ Klientët porosisin dy biftekë të skarës, një sallatë me fruta deti, një pjatë me karkaleca të skuqur dhe një tavë kosi.

USHTRIMI 15.7

Answer the following questions based on Dialogu 15.2.

1. Me kë po bisedon kamarieri?
   ____
2. Ku ulen klientët?
   ____
3. Çfarë duan të pinë ata?
   ____
4. Çfarë ka në meny?
   ____
5. Çfarë sallatash porosisin ata?
   ____
6. Çfarë lloje peshku ka në restorant?
   ____
7. Si është peshku?
   ____
8. Çfarë porosisin ata?
   ____
9. Çfarë ëmbëlsirash ka në restorant?
   ____
10. Çfarë marrin ata?
   ____

USHTRIMI 15.8

Put the noun phrases in bold in the ablative plural.

1. Studenti rri pranë **dritares**.
   ____
2. Krahas **kësaj detyre**, ajo ka dhe detyra më të rëndësishme.
   ____
3. Jemi shumë të shqetësuar prej **këtij informacioni**.
   ____
4. Rreth **kësaj ngjarjeje** ka shumë diskutime.
   ____
5. Sipas **kësaj gazetareje** situata është e vështirë.
   ____

USHTRIMI 15.9

Change the nouns in bold in the following sentences to the corresponding feminine form, as in the example. Make all other necessary changes.

Unë po rri pranë mësuesit. Unë po rri pranë **mësueses**.

1. Krahas **djemve** në takim janë dhe disa vajza.
   ____
2. Ata po marrin sugjerime prej **kamarierit**.
   ____
3. Sipas **studentit**, mësimi është shumë i vështirë.
   ____
4. Po diskutojnë rreth **kompozitorëve** shqiptarë.
   ____
5. Kërkojmë edhe një gazetare, përveç këtyre **gazetarëve** që kemi.
   ____

USHTRIMI 15.10

Complete the following sentences with the appropriate form of the words in parentheses. Be careful: some prepositions require the accusative; others require the ablative.

1. Pas ____________ (pranverë) vjen ____________ (verë).
2. Artani merr shumë ______________ (letër) prej ______________ (nënë) dhe __________ (motër).
3. Banojmë afër ______________ (shkollë).

4. ______________ (Libër) ______________ (gramatikë) është mbi ______________ (tryezë) afër ______________ (dritare).
5. ______________ (Dollap) ______________ (rroba) është në ______________ (dhomë) ______________ (i vogël).
6. ______________ (Libra) ______________ (përralla) janë mbi ______________ (tryezë).
7. Pranë ______________ (shkollë) është një spital.
8. Mos ______________ (vë, ti) ______________ (revista) në ______________ (sirtar) ______________ (tryezë)!
9. Ne ______________ (marr) letra prej ______________ (prindër).
10. Ku do të ______________ (shkoj, ti) nesër? Nesër do të ______________ (shkoj) tek ______________ (shoqe) për ______________ (darkë). Do të ______________ (vij) edhe ti?

LEXIMI 15.1

Restorantet

Menyja në restorantet shqiptare është e larmishme. Ajo është zakonisht një kombinim i gatimeve tradicionale shqiptare me gatimet e vendeve të ndryshme. Gatimet tradicionale shqiptare ngjajnë kryesisht me kuzhinën turke dhe greke ku produktet e mishit zënë një vend të rëndësishëm. Megjithatë, vitet e fundit, prirja është drejt kuzhinës italiane. Përsa u përket pijeve, në restorante mund të gjesh verëra shqiptare, franceze, italiane etj. Janë më shumë se 120 lloje verërash që ofrojnë sot restorantet në Shqipëri, sidomos në Tiranë. Një pije tradicionale shqiptare është rakia.

Çmimet në restorante janë kryesisht në monedhën shqiptare, në lekë. Ka një problem me përdorimin e lekut, sepse në Shqipëri njerëzit flasin me lekë të reja dhe me lekë të vjetra.[12] Shifra në lekë të reja ka një zero më pak nga shifra me lekë të vjetra, p.sh: me lekë të reja çmimi i një sallate është 250 Lekë, kurse me lekë të vjetra është 2 500 Lekë (rreth 3.125 USD). Zyrtarisht, të gjitha çmimet janë me lekë të reja, por njerëzit flasin shpesh me lekë të vjetra.

Çmimet variojnë sipas restoranteve. Kështu, çmimet e antipastave variojnë nga 400 deri në 1 200 lekë, kurse supat kushtojnë nga 150 në 800 lekë. Pjatat me mish variojnë nga 450 në 900 lekë. Picat e llojeve të ndryshme variojnë nga 300 lekë në 700–800 Lekë.

Në restorante të mira mund të paguani dhe me kartë krediti, ose në monedhë të huaj. Në kryeqytet dhe në qytetet kryesore ka kudo zyra të këmbimit valutor dhe makina ATM (bankomate).

12. Actually, instead of **lekë të reja**, the grammatical version should be **lekë të rinj** 'new lek', **lekë të vjetër** 'old lek', since **lek** is a masculine noun, but in spoken Albanian we use **lekë të reja**, **lekë të vjetra**, as if it were a feminine noun.

100 lekë

200 lekë

1 000 lekë

5 000 lekë

FJALOR

antipást/ë, -a, -a	appetizer	ngjá/j, -va, -rë	to resemble
bankomát, -i	ATM machine	p.sh., për shémbull	for example
byrék, -u, -ë	pie	përdorím, -i, -e	use
çmím, -i, -e	prize, cost	përk/ás, -íta, -ítur	belong
dréjt	toward	përsa i/u përkét	regarding
hambúrger, -i, -ë	hamburger	píc/ë, -a, -a	pizza
kárt/ë, -a, -a	card	prírj/e, -a, -e	tendency, trend
kártë kredíti	credit card	rakí, -a	brandy
këmb/éj, -éva, -ýer	to change, exchange	sistém, -i, -e	system
këmbím valutór	money exchange	shíf/ër, -ra, -ra	figure, cipher
kështú	thus, so, like this	vari/ój, -óva, -úar	to vary
kombiním, -i, -e	combination	valutór	exchange (office)
kudó	everywhere	vé/rë, -ra, -rëra	wine
i larmísh/ëm, e -me	diverse	zë, zúra, zënë	to take
lék, -u, -ë	lek (Albanian currency)	zë një vénd	to take a place
megjíthatë	however	zýra e këmbímit	money
monédh/ë, -a, -a	coin, currency	zyrtarísht	officially, formally
monédhë e húaj	foreign currency		

USHTRIMI 15.11

Indicate whether the following statements are true (T), false (F), or not mentioned (NM). Where they are false or not mentioned, briefly explain why (in Albanian).

1. _______ Menyja në restorantet shqiptare është e larmishme.
2. _______ Menyja në restorante është zakonisht një kombinim i gatimeve tradicionale shqiptare me kuzhinën e vendeve të ndryshme.
3. _______ Gatimet tradicionale shqiptare ngjasojnë kryesisht me kuzhinën turke dhe kineze ku produktet e mishit zënë një vend të rëndësishëm.
4. _______ Gjatë viteve të fundit prirja është drejt kuzhinës gjermane.
5. _______ Një pije tradicionale shqiptare është rakia.
6. _______ Zyrtarisht, në Shqipëri të gjitha çmimet janë me lekë të reja.
7. _______ Nëpër restorante dhe nëpër dyqanet e reja çmimet janë me sistemin e ri.
8. _______ Çmimet nuk variojnë sipas restoranteve.
9. _______ Në restorante të mira mund të paguani dhe me kartë krediti.
10. _______ Në kryeqytet dhe në qytetet kryesore ka kudo zyra të këmbimit valutor.

USHTRIMI 15.12

Answer the following questions. Expand your answers as much as possible.

1. Si është menyja në restorantet shqiptare?
   ____
2. Si janë gatimet tradicionale?
   ____
3. Cila është prirja gjatë viteve të fundit?
   ____
4. A ka verëra të huaja në Shqipëri?
   ____
5. Çfarë është rakia?
   ____
6. A mund të paguajmë me monedhë të huaj në restorantet shqiptare?
   ____
7. Ç'problem ka me çmimet në Shqipëri? Pse?
   ____
8. Ku mund të këmbejmë para?
   ____
9. A variojnë çmimet sipas restoranteve? Jepni disa shembuj.
   ____
10. A ka bankomate në Tiranë?
   ____

USHTRIMI 15.13

Create dialogues for the following situations.

1. You are seated in a restaurant and given the menu shown below. Have a conversation with the waiter during which he or she describes some of the dishes.

Meny taxi	Çmimi
Byrek me spinaq	100 lekë
Byrek me qepë e me domate	100 lekë
Patate të skuqura	100 lekë
Tavë dheu me mish viçi	200 lekë
Perime të skarës	200 lekë
Supë e ditës	200 lekë
Supë me perime	120 lekë
Qofte Korçe me pure	250 lekë

Pica taxi	Çmimi
Margarita (salcë, djathë)	300 lekë
Proshutë (salcë, djathë, proshutë)	400 lekë
Sallam (salcë, djathë, sallam)	400 lekë
Vegjetariane (salcë, djathë, perime)	450 lekë
Kapriçioza (salcë, djathë, speca, këpurdha, proshuta)	500 lekë
4 stinët (salcë, 4 lloje djathërash)	500 lekë
Ton (salcë, djathë, peshk ton)	500 lekë

2. You must certainly have a favorite dish! Find out the ingredients you need and be prepared to give the recipe.

3. Do research on the Internet about food that is beneficial for your health. Present a short report to your classmates.

INFORMACIONE KULTURORE

- During the Ottoman empire (1481–1912), the Albanians who moved to Istanbul took with them their knowledge of Albanian cuisine. Most Turkish dishes made of offal (a culinary term that refers to the internal organs and entrails of an animal) are of Rumeli[13] origin. The famous appetizer known as "Albanian liver" is a favorite dish both in restaurants and at home. Also of Rumeli origin are the egg and lemon sauces that are used in many soups and stews. The famous Elbasan tava, a dish made with lamb and yogurt, is another good example of the Rumeli influence in the method of food preparation.[14]

13. From the fifteenth century on, the term Rumeli was used to refer to the southern Balkan region of the Ottoman Empire. Rumeli literally means "land of the Romans", and it was used to refer to the Byzantine Empire.

14. http://www.thy.com/de-DE/corporate/skylife/article.aspx?mkl=267.

Dollma (photo: Albes Fusha)

- The vegetables used the most in Albanian cuisine are tomato, pepper, eggplant, potato, cabbage, onion, garlic, green bean, legumes, and cucumber. Usually they are fried, baked, or boiled. Among the legumes, beans are the most popular and traditional. They are usually cooked with vegetables or with meat. In some regions beans are also used to make pies. Peas and green beans are also used in many traditional dishes.
- Lemon, tomato, vinegar, and yogurt are very common in traditional Albanian cuisine. Milk and its by-products as well as eggs are also commonly found in Albanian dishes.
- Some traditional Albanian dishes are dried plum casserole (**tavë me pistil**), Elbasani yogurt dish (**tavë kosi Elbasani**), Tirana stew (**fërgesë Tirane**), baked phyllo pie (**byrek me petë të pjekura**), turkey with bread crumbs (**kaposh deti me përshesh**), baked rice with milk (**birjan me qumësht**), and milky rice of Myzeqe (**oriz qumështor Myzeqeje—yshmer**), among many others.
- Albania is well known for its **raki** (a fruit brandy prepared by distilling fermented fruits, especially grapes and plums), wine (made from a variety of grapes), fruit juices, preserves, and compotes.
- The climate in the coastal area favors the cultivation of olives and citrus. In every home as well as in the restaurants of the whole region, olives are typically served as appetizers as well as in salads or accompanied by other vegetables.

MËSIMI 16

Pushime dhe histori

Vacations and history

In this lesson you will learn:

- how to talk about actions in the past
- how to talk about historical tourist sites

You will learn the following grammatical points:

- the imperfect indicative
- the imperfect subjunctive

DIALOGU 16.1: DITË PUSHIMESH

Glauk: Ardian, çfarë fotografish po shikon?

Ardian: Po shikoj disa fotografi që sapo m'i dërgoi një shok me imejl. Janë nga pushimet e verës.

Glauk: Ku ishit këtë verë me pushime?

Ardian: Ishim në një kamp rinie.

Glauk: Si kaluat?

Ardian: Kaluam shumë mirë. Në kamp kishte shumë të rinj. Në përgjithësi, të gjithë ishin njerëz shumë aktivë dhe çdo ditë organizonim aktivitete të ndryshme.

Glauk: Çfarë bënit në mëngjes?

Ardian: Në mëngjes zgjoheshim herët dhe pasi hanim mëngjes, shëtisnim ose vraponim në breg të detit.

Glauk: Në ç'orë dilnit në plazh?

Ardian: Në plazh dilnim rreth orës 9:00 dhe rrinim deri në orën 12:00.

Glauk: A bënit banja dielli pasdite?

Ardian: Po, pasi hanim drekë, dilnim sërish në plazh. Laheshim në det, ose luanim me top. Kishte dhe nga ata që rrinin gjithë kohën në çadër dhe lexonin ose luanin me letra. Nganjëherë merrnim varkat dhe shkonim që të vizitonim gjire të vogla.

Glauk: Po drekë, ku hanit?

Ardian: Drekë hanim në kamp. Nganjëherë shkonim dhe në restorant.

Glauk: A ju pëlqente ushqimi?

Ardian: Po, sepse ne gatuanim të gjithë bashkë. Shpesh shtronim edhe tavolinat.

Glauk: Po në mbrëmje, çfarë bënit?

Ardian: Në mbrëmje, luanim ping-pong, basketboll, volejboll, futboll etj. Shihnim filmat që shfaqeshin në kamp dhe pastaj diskutonim për tema të ndryshme. Bisedonim gjatë dhe shkonim të flinim shumë vonë.

Glauk: Ku flinit?

Ardian: Flinim në çadra.

Glauk: Si ishin çadrat?

Ardian: Çadrat ishin të mëdha dhe shumë komode. Brenda në çadër kishte krevate dhe flihej shumë mirë.

Glauk: Po diskotekë, a kishte atje?

Ardian: Kishte diskotekë, por ne mblidheshim në mbrëmje në kamp dhe atje kërcenim e këndonim së bashku.

Glauk: Po të shkosh vitin tjetër, mund të vij dhe unë me ju.

Ardian: Shumë mirë do të bësh. Do të kënaqesh.

FJALOR

aktív, -e	active
aktivitét, -i, -e	activity
bánj/ë, -a, -a	bath, closet, toilet
bánja diélli	sunbaths
basketbóll, -i	basketball
brég, -u, brígje	coast, shore
në brég të détit	on the seashore
çád/ër, -ra, -ra	tent, umbrella
dërg/ój, -óva, -úar	to send
diskoték/ë, -a, -a	disco, discotheque
flíhej	one could sleep (impersonal, lit., it was slept)
futbóll, -i	soccer
gji, -ri, -re	bay
ísha	I was
kal/ój, -óva, -úar	to pass, spend
kámp, -i, -e	camp
kámp riníe	youth camp
kënáq/em, u -a, -ur	to be satisfied, pleased
lá/hem, u -va, -rë	to bathe, swim in
lét/ër, -ra, -ra	letter, card
lúaj me létra	to play cards
mbl/édh, -ódha, -édhur	to gather, collect
mbl/ídhem, u -ódha, -édhur	to gather, meet
në përgjithësí	in general
ping-pong	Ping-Pong
po	if
i ri, e re, të rínj, të réja	young (people)
riní, -a	youth
sapó	just
sërísh	again
Si kalúat?	How did it go? Did you have a good time?
sivjét	this year
shtr/ój, -óva, -úar	spread
shtrój tavolínën	to set the table
tém/ë, -a, -a	topic
tóp, -i, -a	ball
ushqím, -i, -e	food
várk/ë, -a, -a	boat, jolly boat
verór, -e	summery
volejbóll, -i	volleyball

GRAMATIKË

§100 The imperfect indicative of active verbs

Consider the following examples from Dialogu 16.1:

Ku **ishe** sivjet me pushime?
Where were you on vacation this year?

Kishte shumë të rinj shqiptarë që **studionin** jashtë.
There were many young Albanians who were studying abroad.

Zgjoheshim herët dhe pasi **hanim** mëngjes, **shëtisnim** ose **vraponim** në breg të detit.
We used to get up early, and after we ate breakfast, we used to go for a walk or to run on the beach.

All the forms in bold above are in the imperfect indicative, which is used to express an action or condition that used to go on for a period of time in the past. The following chart contains the forms for class 1 (**udhëtoj** 'to travel') and class 2 (**dal** 'to leave, go out') verbs. Both the present indicative and the imperfect indicative are given so that you can compare the forms:

	Present	Imperfect	Present	Imperfect
unë	udhëto**j**	udhëto**ja**	dal	dil**ja**
ti	udhëto**n**	udhëto**je**	del	dil**je**
ai, ajo	udhëto**n**	udhëto**nte**	del	dil**te**
ne	udhëto**jmë**	udhëto**nim**	dal**im**	dil**nim**
ju	udhëto**ni**	udhëto**nit**	dil**ni**	dil**nit**
ata, ato	udhëto**jnë**	udhëto**nin**	dal**in**	dil**nin**

Are the endings for the imperfect the same for class 1 and class 2 verbs?

___

If they differ, in what person do they differ?

___

The verb **dal** 'to leave' has three different stems in the present indicative (**dal, del, dil**). Which form is taken as the base for the imperfect? What pronoun does that form correspond to?

___

As you can see, the imperfect indicative endings are the same for class 1 and class 2 verbs. We take as the base the present indicative of the **ju** form. The only difference is in the third-person singular (**ai/ajo**), where we can have either -**nte** or just -**te**. Taking as the base the stem of the present indicative of **ju** (i.e., **udhëto-**, **dil-**), use -**nte** if the stem ends in a vowel and -**te** if the stem ends in a consonant.

Consider now the verbs **dua** 'to want' and **fle** 'to sleep' (class 3 verbs) as well as **marr** 'to take' and **shoh** 'to see' (class 2 verbs). Why do we get the forms **doja** and **merrja**, respectively? Where do the stems of these forms come from? Why do we get the form **donte** but **merrte**? Complete the chart with the imperfect indicative of **fle** 'sleep', **shoh** 'to see', and **them** 'to say':

	dua	**fle**	**marr**	**shoh**	**them**
	doni	flini	merrni	shihni	thoni
unë	doja	________	merrja	________	________
ti	doje	________	merrje	________	________
ai, ajo	donte	________	merrte	________	________
ne	donim	________	merrnim	________	________
ju	donit	________	merrnit	________	________
ata, ato	donin	________	merrnin	________	________

Below is the conjugation for **lë** 'to leave'. Please complete the forms for **vë** 'to put' (both verbs belong to class 3):

	Present	Imperfect	Present	Imperfect
unë	lë	li**ja**	________	________
ti	lë	li**je**	________	________
ai, ajo	lë	li**nte**	________	________
ne	lëmë	li**nim**	________	________
ju	**lini**	li**nit**	________	________
ata, ato	lënë	li**nin**	________	________

For class 2 verbs that alternate **s/t** (see §46), we use the stem with a -**t**-, which is the stem typically found with the **ju** form. However, in the third-person singular, the **-s-** appears again.[1] **Flas** 'to speak' and **pres** 'to wait' are conjugated for you below.[2] Please complete the forms for **shëtis** 'to walk', **shes** 'to sell', and **vras** 'to kill':

	flas	**pres**	**shëtis**	**shes**	**vras**
	flisni	prisni	shëtitni	shitni	vritni
unë	flisja	prisja	________	________	________
ti	flisje	prisje	________	________	________
ai, ajo	fliste	priste	________	________	________
ne	flisnim	prisnim	________	________	________
ju	flisnit	prisnit	________	________	________
ata, ato	flisnin	prisnin	________	________	________

Class 4 verbs follow the same pattern. Following the model of **iki** 'to go, go away', complete the imperfect indicative forms of **eci** 'to walk' and **hipi** 'to get on':

	iki	**eci**	**hipi**
	ik**ni**	ecni	hipni
unë	ik**ja**	________	________
ti	ik**je**	________	________
ai, ajo	ik**te**	________	________
ne	ik**nim**	________	________
ju	ik**nit**	________	________
ata, ato	ik**nin**	________	________

1. We are avoiding the form **flitte** 'he or she used to speak' or **pritte** 'he or she used to wait', which contain a **-tt-**. This spelling goes against the general phonotactics of Albanian.

2. You will also find **flitja, flitje, flitnim, flitnit,** and **flitnin** as well as **pritni, pritja, pritje, pritnim, pritnit,** and **pritnin.**

There are only three class 5 (irregular) verbs in the imperfect indicative: **jam** 'to be', **kam** 'to have', and **them** 'to say'. The chart below shows the forms of **jam**, **kam**, and **them** in the present and the imperfect indicative:

	Present	Imperfect	Present	Imperfect	Present	Imperfect
unë	jam	isha	kam	kisha	them	thosha
ti	je	ishe	ke	kishe	thua	thoshe
ai, ajo	është	ishte	ka	kishte	thotë	thoshte
ne	jemi	ishim	kemi	kishim	themi	thoshim
ju	jeni	ishit	keni	kishit	thoni	thoshit
ata, ato	janë	ishin	kanë	kishin	thonë	thoshin

For a discussion of class 6 verbs in the imperfect indicative, please see §101.

The imperfect indicative forms can be preceded by the particle **po** (see §13) in order to emphasize the fact that an action was taking place at a certain moment in the past. Compare the following examples:[3]

> Kur **isha** e vogël, **shkoja** në kopsht.
> When I was little, I used to go to kindergarten.
>
> **Po lexoja** dhe prandaj nuk **po dëgjoja** çfarë **po bisedonin.**
> I was reading; therefore, I wasn't listening to what they were discussing.

§101 The imperfect indicative of class 6 verbs

In Dialogu 16.1 you encountered some class 6 verbs in the imperfect indicative:

> **Laheshim** në det ose luanim me top.
> We used to bathe in the ocean, or we played with a ball.[4]
>
> Ne **mblidheshim** në mbrëmje në kamp dhe atje kërcenim e këndonim së bashku.
> We would gather in the evening at the camp, and we would dance and sing together.

The following chart shows the forms that class 6 verbs take in the imperfect indicative. The present indicative is also included for comparison.

	Present	Imperfect	Present	Imperfect
unë	gëzohem	gëzo**hesha**	nisem	ni**sesha**
ti	gëzohesh	gëzo**heshe**	nisesh	ni**seshe**
ai, ajo	gëzohet	gëzo**hej**	niset	nis**ej**
ne	gëzohemi	gëzo**heshim**	nisemi	ni**seshim**
ju	gëzoheni	gëzo**heshit**	niseni	ni**seshit**
ata, ato	gëzohen	gëzo**heshin**	nisen	ni**seshin**

3. We can get the same progressive effect by using the **duke** construction:

Po lexoja një libër.	I was reading a book.
Isha duke lexuar një libër.	I was reading a book.

Duke requires the use of a past participle. We will cover this construction in volume 2.

4. Notice that in English you could express this example with the auxiliary 'would': 'We would play in the ocean, or we would run on the beach'.

As you can see, the endings are essentially the same, the only difference being that we use **-h-** in the imperfect if the present also includes an **-h-**. Remember that **-h-** is used in the present if the active stem ends in a vowel (see §70).

§102 The imperfect subjunctive

You already encountered some imperfect subjunctive forms in Dialogu 16.1:

> Nganjëherë merrnim varkat dhe shkonim që **të vizitonim** gjire të vogla.
> Sometimes we used to take the boats, and we would go to visit other small bays.
>
> Bisedonim gjatë dhe shkonim **të flinim** shumë vonë.
> We used to talk a lot, and we would go to sleep very late.

An imperfect subjunctive is used when the subjunctive is required by the main verb and when the main verb is in the past. This requirement that both the main and the embedded verb be in the same tense is called the sequence of tenses.

The imperfect subjunctive is formed simply by adding the particle **të** to the imperfect indicative, so you don't need to learn any new forms. You just need to keep in mind the sequence of tenses! Below are the imperfect forms of **laj** 'to wash' and **lahem** 'to get washed' in the imperfect indicative and the subjunctive.

	Imperfect		Imperfect	
	Indicative	*Subjunctive*	*Indicative*	*Subjunctive*
unë	la**ja**	të la**ja**	la**hesha**	të la**hesha**
ti	la**je**	të la**je**	la**heshe**	të la**heshe**
ai, ajo	la**nte**	të la**nte**	la**hej**	të la**hej**
ne	la**nim**	të la**nim**	la**heshim**	të la**heshim**
ju	la**nit**	të la**nit**	la**heshit**	të la**heshit**
ata, ato	la**nin**	të la**nin**	la**heshin**	të la**heshin**

Dua të lexoj një libër.	I want to read a book.
Doja **të lexoja** një libër.	I **wanted** to read a book.
Duhet të krihesh.	You have to comb your hair.
Duhej **të kriheshe**.	You **had to** comb your hair.

USHTRIMI 16.1

Indicate whether the following statements are true (T) or false (F) based on Dialogu 16.1.

1. ______ Ardiani po shikon një film.
2. ______ Ardiani ishte për pushime në një kamp rinie.
3. ______ Në kamp kishte shumë fëmijë.
4. ______ Të gjithë ishin njerëz shumë aktivë dhe çdo ditë organizonin aktivitete të ndryshme.
5. ______ Në mëngjes zgjoheshin herët dhe pasi hanin mëngjes, shëtisnin ose vraponin në breg të detit.

6. _______ Ata dilnin në plazh në orën 7:00.
7. _______ Nganjëherë merrnin varkat dhe shkonin që të vizitonin gjire të vogla.
8. _______ Në kamp gatuanin të gjithë bashkë.
9. _______ Në kamp nuk kishte diskotekë.

USHTRIMI 16.2

Answer the following questions based on Dialogu 16.1.

1. Kush po shikon fotografi?
____
2. Ku ishte Ardiani me pushime?
____
3. Si i kaloi ai pushimet?
____
4. A kishte shumë të rinj në kamp?
____
5. Ç'bënin ata në mëngjes?
____
6. Në ç'orë dilnin në plazh? Ç'bënin atje?
____
7. Po pasdite, a bënin banja dielli?
____
8. Ç'aktivitete të tjera bënin?
____
9. Po në mbrëmje ç'bënin?
____
10. Si ishin çadrat?
____

USHTRIMI 16.3

Complete the following sentences with the imperfect form of the verb in parentheses.

1. Në ç'orë _____________ (zgjohem, ju) kur _____________ (jam, ju) me pushime?
_____________ (Zgjohem, ne) në orën 8, por nuk _____________ (ngrihem, ne) deri në orën 8.30.
Ç'_____________ (bëj, ju) pasi _____________ (ngrihem, ju)?
_____________ (Rruhem, ne), _____________ (lahem), _____________ (laj) dhëmbët dhe _____________ (vishem). _____________ (Ha) mëngjes shumë shpejt dhe _____________ (nisem) për punë.

2. Në ç'orë ______________ (zgjohem, ata) kur ______________ (jam, ata) me pushime?
______________ (Zgjohem) në orën 8, por nuk ______________ (ngrihem) deri në orën 8:30.
Ç' ______________ (bëj, ata) pasi ______________ (ngrihem, ata)?
______________ (Rruhem), ______________ (lahem), __________ (laj) dhëmbët
dhe ______________ (vishem). ______________ (Ha) mëngjes shumë shpejt dhe
______________ (nisem) për në punë.
3. Ç'po ______________ (bëj) vajza? Po ______________ (vishem). __________ (Dua) të
______________ (luaj) pak.
4. Ç'po ______________ (bëj) djemtë? Po ______________ (vishem). ______ (Dua) të
______________ (luaj) pak.
5. Ç'__________ (bëj, ti) në fillim: ______________ (rruhem) apo ______________ (krihem)?
Zakonisht ________________ (rruhem) kur __________________ (bëj) dush. Pastaj
______________ (krihem).

LEXIMI 16.1

Letër nga Shqipëria

Tiranë, më 15. 06. 2011

I dashur Arian,

Po të shkruaj sërish nga Shqipëria. Para disa ditësh ishim në Butrint. Ky ishte udhëtimi i fundit i programit tonë turistik në Shqipëri. Nga Tirana u nisëm herët në mëngjes rreth orës 6:00 dhe udhëtuam për disa orë gjatë rivierës së Jonit. Ishte një udhëtim shumë i bukur. Para syve tanë kalonin peizazhet e mrekullueshme të natyrës shqiptare. Në këtë udhëtim na shoqëronin studentë të historisë. Ata ishin shumë të sjellshëm dhe u përgjigjeshin me shumë kënaqësi dhe dëshirë të gjitha pyetjeve tona për vendet që shihnim. Në Butrint arritëm në mesditë. Te porta kryesore e Parkut Kombëtar Arkeologjik të Butrintit pamë shumë turistë të huaj. Shoqëruesit tanë na treguan në fillim për historinë e Butrintit.[5] Qyteti antik i Butrintit daton në shekullin VIII p.e.s. Ai përmendet dhe nga Virgjili në veprën e tij "Eneida".

Gjatë vizitës sonë në Parkun e Butrintit vizituam disa objekte dhe monumente arkeologjike që dëshmojnë për lashtësinë e tij. Grupit tonë i bëri përshtypje në veçanti Teatri Antik i Butrintit, i ndërtuar në shekullin III p.e.s. Në perëndim ndodhej tempulli i Asklepit, disa shtëpi me oborr etj, kurse në lindje kishte terma nga periudha romake. Në fund vizituam dhe muzeun e pasur me objekte arkeologjike. Pasi vizituam parkun arkeologjik u çlodhëm në natyrën e mrekullueshme. Qyteti i Butrintit ndodhej në mes të gjelbërimit, buzë liqenit karakteristik dhe bukuria e natyrës na tërhoqi të gjithëve.

Kështu kaluam një ditë shumë të bukur në Butrint, një vend që i përket trashëgimisë kulturore botërore dhe mbrohet nga UNESKO-ja.

Shumë të fala,
Teuta

5. In colloquial Albanian, **guidë** is used instead of **shoqërues**.

FJALOR

Askl**é**p, -i	Asclepius (Greek god of medicine)	përgj**í**gj/em, u -a, -ur	to answer
		përk/**á**s, -**í**ta, -**í**tur	to belong
b**ú**zë	on the edge, close by	përm**é**nd/em, u -a, -ur	to be mentioned
çl**ó**dh/em, u -a, -ur	to rest		
dat/**ó**j, -**ó**va, -**ú**ar	to date	përsht**ý**pj/e, -a, -e	impression
d**é**ti Jon	Ionian Sea	bëj përsht**ý**pje	to make an impression
dësh**í**r/ë, -a, -a	desire, will	p**ó**rt/ë, -a, -a	gate
dëshm/**ó**j, -**ó**va, -**ú**ar	bear witness	rivi**é**r/ë, -a, -a	Riviera
i,e f**ú**ndit	last	rom**á**k, -e	Roman
gjelbër**í**m, -i	greenery	sër**í**sh	again
Jon, -i	Ionian Sea	i sj**é**llsh/ëm, e -me	courteous, well-behaved
kënaqës**í**, -a, -	happiness, desire		
kësht**ú**	thus, so	s**ý**, -ri, -	eye
lashtës**í**, -a, -	antiquity, ancientness	shoqër/ **ó**j, -**ó**va, -**ú**ar	to accompany
l**í**ndj/e, -a	east	shoqër**ú**es, -i, -	guide
liq**é**n, -i, -e	lake	t**á**në	our (gen., dat., acc., abl., masc)
mbr**ó**/hem, u -jta, -jtur	to be protected		
		temp**ú**/ll, -lli, -j	temple
i mrekull**ú**esh/ëm, e -me	marvelous	t**é**rma, -t	thermal waters
		tërh/**é**q, -**ó**qa, -**é**qur	to attract
i,e ndërt**ú**ar	built	t**ó**na	our (gen., dat., acc., abl., fem)
nd**ó**dh/em, u -a, -ur	to be located		
i,e p**á**sur	rich	trashëgim**í**, -a, -	heritage
peiz**á**zh, -i, -e	landscape	turist**í**k, e	tourist
perënd**í**m, -i	west	udhët**í**m, -i, -e	travel, trip
p.e.s. (para erës sonë)	B.C. (lit., before our era)	i,e veç**á**ntë	special
		v**é**p/ër, -ra, -ra	work

GRAMATIKË

§103 The genitive, dative, and ablative forms of possessive adjectives

Consider the following phrases:

udhëtimi i fundit i programit **tonë**	the final trip of our program
para syve **tanë**	in front of our eyes
shoqëruesit **tanë**	our tour guides

These forms should all seem familiar! Let's now look at these forms in more detail starting with the masculine singular forms. As you can see below, the masculine forms in the genitive, dative, and ablative are the same as the forms that you learned for the accusative in §88. The only difference is the form of the adjectival article of the third persons, for which the accusative linking article **e** becomes **të** in the genitive, dative, and ablative. The differences from the accusative forms are indicated in bold:[6]

Nominative	Accusative	Genitive	Dative	Ablative
djali im	djalin **tim**	i/e djalit **tim**	djalit **tim**	(prej) djalit **tim**
djali yt	djalin **tënd**	i/e djalit **tënd**	djalit **tënd**	(prej) djalit **tënd**
djali i tij	djalin **e tij**	i/e djalit **të tij**	djalit **të tij**	(prej) djalit **të tij**
djali i saj	djalin **e saj**	i/e djalit **të saj**	djalit **të saj**	(prej) djalit **të saj**
djali ynë	djalin **tonë**	i/e djalit **tonë**	djalit **tonë**	(prej) djalit **tonë**
djali juaj	djalin **tuaj**	i/e djalit **tuaj**	djalit **tuaj**	(prej) djalit **tuaj**
djali i tyre	djalin **e tyre**	i/e djalit **të tyre**	djalit **të tyre**	(prej) djalit **të tyre**

Consider now the feminine singular forms:

Nominative	Accusative	Genitive	Dative	Ablative
vajza ime	vajzën **time**	i/e vajzës **sime**	vajzës **sime**	(prej) vajzës **sime**
vajza jote	vajzën **tënde**	i/e vajzës **sate**	vajzës **sate**	(prej) vajzës **sate**
vajza e tij	vajzën **e tij**	i/e vajzës **së tij**	vajzës **së tij**	(prej) vajzës **së tij**
vajza e saj	vajzën **e saj**	i/e vajzës **së saj**	vajzës **së saj**	(prej) vajzës **së saj**
vajza jonë	vajzën **tonë**	i/e vajzës s**onë**	vajzës s**onë**	(prej) vajzës s**onë**
vajza juaj	vajzën **tuaj**	i/e vajzës s**uaj**	vajzës s**uaj**	(prej) vajzës s**uaj**
vajza e tyre	vajzën **e tyre**	i/e vajzës **së tyre**	vajzës **së tyre**	(prej) vajzës **së tyre**

As you can see, the feminine forms vary more than the masculine form. An easy way to remember is that with the exception of **tënde** 'your (sing.)', which remains invariable, the first letter of the possessive accusative, **t-**, changes to **s-**. The linking article, on the other hand, changes from **e** to **së**.[7]

Below are the forms of the masculine plural possessors. If you memorize the nominative form, all you need to remember is that, with the exception of the linking article changing from **e** to **të**, all the other forms are the same in all five cases. This certainly compensates for the excess of variety in the singular forms, doesn't it?

Nominative	Accusative	Genitive	Dative	Ablative
djemtë **e mi**	djemtë **e mi**	i/e djemve **të mi**	djemve **të mi**	(prej) djemve **të mi**
djemtë **e tu**	djemtë **e tu**	i/e djemve **të tu**	djemve **të tu**	(prej) djemve **të tu**
djemtë **e tij**	djemtë **e tij**	i/e djemve **të tij**	djemve **të tij**	(prej) djemve **të tij**
djemtë **e saj**	djemtë **e saj**	i/e djemve **të saj**	djemve **të saj**	(prej) djemve **të saj**
djemtë **tanë**	djemtë **tanë**	i/e djemve **tanë**	djemve **tanë**	(prej) djemve **tanë**
djemtë **tuaj**	djemtë **tuaj**	i/e djemve **tuaj**	djemve **tuaj**	(prej) djemve **tuaj**
djemtë **e tyre**	djemtë **e tyre**	i/e djemve **të tyre**	djemve **të tyre**	(prej) djemve **të tyre**

6. Is there a way for you to remember all of these forms? (And these are just the masculine singular forms!) Memorize the nominative forms and remember that the second-person singular (your) is always **tënd**. Then remember that the forms for the third persons are **tij**, **saj**, and **tyre** and that they always need a linking article. Finally, think of the accusative forms as adding a **t-** to the nominative possessive forms. Then learn the following vowel rules:

t + y = to	t + ynë = tonë
t + j (vowel) = t + vowel	t + juaj = juaj

7. As with the masculine singular forms, there is an easy way to remember all these feminine forms. Memorize the nominative possessives. As with the masculine forms, remember that the second-person singular is **tënde** (same as the

As with the masculine plural forms, the genitive, dative, and ablative forms for feminine plural nouns are the same as those in the accusative, except that instead of **e**, the linking article **të** is used throughout except with the forms **tona** and **tuaja.**

Nominative	Accusative	Genitive	Dative	Ablative
vajzat e mia	vajzat **e mia**	i/e vajzave **të** mia	vajzave **të** mia	(prej) vajzave **të** mia
vajzat e tua	vajzat **e tua**	i/e vajzave **të** tua	vajzave **të** tua	(prej) vajzave **të** tua
vajzat e tij	vajzat **e tij**	i/e vajzave **të** tij	vajzave **të** tij	(prej) vajzave **të** tij
vajzat e saj	vajzat **e saj**	i/e vajzave **të** saj	vajzave **të** saj	(prej) vajzave **të** saj
vajzat tona	vajzat **tona**	i/e vajzave tona	vajzave tona	(prej) vajzave tona
vajzat tuaja	vajzat **tuaja**	i/e vajzave tuaja	vajzave tuaja	(prej) vajzave tuaja
vajzat e tyre	vajzat **e tyre**	i/e vajzave **të** tyre	vajzave **të** tyre	(prej) vajzave **të** tyre

Below are all the different forms for each possessive adjective. Remember that the possessive adjective agrees in gender, number and case with the object possessed:

My

	Singular		Plural	
	Masculine	*Feminine*	*Masculine*	*Feminine*
Nominative	im	ime	e mi	e mia
Accusative	tim	time	e mi	e mia
Genitive, Dative, Ablative	tim	sime	të mi	të mia

Your (sing.)

	Singular		Plural	
	Masculine	*Feminine*	*Masculine*	*Feminine*
Nominative	yt	jote	e tu	e tua
Accusative	tënd	tënde	e tu	e tua
Genitive, Dative, Ablative	tënd	sate	të tu	të tua

His

	Singular		Plural	
	Masculine	*Feminine*	*Masculine*	*Feminine*
Nominative	i tij	e tij	e tij	e tij
Accusative	e tij	e tij	e tij	e tij
Genitive, Dative, Ablative	të tij	së tij	të tij	të tij

Her

	Singular		Plural	
	Masculine	*Feminine*	*Masculine*	*Feminine*
Nominative	i saj	e saj	e saj	e saj
Accusative	e saj	e saj	e saj	e saj
Genitive, Dative, Ablative	të saj	së saj	të saj	të saj

masculine form, but add **-e** because it's a feminine form). As with the masculine forms, remember that the forms are **tij**, **saj**, and **tyre** and that the linking article is needed. As for the other forms, add **t-** in front of the accusative forms and **s-** in front of the genitive, dative, and ablative forms.

Our

	Singular		Plural	
	Masculine	*Feminine*	*Masculine*	*Feminine*
Nominative	ynë	jonë	tanë	tona
Accusative	tonë	tonë	tanë	tona
Genitive, Dative, Ablative	tonë	sonë	tanë	tona

Your (pl.)

	Singular		Plural	
	Masculine	*Feminine*	*Masculine*	*Feminine*
Nominative	juaj	juaj	tuaj	tuaja
Accusative	tuaj	tuaj	tuaj	tuaja
Genitive, Dative, Ablative	tuaj	suaj	tuaj	tuaja

Their

	Singular		Plural	
	Masculine	*Feminine*	*Masculine*	*Feminine*
Nominative	i tyre	e tyre	e tyre	e tyre
Accusative	e tyre	e tyre	e tyre	e tyre
Genitive, Dative, Ablative	të tyre	së tyre	të tyre	të tyre

USHTRIMI 16.4

Indicate whether the following statements are true (T) or false (F) based on Leximi 16.1.

1. _______ Teuta po i shkruan një imejl Arianit nga Butrinti.
2. _______ Teuta dhe turistët e tjerë kaluan disa ditë në Butrint.
3. _______ Ata u nisën nga Tirana në orën 10:00 të mëngjesit.
4. _______ Turistët u shoqëruan nga një profesor historie.
5. _______ Në Butrint kishtë shumë turistë të huaj.
6. _______ Qyteti antik i Butrintit daton në shekullin V p.e.s.
7. _______ Gjatë vizitës së tyre në Parkun e Butrintit, turistët vizituan disa objekte dhe monumente arkeologjike që dëshmojnë për lashtësinë e tij.
8. _______ Grupit tonë i bëri përshtypje në veçanti Teatri Antik i Butrintit.
9. _______ Ata vizituan dhe muzeun e pasur me objekte arkeologjike.
10. _______ Pasi vizituan parkun arkeologjik, ata u çlodhën në natyrën e mrekullueshme.

USHTRIMI 16.5

Answer the following questions based on Leximi 16.1.

1. Për çfarë i tregon Teuta në imejlin e saj Arianit?

____

2. Kur u nisën ata nga Tirana?

____

3. Si ishte udhëtimi?

____

4. Kush i shoqëroi turistët për në Butrint?

____

5. Çfarë vizituan ata në Butrint?

____

6. Çfarë u treguan shoqëruesit?

____

7. Çfarë i bëri përshtypje grupit të turistëve?

____

8. Ku ndodhet tempulli i Asklepit?

____

9. Çfarë vizituan në fund të vizitës?

____

10. Ku u çlodhën ata?

____

USHTRIMI 16.6

Complete the following sentences with the appropriate form of the noun phrases in parentheses.

1. Po i flas ______________ (vajza ime).
2. Po ulem pranë______________ (babai i tij).
3. Mora letër prej______________ (shoku yt).
4. Kjo është shoqja e______________ (vëllai i saj).
5. Erdha prej ______________ (shtëpia e saj).
6. Po u tregoj miqve______________ (klasa jote).
7. Ishin larg______________ (mësuesit e tyre).
8. Po u shkruaj______________ (studentët e tu).
9. Po rri larg ______________ (problemet e tua).
10. Ky është mësuesi i______________ (klasa e tij).

USHTRIMI 16.7

Complete the following sentences with the appropriate form of the word in parentheses.

1. Para disa ditësh _______ (we are) në Butrint.
2. Ky ishte udhëtimi i fundit ____________ (of our program) turistik në Shqipëri.
3. Nga Tirana, ____________ (we left) herët në mëngjes rreth orës 6:00 dhe _______ (we traveled) për disa orë ____________________ (along the riviera of the Ionian Sea).

4. Para _______ (our eyes) kalonin peizazhet e mrekullueshme _______________________ (of the Albanian nature).
5. Në këtë udhëtim na _______ (accompanied us) studentë _______________________ (of history).
6. Ata ishin shumë _______ (gentle) dhe ____________________ (answered) ______ _______ (with pleasure) dhe dëshirë _______ (to all of our questions) për vendet _______________ (that we were seeing).
7. Në Butrint (ne) _______ (we arrived) në mesditë.
8. _______________________ (Our guides) na treguan në fillim për _______________ (of Butrint's history).
9. _______ (During our visit) në ___________________ (Butrint Park) vizituam disa objekte dhe _______ (archaeological monuments) _______________ (that witness) për ________________ (its antiquity).
10. Në perëndim ndodhej _______ (the temple of Asclepius), disa shtëpi me oborr etj.
11. Në fund _______ (we visited), dhe muzeun __________________________ (rich with archaelogical objects).
12. Pasi vizituam parkun arkeologjik _______ (we rested), në _________________________ (the wonderful nature).
13. Qyteti i Butrintit _______ (is located), në mes ________________________ (of the greenery), ____________________________ (on the edge of a lake) karakteristik dhe _____________________ (the beauty of nature) _____________________________ (attracted us all).
14. ________________________ (Thus we spent), një ditë shumë të bukur në Butrint.
15. Ky vend i_______________________ (belongs, is part of) ___________________________ (world cultural heritage) dhe _______________________________ (is protected by Unesco).

LEXIMI 16.2: ROZAFATI[8]

Kështjella e Rozafatit ndodhet në qytetin e Shkodrës.[9] Për të ka një gojëdhënë të bukur dhe të hidhur që na vjen nga lashtësia.

. . . Ishin tre vëllezër. Ata po ndërtonin një kështjellë. Ata e ndërtonin ditën, por kështjella shembej natën. Një ditë kaloi atje një plak i mirë. Ai i uroi vëllezërit për punën e tyre. Ata i treguan se çdo natë kështjella shembej dhe ata nuk dinin se çfarë të bënin.

Plaku i mirë u mendua dhe i pyeti:

—A jeni të martuar?

—Po,-u përgjigjën tre vëllezërit.

—Nëse jeni të martuar, atëherë duhet të murosni në kështjellë gruan që do të sjellë nesër ushqimin për ju. Por nuk duhet t'u tregoni sonte grave tuaja.

8. The text is adapted from Mitrush Kuteli's 'Tregime të moçme shqiptare'.
9. **Rozafa** instead of **Rozafatit** is also used.

Kështu foli plaku i mirë dhe shkoi. Dy vëllezërit e mëdhenj shkuan në shtëpi dhe u treguan grave të tyre. Vetëm vëllai i vogël nuk i tregoi gruas së tij.

Në mëngjes, nëna i kërkoi një nga një tri nuseve t'u çojnë ushqimin djemve. Nusja e madhe dhe nusja e dytë nuk pranuan të shkonin. Ato i thanë vjehrrës se kishin punë të tjera. Vetëm nusja e vogël pranoi të shkonte.

Ajo u nis të shkonte. Kur arriti tek kështjella, kunati i madh i tregoi se ajo duhej të murosej që kështjella të qëndronte.

Atëherë ajo u tha:

—Po ju lë një porosi. Ma lini syrin e djathtë jashtë, që kur djali të qajë, me një sy ta shikoj. Ma lini dorën e djathtë jashtë që me një dorë ta ledhatoj. Ma lini këmbën e djathtë jashtë që me një këmbë ta tund djepin. Ma lini gjirin e djathtë jashtë që t'i jap të pijë.

Vëllezërit e murosën nusen në kështjellë dhe kështjella qëndroi e fortë.

FJALOR

ç/ój, -óva, -úar	to carry
i,e djáthtë	right
djép, -i, -e	cradle, crib
gójëdhën/ë, -a, -a	legend
gjí, -ri, -nj	breast
i,e hídhur	bitter
kërk/ój, -óva, -úar	to request
kështjéll/ë, -a, -a	castle
kun/át, -áti, -étër	brother-in-law
kunát/ë, -a, -a	sister-in-law
lashtësí, -a, -	antiquity
ledhat/ój, -óva, -úar	to caress
i,e mártuar	married
mend/óhem, u -óva, -úar	to think
murós, -a, -ur	to wall in
ndërt/ój, -óva, -úar	to build
nús/e, -ja, -e	bride
plak, pláku, pleq	old man
porosí, -a, -	order, request
pran/ój, -óva, -úar	to accept
qá/j, -va, -rë	to cry
qëndr/ój, -óva, -úar	to stand
sjéll, sólla, sjéllë	to bring
sónte	tonight
sý-ri, -	eye
shémb/em, u -a, -ur	to fall, collapse
túnd, -a, -ur	to rock
ur/ój, -óva, -úar	to congratulate, wish
ushqím, -i, -e	food
vjéh/ërr, -rra, -rra	mother-in-law

USHTRIMI 16.8

Indicate whether the following statements are true (T), false (F), or not mentioned (NM). If they are false or not mentioned, briefly explain why (in Albanian).

1. ______ Kështjella e Rozafatit ndodhet në qytetin e Tiranës.
2. ______ Për të ka një gojëdhënë të bukur dhe të hidhur që na vjen nga lashtësia.
3. ______ Ishin pesë vëllezër që po ndërtonin një kështjellë.

4. _______ Ata e ndërtonin ditën, por kështjella shembej natën.
5. _______ Dy vëllezërit e mëdhenj shkuan në shtëpi dhe u treguan grave të tyre për plakun e mirë.
6. _______ Vetëm vëllai i vogël nuk i tregoi gruas së tij.
7. _______ Në mëngjes, nëna i kërkoi një nga një tri nuseve t'u çojnë ushqimin djemve.
8. _______ Nusja e madhe dhe nusja e dytë pranuan të shkonin.
9. _______ Vetëm nusja e vogël nuk pranoi.
10. _______ Kështjella nuk qëndroi e fortë.

USHTRIMI 16.9

Answer the following questions. Expand your answers as much as possible.

1. Ku ndodhet Kështjella e Rozafatit?
   ____
2. Çfarë ka për këtë kështjellë?
   ____
3. Nga vjen ajo?
   ____
4. Çfarë po bënin tre vëllezërit?
   ____
5. Çfarë i treguan ata plakut të mirë?
   ____
6. Çfarë u thotë plaku i mirë?
   ____
7. Çfarë bënë dy vëllezërit e mëdhenj? Po vëllai i vogël?
   ____
8. Po vëllai i vogël?
   ____
9. Çfarë i thanë dy nuset e mëdha nënës? Po nusja e vogël?
   ____
10. Çfarë porosie u lë ajo burrit dhe kunetërve?
   ____

USHTRIMI 16.10

Prepare a short talk about each of the following situations.

1. Bring a picture of your last vacation to class. Be prepared to describe everyone in the picture and to tell the whole story about your trip.
2. What is the strangest or craziest adventure you have had in your life? Be ready to describe it in front of the class.

Rozafat Castle, Shkodër, Albania (photo: Albes Fusha)

3. You have won the lottery and decided to travel around the world. Pick four countries you would like to visit. Do research on the Internet about places to visit. Tell your classmates about this imaginary but fun trip.

INFORMACIONE KULTURORE

- The *Aeneid*, a Latin epic poem written by Virgil in the late first century B.C. (29–19 B.C.), tells the story of Aeneas, a Trojan who traveled to Italy and became the ancestor of all the Romans.
- According to Virgil (*Aeneid* 3.301–5), when Aeneas comes to Buthrotum, he finds that they have recreated the vanished city of Troy, an architectural alternative to the epic's textual representations of the vanished past.
- The events in Racine's (1639–99) classical tragedy *Andromache*, first perfomed in 1667, take place in Butrint.
- In 1992 Butrint was declared a UNESCO World Heritage Site. The following description is found on UNESCO's World Heritage webpage: "Inhabited since prehistoric times, Butrint has been the site of a Greek colony, a Roman city, and a bishopric. Following a period of prosperity under Byzantine administration, then a brief occupation by the Venetians, the city was abandoned in the late Middle Ages after marshes formed in the area. The present archaeological site is a repository of ruins representing each period in the city's development."[10]
- Rozafat Castle is near the city of Shkodër in northwestern Albania. It rises imposingly on a rocky hill, 130 meters above sea level. It is surrounded by the Buna and Drini rivers. Shkodër is the capital of the district of Shkodër and is one of Albania's oldest and most historic towns as well as an important cultural and economic center. Due to its strategic location, the hill has been settled since antiquity. It was an Illyrian stronghold until it was captured by the Romans in 167 B.C. Rozafat's castle is now the ruins of an Illyrian fortification.

10. For information on Butrint, see whc.unesco.org/en/list/570.

MËSIMI 17

Shëndeti

Health

In this lesson you will learn:

- how to talk about health problems
- how to talk to a doctor
- how to talk to a dentist

You will learn the following grammatical points:

- the present perfect
- the present perfect subjunctive
- the future perfect
- the pluperfect

DIALOGU 17.1: SI JE ME SHËNDET?

Arian: Alo, Flladia. Si je? Mora të të pyes pse nuk ke ardhur sot në punë.

Flladia: Jam sëmurë, Arian. Nuk kam fjetur mbrëmë gjithë natën. Kam pasur dhimbje të forta koke dhe temperaturë të lartë.

Arian: Je vizituar?

Flladja: Po. U vizitova sot në mëngjes. Mjeku më tha se jam me grip. Duhet të kesh dhe ti shumë kujdes, sepse ka rënë një virozë gripi dhe shumë njerëz janë prekur prej saj.[1]

Arian: Në fakt, e kanë dhënë edhe lajmet sot në mëngjes se ka rënë një virozë gripi, pasi temperaturat janë ulur në mënyrë të menjëhershme. Unë kam bërë bërë një vaksinë antigrip, por megjithatë është mirë të ruhem. Ti ke marrë ndonjë mjekim?

Flladja: Kam pirë aspirinë dhe çaj të nxehtë.

Arian: Çfarë të këshilloi mjeku?

Flladja: Më këshilloi të bëj dhe banjë me ujë të ngrohtë.

Arian: Po tani çfarë po bën?

Flladja: Jam shtrirë në shtrat, sepse ndihem shumë e pafuqishme. Më dhemb gjithë trupi dhe më djegin grykët. Tani më duket se kam djersitur pak.

Arian: Po temperaturë ke pasur? E ke vënë termometrin?

Flladja: Në mëngjes isha me 38.3, por tani më është ulur në 37.5.

Arian: Ke bërë kompresa të ftohta?

Flladja: Po. Kam bërë edhe kompresa.

Arian: Po kollë ke pasur?

1. **Virus gripi** instead of **virozë gripi** is also correct.

Flladja: Jo. Kollë nuk kam pasur shumë. Megjithatë kam blerë një shurup për kollë që ta pi.

Arian: Po lëngje ke pirë?

Flladja: Po. Kam gjithë ditën që pi vetëm lëngje, sepse kështu më këshilloi edhe mjeku. Shpresoj të mos kem komplikacione të tjera, prandaj është mirë që të rri disa ditë në shtëpi.

Arian: Sa ditë pushim të ka dhënë mjeku?

Flladja: Tri ditë.

Arian: Mirë. Të shkuara dhe më telefono nëse ke nevojë për ndonjë gjë.

Flladja: Faleminderit!

FJALOR

bánj/ë, -a	bath
bëj bánjë	to take a bath
çáj, -i, -ra	tea
dhímbj/e, -a, -e	pain
dhímbje fýti	sore throat
dhímbje kóke	headache
djeg, dógja, djégur	to burn
më djégin grýkët	I have a sore throat (lit., My throat is burning).
djersí/s, -ta, -tur	to sweat
fýt, -i	throat
gríp, -i	flu
grýk/ë, -a, -ë	throat
iláç, -i, -e	medicine
këmb/ë, -a, -ë	leg, foot
këshill/ój, -óva, -úar	to suggest, advise
kók/ë, -a, -ë	head
kóll/ë, -a	cough
komplikacion, -i, -e	complication
komprés/ë, -a, -a	pack, compress
kujdés, -i, -e	caution, carefulness
lájm, -i, -e	news
lën/g, -gu, -gje	liquid
megjíthatë	however
i menjëhérsh/ëm, e -me	immediate, sudden
mjekím, -i, -e	medication, treatment
ndíhem, u ndjéva, ndíer	to feel
i,e nxéhtë	hot
i pafuqísh/ëm, e -me	weak, feeble
prék/em, u -a, -ur	to be affected
prékem nga	to be affected by
rú/hem, u -ajta, -ajtur	to watch out
i,e sëmúrë	sick
simptóm/ë, -a, -a	symptom
sý, -ri, -	eye
Të shkúara!	Get well soon!
shpres/ój, -óva, -úar	to hope
shqetësím, -i, -e	discomfort
shtrát, -i, shtretër	bed
shtrí/hem, u -va, -rë	to lie down
shurúp, -i, -e	syrup
temperatúr/ë, -a, -a	temperature, fever
trúp, -i, -a	body
úl/em, u -a, -ur	to sit, pull down
vaksín/ë, -a, -a	vaccine
viróz/ë, -a	virus
vizit/óhem, u -óva, -úar	to see the doctor

§104 The present perfect of class 1 through class 5 verbs

If you look at the structures in bold below, you will notice that all of them have two verbs: the verb **kam** 'to have' and another verb that appears in the past participle form.

Nuk **kam fjetur** mbrëmë gjithë natën.
I haven't slept all night long.

Kam pasur dhimbje të forta koke dhe temperaturë të lartë.
I have had a strong headache and a high fever.

Ke marrë ndonjë mjekim?
Have you taken any medication?

As you can see in the English translations, these forms are in the present perfect. The present perfect in Albanian, like in English, is typically used to indicate an action that starts in the past and whose effect continues on into the present.

For class 1 through 5 verbs, the present perfect is formed with the present indicative of the verb **kam** 'to have' and the past participle of the verb. The full paradigm for the present perfect of **fle** 'to sleep' is shown below:[2]

unë	kam	fjetur
ti	ke	fjetur
ai, ajo	ka	fjetur
ne	kemi	fjetur
ju	keni	fjetur
ato, ata	kanë	fjetur

The past participle is formed in different ways:

1. Class 1 verbs
   a. Verbs of the first conjugation that end in **-oj** form the participle by changing the **-o** into **-ua** and then adding the suffix **-r**.

puno(j)	→	pun**uar**	(worked)
lexo(j)	→	lex**uar**	(read)

   b. Verbs of the first conjugation that end in **-ej** form the participle by changing the **-e** into **-ye** and then adding **-r**:

kërce(j)	→	kërc**yer**	(danced)
kthe(j)	→	kth**yer**	(returned something)

2. The past participle form for regular and irregular verbs will be listed as the third form in the vocabulary list and glossary entry. For instance, for the verb **fle** 'to sleep' you will find **fle**, **fjeta**, **fjetur**. The first form is the present indicative, the second form is the simple past, and the third form is the corresponding past participle.

c. Monosyllabic verbs form the participle by adding **-rë** to the stem:

la(j)	→	la**rë**	(washed)
ble(j)	→	ble**rë**	(bought)
hy(j)	→	hy**rë**	(entered)

d. The verb **vij** has an irregular participle form:

vij	→	**ardhur**	(come)

2. Class 2 verbs

a. Some verbs of second conjugation ending in a consonant take **-ur**:

hap	→	hap**ur**	(opened)
mbyll	→	mbyll**ur**	(closed)
pjek	→	pjek**ur**	(baked)
pres	→	prit**ur**	(waited)[3]
vesh	→	vesh**ur**	(dressed)
njoh	→	njoh**ur**	(known)

b. Verbs ending in **-s/t** form the participle by adding the suffix **-tur**:

mas/mat	→	ma**tur**	(measured)
pyes	→	pye**tur**	(asked)
shëtis	→	shëti**tur**	(walked)

c. Some verbs take **-ë**:

dal	→	dal**ë**	(left)
marr	→	marr**ë**	(taken)
sjell	→	sjell**ë**	(brought)

3. Class 3 verbs

a. Verbs of the third conjugation usually have irregular forms of the participle. Verbs that end in **-ë** take **-në**:

vë	→	vë**në**	(put)
zë	→	zë**në**	(find, catch)
lë	→	lë**në**	(left, let)

b. Some class 3 verbs are irregular:

ha	→	ngrë**në**	(eaten)
pi	→	pir**ë**	(drunk)
rri	→	ndenj**ur**	(stayed)

3. The verb **pres** can also mean 'to cut'. The past particle for this verb is **prerë**. The present, past, and past participle forms are shown below:

'to wait': **pres**, prita, **pritur**
'to cut': **pres**, preva, **prerë**

ngre	→	ngrit**ur**	(raised)
fle	→	fjet**ur**	(slept)
di	→	dit**ur**	(known)

4. Class 4 verbs
   a. All three class 4 verbs take **-ur**:

eci	→	ec**ur**	(gone)
hipi	→	hip**ur**	(climbed, gotten on)
iki	→	ik**ur**	(left, departed)

5. Irregular verbs

We include here the most irregular verbs, although they may belong to the previous classes. One way to remember these forms is to keep in mind their simple past indicative form:

	Simple Past		Past Participle	
dua	desha	→	dashur	(wanted)
flas	fola	→	folur	(spoken)
fle	fjeta	→	fjetur	(slept)
kam	pata	→	pasur	(had)
rri	ndenja	→	ndenjur	(stayed)
vdes	vdiqa	→	vdekur	(died)
vij	erdha	→	ardhur	(come)
bie	rashë	→	rënë	(fallen)
ha	hëngra	→	ngrënë	(eaten)
jam	qeshë	→	qenë	(been)
jap	dhashë	→	dhënë	(given)
them	thashë	→	thënë	(said)
bie	prura	→	prurë	(brought, caught)
shoh	pashë	→	parë	(seen)

§105 The present perfect of class 6 verbs

The present perfect of class 6 verbs (i.e., those verbs that end in **-hem** or **-em**) is formed by using the present indicative of the verb **jam** 'to be' followed by the active past participle. Some examples are shown below:

laj	→	kam larë	(I have washed)
lahem	→	jam larë	(I am washed, I have bathed)
marr	→	kam marrë	(I have taken)
merrem	→	jam marrë	(I have been involved [with])
kreh	→	kam krehur	(I have combed [someone's hair])
krihem	→	jam krehur	(I have combed my hair)
ngre	→	kam ngritur	(I have raised [someone/something])
ngrihem	→	jam ngritur	(I have gotten up)

vizitoj	→	kam vizituar	(I have visited)
vizitohem	→	jam vizituar	(I have seen the doctor)

The following chart contains the present perfect of the verbs **laj** 'to wash' and **lahem** 'to be washed, bathe':

	laj	**lahem**
unë	kam larë	jam larë
ti	ke larë	je larë
ai, ajo	ka larë	është larë
ne	kemi larë	jemi larë
ju	keni larë	jeni larë
ata, ato	kanë larë	janë larë

§106 Uses of the present perfect

As we mentioned above, the present perfect in Albanian is used like it is used in English. The main uses are summarized below:

1. The present perfect typically expresses an action that starts in the past and continues uninterrupted all the way to the present.

   Zonja Smith **ka jetuar** 10 vjet në Sqipëri.
   Mrs. Smith has been living in Albania for ten years.

2. The present perfect is typically used with time expressions that connect the past to the present and when we want to emphasize that connection. Some of these expressions are **ka një javë që** 'it's been a week since . . .', **këtë javë** 'this week', **këto ditë** 'lately' (lit., these days), **që atëherë** 'since then', **që dje** 'since yesterday', **sivjet** 'this year', **sot** 'today':

   Ka një javë që nuk **kam dalë** nga shtëpia.
   I haven't gone out of my house for a week.

3. It can be used with general time expressions when we want to express an action that we have or haven't done from the past to the present. Some of these expressions are **gjithmonë** 'always', **kurrë** 'never', **ndonjëherë** 'never', **shpesh** 'often':

   Në këtë vend **ka pasur** gjithmonë probleme politike.
   There have always been political problems in this country.

   Artani nuk **ka shkuar** ndonjëherë në kishë.
   Artan has never gone to church.

   A **ke qenë** shpesh këtu?
   Have you been here often?

   Nuk **jam ngritur** kurrë kaq herët.
   I have never gotten up so early.

USHTRIMI 17.1

Indicate whether the following statements based on Dialogu 17.1 are true (T), false (F), or not mentioned (NM). Where they are false or not mentioned, briefly explain why (in Albanian).

1. __________ Flladia është e sëmurë.
2. __________ Flladia nuk ka fjetur gjithë natën.
3. __________ Ajo ka pasur dhimbje këmbe.
4. __________ Flladia u vizitua pasdite.
5. __________ Mjeku i tha se kishte grip.
6. __________ Ka rënë një virozë gripi, pasi temperaturat janë ulur në mënyrë të menjëhershme.
7. __________ Flladia ka bërë një vaksinë antigrip.
8. __________ Flladja ka pirë aspirinë dhe çaj të ftohtë.
9. __________ Flladia ka pasur kollë të fortë.
10. __________ Ajo nuk ka pirë lëngje.

USHTRIMI 17.2

Answer the following questions based on Dialogu 17.1.

1. Kush e merr Flladian në telefon?
   ____
2. Pse nuk ka shkuar ajo në punë?
   ____
3. A është vizituar ajo tek mjeku?
   ____
4. Çfarë i tha ai?
   ____
5. A ka Flladia temperaturë të lartë?
   ____
6. Pse ka rënë virozë gripi?
   ____
7. A ka marrë Flladia ndonjë mjekim?
   ____
8. Çfarë i këshilloi mjeku Flladias?
   ____
9. Sa ditë pushim i dha asaj mjeku?
   ____
10. Çfarë i tha asaj Ariani?
    ____

USHTRIMI 17.3

Complete the following sentences with the participle forms of the verbs in parentheses.

1. Mora të të pyes pse nuk ke ______________(vij) sot në punë.
2. Flladia është ______________(sëmurem).
3. Ajo nuk ka ______________(fle) gjithë natën.
4. Ti ke ______________(kam) dhimbje të forta koke dhe temperaturë të lartë.
5. Mjeku i ka ______________(them) se ajo është me grip.
6. Ka ______________(bie) një virozë gripi dhe shumë njerëz janë ______________ (prekem) prej saj.
7. Temperaturat janë ______________(ulem) në mënyrë të menjëhershme.
8. Unë kam ______________(bëj) një vaksinë antigrip, por megjithatë është mirë të ruhem.
9. Ke ______________(pi) ndonjë ilaç?
10. Mjeku më ka ______________(këshilloj) të bëj dhe banjë me ujë të ngrohtë.

USHTRIMI 17.4

Complete the following text with the present perfect of the verbs in parentheses.

1. Djemtë ______________(marr) disa herë në telefon.
2. ______________(Kërkoj, ne) kartolina nga Shqipëria.
3. Unë u ______________(përgjigjem) të gjitha pyetjeve.
4. Ajo ______________(shtrihem) në shtrat.
5. Vajzat ______________(ulem) në karrige.
6. Ti ______________(them) shumë gjëra interesante.
7. Unë______________(fle) shumë mbrëmë.
8. Këngëtarët ______________(këndoj) shumë bukur.
9. Ju ______________(kërcej) shumë bukur.
10. Qyteti ______________(ndryshoj) në këto vite.

DIALOGU 17.2: TEK DENTISI

Sekretarja: Mirëdita! Si mund t'ju ndihmoj?

Pacientja: Kam ardhur për një kontroll.

Sekretarja: Keni lënë orar?

Pacientja: Po. Ju kam telefonuar para disa ditësh dhe më keni thënë që të vij sot në orën 17:00.

Sekretarja: Si e keni emrin, ju lutem?

Pacientja: Era.

Sekretarja: Mirë. Mund të futeni brenda. Po ju pret mjeku.

Dentisti: Mirëdita. Uluni, ju lutem. Çfarë shqetësimesh keni pasur?

Pacientja: Kam pasur dhimbje të forta dhëmballe.

Dentisti: Cila dhëmballë ju dhemb?

Pacientja: Dhëmballa e fundit lart, djathtas.

Dentisti: E shoh. Ju ka ngacmuar dhe herë të tjera?

Pacientja: Po. Sidomos kur më shkon ushqimi atje. Besoj se do t'i ketë rënë mbushja, se e ndiej me gjuhë.

Dentisti: Po, i ka rënë mbushja. Duhet të keni kohë që nuk e keni mjekuar. Para se ta mbushim është mirë t'i bëni një grafi. Po këtu, ndieni dhimbje?

Pacientja: Jo. Nuk ndiej dhimbje.

Dentisti: Nuk ju ka dhembur asnjëherë?

Pacientja: Nuk mbaj mend të kem pasur ndonjëherë dhimbje nga kjo dhëmballë. Kam hequr një dhëmb para disa kohësh dhe dua të vë një dhëmb porcelani.

Dentisti: Në fillim, do të bëjmë mbushjen e dhëmbit dhe pastaj do t'ju marr masat për dhëmbin e porcelanit.

Pacientja: Kam ndonjë problem tjetër, doktor?

Dentisti: Duhet t'ju pastroj edhe dhëmbët nga gurëzat. Duhet të bëni më shumë kujdes me mishrat e dhëmbëve. Ju del gjak?

Pacieti: Nganjëherë kur i pastroj dhëmbët me fill dentar.

Dentisti: Duhet të kini më shumë kujdes për higjienën e gojës, sepse një higjienë e mirë parandalon sëmundjet e gojës, prishjen e dhëmbëve dhe të mishrave të tyre.

Pacientja: Ju faleminderit për kontrollin dhe për këshillat!

FJALOR

dentár, -e	dental
dhëmb, -i, -ë	tooth
dhëmbáll/ë, -a, -ë	molar
dhëmbálla e pjekurísë	wisdom tooth
dhímbj/e, -a, -e	pain
fí/ll, -lli, -je	string
fill dentár	dental floss
fu/s, -ta, -tur	to get in, to come in
gják, -u	blood
gjúh/ë, -a, -ë	tongue, language
gójë, -a, -ë	mouth
grafí, -a, -	X-ray
gúrëz, -a, -a	plaque, scale
heq, hóqa, héqur	to take off
higjién/ë, -a	hygiene
infeksión, -i, -e	infection
kontróll, -i, -e	control
lart	high, up
mbáj, -ta, -tur	to keep, hold
mbaj mend	to remember
mbúsh, -a, -ur	to fill in
mbúshj/e, -a, -e	filling
mísh, -i, -ra	meat
míshra dhëmbësh	gums
mjek/ój, -óva, -úar	to cure, treat
ndíej, ndjéva, ndíer	to feel
ngacm/ój, -óva, -úar	to bother, cause pain
orár, -i, -e	timetable, schedule
lë orár	to make an appointment
paciént/e, -ja, -e	patient
parandal/ój, -óva, -úar	to prevent
pjekurí, -a	maturity
porcelán, -i	porcelain
príshj/e, -a, -e	decay
sëmúndj/e, -a, -e	disease, illness
sidomós	especially
shqetësím, -i, -e	trouble, disturbance
úl/em, u -a, -ur	to sit down
zém/ër, -ra, -ra	heart

GRAMATIKË

§107 The future perfect and present perfect subjunctive

Consider the following sentences:

Nuk mbaj mend **të kem pasur** ndonjëherë dhimbje nga kjo dhëmballë.
I don't remember ever having (lit., to have ever had) pain in this molar.

Besoj se **do t'i ketë rënë** mbushja.
I believe that the filling has fallen out.

In these sentences the verb is in the present perfect subjunctive. For class 1 through 5 verbs the present perfect subjunctive is formed with the verb **kam** 'to have' in the present subjunctive followed by the past participle of the main verb.

Here is the full paradigm for the first example above with the present perfect subjunctive:

Nuk	mbaj mend **të kem pasur**	dhimbje nga kjo dhëmballë.
	mban mend **të kesh pasur**	
	mban mend **të ketë pasur**	
	mbajmë mend **të kemi pasur**	
	mbani mend **të keni pasur**	
	mbajnë mend **të kenë pasur**	

Class 6 verbs require **jam** 'to be' in the present subjunctive:

Nuk mbaj mend **të jem takuar** me këtë burrë.
I don't remember having met with this man.

The full paradigm for the sentence above is shown below:

Nuk	mbaj mend **të jem takuar**	me këtë burrë.
	mban mend **të jesh takuar**	
	mban mend **të jetë takuar**	
	mbajmë mend **të jemi takuar**	
	mbani mend **të jeni takuar**	
	mbajnë mend **të jenë takuar**	

Consider now the future perfect. The future perfect for verb classes 1 through 5 is formed by conjugating the verb **kam** 'to have' in the future, followed by the past participle. The future perfect typically indicates an action that is completed before another action or before a particular point in time in the future.

Do të kem mbaruar detyrat para darkës.
I will have finished the assignments before dinner.

The full paradigm is shown below:

Do të kem mbaruar	detyrat parë darkës.
Do të kesh mbaruar	
Do të ketë mbaruar	
Do të kemi mbaruar	
Do të keni mbaruar	
Do të kenë mbaruar	

For class 6 verbs, the future indicative of the verb **jam** 'to be' is used instead.

Do të jem takuar me ketë burrë para darkës.
I will have met with that man before dinner.

The future perfect of the verb **takohem** 'to meet with' is shown below:

Do të jem takuar	me ketë burrë para darkës.
Do të jesh takuar	
Do të jetë takuar	
Do të jemi takuar	
Do të jeni takuar	
Do te jenë takuar	

§108 The pluperfect

The pluperfect is the equivalent past form of the present perfect. It is formed either with the imperfect of the verb **kam** 'to have' for class 1 to 5 verbs and with the imperfect of the verb **jam** 'to be' for verbs that belong to class 6.

Kur arriti Dritani, unë **kisha dalë**. (**dal** 'to leave')
When Dritan arrived, I had left.

Kur arriti Dritani, unë **isha ngritur**. (**ngrihem** 'to get up')
When Dritani arrived, I had already gotten up.

The chart below contains the full paradigm for both of these verbs in the pluperfect:

dal	**ngrihem**
kisha dalë	isha ngritur
kishe dalë	ishe ngritur
kishte dalë	ishte ngritur
kishim dalë	ishim ngritur
kishit dalë	ishit ngritur
kishin dalë	ishin ngritur

1. The pluperfect is used to indicate an action that took place before another action in the past:

Kur erdha në shtëpi, nëna **kishte vënë** pjatat mbi tryezë.
When I arrived home, my mother had already put the dishes on the table.

Kur ata erdhën në shtëpi, ne **ishim veshur**.
When they arrived home, we had already gotten dressed.

2. The pluperfect is used to indicate an action that took place before a point in the past. It is typically used with time expressions such as **asokohe** 'at the time', **atë vit** 'that year', **gjer atëherë** 'until then', **gjer atë ditë** 'until that day', **që atë ditë** 'since that day', and so on.

   Atë vit, ajo **kishte qëndruar** disa muaj në Paris.
   That year, she had spent some months in Paris.

   Gjer atëherë, ata s'**ishin nisur**.
   Until then, they hadn't arrived.

The pluperfect is used to indicate indirect speech that is originally in the past or in the present perfect:

Ai më tha: "Dje **punova** deri vonë." (direct speech in the past)
He told me, "Yesterday I worked late."

Ai më tha se dje **kishte punuar** deri vonë.
He told me that he had worked until late.

Ai më tha: "**Jam takuar** me Artanin." (direct speech in the present perfect)
He told me, "I have met with Artan."

Ai më tha se **ishte takuar** me Artanin.
He told me that he had met with Artan.

USHTRIMI 17.5

Answer the following questions based on Dialogu 17.2.

1. Ku ka shkuar pacientja?
   ____
2. Për se ka shkuar ajo atje?
   ____
3. Në çfarë ore e ka lënë orarin?
   ____
4. Çfarë i dhemb asaj?
   ____
5. Cila dhëmballë i dhemb?
   ____
6. Çfarë do të vërë ajo?
   ____
7. Çfarë do t'i pastrojë dentisti?
   ____
8. Me se i pastron ajo dhëmbët?
   ____

9. Çfarë i këshillon mjeku për higjienën e gojës?

____

10. Çfarë problemesh ka ajo me mishrat e dhëmbëve?

____

USHTRIMI 17.6

Change the verbs in bold to the present perfect subjunctive.

1. Ai duhet **të jetë** me grip.

____

2. Mund **të ketë** shumë probleme me shëndetin.

____

3. Është mirë **të lini** një takim me mjekun, thjesht për një kontroll.

____

4. Nuk është e vështirë **të ruash** higjienën e gojës.

____

5. Duhet **të mjekosh** dhëmbët.

____

USHTRIMI 17.7

Complete the following sentences with the present perfect of the verbs in parentheses.

1. Unë ____________ (vij) për një kontroll.
2. Ai ____________ (lahem) vetë.
3. Ata e ____________ (lë) orarin në orën 17:00.
4. Ata i ____________ (telefonoj) sekretares dhe ajo u ____________ (them) që të shkojnë në orën 15:00.
5. Ndërtesa ____________ (mbahet) me kujdes.
6. Çfarë shqetësimesh ____________ (kam, ti)?
7. Më ____________ (dhemb) dhëmbi.
8. Asaj i ____________ (dal) dhëmballa e pjekurisë.
9. Duket t'i ____________ (bie) mbushja.
10. Ti ____________ (heq) një dhëmb para disa kohësh.
11. Ne i ____________ (mbush) dhëmbët para disa kohësh.
12. Mjeku i ____________ (pastroj) dhëmbët pacientes.

USHTRIMI 17.8

Change the sentences above into the pluperfect. Start your sentences with **Ata menduan se . . .** 'They thought that . . .'

1. ____________________
2. ____________________
3. ____________________
4. ____________________
5. ____________________
6. ____________________
7. ____________________
8. ____________________
9. ____________________
10. ____________________

USHTRIMI 17.9

Complete the following sentences with the future perfect of the verb indicated in parentheses.

1. Kur të vish ti, ______________ (iki) unë.
2. ______________ (shkaktoj) ata këtë dramë.
3. Para se të vijnë ata, unë ______________ (mbaroj) mësimet.
4. Ajo ______________ (mbyllur) me kohë këtë histori.
5. ______________ (Jap) edhe ajo mendimin e saj.
6. Mbase ______________ (kërkoj) unë këtë gjë.
7. Njerëzit tregojnë se nuk ______________ (kam) informacione për aktivitetin.
8. Them se ata ______________ (nisem) patjetër.
9. Fakti që nuk më kanë marrë në telefon, tregon se nuk ______________ (pranoj).
10. Të premtoj se ______________ (mbaruar) punët, derisa të vish ti.

USHTRIMI 17.10

Connect the following pairs of sentences as in the example.

Artani arriti në shkollë. Mësuesja arriti përpara.
Kur Artani arriti në shkollë, mësuesja kishte arritur.

1. Vajza mbaroi mësimin. Djali ishte në shtëpi.

____

2. Shkuam tek mjeku. Mjeku mbaroi punën.

____

3. Ne arritëm. Filmi mbaroi.

____

4. Pushimet mbaruan. Ajo mori letrën e tij.

____

5. Ti u takove. Ajo foli me të.

____

LEXIMI 17.1

Këshilla mjekësore

Studiuesit ne Shtetet e Bashkuara të Amerikës kanë arritur të përgatisin një udhëzues me sugjerime për një jetëgjatësi deri në 100 vjet. Shkencëtarët theksojnë se ky udhëzues është bërë publik pas një kërkimi të gjatë në këtë fushë. Për këtë studim, ata kanë punuar për rreth 30 vjet. Janë testuar shumë njerëz të kategorive te ndryshme. Disa nga këto sugjerime janë dhënë më poshtë:

Ushqimet

1. Këshillohet konsumi i perimeve dhe i frutave dhe shmangia e ushqimeve të skuqura dhe me yndyrë.
2. Duhet të konsumohen të paktën një herë në ditë produkte të freskëta të gjelbra si: spinaqi, lakra, sallata jeshile, etj.

Sporti

Sipas studiuesve, është shumë e rëndësishme që trupi i njeriut të jetë gjithnjë në lëvizje.

1. Merruni me ushtrime fizike në mënyrë të rregullt. Mbani një peshë ideale (pesha ideale është ajo që keni pasur kur keni qenë 25 vjeç).
2. Këshillohet ecja e lehtë në natyrë. Bëni çdo ditë të paktën 30 minuta ecje. Ecja e përditshme në mëngjes dhe në mbrëmje është shumë e këshillueshme, sidomos për organet tona të brendshme: mëlçinë, stomakun dhe mushkëritë.
3. Ushtrimet fizike ju ndihmojnë të ulni kolesterolin dhe të ruani në këtë mënyrë një peshë trupi ideale.
4. Ushtrimet e lehta gjimnastikore ndihmojnë dhe në shërimin e reumatizmës.

FJALOR

i bréndsh/ëm, e -me	internal	kategorí, -a, -	category
diabét, -i	diabetes	kolesteról, -i	cholesterol
ditór, -e	daily	konsúm, -i, -e	consumption
écj/e, -a, -e	walk	lák/ër, -ra, -ra	cabbage
fúsh/ë, -a, -a	field	lëvízj/e, -a, -e	motion, movement
gjimnastikór, -e	gymnastic	mbáj, -ta, -tur	to keep
gjithnjë	always	mbrój, -ta, -tur	to defend, protect
i këshillúesh/ëm, e -me	advisable	mëlçí, -a, -	liver
jetëgjatësí, -a	longevity	mjekësór, -e	medical

mushkërí, -a, -	lung	stomák, -u, -ë	belly, stomach
ngrí/hem, u -ta, -tur	to stand up	studiúes, -i, -	researcher
normalizím, -i, -e	normalization	sugjerím, -i, -e	suggestion
orgán, -i, -e	organ	shërím, -i, -e	cure
orgánet e bréndshme	internal organs	shikím, -i, -e	sight, vision
pakës/ój, -óva, -úar	to reduce, diminish	shkencëtár, -i, -ë	scientist
i,e pangópur	unsatiated, hungry	shmáng, -a, -ur	to avoid
pésh/ë, -a, -a	weight	shmáng/ie, -a, -ie	avoidance
i përdítsh/ëm, e -me	daily	sht/ój, -óva, -úar	to increase
përqíndj/e, -a, -a	percentage	tensión, -i	(blood) pressure
póshtë	below, underneath	testój, -óva, -úar	to test
qarkullím, -i	circulation	të páktën	at least
qarkullími i gjákut	blood circulation	theksój, -óva, -úar	to stress
redukt/ój, -óva, -úar	to reduce	udhëzúes, -i, -	manual
reumatíz/ëm, -mi	rheumatism	ushq/éhem, u -éva, -ýer	to feed, be nourished
ruáj, -ta, -tur	to maintain	ushtrím, -i, -e	exercise
sallát/ë, -a, -a	salad	vákt, -i, -e	meal, mealtime
sallátë jeshíle	lettuce	yndýr/ë, -a	fat, grease
i,e skúqur	fried		
spináq, -i	spinach		

USHTRIMI 17.11

Indicate whether the following statements are true (T), false (F), or not mentioned (NM). Where they are false or not mentioned, briefly explain why (in Albanian).

1. __________ Studiuesit në Evropë kanë arritur të përgatisin një udhëzues me sugjerime për një jetëgjatësi deri në 100 vjet.
2. __________ Shkencëtarët theksojnë se ky udhëzues është bërë publik pas një kërkimi të gjatë në këtë fushë.
3. __________ Për këtë studim, ata kanë punuar për rreth 20 vjet.
4. __________ Për këtë studim janë testuar pak njerëz.
5. __________ Studiuesit këshillojnë konsumin e perimeve dhe të frutave dhe shmangien e ushqimeve të skuqura dhe me yndyrë.
6. __________ Studiuesit këshillojnë të konsumohen të paktën një herë në tri ditë produkte të freskëta të gjelbra si: spinaqi, lakra, sallata jeshile, etj.
7. __________ Trupi i njeriut duhet të jetë gjithnjë në lëvizje.
8. __________ Studiuesit këshillojnë ecjen në natyrë.
9. __________ Ata këshillojnë që njerëzit të bëjnë 10 minuta ecje në ditë.
10. __________ Ecja e përditshme në mëngjes dhe në mbrëmje është shumë e këshillueshme, sidomos për organet tona të brendshme: mëlçinë, stomakun dhe mushkëritë.

USHTRIMI 17.12

Answer the following questions based on Leximi 17.1.

1. Çfarë kanë përgatitur studiuesit në Shtetet e Bashkuara?

   ____

2. Çfarë këshillojnë ata?

   ____

3. A këshillohet konsumi i perimeve dhe i frutave?

   ____

4. Çfarë këshillohet që të konsumohet të paktën një herë në ditë?

   ____

5. Si duhet të jetë trupi i njeriut?

   ____

6. Pse këshillohet ecja në natyrë?

   ____

7. Për çfarë ndihmojnë ushtrimet fizike?

   ____

8. Për çfarë ndihmojnë ushtrimet e lehta fizike?

   ____

USHTRIMI 17.13

Complete the following summary of Leximi 17.1 with the appropriate form of the word in parentheses.

1. Studiuesit në ______________ (United States) kanë përgatitur një ______________ (manual) me ______________ (suggestions) për njerëzit që të kenë një ______________ (longevity) deri në 100 vjet.
2. ________________ (It is recommended) konsumi ______________ (of vegetables) dhe i frutave dhe ____________________________ (the avoidance of fried foods) dhe ______________ (greasy).
3. Duhet të ______________ (to be consumed) të paktën një herë në ditë ______________ (fresh green vegetables) si: ______________ (spinach), ______________ (cabbage), ______________ (lettuce), etj.
4. ______________ (According to researchers), është shumë ______________ (important), që ________________ (the body of the individual/person) të jetë gjithnjë __________________ (in movement).
5. ______________ (It is advised) ecja ______________ (light) në natyrë. Bëni ______________ (every day), ______________ (at least) 30 minuta ecje. ______________ (A daily walk), në mëngjes dhe në mbrëmje është shumë e këshillueshme, ______________ (especially) për _________________________ (your internal organs): mëlçinë, stomakun dhe mushkëritë.

6. _______________ (The physical exercises) ju ndihmojnë të __________________ (lower your cholesterol) dhe __________________ (to maintain this way) një ______________________ (ideal body weight).
7. Ushtrimet e lehta gjimnastikore ndihmojnë dhe në ________________ (the cure for rheumatism).

USHTRIMI 17.14

Create dialogues for the following situations.

1. You are visiting Albania and you have gotten sick. You have a high fever and an upset stomach. Call the doctor's office to make an appointment. Describe your symptoms to the doctor's secretary and make an appointment to see the doctor as soon as possible.
2. You go to see a doctor and tell him or her your symptoms. The doctor asks you how you got sick. Invent an appropriate situation. The doctor gives you advice.
3. While eating some almonds (**bajame**), you lost a filling. You go to see a dentist. Have a conversation with her or him.

Pilgrims in Shna Ndo, Laç, Albania (photo: Bevis Fusha)

MËSIMI 18

Përsëritje

Review

LEXIMI 18.1

Zbulimi i vlerave arkeologjike në Shqipëri[1]

Interesi për vlerat arkeologjike të Shqipërisë nis në shek. XIX kur studiues të gjeografisë historike iu kushtuan identifikimit të të dhënave nga burimet antike.

Kështu, i pari që viziton Shqipërinë është francezi Pouqueville.[2] Anglezi Martin Leake, nga shëtitja që bëri në Shqipërinë e Jugut deri në Apoloni, botoi një përshkrim të hollësishëm të objekteve arkeologjike që i ranë në sy.[3] Më vonë arkeologu francez L. Heuzey vizitoi Shqipërinë dhe në studimin e tij u ndal kryesisht mbi Durrësin e Apoloninë.[4] Në fillim të shek. XX vizitoi Apoloninë dhe rrethinat e Vlorës ballkanologu C. Patsch.[5] Ai është i pari që zbuloi qytetin e Amantias dhe më pas botoi një studim të hollësishëm mbi antikitetet që pa në Bylis, Klos, Berat etj.

Gjatë Luftës së Parë Botërore erdhën në Shqipëri arkeologët austriakë C. Praschniker e A. Schober të cilët filluan kërkimet nga Veriu i Shqipërisë në drejtim të Jugut dhe u kushtuan vëmendje edhe monumenteve e qendrave arkeologjike ilire.[6] Më 1924, një mision arkeologjik francez, nën drejtimin e Leon Rey, fillon gërmimet sistematike në Apoloni, të cilat vazhduan deri më 1938 dhe rezultatet u botuan në revistën "Albania."[7] Një mision tjetër arkeologjik italian më 1926 filloi gërmimet në qytetin antik të Foinikes dhe më vonë në Butrint. Në fillim, misioni u drejtua nga L. Ugolini e më pas nga Markoni e Mustili.[8]

Pas Luftës së Dytë Botërore deri më 1990 kërkimet e studimet arkeologjike u bënë nga arkeologë shqiptarë. Më 1948 u krijua në Tiranë Muzeu Arkeologjik-Etnografik, më pas më 1976 u formua Qendra e Studimeve Arkeologjike. Më 1991 u formua Instituti i Arkeologjisë.

Vitet e fundit, kanë ardhur në Shqipëri, të organizuar në ekspedita të shumta, ekspertë të instituteve të arkeologjisë dhe të universiteteve nga e gjithë bota. Grupe të ardhura nga Italia, Franca, Gjermania, Izraeli, Britania, Turqia, SHBA-ja, etj., kanë nisur që nga viti 2006 punën për zbulimin e mistereve të nëntokës në vendin tonë, e cila, ka shumë pasuri arkeologjike. Kërkimet janë përqendruar edhe në pasuritë nënujore që ndodhen në afërsi të brigjeve përgjatë Adriatikut dhe Jonit.

1. Partially adapted from Myzafer Korkuti's *Arkeologjia*.
2. F. C. H. L. Pouqueville, *Voyage dans la Grèce, comprenant la description ancienne et moderne de l'Epirde, de l'Illyrie grecque etc.*, vol. 5 (Paris, 1820–21).
3. W. M. Leake, *Travels in Northern Greece*, vol. 4 (London, 1835).
4. L. Heuzey and H. Daument, *Le mission archéologique de Macèdoine* (Paris, 1876).
5. C. Patsch, *Das Sandschak Berat in Albanien* (Vienna, 1904).
6. C. Praschniker and A. Schober, *Archäologische Forschungen in Albanien und Montenegro* (1919; Vienna: C. Praschniker, Muzakia und Malakastra, 1920).
7. L. Rey, "Albanie," *Revue d'archéologie* (Paris, 1925–39).
8. L. Ugolini, *Albania antica* (Rome, 1927–42); D. Mustili, *La civilta preistorica dell'Albania* (Rome, 1940).

FJALOR

afërsí, -a, -	closeness	lúft/ë, -a, -ëra	war
në afërsí të	in the vicinity of, close to	Lúfta e Párë Botëróre	First World War
i,e árdhur	come	Lúfta e Dýtë Botëróre	Second World War
arkeologjík, -e	archaeological	misión, -i, -e	mission
bot/ój, -óva, -úar	to publish	mistér, -i, -e	mystery
breg, -u, brígje	coast	ndál/em, u -a, -ur	to stop
burím, -i, -e	source	nëntók/ë, -a, -a	underground
drejtím, -i, -e	direction	nënujór, -e	underwater
në drejtím të	toward	nis, -a, -ur	to begin, start
nën drejtímin e	under the direction of	pasurí, -a, -	wealth
drejt/óhem, u -ova, -úar	to be led by	përgjátë	along
ekspedít/ë, -a, -a	expedition	përqendr/óhem, u-óva, -úar	to be concentrated
form/óhem, u -óva, -úar	to be formed, developed	përshkrím, -i, -e	description
gërmím, -i, -e	digging	rrethín/ë, -a, -a	suburbs, environs
i hollësísh/ëm, e -me	detailed	shek., shéku/ll, -lli -j	century
identifikím, -i, -e	identification	i,e shúmtë	multiple, various
kërkím, -i, -e	research	vëméndj/e, -a, -e	attention
krij/óhem, u-óva, -úar	to be created	vlér/ë, -a, -a	value
kusht/óhem, u-óva, -úar (+ dat.)	to be dedicated	zbul/ój, -óva, -úar	to discover
		zbulím, -i, -e	discovery

USHTRIMI 18.1

Indicate whether the following statements are true (T), false (F), or not mentioned (NM). Where they are false or not mentioned, briefly explain why (in Albanian).

1. ______ Interesi për vlerat arkeologjike të Shqipërisë nis në shek. XX.
2. ______ I pari që vizitoi Shqipërinë ishte francezi Pouqueville.
3. ______ Anglezi Martin Leake, nga shëtitja që bëri në Shqipërinë e Jugut deri në Durrës, botoi një përshkrim të hollësishëm të objekteve arkeologjike që i ranë në sy.
4. ______ Arkeologu francez L. Heuzey vizitoi Shqipërinë dhe në studimin e tij u ndal kryesisht mbi Tiranën.
5. ______ Në fillim të shek. XXI vizitoi Apoloninë dhe rrethinat e Vlorës ballkanologu C. Patsch.
6. ______ Ai është i pari që zbuloi qytetin e Amantias dhe më pas botoi një studim të hollësishëm mbi antikitetet që pa në Bylis, Klos, Berat etj.
7. ______ Gjatë Luftës së Parë Botërore erdhën në Shqipëri arkeologët italianë C. Praschniker e A. Schober.

8. ________ Më 1924 filloi gërmimet një mision arkeologjik francez.
9. ________ Një mision tjetër arkeologjik turk më 1926 filloi gërmimet në qytetin antik të Foinikes dhe më vonë në Butrint.
10. ________ Në fillim, misioni u drejtua nga L. Ugolini e më pas nga Markoni e Mustili.

USHTRIMI 18.2

Answer the following questions based on Leximi 18.1.

1. Kur nisi interesi për vlerat arkeologjike të Shqipërisë?
2. Cili ishte i pari që vizitoi Shqipërinë?
3. Çfarë botoi anglezi Martin Leake?
4. Ku u ndal në studimin e tij arkeologu francez Heuzey?
5. Ku filloi gërmimet sistematike misioni arkeologjik francez në vitin 1924?
6. Ku u botuan rezultatet?
7. Kur i filloi punimet misioni italian?
8. Kur u formua Instituti i Arkeologjisë?
9. Nga janë ekspertët që kanë ardhur vitet e fundit në Shqipëri?
10. Ku janë përqendruar kërkimet?

USHTRIMI 18.3

Complete the following text with the appropriate form of the linking article or clitic pronoun. Spaces that require clitic pronouns are indicated as <____>.

Interesi për vlerat arkeologjike ____ Shqipërisë nis në shek. XIX kur studiues ____ gjeografisë historike iu kushtuan identifikimit ____ të dhënave nga burimet antike. Kështu, ____ pari që viziton Shqipërinë është francezi Pouqueville. Anglezi Martin Leake, nga shëtitja që bëri në Shqipërinë ____ Jugut deri në Apoloni, botoi një përshkrim ____ hollësishëm ____ objekteve arkeologjike që <____> ranë në sy. Më vonë arkeologu francez L. Heuzey vizitoi Shqipërinë dhe në studimin ____ tij <____> ndal kryesisht mbi Durrësin e Apoloninë. Në fillim ____ shek. XX vizitoi Apoloninë dhe rrethinat ____ Vlorës ballkanologu C. Patsch. Ai është ____ pari që zbuloi qytetin ____ Amantias dhe më pas botoi një studim ____ hollësishëm mbi antikitetet që pa në Bylis, Klos, Berat etj.

Gjatë Luftës ____ Parë Botërore erdhën në Shqipëri arkeologët austriakë C. Praschniker e A. Schober ____ cilët filluan kërkimet nga Veriu ____ Shqipërisë në drejtim ____ Jugut dhe <____> kushtuan vëmendje edhe monumenteve ____ qendrave arkeologjike ilire. Më 1924 një mision arkeologjik francez, nën drejtimin ____ Leon Rey, fillon gërmimet sistematike në Apoloni, ____ cilat vazhduan deri më 1938 dhe rezultatet <____> botuan në revistën "Albania." Një mision tjetër arkeologjik italian më 1926 filloi gërmimet në qytetin antik ____ Foinikes dhe më vonë në Butrint. Në fillim, misioni <____> drejtua nga L. Ugolini e më pas nga Markoni e Mustili.

Pas Luftës ____ Dytë Botërore deri më 1990 kërkimet ____ studimet arkeologjike <____> bënë nga arkeologë shqiptarë. Më 1948 <____> krijua në Tiranë Muzeu Arkeologjik-Etnografik, më pas më 1976 <____> formua Qendra ____ Studimeve Arkeologjike. Më 1991 <____> formua Instituti ____ Arkeologjisë.

Vitet ____ fundit, kanë ardhur në Shqipëri, ____ organizuar në ekspedita ____ shumta, ekspertë ____ instituteve ____ arkeologjisë dhe ____ universiteteve nga ____ gjithë bota. Grupe ____ ardhura nga Italia, Franca, Gjermania, Izraeli, Britania, Turqia, SHBA-ja, etj., kanë nisur që nga viti 2006 punën për zbulimin ____ mistereve ____ nëntokës në vendin tonë, ____ cila, ka shumë pasuri arkeologjike. Kërkimet janë përqendruar edhe në pasuritë nënujore që ndodhen në afërsi ____ brigjeve përgjatë Adriatikut dhe Jonit.

USHTRIMI 18.4

Complete the following sentences with the appropriate form of the nouns and adjectives.

Interes____ për vler____ arkeologjike të Shqipëri____ nis në shek. XIX kur studiues____ të gjeografi____ historik____ iu kushtuan identifikim____ të të dhën____ nga burim____ antik____. Kështu, i par____ që viziton Shqipëri____ është francez____ Pouqueville. Anglez____ Martin Leake, nga shëtit____ që bëri në Shqipëri____ e Jug____ deri në Apoloni, botoi një përshkrim____ të hollësish____ të objekt____ arkeologjik____ që i ranë në sy. Më vonë arkeolog____ francez L. Heuzey vizitoi Shqipëri____ dhe në studim____ e tij u ndal kryesisht mbi Durrës____ e Apoloni____. Në fillim të shek. XX vizitoi Apoloni____ dhe rrethin____ e Vlor____ ballkanolog____ C. Patsch. Ai është i par____ që zbuloi qytet____ e Amanti____ dhe më pas botoi një studim të hollësish____ mbi antikitet____ që pa në Bylis, Klos, Berat etj.

Gjatë Luft____ së Par____ Botëror____ erdhën në Shqipëri____ arkeolog____ austriak____ C. Praschniker e A. Schober të cilët filluan kërkim____ nga Veri____ i Shqipëri____ në drejtim të Jug____ dhe u kushtuan vëmend____ edhe monument____ e qend____ arkeologjik____ ilir____. Më 1924 një mision arkeologjik____ francez____, nën drejtim____ e Leon Rey, fillon gërmim____ sistematik____ në Apoloni, të cil____ vazhduan deri më 1938 dhe rezultat____ u botuan në revist____ *Albania*. Një mision tjetër arkeologjik____ italian____, më 1926, filloi gërmim____ në qytet____ antik____ të Foinik____ dhe më vonë në Butrint____. Në fillim____, mision____ u drejtua nga L. Ugolini e më pas nga Markoni e Mustili.

Pas Luft____ së Dytë Botëror____ deri më 1990 kërkim____ e studim____ arkeologjik____ u bënë nga arkeolog____ shqiptar____. Më 1948 u krijua në Tiran____ Muze____ Arkeologjik-Etnografik, më pas më 1976 u formua Qend____ e Studim____ Arkeologjik____. Më 1991 u formua Institut____ i Arkeologji____.

Vit____ e fundit, kanë ardhur në Shqipëri____, të organizuar në ekspedit____ të shumt____, ekspert____ të institut____ të arkeologji____ dhe të universitet____ nga e gjithë bot____. Grupe të ardhura nga Itali____, Franc____, Gjermani____, Izrael____, Britani____, Turqi____, SHBA-ja, etj., kanë nisur që nga vit____ 2006 pun____ për zbulim____ e mister____ të nëntok____ në vend____ tonë, e cila, ka shumë pasuri____ arkeologjik____. Kërkim____ janë përqendruar edhe në pasuri____ nënujor_____ që ndodhen në afërsi të brigj____ përgjatë Adriatik_____ dhe Jon____.

USHTRIMI 18.5

Complete the following sentences. Pay attention to the verb endings.

Interesi për vlerat arkeologjike të Shqipërisë nis_____ në shek. XIX kur studiues të gjeografisë historike iu kusht_____ identifikimit të të dhënave nga burimet antike. Kështu, i pari që vizito_____ Shqipërinë është francezi Pouqueville. Anglezi Martin Leake, nga shëtitja që bëri në Shqipërinë e Jugut deri në Apoloni, bot_____ një përshkrim të hollësishëm të objekteve arkeologjike që i ra_____ në sy. Më vonë arkeologu francez L. Heuzey vizit_____ Shqipërinë dhe në studimin e tij u ndal_____ kryesisht mbi Durrësin e Apoloninë. Në fillim të shek. XX vizit_____ Apoloninë dhe rrethinat e Vlorës ballkanologu C. Patsch. Ai është i pari që zbul_____ qytetin e Amantias dhe më pas bot_____ një studim të hollësishëm mbi antikitetet që pa në Bylis, Klos, Berat etj.

Gjatë Luftës së Parë Botërore erdh____ në Shqipëri arkeologët austriakë C. Praschniker e A. Schober të cilët fill_____ kërkimet nga Veriu i Shqipërisë në drejtim të Jugut dhe u kusht_____ vëmendje edhe monumenteve e qendrave arkeologjike ilire. Më 1924 një mision arkeologjik francez, nën drejtimin e Leon Rey, fill_____ gërmimet sistematike në Apoloni, të cilat vazhd_____ deri më 1938 dhe rezultatet u botuan në revistën *Albania*. Një mision tjetër arkeologjik italian më 1926 fill_____ gërmimet në qytetin antik të Foinikes dhe më vonë në Butrint. Në fillim, misioni u drejt_____ nga L. Ugolini e më pas nga Markoni e Mustili.

Pas Luftës së Dytë Botërore deri më 1990 kërkimet e studimet arkeologjike u bë_____ nga arkeologë shqiptarë. Më 1948 u krij_____ në Tiranë Muzeu Arkeologjik-Etnografik, më pas më 1976 u form_____ Qendra e Studimeve Arkeologjike. Më 1991 u form____ Instituti i Arkeologjisë.

Vitet e fundit, ka____ ardh____ në Shqipëri, të organiz____ në ekspedita të shumta, ekspertë të instituteve të arkeologjisë dhe të universiteteve nga e gjithë bota. Grupe të ardh____ nga Italia, Franca, Gjermania, Izraeli, Britania, Turqia, SHBA-ja, etj., ka____ nis____ që nga viti 2006 punën për zbulimin e mistereve të nëntokës në vendin tonë, e cila, ka shumë pasuri arkeologjike. Kërkimet ja____ përqendr____ edhe në pasuritë nënujore që ndodh____ në afërsi të brigjeve përgjatë Adriatikut dhe Jonit.

The theater at Butrint (photo: Albes Fusha)

USHTRIMI 18.6

Create a description for each of the following situations.

1. One of your friends from Albania is planning to visit your country. Recommend four places for her to visit. Describe those places and tell her about their history.
2. Many of the monuments and relics of antiquity can be found in the major museums in Europe. Find pictures of these objects on the Internet and describe them, including their origin and the period they date from. Finish your presentation by arguing in favor of or against returning these objects to the countries from which they were taken.

APPENDIX 1

Personal pronouns and clitic pronouns

	First-Person Singular	Second-Person Singular	Third-Person Singular (masc.)	Third-Person Singular (fem.)
Nominative	unë	ti	ai	ajo
Accusative	mua, më	ty, të	atë, e	atë, e
Dative	mua, më	ty, të	atij, i	asaj, i
Ablative[1]	(prej) meje	(prej) teje	(prej) atij	(prej) asaj

	First-Person Plural	Second-Person Plural	Third-Person Plural (masc.)	Third-Person Plural (fem.)
Nominative	ne	ju	ata	ato
Accusative	ne, na	ju, ju	ata, i	ato, i
Dative	neve, na	juve, ju	atyre, u	atyre, u
Ablative	(prej) nesh	(prej) jush	(prej) atyre	(prej) atyre

1. For genitive (possessive) forms, please see appendix 3.

APPENDIX 2

Demonstrative pronouns and adjectives

Near the speaker ('this', 'these')

	Masculine Singular	Feminine Singular	Masculine Plural	Feminine Plural
Nominative	ky	kjo	këta	këto
Accusative	këtë	këtë	këta	këto
Dative	këtij	kësaj	këtyre	këtyre
Genitive	i,e këtij	i,e kësaj	i,e këtyre	i,e këtyre
Ablative	(prej) këtij	(prej) kësaj	(prej) këtyre	(prej) këtyre

Far from the speaker ('that', 'those')

	Masculine Singular	Feminine Singular	Masculine Plural	Feminine Plural
Nominative	ai	ajo	ata	ato
Accusative	atë	atë	ata	ato
Dative	atij	asaj	atyre	atyre
Genitive	i,e atij	i,e asaj	i,e atyre	i,e atyre
Ablative	(prej) atij	(prej) asaj	(prej) atyre	(prej) atyre

APPENDIX 3

Possessive adjectives

My

	Masculine Singular	Feminine Singular	Masculine Plural	Feminine Plural
Nominative	im	ime	e mi	e mia
Accusative	tim	time	e mi	e mia
Genitive, Dative, Ablative	tim	sime	të mi	të mia

Your (informal possessor)

	Masculine Singular	Feminine Singular	Masculine Plural	Feminine Plural
Nominative	yt	jote	e tu	e tua
Accusative	tënd	tënde	e tu	e tua
Genitive, Dative, Ablative	tënd	sate	të tu	të tua

His

	Masculine Singular	Feminine Singular	Masculine Plural	Feminine Plural
Nominative	i tij	e tij	e tij	e tij
Accusative	e tij	e tij	e tij	e tij
Genitive, Dative, Ablative	të tij	së tij	të tij	të tij

Her

	Masculine Singular	Feminine Singular	Masculine Plural	Feminine Plural
Nominative	i saj	e saj	e saj	e saj
Accusative	e saj	e saj	e saj	e saj
Genitive, Dative, Ablative	të saj	së saj	të saj	të saj

Our

	Masculine Singular	Feminine Singular	Masculine Plural	Feminine Plural
Nominative	ynë	jonë	tanë	tona
Accusative	tonë	tonë	tanë	tona
Genitive, Dative, Ablative	tonë	sonë	tanë	tona

Your (formal or plural possessor)

	Masculine Singular	Feminine Singular	Masculine Plural	Feminine Plural
Nominative	juaj	juaj	tuaj	tuaja
Accusative	tuaj	tuaj	tuaj	tuaja
Genitive, Dative, Ablative	tuaj	suaj	tuaj	tuaja

Their

	Masculine Singular	Feminine Singular	Masculine Plural	Feminine Plural
Nominative	i tyre	e tyre	e tyre	e tyre
Accusative	e tyre	e tyre	e tyre	e tyre
Genitive, Dative, Ablative	të tyre	së tyre	të tyre	të tyre

APPENDIX 4

The interrogative and relative pronouns **cili** 'which' and **kush** 'who'

	Masculine Singular	Feminine Singular	Masculine Plural	Feminine Plural	
Nominative	cili	cila	cilët	cilat	kush
Accusative	cilin	cilën	cilët	cilat	kë
Dative	cilit	cilës	cilëve	cilave	kujt
Genitive	i,e cilit	i,e cilës	cilëve	i,e cilave	i,e kujt
Ablative	(prej) cilit	(prej) cilës	(prej) cilëve	(prej) cilave	(prej) kujt

APPENDIX 5

Masculine nouns

Masculine nouns ending in **-k, -g,** or **-h**

Indefinite form

	Singular	Plural
Nominative	(një) shok	(disa) shokë
Accusative	(një) shok	(disa) shokë
Dative	(një) shok**u**	(disa) shok**ëve**
Genitive	i,e (një) shok**u**	i,e (disa) shok**ëve**
Ablative	(prej) (një) shok**u**	(prej) (disa) shok**ësh**

Definite form

	Singular	Plural
Nominative	shok**u**	shok**ët**
Accusative	shok**un**	shok**ët**
Dative	shok**ut**	shok**ëve**
Genitive	i,e shok**ut**	i,e shok**ëve**
Ablative	(prej) shok**ut**	(prej) shok**ëve**

Masculine nouns ending in **-ër**

Indefinite form

	Singular	Plural
Nominative	(një) libër	(disa) libr**a**
Accusative	(një) libër	(disa) libr**a**
Dative	(një) libr**i**	(disa) libr**ave**
Genitive	i,e (një) libr**i**	i,e (disa) libr**ave**
Ablative	(prej) (një) libr**i**	(prej) (disa) libr**ash**

Definite form

	Singular	Plural
Nominative	libr**i**	libr**at**
Accusative	libr**in**	libr**at**
Dative	libr**it**	libr**ave**
Genitive	i,e libr**it**	i,e libr**ave**
Ablative	(prej) libr**it**	(prej) libr**ave**

Masculine nouns ending in a consonant other than **-k, -g, -h,** or **-ër**

Indefinite form

	Singular	Plural
Nominative	(një) student	(disa) student**ë**
Accusative	(një) student	(disa) student**ë**
Dative	(një) student**i**	(disa) student**ëve**
Genitive	i,e (një) student**i**	i,e (disa) student**ëve**
Ablative	(prej) (një) student**i**	(prej) (disa) student**ësh**

Definite form

	Singular	Plural
Nominative	student**i**	student**ët**
Accusative	student**in**	student**ët**
Dative	student**it**	student**ëve**
Genitive	i,e student**it**	i,e student**ëve**
Ablative	(prej) student**it**	(prej) student**ëve**

APPENDIX 6

Feminine nouns

Feminine nouns ending in **-ë**

Indefinite form

	Singular	Plural
Nominative	(një) çantë	(disa) çant**a**
Accusative	(një) çantë	(disa) çant**a**
Dative	(një) çante	(disa) çant**ave**
Genitive	i,e (një) çante	i,e (disa) çant**ave**
Ablative	(prej) (një) çante	(prej) (disa) çant**ash**

Definite form

	Singular	Plural
Nominative	çanta	çant**at**
Accusative	çantë**n**	çant**at**
Dative	çantë**s**	çant**ave**
Genitive	i,e çantë**s**	i,e çant**ave**
Ablative	(prej) çantë**s**	(prej) çant**ave**

Feminine nouns ending in **-e**

Indefinite form

	Singular	Plural
Nominative	(një) studente	(disa) studente
Accusative	(një) studente	(disa) studente
Dative	(një) studente**je**	(disa) studente**ve**
Genitive	i,e (një) studente**je**	i,e (disa) studente**ve**
Ablative	(prej) (një) studente**je**	(prej) (disa) studente**sh**

Definite form

	Singular	Plural
Nominative	student**ja**	studente**t**
Accusative	studente**n**	studente**t**
Dative	studentes	studente**ve**
Genitive	i,e studentes	i,e studente**ve**
Ablative	(prej) studentes	(prej) studente**ve**

Feminine nouns ending in stressed **-i**

Indefinite form

	Singular	Plural
Nominative	(një) shtëpi	(disa) shtëpi
Accusative	(një) shtëpi	(disa) shtëpi
Dative	(një) shtëpi**e**	(disa) shtëpi**ve**
Genitive	i,e (një) shtëpi**e**	i,e (disa) shtëpi**ve**
Ablative	(prej) (një) shtëpi**e**	(prej) (disa) shtëpi**sh**

Definite form

	Singular	Plural
Nominative	shtëpi**a**	shtëpi**të**
Accusative	shtëpi**në**	shtëpi**të**
Dative	shtëpi**së**	shtëpi**ve**
Genitive	i,e shtëpi**së**	i,e shtëpi**ve**
Ablative	(prej) shtëpi**së**	(prej) shtëpi**ve**

Feminine nouns ending in **-ër, -ël, -ëll,** or **-ërr**

Indefinite form

	Singular	Plural
Nominative	(një) motër	(disa) motr**a**
Accusative	(një) motër	(disa) motr**a**
Dative	(një) motr**e**	(disa) motr**ave**
Genitive	i,e (një) motr**e**	i,e (disa) motr**ave**
Ablative	(prej) (një) motr**e**	(prej) (disa) motr**ash**

Definite form

	Singular	Plural
Nominative	motr**a**	motr**at**
Accusative	motr**ën**	motr**at**
Dative	motr**ës**	motr**ave**
Genitive	i,e motr**ës**	i,e motr**ave**
Ablative	(prej) motr**ës**	(prej) motr**ave**

APPENDIX 7

Linking articles with class 2 adjectives

Masculine nouns

Definite form

	Singular	Plural
Nominative	djali **i** bukur	djemtë **e** bukur
Accusative	djalin **e** bukur	djemtë **e**[1] bukur
Dative	djalit **të** bukur	djemve **të** bukur
Genitive	i,e djalit **të** bukur	djemve **të** bukur
Ablative	(prej) djalit **të** bukur	(prej) djemve **të** bukur

Indefinite form

	Singular	Plural
Nominative	(një) djalë **i** bukur	(disa) djem **të** bukur
Accusative	(një) djalë **të** bukur	(disa) djem **të** bukur
Dative	(një) djali **të** bukur	(disa) djemve **të** bukur
Genitive	i,e (një) djali **të** bukur	(disa) djemve **të** bukur
Ablative	(prej) (një) djali **të** bukur	(prej) (disa) djemsh **të** bukur

Feminine nouns

Definite form

	Singular	Plural
Nominative	vajza **e** bukur	vajzat **e** bukura
Accusative	vajzën **e** bukur	vajzat **e**[2] bukura
Dative	vajzës **së** bukur	vajzave **të** bukura
Genitive	i,e vajzës **së** bukur	vajzave **të** bukura
Ablative	(prej) vajzës **së** bukur	(prej) vajzave **të** bukura

Indefinite form

	Singular	Plural
Nominative	(një) vajzë **e** bukur	(disa) vajza **të** bukura
Accusative	(një) vajzë **të** bukur	(disa) vajza **të** bukura
Dative	(një) vajze **të** bukur	(disa) vajzave **të** bukura
Genitive	i,e (një) vajze **të** bukur	(disa) vajzave **të** bukura
Ablative	(prej) (një) vajze **të** bukur	(prej) (disa) vajzash **të** bukura

1. This adjectival article **e** becomes **të** if the adjective does not immediately follow the definite noun.
2. See previous note.

APPENDIX 8

Present and imperfect verb forms

Class 1 verbs
punoj 'to work'

	Present Indicative	Present Subjunctive/(Future)	Imperfect
unë	puno**j**	(do) të puno**j**	puno**ja**
ti	puno**n**	(do) të puno**sh**	puno**je**
ai, ajo	puno**n**	(do) të puno**jë**	puno**nte**
ne	puno**jmë**	(do) të puno**jmë**	puno**nim**
ju	puno**ni**	(do) të puno**ni**	puno**nit**
ata, ato	puno**jnë**	(do) të puno**jnë**	puno**nin**

Class 2 verbs
hap 'to open'

	Present Indicative	Present Subjunctive/(Future)	Imperfect
unë	hap	(do) të hap	hap**ja**
ti	hap	(do) të hap**ësh**	hap**je**
ai, ajo	hap	(do) të hap**ë**	hap**te**
ne	hap**im**	(do) të hap**im**	hap**nim**
ju	hap**ni**	(do) të hap**ni**	hap**nit**
ata, ato	hap**in**	(do) të hap**in**	hap**nin**

Class 3 verbs
ha 'to eat'

	Present Indicative	Present Subjunctive/(Future)	Imperfect
unë	ha	(do) të ha	ha**ja**
ti	ha	(do) të ha**sh**	ha**je**
ai, ajo	ha	(do) të ha**jë**	ha**nte**
ne	ha**më**	(do) të ha**më**	ha**nim**
ju	ha**ni**	(do) të ha**ni**	ha**nit**
ata, ato	ha**në**	(do) të ha**në**	ha**nin**

Class 4 verbs
iki 'to go'

	Present Indicative	Present Subjunctive/(Future)	Imperfect
unë	ik**i**	(do) të ik**i**	ik**ja**
ti	ik**ën**	(do) të ik**ësh**	ik**je**
ai, ajo	ik**ën**	(do) të ik**ë**	ik**te**
ne	ik**im**	(do) të ik**im**	ik**nim**
ju	ik**ni**	(do) të ik**ni**	ik**nit**
ata, ato	ik**in**	(do) të ik**in**	ik**nin**

Class 5 verbs

jam 'to be'

	Present Indicative	Present Subjunctive/(Future)	Imperfect
unë	jam	(do) të jem	isha
ti	je	(do) të jesh	ishe
ai, ajo	është	(do) të jetë	ishte
ne	jemi	(do) të jemi	ish**im**
ju	jeni	(do) të jeni	ish**it**
ata, ato	janë	(do) të jenë	ish**in**

kam 'to have'

	Present Indicative	Present Subjunctive/(Future)	Imperfect
unë	kam	(do) të kem	kisha
ti	ke	(do) të kesh	kishe
ai, ajo	ka	(do) të ketë	kishte
ne	kemi	(do) të kemi	kish**im**
ju	keni	(do) të keni	kish**it**
ata, ato	kanë	(do) të kenë	kish**in**

dua 'to want'

	Present Indicative	Present Subjunctive/(Future)	Imperfect
unë	dua	(do) të dua	do**ja**
ti	do	(do) të dua**sh**	do**je**
ai, ajo	do	(do) të do**jë**	do**nte**
ne	dua**m**	(do) të dua**m**	do**nim**
ju	do**ni**	(do) të do**ni**	do**nit**
ata, ato	dua**n**	(do) të dua**n**	do**nin**

them 'to say'

	Present Indicative	Present Subjunctive/(Future)	Imperfect
unë	them	(do) të them	thosha
ti	thua	(do) të thua**sh**	thoshe
ai, ajo	thotë	(do) të tho**të**	thoshte
ne	the**mi**	(do) të the**mi**	thosh**im**
ju	tho**ni**	(do) të tho**ni**	thosh**it**
ata, ato	tho**në**	(do) të tho**në**	thosh**in**

Class 6 verbs

Verbs ending in -**hem**

zgjohem 'to wake up'

	Present Indicative	Present Subjunctive/(Future)	Imperfect
unë	zgjo**hem**	(do) të zgjo**hem**	zgjo**hesha**
ti	zgjo**hesh**	(do) të zgjo**hesh**	zgjo**heshe**
ai, ajo	zgjo**het**	(do) të zgjo**het**	zgjo**hej**
ne	zgjo**hemi**	(do) të zgjo**hemi**	zgjo**heshim**
ju	zgjo**heni**	(do) të zgjo**heni**	zgjo**heshit**
ata, ato	zgjo**hen**	(do) të zgjo**hen**	zgjo**heshin**

Verbs ending in **-em**

nisem 'to depart'

	Present Indicative	Present Subjunctive/(Future)	Imperfect
unë	nis**em**	(do) të nis**em**	nis**esha**
ti	nis**esh**	(do) të nis**esh**	nis**eshe**
ai, ajo	nis**et**	(do) të nis**et**	nis**ej**
ne	nis**emi**	(do) të nis**emi**	nis**eshim**
ju	nis**eni**	(do) të nis**eni**	nis**eshit**
ata, ato	nis**en**	(do) të nis**en**	nis**eshin**

APPENDIX 9

Most common regular and irregular verbs

Present Indicative	Present Indicative (Second- and Third-Person Singular)	Present Indicative (Second-Person Plural)	Present Subjunctive (Second-Person Singular)	Present Subjunctive (Third-Person Singular)	Imperative (Second-Person Singular)	Imperfect (First-Person Singular)	English
bëj	bën	bëni	të bësh	të bëjë	bëj	bëja	do
bie	bie	bini	të biesh	të bjerë	bjer	bija	fall
blej	blen	blini	të blesh	të blejë	bli	blija	buy
dal	del	dilni	të dalësh	të dalë	dil	dilja	leave
di	di	dini	të dish	të dijë	di	dija	know
dua	do	doni	të duash	të dojë	duaj	doja	want
eci	ecën	ecni	të ecësh	të ecë	ec	ecja	walk
flas	flet	flisni	të flasësh	të flasë	fol	flitja[1]	speak
fle	fle	flini	të flesh	të flejë	fli	flija	sleep
gjej	gjen	gjeni	të gjesh	të gjejë	gjej	gjeja	find
ha	ha	hani	të hash	të hajë	ha	haja	eat
hipi	hipën	hipni	të hipësh	të hipë	hip	hipja	get on
hyj	hyn	hyni	të hysh	të hyjë	hyr	hyja	enter
iki	ikën	ikni	të ikësh	të ikë	ik	ikja	go
jam	je/është	jeni	të jesh	të jetë	ji	isha	be
jap	jep	jepni	të japësh	të japë	jep	jepja	give
kam	ke/ka	keni	të kesh	të ketë	ki	kisha	have
lë	lë	lini	të lësh	të lërë	lër	lija	leave
luaj	luan	luani	të luash	të luajë	luaj	luaja	play
marr	merr	merrni	të marrësh	të marrë	merr	merrja	take
ngre	ngre	ngrini	të ngresh	të ngrejë	ngri	ngrija	lift
njoh	njeh	njihni	të njohësh	të njohë	njih	njihja	know
paguaj	paguan	paguani	të paguash	të paguajë	paguaj	paguaja	pay
pi	pi	pini	të pish	të pijë	pi	pija	drink
pres	pret	pritni	të presësh	të presë	prit	pritja[2]	wait
pres	pret	pritni	të presësh	të presë	pre, prit	pritja	cut
punoj	punon	punoni	të punosh	të punojë	puno	punoja	work
pyes	pyet	pyesni	të pyesësh	të pyesë	pyet	pyesja	ask
rri	rri	rrini	të rrish	të rrijë	rri	rrija	stay
sjell	sjell	sillni	të sjellësh	të sjellë	sill	sillja	bring
shes	shet	shitni	të shesësh	të shesë	shit	shitja[3]	sell
shkoj	shkon	shkoni	të shkosh	të shkojë	shko	shkoja	come
shkruaj	shkruan	shkruani	të shkruash	të shkruajë	shkruaj	shkruaja	write
shoh	sheh	shihni	të shohësh	të shohë	shih	shihja	see

1. Also **flisja**.
2. Also **prisja**.

them	thua/thotë	thoni	të thuash	të thotë	thuaj	thosha	say
thërras	thërret	thërrisni	të thërrasësh	të thërrasë	thirr	thirrja	call
vdes	vdes	vdisni	të vdesësh	të vdesë	vdis	vdisja	die
vesh	vesh	vishni	të veshësh	të veshë	vish	vishja	wear
vë	vë	vini	të vësh	të vërë	vër	vija	put
vij	vjen	vini	të vish	të vijë	eja	vija	come
vras	vret	vritni	të vrasësh	të vrasë	vrit	vritja	kill
zbres	zbret	zbritni	të zbresësh	të zbresë	zbrit	zbritja	get off
zgjedh	zgjedh	zgjidhni	të zgjedhësh	të zgjedhë	zgjidh	zgjidhja	choose

3. Also **shisja**.

APPENDIX 10

Past tense of regular and irregular verbs

Class 1 verbs

	blej 'to buy'	laj 'to wash'	fshij 'to sweep'	fryj 'to blow'	punoj 'to work'	shkruaj 'to write'	thyej 'to break'
unë	bleva	lava	fshiva	fryva	punova	shkrova	theva
ti	bleve	lave	fshive	fryve	punove	shkrove	theve
ai, ajo	bleu	lau	fshiu	fryu	punoi	shkroi	theu
ne	blemë	lamë	fshimë	frymë	punuam	shkruam	thyem
ju	bletë	latë	fshitë	frytë	punuat	shkruat	thyet
ata, ato	blenë	lanë	fshinë	frynë	punuan	shkruan	thyen

Some common irregular class 1 verbs

bëj 'to do': bëra, bëre, bëri, bëmë, bëtë, bënë
hyj 'to enter': hyra, hyre, hyri, hymë, hytë, hynë
arrij 'to arrive': arrita, arrite, arriti, arritëm, arritët, arritën
gjej 'to find': gjeta, gjete, gjeti, gjetëm, gjetët, gjetën
luaj 'to play': luajta, luajte, luajti, luajtëm, luajtët, luajtën
ruaj 'to protect': ruajta, ruajte, ruajti, ruajtëm, ruajtët, ruajtën

Class 2 verbs

	hap 'to open'	bërtas 'to shut'	njoh 'to know'
unë	hapa	bërtita	njoha
ti	hape	bërtite	njohe
ai, ajo	hapi	bërtiti	njohu
ne	hapëm	bërtitëm	njohëm
ju	hapët	bërtitët	njohët
ata, ato	hapën	bërtitën	njohën

Some common irregular class 2 verbs

godas 'to hit, strike': godita, godite, goditi, goditëm, goditët, goditën
paraqes 'to introduce': paraqita, paraqite, paraqiti, paraqitëm, paraqitët, paraqitën
pres 'to wait': prita, prite, priti, pritëm, pritët, pritën[1]
pyes 'to ask': pyeta, pyete, pyeti, pyetëm, pyetët, pyetën
shes 'to sell': shita, shite, shiti, shitëm, shitët, shitën
trokas 'to knock': trokita, trokite, trokiti, trokitëm, trokitët, trokitën

1. There are two verbs **pres**, one meaning 'to cut', which is regular, and another meaning 'to wait', which is irregular, as shown below:

'to cut': preva, preve, preu, premë, pretë, prenë
'to wait': prita, prite, priti, pritëm, pritët, pritën

The verb **vras** 'to kill, murder' takes similar endings to the first **pres** 'to cut' in the preterit:
'to kill, murder': vrava, vrave, vrau, vramë, vratë, vranë

zbres 'to get off, go down': zbrita, zbrite, zbriti, zbritëm, zbritët, zbritën
dal 'to go out': dola, dole, doli, dolëm, dolët, dolën
djeg 'to burn': dogja, dogje, dogji, dogjëm, dogjët, dogjën
flas 'to speak': fola, fole, foli, folëm, folët, folën
hedh 'to throw': hodha, hodhe, hodhi, hodhëm, hodhët, hodhën
marr 'to take': mora, more, mori, morëm, morët, morën
ndjek 'to follow': ndoqa, ndoqe, ndoqi, ndoqëm, ndoqët, ndoqën
nxjerr 'to take out/off': nxora, nxore, nxori, nxorëm, nxorët, nxorën
pjek 'to grill, bake, roast': poqa, poqe, poqi, poqëm, poqët, poqën
sjell 'to bring': solla, solle, solli, sollëm, sollët, sollën
vjedh 'to steal': vodha, vodhe, vodhi, vodhëm, vodhët, vodhën
zgjedh 'to choose': zgjodha, zgjodhe, zgjodhi, zgjodhëm, zgjodhët, zgjodhën
vesh 'to dress (someone)': vesha, veshe, veshi, veshëm, veshët, veshën
zhvesh 'to undress (someone)': zhvesha, zhveshe, zhveshi, zhveshëm, zhveshët, zhveshën
thërras 'to call': thirra, thirre, thirri, thirrëm, thirrët, thirrën
kreh 'to comb (someone's hair)': kreha, krehe, kreh**u**, krehëm, krehët, krehën
vdes 'to die': vdiqa, vdiqe, vdi**q**, vdiqëm, vdiqët, vdiqën

Class 3 verbs

	pi 'to drink'	di 'to know'	vë 'to put'
unë	piva	di**ta**	vu**ra**
ti	pive	di**te**	vu**re**
ai, ajo	piu	di**ti**	vu**ri**
ne	pi**më**	di**tëm**	vu**më**
ju	pi**të**	di**tët**	vu**të**
ata, ato	pi**në**	di**tën**	vu**në**

Some common irregular class 3 verbs

fle 'to sleep': fjeta, fjete, fjeti, fjetëm, fjetët, fjetën
ngre 'to lift': ngrita, ngrite, ngriti, ngritëm, ngritët, ngritën
bie 'to bring': prura, prure, pruri, prumë, prutë, prunë
ha 'to eat': hëngra, hëngre, hëngri, hëngrëm, hëngrët, hëngrën
shpie 'to bring': shpura, shpure, shpuri, shpumë, shputë, shpunë
zë 'to catch': zura, zure, zuri, zumë, zutë, zunë

Class 4 verbs

	eci 'to go'	hipi 'to get on'	iki 'to go away'
unë	ec**a**	hipa	ika
ti	ec**e**	hipe	ike
ai, ajo	ec**i**	hipi	iki
ne	ec**ëm**	hipëm	ikëm
ju	ec**ët**	hipët	ikët
ata, ato	ec**ën**	hipën	ikën

Class 5 verbs

Class 5 is composed of irregular verbs by definition, so all these verbs will be irregular in the past tense as well.

dua 'to want': desha, deshe, deshi, deshëm, deshët, deshën
bie 'to fall': rashë, re, ra, ramë, ratë, ranë
jam 'to be': qeshë, qe, qe, qemë, qetë, qenë
jap 'to give': dhashë, dhe, dha, dhamë, dhatë, dhanë
lë 'to leave': lashë, le, la, lamë, latë, lanë
shoh 'to see': pashë, pe, pa, pamë, patë, panë
them 'to say': thashë, the, tha, thamë, thatë, thanë
rri 'to stay': ndenja, ndenje, ndenji, ndenjëm, ndenjët, ndenjën
kam 'to have': pata, pate, pati, patëm, patët, patën
vete 'to go': vajta, vajte, vajti, vajtëm, vajtët, vajtën
vij 'to come': erdha, erdhe, erdhi, erdhëm, erdhët, erdhën

Class 6 verbs

	takohem 'to meet'	kthehem 'to return'	hapen 'to be opened'	merrem 'to be busy with'	bëhem 'to become'	ngrihem 'to get up'
unë	**u** tak**ova**	**u** kth**eva**	**u** hap**a**	**u** mor**a**	**u** bër**a**	**u** ngrit**a**
ti	**u** tak**ove**	**u** kth**eve**	**u** hap**e**	**u** mor**e**	**u** bër**e**	**u** ngrit**e**
ai, ajo	**u** tak**ua**	**u** kth**ye**	**u** hap	**u** mor	**u** bë	**u** ngrit
ne	**u** tak**uam**	**u** kth**yem**	**u** hap**ëm**	u mor**ëm**	**u** bë**më**	**u** ngrit**ëm**
ju	**u** tak**uat**	**u** kth**yet**	**u** hap**ët**	**u** mor**ët**	**u** bë**të**	**u** ngrit**ët**
ata, ato	**u** tak**uan**	**u** kth**yen**	u hap**ën**	**u** mor**ën**	**u** bë**në**	**u** ngrit**ën**

Some common class 6 verbs

afr/ohem, u -ova, -uar	to go closer
ank/ohem, u -ova, -uar	to complain
bëhem, u bëra (u bë), bërë	to become
cakt/ohem, u -ova, -uar	to be appointed
çlir/ohem, u -ova, -uar	to be liberated
çlodh/em, u -a, -ur	to rest
ç/ohem, u -ova, -uar	to stand up, wake up
çudit/em, u -a, -ur	to be surprised
dashur/ohem, u -ova, -uar	to be/fall in love
deh/em, u -a, -ur	to get drunk
detyr/ohem, u -ova, -uar	to be obliged
digjem, u dogja, djegur	to be burned
elimin/ohem, u -ova, -uar	to be eliminated
emër/ohem, u -ova, -uar	to be nominated
fal/em, u -a, -ur	to be forgiven, pray
fej/ohem, u -ova, -uar	to get engaged to someone
fsh/ihem, u -eha, -ehur	to hide oneself, dry oneself
ft/ohem, u -ova, -uar	to be invited, get a cold
ftoh/em, u -a, -ur	to get a cold
fundos/em, u -a, -ur	to sink
habit/em, u -a, -ur	to be surprised
inatos/em, u -a, -ur	to get angry
interes/ohem, u -ova, -uar-ova, -uar	to be interested

jepem, u dhashë, dhënë	to devote oneself
kujt/ohem, u -ova, -uar	to remember
kënaq/em, u -a, -ur	to enjoy something, be pleased with
krihem, u kreha, krehur	to comb one's hair
kth/ehem, u -eva, -yer	to return, come back
kujdes/em, u -a, -ur	to care, take care of
lag/em, u -a, -ur	to get wet
la/hem, u -va, -rë	to get washed
lajmër/ohem, u -ova, -uar	to be announced, be informed
larg/ohem, u -ova, -uar	to move away, leave
lind/em, u -a, -ur	to be born
lodh/em, u -a, -ur	to get tired
lut/em, u -a, -ur	to beg, pray
merrem, u mora, marrë	to get involved, occupy oneself, deal with
mart/ohem, u -ova, -uar	to get married
mend/ohem, u -ova, -uar	to think (about)
mërzit/em, u -a, -ur	to get bored
mës/ohem, u -ova, -uar	to get used to
ndihem, u ndjeva, ndier	to feel
ndodh/em, u -a, -ur	to be situated
ngri/hem, u -ta, -tur	to get up
ngjit/em, u -a, -ur	to ascend, climb
nis/em, u -a, -ur	to depart, set out
njihem, u njoha, njohur	to acquaint oneself with
ofend/ohem, u -ova, -uar	to be offended
pag/uhem, u -ova, -uar	to be paid
paraqit/em, u -a, -ur	to introduce oneself, appear
pastr/ohem, u -ova, -uar	to be cleaned
pend/ohem, u -ova, -uar	to regret, repent
përdor/em, u -a, -ur	to be used
përfaqës/ohem, u -ova, -uar	to represent
përgatit/em, u -a, -ur	to be prepared
përgjigj/em, u -a, -ur	to answer, respond
përpiqem, u përpoqa, përpjekur	to try, make an effort
përqendr/ohem, u -ova, -uar	to concentrate
plagos/em, u -a, -ur	to get wounded
pran/ohem, u -ova, -uar	to be accepted
puth/em, u -a, -ur	to kiss each other
qeth/em, u -a, -ur	to get one's hair cut
qu/hem, u -ajta, -ajtur	to be called
regjistr/ohem, u -ova, -uar	to register
rrit/em, u -a, -ur	to grow up, be increased
rruhem, u rrova, rruar	to shave
sëmur/em, u -a, -ur	to get sick
shihem, u pashë, parë	to see each other
shqetës/ohem, u -ova, -uar	to worry about, be concerned
shtri/hem, u -va, -rë	to lie down, lie on
tak/ohem, u -ova, -uar	to meet with
tall/em, u -a, -ur	to make fun of, kid

tremb/em, u -a, -ur	to be frightened, be scared
thirr/em, u -a, -ur	to be called out
udhëh/iqem, u -oqa, -equr	to be led, be guided
ul/em, u -a, -ur	to sit down
vendos/em, u -a, -ur	to be put, be placed
vishem, u vesha, veshur	to get dressed
von/ohem, u -ova, -uar	to be late
vritem, u vrava, vrarë	to be killed
zbul/ohem, u -ova, -uar	to uncover/reveal oneself
zemër/ohem, u -ova, -uar	to get angry
zgjat/em, u -a, -ur	to get taller, continue, extend
zgj/idhem, u -odha, -edhur	to be elected
zgj/ohem, u -ova, -uar	to wake up
zihem, u zura, zënë	to fight, to quarrel
zhduk/em, u -a, -ur	to disappear
zhvill/ohem, u -ova, -uar	to be developed, take place
zhvishem, u zhvesha, zhveshur	to undress, take one's clothes off

APPENDIX 11

Answers to selected exercises

Mësimi 1

Ushtrimi 1.1

1. Unë. Ti. 2. Ne. 3. Ju. Unë. 4. Ajo, ai. 5. Ata. 6. Ato. 7. Ata.

Ushtrimi 1.2

1. Jam. 2. Jeni, jemi. 3. Janë. 4. Jam. Je. Jam. 5. Është. 6. Jemi. 7. Janë. 8. Janë. 9. Janë. 10. Është, është.

Ushtrimi 1.4

1. Ora është shtatë. 2. Ora është dhjetë. 3. Ora është nëntë. 4. Ora është njëmbëdhjetë. 5. Ora është dymbëdhjetë. 6. Ora është pesë. 7. Ora është tre. 8. Ora është një. 9. Ora është dy. 10. Ora është katër. 11. Ora është gjashtë. 12. Ora është tetë.

Ushtrimi 1.6

1. (A) jeni ju Drini? Po, unë jam Drini. 2. (A) jeni ju Genta? Po, unë jam Genta. 3. (A) jeni ju Iliri? Po, unë jam Iliri. 4. (A) jeni ju Arbri? Po, unë jam Arbri. 5. (A) jeni ju Vesa? Po, unë jam Vesa. 6. (A) jeni ju Edoni? Po, unë jam Edoni. 7. (A) jeni ju Besmiri? Po, unë jam Besmiri. 8. (A) jeni ju Entela? Po, unë jam Entela. 9. (A) jeni ju Kaltrina? Po, unë jam Kaltrina. 10. (A) jeni ju Ermali? Po, unë jam Ermali.

Ushtrimi 1.7

1. (A) je ti Drini? Po, unë jam Drini. 2. (A) je ti Genta? Po, unë jam Genta. 3. (A) je ti Iliri? Po, unë jam Iliri. 4. (A) je ti Arbri? Po, unë jam Arbri. 5. (A) je ti Vesa? Po, unë jam Vesa. 6. (A) je ti Edoni? Po, unë jam Edoni. 7. (A) je ti Besmiri? Po, unë jam Besmiri. 8. (A) je ti Entela? Po, unë jam Entela. 9. (A) je ti Kaltrina? Po, unë jam Kaltrina. 10. (A) je ti Ermali? Po, unë jam Ermali.

Ushtrimi 1.8

1. (A) është ai Drini? Jo, ai nuk është Drini./Jo, ai s'është Drini. Ai është Brizi. 2. (A) është ajo Drita? Jo, ajo nuk është Drita./Jo, ajo s'është Drita. Ajo është Persida. 3. (A) është ajo Dhurata? Jo, ajo nuk është Dhurata./ Jo, ajo s'është Dhurata. Ajo është Manjola. 4. (A) është ai Kastrioti? Jo, ai nuk është Kastrioti./Jo, ai s'është Kastrioti. Ai është Shpëtimi. 5. (A) është ai Genci? Jo, ai nuk është Genci./Jo, ai s'është Genci./Ai është Mondi.

Ushtrimi 1.9

1. (A) janë ata Artani dhe Beni? Jo, ata nuk janë Artani dhe Beni. Ata janë Edi dhe Arditi. 2. (A) janë ato Qëndresa dhe Lirza? Jo, ato s' janë Qëndresa dhe Lirza. Ato janë Flaka dhe Kaltrina. 3. (A) janë ata Liridoni dhe Trimi? Jo, ata nuk janë Liridoni dhe Trimi. Ata janë Amli dhe Kevini. 4. (A) janë ato Manjola dhe Alma? Jo, ato s'janë Manjola dhe Alma. Ato janë Dhurata dhe Andra. 5. (A) janë ato Lura dhe Jonida? Jo, ato s'janë Lura dhe Jonida. Ato janë Eni dhe Kristina.

Ushtrimi 1.10

1. Mirëmëngjes, Çiljeta! Mirëmëngjes _____. Çiljeta, sa është ora? Ora është dhjetë. 2. Mirëmëngjes, Erjon! Mirëmëngjes _____. Erjon, sa është ora? Ora është nëntë. 3. Mirëmëngjes, Agron! Mirëmëngjes _____.

Agron, sa është ora? Ora është tetë. 4. Mirëmëngjes, Gëzim! Mirëmëngjes ____. Gëzim, sa është ora? Ora është dymbëdhjetë. 5. Mirëmëngjes, Jehona! Mirëmëngjes ____. Jehona, sa është ora? Ora është gjashtë.

Mësimi 2

Ushtrimi 2.2

1. Zonja Paola është nga Italia. 2. Zonja Paola flet italisht. 3. Jo, zonja Paola nuk është nga Franca. 4. Jo, Drini nuk është nga Italia. 5. Drini flet shqip. 6. Jo, Drini nuk është francez. 7. Drini është shqiptar. 8. Zonja Paola flet italisht. 9. Drini flet shqip. 10. Po, zoti Pjer është nga Franca.

Ushtrimi 2.3

1. Italia. 2. Italisht. 3. Franca. 4. Frëngjisht. 5. Shqipëria. 6. Shqip. 7. Frëngjisht. 8. Shqiptar. 9. Italiane. 10. Francez.

Ushtrimi 2.4

1. Ai është nga Shqipëria; është shqiptar. Ajo është nga Shqipëria; është shqiptare. 2. Ai është nga Anglia; është anglez. Ajo është nga Anglia; është angleze. 3. Ai është nga Bullgaria; është bullgar. Ajo është nga Bullgaria; është bullgare. 4. Ai është nga Gjermania; është gjerman. Ajo është nga Gjermania; është gjermane. 5. Ai është nga Kina; është kinez. Ajo është nga Kina; është kineze.

Ushtrimi 2.5

1. Ahmeti është nga Turqia; (ai) është turk. 2. Gëzimi është nga Shqipëria; (ai) është shqiptar. 3. Mingu është nga Kina; (ai) është kinez. 4. Elena është nga Gjermania; (ajo) është gjermane. 5. Melita është nga Greqia; (ajo) është greke.

Ushtrimi 2.9

	nga . . .	kombësi	italisht	frëngjisht	gjermanisht	shqip
Paola	Italia	italiane	x	x		
Pjer	Franca	francez		x	x	
Ava	Franca	franceze		x		
Besa	Shqipëria	Shqiptare		x		x

Ushtrimi 2.13

1. Drini dhe unë flasim shqip. Ne jemi nga Shqipëria. 2. A flisni ju greqisht? Jo, ne nuk flasim greqisht. Ne flasim spanjisht dhe pak shqip. 3. A janë Pjeri dhe Ava nga Egjipti? Jo, nuk janë nga Egjipti. Janë nga Franca. Mohamedi është nga Egjipti. Nga je ti? Unë jam nga Anglia. 4. Pse flisni ju shqip? Ne flasim shqip, sepse jemi nga Shqipëria! Nga jeni ju? Unë jam nga Suedia dhe flas suedisht.

Mësimi 3

Ushtrimi 3.2

1. Paola dhe zoti Marko janë nga Roma. Ata banojnë në Romë. 2. Paola është në Shqipëri me pushime. 3. Jo, Zoti Pjer nuk është nga Parisi. 4. Zoti Pjer banon në Paris. 5. Zoti Pjer po mëson shqip në universitet. 6. Drini është nga Tirana. 7. Drini/Ai nuk banon në Tiranë. Ai banon në Sarandë. 8. Po, zoti Pjer është i martuar. 9. Eduardi është 12 vjeç. 10. Maria është 10 vjeçe.

Ushtrimi 3.3

1. Italia. Roma. Romë. 2. Franca. Paris, Parisi. Lioni. 3. Shqipëria. Tirana, Tiranë. Sarandë. 4. Amerika. Bostoni, Shqipëri. Korçë. Korça. 5. Austria. Vjena, Vjenë. Shqipëri, Vlorë.

Ushtrimi 3.4

1. Banoj. 2. Banoni, banojmë. 3. Banojnë. 4. Banoj, banoj. 5. Banon. 6. Banojmë. 7. Banojnë. 8. Banojnë. 9. Banojnë. 10. Banon, banon.

Ushtrimi 3.5

1. Bëni, mësojmë. 2. Bën, punon. 3. Bëjnë, flasin. 4. Bën. Mësoj. 5. Bëjnë, mësojnë.

Ushtrimi 3. 7

Drilona po vjen nga puna. 2. Ajo po shkon në shtëpi. 3. Gëzimi po shkon te Sokoli. 4. Sokoli ka dy fëmijë. 5. Vajza e Sokolit është 8 vjeçe. 6. Djali i Sokolit është 10 vjeç. 7. Jo, ata nuk shkojnë në universitet. 8. Po, Drilona ka një vajzë. 9. Vajza e Drilonës është 5 vjeçe. 10. Po, ajo shkon në kopsht. Ajo shkon në kopsht me biçikletë. 11. Në mbrëmje, Drilona lexon, shikon televizor ose gatuan. 12. Gëzimi lexon ose shikon televizor.

Ushtrimi 3.8

1. Vjen, Vlora, banon, punon, Tiranë. 2. Vjen, Durrësi, banon, punon, Tiranë, shkon, shkon, autobus, ka. 3. Kemi, banojnë, punojnë, lexojnë, shikojnë. 4. Shkon, shkoj, shkon, shkoj. 5. Bën, shkoj, shkon, shkoj. 6. Vini, vijmë, është. 7. Shkon./Shkoni, shkoj/shkojmë.

Ushtrimi 3.10

1. Bëjnë tetëdhjetë e tre. 2. Bëjnë njëqind e tridhjetë e dy. 3. Bëjnë gjashtëqind e shtatëdhjetë e pesë. 4. Bëjnë tetëqind e njëzet.

Ushtrimi 3.12

Skënderi, Shqipëria, Vlora, Tiranë, punon, Tiranë, kupton, mëson, kupton, mësuese, punon, Skënderi, punon, punon, fillon, mbaron, kanë, shkon, djali, mëson, luan.

Mësimi 4

Ushtrimi 4.2

1. Alma, Doruntina dhe Adea janë mjeke. 2. Beni është inxhinier dhe punon në fabrikë. 3. Pjeri dhe Ava janë dentistë. Ata janë francezë. 4. Tomi dhe Stefania janë ekonomistë dhe punojnë në një bankë në Boston, në Shtetet e Bashkuara. 5. Elena është mësuese në një shkollë në Korçë. Ajo punon të hënën, të martën, të mërkurën, të enjten dhe të premten. 6. Të shtunën pushon. 7. Jo, ata nuk punojnë bashkë. Elena punon në Korçë, kurse burri i saj, Johani, punon në Tiranë. 8. Bledi dhe Bora janë kosovarë. Ata punojnë në teatër.

Ushtrimi 4.3

1. Ky burrë është kuzhinier. Është italian dhe punon në Korçë. Këta burra janë kuzhinierë. Janë italianë dhe punojnë në Korçë. 2. Ky burrë është artist. Është rumun dhe punon në Berat. Këta burra janë artistë. Janë rumunë dhe punojnë në Berat. 3. Ky burrë është piktor. Është portugez dhe punon në Elbasan. Këta burra janë portugezë. Janë piktorë dhe punojnë në Elbasan. 4. Ky burrë është muzikant. Është gjerman dhe punon në Durrës. Këta burra janë muzikantë. Janë gjermanë dhe punojnë në Durrës. 5. Ky burrë është shofer. Është egjiptian dhe punon në Korçë. Këta burra janë shoferë. Janë egjiptianë dhe punojnë në Korçë. 6. Kjo grua është sekretare. Është greke dhe punon në Vlorë. Këto gra janë sekretare. Janë greke dhe punojnë në Vlorë. 7. Kjo grua është kameriere. Është kineze dhe punon në Krujë. Këto gra janë kamariere. Janë kineze dhe punojnë në Krujë.

Ushtrimi 4.5

1. E hënë, e shtunë. 2. E enjte, e premte, e martë, e hënë. 3. E martë, e mërkurë, e diel. 4. E diel, e premte, e enjte.

Ushtrimi 4.6

1. Ç'punë bëjnë ata? Janë vallëtarë. Kur vallëzojnë ata? Vallëzojnë çdo fundjavë. 2. Ç'punë bën ti? Jam futbollist. Kur luan futboll? Luaj futboll të dielën. 3. Ç'punë bën ajo? Është pastruese. Kur pastron ajo? Ajo pastron çdo ditë. 4. Çfarë profesioni ka ai? Është shkrimtar. Kur shkruan ai romane? Ai shkruan romane të hënën dhe të mërkurën. 5. Ç'profesion ka zonja Dodona? Është mësuese. Kur shpjegon ajo? Ajo shpjegon të hënën, të martën, të mërkurën, të enjten, të premten. Ajo shpjegon nga e hëna deri të premten. 6. Ç'po bën kjo gazetare? Ajo po raporton një aksident. Kur po raporton ajo? Tani. 7. Ç'punë bën zoti Pjer? Zoti Pjer është kuzhinier. Kur gatuan zoti Pjer? Zoti Pjer gatuan të shtunën dhe të dielën.

Ushtrimi 4.8

1. Agimi dhe Mira po bëjnë shëtitje. 2. Mira ka një fotografi. 3. Gjergji është 48 vjeç. Ai punon në spital. 4. Teuta është gazetare. Ajo është 41 vjeçe. 5. Ajo punon në një gazetë. 6. Mira ka një vëlla. Ai është student. 7. Brikena punon në fundjavë. 8. Albani është 18 vjeç. 9. Agimi ka dy bileta për në kinema.

Ushtrimi 4.9

1. Bëjnë, bëjnë, gjejnë, hyjnë. 2. Shkoni, shkojmë, shkon, shkoj. 3. Dëshironi, dua, do, dua, duam, vjen.

Ushtrimi 4.11

1. Agroni është shqiptaro-amerikan dhe jeton në Amerikë. 2. Jo, nuk banon në Shqipëri. 3. Babai i tij është shqiptar, kurse nëna e tij është amerikane. 4. Jo, në shtëpi nuk flasin shqip. 5. Agroni nuk flet shqip në shtëpi, sepse nëna e tij nuk flet asnjë fjalë shqip. 6. Agroni studion shqip në universitet. 7. Ai studion shqip çdo ditë, sepse gjuha shqipe është e vështirë. 8. Jo, Agroni nuk banon në shtëpi. Ai banon në konvikt. 9. Ai ka disa shokë shqiptarë. 10. Ai nuk flet shqip me ata, sepse ai flet shqip me vështirësi. 11. Në mbrëmje shkon në bibliotekë. 12. Të shtunën shkon në kinema ose në diskotekë. 13. Bledi është vëllai i tij (i Agronit). Ai është nxënës dhe shkon në shkollë nga e hëna deri të premten. 14. Bora është motra e tij (e Agronit). 15. Po, motra e Agronit është e martuar. Burri i saj është avokat. Ai jep edhe mësim në universitet.

Mësimi 5

Ushtrimi 5.2

1. Ku është zogu? Zogu është djathtas. 2. Ku është studenti? Studenti është në universitet. 3. Ku është peshku? Peshku është në frigorifer. 4. Ku është kolltuku? Kolltuku është në dhomë. 5. Ku është lapsi? Lapsi është në tryezë. 6. Ku është shtëpia? Shtëpia është afër. 7. Ku është frigoriferi? Frigoriferi është në kuzhinë. 8. Ku është vajza? Vajza është në shkollë. 9. Ku është televizori? Televizori është në dyqan. 10. Ku është shkolla? Shkolla është afër. 11. Ku është shahu? Shahu është mbi tryezë. 12. Ku është studentja? Studentja është në universitet. 13. Ku është çelësi? Çelësi është mbi tryezë. 14. Ku është flamuri? Flamuri është jashtë. 15. Ku është mësuesi? Mësuesi është në shkollë. 16. Ku është fletorja? Fletorja është në shtëpi. 17. Ku është karrigia? Karrigia është në dhomë. 18. Ku është kutia? Kutia është mbi karrige. 19. Ku është tryeza? Tryeza është në oborr. 20. Ku është luga? Luga është mbi tryezë.

Ushtrimi 5.3

1. A ka një pirun këtu? Po, këtu ka një pirun. Ku është piruni? Piruni është mbi tryezë. 2. A ka një lule këtu? Po, këtu ka një lule. Ku është lulja? Lulja është në vazo. 3. A ka një makinë këtu? Po, këtu ka një makinë. Ku është makina? Makina është në garazh. 4. A ka një fletore këtu? Po, këtu ka një fletore. Ku është fletorja? Fletorja është mbi tryezë. 5. A ka një mjek këtu? Po, këtu ka një mjek. Ku është mjeku? Mjeku është në spital. 6. A ka një kolltuk këtu? Po, këtu ka një kolltuk. Ku është kolltuku? Kolltuku është në shtëpi. 7. A ka një çelës këtu? Po, këtu ka një çelës. Ku është çelësi? Çelësi është këtu. 8. A ka një gotë këtu? Po, këtu ka një gotë. Ku është gota? Gota është në kuzhinë. 9. A ka një pemë këtu? Po, këtu ka një pemë. Ku është pema? Pema është në oborr. 10. A ka një dritare këtu? Po, këtu ka një dritare. Ku është dritarja? Dritarja është atje.

Ushtrimi 5.5

1. Dea është nga Tirana. 2. Martini është nga Shëngjini. 3. Tirana është një qytet i madh dhe i bukur. 4. Shëngjini është një qytet i vogël bregdetar. 5. Koha në dimër nuk është e keqe. Nuk bën shumë ftohtë, por bie shpesh shi. Shumë rrallë bie edhe borë. 6. Vera në Tiranë është e nxehtë. Bën shumë vapë dhe rrallëherë bie shi. 7. Martini thotë se vjeshta është stinë e trishtuar, sepse qielli është shpesh gri dhe nganjëherë ka dhe mjegull. 8. Koha në pranverë është e ngrohtë dhe natyra është e bukur. Qielli është i kaltër; dielli ndriçon. Dita është e gjatë; nata është e shkurtër. 9. Po, në dimër në Tiranë bie shpesh shi. 10. Në verë, dielli ndriçon, deti është blu dhe qyteti është plot jetë.

Ushtrimi 5.7

1. Qyteti është i madh dhe i bukur. 2. Rruga është e zhurmshme. 3. Natyra është e këndshme në pranverë. 4. Pranvera është stinë e bukur. 5. Dimri është i ftohtë. 6. Dita është e gjatë. 7. Shtëpia është e qetë. 8. Vjeshta është e bukur dhe pak e trishtuar. 9. Qielli është i kaltër. 10. Qyteti është i qetë.

Ushtrimi 5.8

1. Fletorja e kuqe është mbi tryezë. 2. Gazeta e sotme është këtu. 3. Djali i vogël tani shkon në shkollë. 4. Libri i bardhë është mbi tryezë. 5. Tryeza është e kuqe. 6. Kjo birrë është e ftohtë, kurse ajo është e ngrohtë. 7. Mësimi i ri është i lehtë. 8. Diskoteka e re është e hapur, kurse diskoteka e vjetër është e mbyllur. 9. Studenti i ri nuk është i shëndetshëm, ai është shpesh i sëmurë. 10. Lulja është e verdhë; nuk është e gjelbër.

Ushtrimi 5.9

1. Sa vajzë e bukur! 2. Sa djalë i gjatë! 3. Sa grua e zgjuar! 4. Sa ushtrim i lehtë! 5. Sa makinë e shtrenjtë! 6. Sa shtëpi e vjetër! 7. Sa dimër i ftohtë! 8. Sa verë e nxehtë! 9. Sa libër i vështirë! 10. Sa qytet i vjetër!

Ushtrimi 5.10

1. Xhimi është nga Shtetet e Bashkuara dhe tani është në Sarandë. 2. Është muaji gusht. Është verë. 3. Data është 15 gusht 2012. 4. Xhimi është me pushime në Sarandë. Ai është në hotel 'Cosmopole'. 5. Koha është e mirë. Në mëngjes, temperatura është 20 gradë. Nuk bën vapë. 6. Dhoma nuk është si dhoma e tij në Uashington. Dhoma ka pamje nga deti. 7. Në ballkon ka dy karrige, një tryezë dhe një çadër. 8. Në dhomë ka frigorifer dhe televizor. 9. Jo, Xhimi shikon vetëm kanale shqiptare sepse do të mësojë shqip mirë. 10. Ai blen çdo ditë dy gazeta. 11. Ai ka dy shokë. Ata punojnë në Sarandë në verë. Valdeti punon si kamerier në një hotel afër, kurse Tofiku është murator. Valdeti është nga Tirana dhe Tofiku është nga Prishtina (nga Kosova). 10. Tani në Sarandë ka kryesisht turistë nga Ballkani, por jo nga Evropa Perëndimore.

Mësimi 6

Ushtrimi 6.2

1. Po, Pamela është nga Uashingtoni. 2. Babai i saj është dentist dhe punon në një klinikë dentare. 3. Nëna e saj është pedagoge. Punon në universitet. Jep letërsi. 4. Pamela ka një motër dhe një vëlla. Ata shkojnë në shkollë. 5. Pamela studion në universitet. Ajo studion për matematikë. 6. Këtë semestër ajo ka katër lëndë. 7. Pamela studion shqip, sepse babai i saj është shqiptar. 8. Po, ajo ka bursë nga universiteti. 9. Të shtunën në mëngjes noton në pishinë ose vrapon. Pastaj studion pak. Në mbrëmje shkon në diskotekë ose në kinema. 10. Të dielën shkon në bibliotekë.

Mësimi 7

Ushtrimi 7.2

1. Klasa ka 15 studentë. 2. Po, studentët janë fillestarë. 3. Studentët mësojnë shqip për shumë arsye. Disa studentë po mësojnë shqip, sepse jetojnë në Shqipëri. Disa po mësojnë shqip sepse janë studiues dhe po bëjnë kërkime në Shqipëri. Në klasë ka edhe dy përkthyes. Ata flasin disa gjuhë dhe tani po mësojnë edhe shqip.

4. Studiuesit bëjnë kërkime. 5. Studentët flasin shqip, lexojnë tekste, bëjnë ushtrime dhe shpesh shohin në televizor emisione kulturore. 6. Jo shumë. 7. Po, ata shohin filma në klasë. 8. Po, ata bëjnë diskutime për filmat që shohin. 9. Po, ata japin mendime për tekstet që lexojnë në klasë. 10. Klasa duket shumë interesante dhe informuese.

Ushtrimi 7.3

gabim, gabimi, gabime, gabimet; përkthyes, përkthyesi, përkthyes, përkthyesit; ushtrim, ushtrimi, ushtrime, ushtrimet; televizor, televizori, televizorë, televizorët; film, filmi, filma, filmat; studiues, studiuesi, studiues, studiuesit; kërkim, kërkimi, kërkime, kërkimet; mendim, mendimi, mendime, mendimet.

Ushtrimi 7.4

1. Këta këngëtarë janë nga Turqia. 2. Unë njoh disa kuzhinierë në hotel. 3. Ata mësojnë disa mësime çdo ditë. 4. Ne lexojmë disa libra. 5. Unë njoh disa djem. 6. Ne shohim disa filma në mbrëmje. 7. Universitetet janë në kryeqytete. 8. Takimet mbarojnë në orën katër. 9. Kuzhinierët po gatuajnë darkë. 10. Mësuesit po shikojnë disa emisione në televizor.

Ushtrimi 7.5

1. Zakonisht bëj disa gabime kur shkruaj. 2. Përkthyesit po përkthejnë disa libra 3. Këta burra po shohin disa filma. 4. Ku janë vëllezërit? 5. Ushtrimet janë në fletore. 6. Tani po lexojmë disa tekste. 7. Ku janë gjyshërit dhe baballarët? 8. Unë njoh disa studiues gjermanë. 9. Nxënësit janë në klasë. 10. Mësuesit po shpjegojnë disa ushtrime.

Ushtrimi 7.7

1. Po sheh lajmet në televizor. 2. Lajmet po japin një kronikë për një olimpiadë ballkanike. 3. Është një olimpiadë ballkanike në matematikë. 4. Po, ka dhe një ekip me nxënës shqiptarë. 5. Rezultatet e tyre janë shumë të mira. (Ata po arrijnë rezultate shumë të mira.) 6. Mësuesit e tyre thonë se këta djem të rinj dhe vajza të reja janë krenaria jonë. 7. Vetë nxënësit thonë se në olimpiadë ka shumë vajza të talentuara dhe djem të talentuar, prandaj konkurrenca është shumë e fortë. 8. Nxënësit studiojnë disa orë në ditë, sepse ushtrimet janë shumë të vështira. 9. Po, ata janë shumë të gëzuar që kanë rezultate të larta. 10. Po, ekipet shqiptare janë të suksesshme në aktivitete të rëndësishme ballkanike dhe botërore.

Ushtrimi 7.8

1. Nxënësit janë të mirë. 2. Rezultatet janë të larta. 3. Ekipet shqiptare janë të suksesshme. 4. Këto vajza të gëzuara po flasin në telefon. 5. Këto aktivitete janë të rëndësishme. 6. Studentët janë shumë të gëzuar. 7. Djemtë e rinj nuk janë në shtëpi. 8. Këto vajza të reja po diskutojnë. 9. Mësueset janë të kënaqura me nxënësit. 10. Mësuesit janë të kënaqur me nxënësit.

Ushtrimi 7.9

1. Qytetet janë të mëdha dhe të bukura. 2. Djemtë janë të mëdhenj. 3. Ditët janë të këndshme në pranverë. 4. Netët janë të ngrohta. 5. Ushtrimet janë të gjata. 6. Shtëpitë janë të qeta. 7. Mësimet janë të vështira. 8. Studentet janë të talentuara. 9. Nxënësit janë të mirë. 10. Librat janë të bukur.

Ushtrimi 7.10

1. Djali i vogël tani shkon në shkollë. Djemtë e vegjël tani shkojnë në shkollë. 2. Fletorja e kuqe është mbi tryezë. Fletoret e kuqe janë mbi tryezë. 3. Lulja është e verdhë; nuk është e gjelbër. Lulet janë të verdha, nuk janë të gjelbra. 4. Libri i bardhë është mbi tryezë. Librat e bardhë janë mbi tryezë. 5. A është i shtrenjtë apo i lirë ai fjalor? A janë të shtrenjtë apo të lirë ata fjalorë? 6. Kjo birrë është e ftohtë, kurse ajo është e ngrohtë. Këto birra janë të ftohta, kurse ato janë të ngrohta. 7. Kjo valixhe është e lehtë, ndërsa ajo atje është e rëndë. Këto valixhe janë të lehta, ndërsa ato atje janë të rënda. 8. Mësimi i ri është i lehtë. Mësimet e reja janë të lehta. 9. Ky dyqan është i hapur, kurse ai atje është i mbyllur. Këto dyqane janë të hapura, kurse ato atje janë

të mbyllura. 10. Kjo revistë është shumë e shtrenjtë. Kjo revistë, nga ana tjetër, është e lirë. Këto revista janë shumë të shtrenjta. Këto revista, nga ana tjetër, janë të lira.

Ushtrimi 7.12

1. Tirana është një qytet i madh dhe i bukur. 2. Në Tiranë ka shumë ndërtesa të reja dhe të vjetra. 3. Ndërtesat e reja janë të larta dhe moderne. 4. Ndërtesat e vjetra janë kryesisht të ulëta dhe me ngjyra të forta. 5. Në ditët e sotme, Tirana është një qytet plot me hotele, restorante, bare dhe kafene. 6. Në shesh ndodhen Muzeu Historik Kombëtar, Pallati i Kulturës, Hotel ‚Tirana', Xhamia e Ethem Beut, Kulla e Sahatit. 7. Kulla e Sahatit është 35 metra e lartë. 8. Po, kulla është e hapur për turistët. 9. Qendra të rëndësishme kulturore janë Teatri i Operës dhe i Baletit, Teatri Kombëtar, Galeria e Arteve etj. 10. Klima në Tiranë është e mirë. Temperaturat në dimër nuk janë shumë të ulëta. Kurse në verë janë të larta.

Ushtrimi 7.13

Tirana është një qytet i madh dhe i bukur. Në Tiranë ka shumë ndërtesa të reja dhe të vjetra. Ndërtesat e reja janë të larta dhe moderne, kurse ndërtesat e vjetra janë kryesisht të ulëta dhe me ngjyra të forta. Në ditët e sotme, Tirana është një qytet plot me hotele, restorante, bare dhe kafene. Tirana ka në qendër një shesh të madh dhe të bukur. Ky është sheshi ‚Skënderbej'. Atje ndodhen Muzeu Historik Kombëtar, Pallati i Kulturës, Hotel ‚Tirana', Xhamia e Ethem Beut, Kulla e Sahatit. Kulla e Sahatit është 35 metra e lartë. Kulla është e hapur për turistët. Nga kjo kullë turistët shohin pamje shumë të bukura. Muzeu Historik Kombëtar është një muze shumë i rëndësishëm dhe me shumë objekte historike. Në Tiranë ka disa kisha dhe xhami. Teatri i Operës dhe i Baletit, Teatri Kombëtar, Galeria e Arteve etj., janë qendra të rëndësishme kulturore. Në Tiranë ka universitete publike dhe private. Tirana ka klimë të mirë. Dimri është i shkurtër dhe i butë. Temperaturat në dimër nuk janë shumë të ulëta. Kurse vera është e nxehtë dhe me temperatura të larta.

Mësimi 8

Ushtrimi 8.2

1. Bojkeni është në zyrë. 2. Eanda është në shtëpi. 3. Eanda ka nevojë për disa gjëra. 4. Eanda po përgatit një byrek dhe një ëmbëlsirë me mjaltë dhe arra. 5. Bojkeni shkon në dyqan. 6. Eanda do dy kilogramë miell. 7. Bojkeni blen në dyqan dy kilogramë sheqer. 8. Po, ai blen dy pako kafe dhe një kuti kakao. 9. Po, ai blen 2 litra vaj ulliri. 10. Po, ata kanë disa kuti me çaj në shtëpi.

Ushtrimi 8.3

1. Kush po hap dritaret? Unë po hap dritaret. 2. Çfarë po përgatitni ju? Ne po përgatisim një ëmbëlsirë. Po ata, çfarë po përgatisin? 3. Ku po shëtitni ju? Ne po shëtisim në qytet. 4. Kush po mbyll dyert? Djali po mbyll dyert. 5. Çfarë po matni ju? Ne po masim një shtëpi. 6. Në çfarë ore dalin ata nga zyra? Ata dalin në orën 17:00. Po ju, kur dilni? Ne dalim për një orë. 7. Ti po merr një shoqe në telefon. 8. Unë po marr një kilogram arra në dyqan. 9. Ju po dilni nga shtëpia dhe po shkoni në zyrë. 10. Kush po merr në telefon? Një shok po merr në telefon.

Ushtrimi 8.4

1. Gjyshi është më i sëmurë se gjyshja. 2. Kjo zyrë është më e madhe se dhoma ime. 3. Kjo fotografi është më e bukur se ajo. 4. Gëzimi është më i gjatë se vëllai i tij. 5. Kjo kafe është më e keqe se ajo. 6. Ky mësim është më i lehtë se ai. 7. Dona dhe Besa janë më të zëna se Sokoli. 8. Artani është djali më i lumtur nga të gjithë. 9. Shtëpia ime është më e re se shtëpia jote. 10. Këto valixhe janë më të rënda se ato.

Ushtrimi 8.6

1. Ana do të blejë dy kilogramë domate. 2. Domatet janë shumë të mira. 3. Po, në dyqan ka speca të kuq. 4. Ana blen edhe një kilogram qepë të bardha dhe dy kilogramë tranguj. 5. Bizelet janë shumë të freskëta. 6. Po, Ana blen dy kilogramë qershi, një shalqi dhe dy pjepra të vegjël. 7. Qershitë janë shumë të ëmbla.

8. Jo, kajsi nuk ka. 9. Dardhat janë pak të forta, por janë shumë të shijshme. 10. Po, Ana blen një kilogram mollë të kuqe.

Ushtrimi 8.7

1. Ato po shkojnë që të blejnë fruta. 2. Ti duhet të flasësh me shokët që të vijnë sonte në koncert. 3. Ne po presim që të takojmë mësueset dhe të bisedojmë për detyrat. 4. Ti duhet të shkosh në disa dyqane, derisa të gjesh atë që dëshiron. 5. Është mirë të flasim bashkë për këto probleme. 6. Është e nevojshme që të dëgjoni edhe studentët, para se të jepni rezultatet. 7. Ti duhet të dalësh nga zyra, sepse këtu ne nuk mund të bisedojmë. 8. Kur të vijë nëna, po vij dhe unë. 9. Flasim kur ju të shkoni atje. 10. Po fillojnë të dalin shumë probleme.

Ushtrimi 8.9

1. Për njerëzit është shumë e rëndësishme një dietë e shëndetshme dhe e rregullt. 2. Njerëzit duhet të kenë çdo ditë në tryezë frutat, perimet e freskëta dhe drithërat. 3. Njerëzit e shëndetshëm duhet të konsumojnë katër deri në gjashtë gota ujë në ditë. 4. Një dietë e mirë duhet të ketë vitamina dhe kripëra minerale që janë shumë të nevojshme. 5. Mjekët, në dimër, këshillojnë të përdorim sa më shumë perime dhe fruta të freskëta që kanë vitamina A dhe C. 6. Mandarina, kivi, spinaqi, kungulli dhe karota kanë vitamina A dhe C. 7. Vitaminë E kanë gruri, bajamet, arrat, patatet dhe lajthitë. 8. Në verë është mirë të konsumojmë shumë perime dhe fruta, sepse kanë ujë. 9. Në situata stresi mjekët këshillojnë një dietë me bukë, makarona, oriz, sallatë jeshile, qepë, djathë, kos, vezë dhe qumësht. 9. Në këto situata është mirë të mos përdorim kafe, çaj, kakao apo çokollata. 10. Po, alkooli është shumë i dëmshëm.

Mësimi 9

Ushtrimi 9.2

1. Arturi banon në Tiranë. 2. Ai po flet me agjencinë imobiliare ‚Tirana'. 3. Agjencia imobiliare ‚Tirana'. 4. Arturi po kërkon një apartament me dy dhoma dhe një kuzhinë. 5. Po, agjencia ofron vetëm një apartament në rrugën ‚Mine Peza'. 6. Apartamenti është i pamobiluar. 7. Çmimi është rreth 25 000 lekë. 8. Po, Arturi është shumë i interesuar për këtë apartament. 9. Ai do të shohë apartamentin. 10. Ai shkon në agjenci në orën dhjetë.

Ushtrimi 9.3

1. Kush është kjo? Kjo është Drita. Ç'bën ajo? Ajo po takon një vajzë. Çfarë ka vajza? Vajza ka një mace. 2. Kush janë ata? Ata janë Erdriti, Vera, Beni dhe Igli. Çfarë bëjnë ata? Ata po bisedojnë. Për çfarë po bisedojnë ata? Ata po bisedojnë për një raport ekonomik. 3. Kush është ajo? Ajo është Moza. Çfarë po bën Moza? Moza po luan golf. Me kë po luan Moza? Moza po luan vetëm. 4. Kush është kjo? Kjo është Sara. Çfarë po bën Sara? Sara po flet në telefon. Me kë po flet në telefon Sara? Sara po flet në telefon me Rean. 5. Kush është ky? Ky është Agimi. Çfarë bën Agimi? Agimi mëson shqip. Ku mëson shqip Agimi? Agimi mëson shqip në shkollë.

Ushtrimi 9.4

1. Kë, Drinin. 2. Kush, kjo, kjo, ajo, Erjonin, Albanin, Besartin. 3. Çfarë, mësuesit, këto. 4. Kë, këta, këta, një sportist. 5. Cilën, Entelën, studente.

Ushtrimi 9.7

1. Klara po bisedon me recepsionisten. 2. Klara telefonon sepse do të bëjë një rezervim. 3. Rezervimi është për datat 10–15 tetor. 4. Klara rezervon dy dhoma. 5. Klara preferon (parapëlqen) katin e tetë dhe katin e dhjetë. 6. Çmimi përfshin qëndrimin në hotel dhe mëngjesin. 6. Po, hoteli ka një restorant shumë të mirë. 8. Klara mund të paguajë me kartë. 9. Klara kërkon taksi për datën 10 tetor. 10. Recepsionistja thotë se duhet të dinë orën e saktë kur vjen avioni, si dhe linjën ajrore.

Ushtrimi 9.8

1. Do të shkoni, do të shkojmë, do të hamë. 2. Të pini, kemi, të pimë. 3. Ha, ha. 4. Flini, flemë, flenë. 5. Flisni, hamë, flasim.

Ushtrimi 9.9

1. Unë banoj në katin e parë. 2. Dhoma është në katin e tretë. 3. Po flas me mësuesen e re. 4. Po dëgjoj mësimin e ri. 5. Hoteli është i madh dhe i bukur. 6. Qëndrimi në hotel nuk është i gjatë. 7. Po shikojmë dritaren e hapur. 8. Çmimet janë të larta. 9. Ky është hoteli im i preferuar. 10. Dhomat janë shumë të mira.

Mësimi 10

Ushtrimi 10.2

1. Në Republikën e Shqipërisë ka disa festa zyrtare. 2. Festat fetare janë: Pashkët Katolike, Pashkët Ortodokse, Dita e Novruzit, Bajrami i Madh, Bajrami i Vogël dhe Krishtlindjet. 3. Dita e Novruzit ose Dita e Sulltan Novruzit, është festa e bektashinjve. 4. Bektashizmi është një sekt fetar islamik. 5. Dita e Verës është një festë pagane. 6. Ajo simbolizon largimin e dimrit dhe ardhjen e pranverës. 7. Dita e Verës është festë tradicionale në qytetin e Elbasanit. 8. Dita e Pavarësisë është më 28 Nëntor. 9. Dita e Çlirimit është më 29 Nëntor. 10. Dita e Punëtorëve është më 1 Maj. 11. Emri i vërtetë i Nënë Terezës është Gonxhe Bojaxhi. 12. Pesë Maji është Dita e Dëshmorëve. 13. Shtatë Marsi është Dita e Mësuesit. 14. Dita Ndërkombëtare e Fëmijëve është më 1 Qershor. 15. Është Dita e Lumturimit të Nënë Terezës.

Ushtrimi 10.4

1. Fletorja e vajzës është mbi karrige./Fletoret e vajzave janë mbi karrige. 2. Libri i djalit është mbi televizor./Librat e djemve janë mbi televizor. 3. Ky është lapsi i studentit./Këta janë lapsat e studentëve. 4. Po lexoj librin e shkrimtarit shqiptar./Po lexoj librat e shkrimtarëve shqiptarë. 5. Ai po shikon djalin e motrës./ Ai po shikon djemtë e motrave. 6. Shikoj nga dritarja vajzën e shoqes./Shikoj nga dritarja vajzat e shoqeve. 7. Biçikleta e nënës është blu./Biçikletat e nënave janë blu. 8. Kjo është dhoma e hotelit./Këto janë dhomat e hoteleve. 9. Kërkoj fjalorin e anglishtes./Kërkoj fjalorët e anglishtes./10. Po takoj babanë e djalit./Po takoj baballarët e djemve.

Ushtrimi 10.6

1. Në Tiranë ka shumë aktivitete kulturore. 2. Në Teatrin e Operës dhe të Baletit ka një shfaqje shumë të bukur. 3. Koncerti fillon në orën 20:00. 4. Po, në Akademinë e Arteve të Bukura ka një koncert recital. 5. Është koncerti i një pianisteje shqiptare. 6. Në Pallatin e Kongreseve fillon Festivali i Këngës në Radio-Televizion. 7. Po, ka bileta për në festival. 8. Trupa e Teatrit Kombëtar shfaq një shfaqje të re. 9. Është e një dramaturgu rumun. 10. Punimet janë të piktorëve shkodranë: Kolë Idromeno dhe Zef Kolombi.

Ushtrimi 10.7

1. Kjo është klasa e nxënëses. Këto janë klasat e nxënëseve. Unë shikoj klasën e nxënëses. Unë shikoj klasat e nxënëseve. 2. Kjo është galeria e artit. Këto janë galeritë e arteve. Unë shikoj galerinë e artit. Unë shikoj galeritë e arteve. 3. Kjo është vajza e shoqes. Këto janë vajzat e shoqeve. Unë shikoj vajzën e shoqes. Unë shikoj vajzat e shoqeve. 4. Ky është fjalori i një studenti. Këta janë fjalorët e disa studentëve. Unë shikoj fjalorin e një studenti. Këta janë fjalorët e disa studentëve. 5. Kjo është lulja e parkut. Këto janë lulet e parqeve. Unë shikoj lulen e parkut. Unë shikoj lulet e parqeve.

Ushtrimi 10.8

1. Fletorja e vajzës është mbi tryezë. 2. Koncerti i pianistes është i bukur. 3. Shpjegimi i mësueses është i mirë. 4. Po takoj shoqen e klasës. 5. Aktoret e teatrit luajnë bukur. 6. Ai po bisedon me pianisten e re. 7. Po dëgjoj këngën e një kompozitoreje shqiptare. 8. Takimi i studenteve është i rëndësishëm. 9. A është kjo adresa e kësaj mjekeje? 10. Ne po flasim me mësueset e shkollës.

Mësimi 11

Ushtrimi 11.2

1. Jeta po bisedon me Mimozën. 2. Jeta do të shkojë në dyqan. 3. Mimoza pyet se mund të shkojë edhe ajo me Jetën dhe Krenarin. 4. Mimoza ngrihet menjëherë nga krevati sepse do të bëhet gati. 5. Jeta po hekuros rrobat. 6. Mimoza do të lahet dhe do të krihet. 7. Jeta merr Norën në telefon. 8. Nora martohet muajin tjetër. 9. Jeta do të blejë një fund dhe një bluzë. Mimoza do të blejë një kostum të zi. 10. Vajzat shqetësohen sepse Nora nuk përgjigjet në telefon.

Ushtrimi 11.3

1 Në ç'orë zgjohesh çdo ditë? Zgjohem në orën 7, por nuk ngrihem deri në orën 7:15. Ç'bën pasi ngrihesh? Rruhem, lahem, laj dhëmbët dhe vishem. Ha mëngjes shumë shpejt dhe nisem për punë. 2. Në ç'orë zgjohet Artani çdo ditë? Zgjohet në orën 7, por nuk ngrihet deri në orën 7:15. Ç'bën pasi ngrihet? Rruhet, lahet, lan dhëmbët dhe vishet. Ha mëngjes shumë shpejt dhe niset për në punë. 3. Në ç'orë zgjoheni çdo ditë? Zgjohemi në orën 7, por nuk ngrihemi deri në orën 7:15. Ç'bëni pasi ngriheni? Rruhemi, lahemi, lajmë dhëmbët dhe vishemi. Hamë mëngjes shumë shpejt dhe nisemi për në punë. 4. Në ç'orë zgjohen Sokoli dhe Artani çdo ditë? Zgjohen në orën 7, por nuk ngrihen deri në orën 7:15. Ç'bëjnë pasi ngrihen? Rruhen, lahen, lajnë dhëmbët dhe vishen. Hanë mëngjes shumë shpejt dhe nisem për në punë. 5. Ç'po bën djali? Po vishet. Do të luajë pak. 6. Ç'po bëjnë djemtë? Po vishen. Duan të luajnë pak. 7. Ç'bën ti në fillim: rruhesh apo krihesh? Zakonisht rruhem kur bëj dush. Pastaj krihem. 8. Zonja dhe zotërinj! Po afrohemi në qytetin e Sarandës dhe do të çlodhemi atje për 20 minuta, para se vazhdojmë udhëtimin për në qytetin e Vlorës. 9. Ç'do të bëhet vëllai yt? Do të bëhet ekonomist.

Ushtrimi 11.5

1. Mimoza dhe Jeta shkojnë në dyqan. 2. Ato provojnë rrobat. 3. Jeta provon në fillim fundin. 4. Fundi i rri shumë bukur, kurse bluza i rri e vogël. 5. Mimozës i rri shumë mirë kostumi. 6. Në vitrinë ka një palë këpucë. 7. Jo, në dyqan nuk ka bluza të bardha. 8. Jeta do të shkojë në restorant, sepse i hahet. 9. Mimoza do të blejë çizme. 10. Ato i telefonojnë Norës.

Ushtrimi 11.6

1. Vajza më thotë mua diçka të rëndësishme. 2. Shitësja i tregon asaj një fund të bukur. 3. Ty të duket ky dyqan i bukur. 4. Neve na pëlqejnë gjërat e reja. 5. Juve ju vjen keq për Dritanin. 6. Atij i rrinë shumë bukur rrobat. 7. Po u shpjegoj atyre problemin. 8. Vajza po i thotë atij diçka të rëndësishme. 9. Shitësja ju tregon juve një libër të ri. 10. Neve na duket ky dyqan pak i shtrenjtë. 11. Mua nuk më pëlqejnë gjërat e vjetra. 12. Asaj i vjen keq për nënën. 13. Ty të shkon shumë ajo këmishë. Po mua, si më rrinë këto pantallona? 14. Atyre u dhemb koka. Po ty, çfarë të dhemb?

Ushtrimi 11.7

1. Andi i shkruan një kartolinë Vilmës. 2. Djali u dërgon miqve disa libra. 3. Po u japim mësime studentëve. 4. Ne po u flasim shqiptarëve. 5. Djemve u pëlqen sporti. 6. Djalit i pëlqen basketbolli. 7. Vajzës i pëlqen baleti. 8. Vajzave u pëlqejnë gjuhët e huaja. 9. Këtyre studentëve u duket i vështirë mësimi. 10. Kësaj mësueseje i duket i lehtë mësimi. 11. Babait i dhemb koka, kurse nënës i dhembin këmbët. 12. Kjo bluzë i shkon shumë Besës. 13. Ç'po i thotë nëna Sokolit? 14. Artani po i blen Entelës një CD me muzikë shqiptare. 15. Juve ju duket se po bie shi? 16. Prindërve u vjen mirë kur unë marr nota të mira në shkollë. 17. Mësuesja po i shpjegon atij studenti gramatikën. 18. Polici po i tregon asaj gruaje adresën që po kërkon. 19. Gjyshit nuk i pëlqen shahu. Po gjyshes? 20. Ajo po u shkruan disa shoqeve një kartolinë.

Ushtrimi 11.9

1. Në Tiranë ka disa qendra tregtare, ku banorët e kryeqytetit kanë mundësinë të blejnë ushqime, veshje, pajisje elektronike etj. 2. Po, në këto qendra tregtare ka dyqane me mallra të firmave të njohura të huaja dhe

shqiptare. 3. Po, dyqanet e veshjeve numërojnë me mijëra klientë. 4. Dyqanet ofrojnë veshje të përditshme, veshje sportive dhe veshje elegante. 5. Po, ka dyqanë të veçanta për veshjet e brendshme, rrobat e banjës, getat e çorapet. 6. Po, dyqanet për fëmijë tërheqin shumë klientë. 7. Po, prindërit mund të plotësojnë nevojat dhe dëshirat e fëmijëve me produkte të larmishme, me cilësi të lartë. 8. Çmime janë konkurruese. 9. Po, në këto qendra kryejnë aktivitetin e tyre dhe banka, kompani celulare, agjenci turistike etj.

Mësimi 12

Ushtrimi 12.2

1. Martini me Ulpjanën po bisedojnë për Prishtinën. 2. Martini është i interesuar për Prishtinën sepse di pak për të. 3. Prishtina është qytet shumë i vjetër. 4. Prishtina është një qytet modern. Tani ka shumë ndërtesa të reja dhe të larta. Është qytet me shumë gjallëri, sepse është qendër shumë e rëndësishme administrative, kulturore dhe universitare. 5. Gërmia është një vend shumë i bukur me pyje, ku prishtinasit kalojnë kohën e lirë. Atje ka një liqen dhe restorante të ndryshme. 6. Muzeu i Kosovës ndodhet në një ndërtesë të vjetër. 7. Galeria e Arteve është shumë e mirë. 8. Ajo organizon çdo vit ekspozita kombëtare dhe ndërkombëtare, publikime, katalogë etj. 9. Po, në Prishtinë ka 21 monumente që mbrohen nga shteti. 10. Disa nga këto objekte janë: Sahat kulla, Shadërvani, Hamami i Madh etj. 11. Prishtina ka klimë kontinentale. 12. Në dimër bën ftohtë. Shpesh bie borë dhe temperaturat shkojnë deri në minus zero gradë Celsius.

Ushtrimi 12.3

1. Prizreni është një qytet i lashtë me vlera të shumta historike, kulturore dhe arkitekturore. 2. Të dhënat arkeologjike dëshmojnë se Prizreni është një nga qytetet më të vjetra në Evropën Juglindore. 3. Prizreni është i përmendur në shumë burime historike si në dokumente me karakter ekonomik ose politik dhe në kronika, apo vepra fetare dhe shkencore. 4. Në periudha të ndryshme historike, Prizreni del me emra të ndryshëm: në dokumentet latine emrin Prisrien, Prisrenum etj. 5. Në dokumentet osmane Prizreni del me emrat Tarzerin, Perserin etj. 6. Po, në Prizren ka monumente nga periudha romake. 7. Ato janë terma dhe mure nga periudha romake (tek Sahat Kulla), si dhe mozaikë.

Ushtrimi 12.4

Please see Leximi 12.1.

Mësimi 13

Ushtrimi 13.2

1. Drini bisedon me Brizin. 2. Brizi ishte me disa miq të huaj në një udhëtim nëpër Shqipëri. 3. Në fillim vizituan Durrësin. 4. Në Durrës vizituan amfiteatrin dhe muzeun arkeologjik. 5. Në Krujë blenë shumë suvenire, veshje tradicionale, qilima etj. Atje bënë dhe shumë fotografi. 6. Në Shkodër qëndruan vetëm një natë. 7. Po, shkuan në Jug. 8. Në Berat, u lanë mbresa të forta shtëpitë në kala dhe Muzeu Kombëtar Onufri. 9. Po, plazh bënë në Potam, Ksamil dhe Sarandë. 10. Po, Butrinti ishte pjesë e rëndësishme e këtij udhëtimi. Atje panë qytetin antik, kurse në mbrëmje ndoqën një shfaqje teatrale në Teatrin e Butrintit.

Ushtrimi 13.3

1. Ata shkuan në plazh. 2. Studentët lexuan librat e rinj. 3. Atyre u pëlqeu shumë udhëtimi. 4. Ne pamë vende shumë të bukura. 5. Turistët udhëtuan nëpër Shqipëri. 6. Në pazar ajo bleu disa suvenire. 7. Në autobus kënduam shumë këngë. 8. Ju thatë se sot është pushim. 9. Djali vuri çantën mbi bankë. 10. Piva një çaj të ftohtë. 11. Ku shkuan ata? 12. Çfarë more nga Shqipëria? 13. Nuk dolën dje nga shtëpia. 14. Pse nuk erdhët me ne? 15. U dhamë disa informacione të rëndësishme. 16. Sot nuk hëngrëm mëngjes. 17. Ndenja gjithë fundjavën në shtëpi. 18. Ku qe/ishe ti dje? 19. Mbyllën derën e shtëpisë. 20. Në muze pati/kishte shumë turistë.

Ushtrimi 13.4

1. Ajo udhëtoi nëpër Shqipëri. 2. Ne vizituam disa vende të bukura turistike. 3. Ata nuk patën/kishin shumë informacione për Shqipërinë. 4. Të pëlqeu Durrësi? 5. Unë ndenja gjithë ditën në qytet. 6. Ata bënë vizita në muze. 7. Hëngrëm darkë këtu. 8. Ata mbetën të mahnitur nga bukuria e natyrës shqiptare. 9. Pamë Kalanë e Ali Pashë Tepelenës. 10. Ti more informacione për Skënderbeun. 11. Unë pashë disa dokumente. 12. Qëndroi vetëm një natë.

Ushtrimi 13.6

1. Dialogu zhvillohet në librari. 2. Genti kërkon të blejë libra, sepse e ka porosi nga disa miq që nuk jetojnë në Shqipëri që të blejë libra nga shkrimtarë të ndryshëm shqiptarë. Ata duan t'i pasurojnë bibliotekat e tyre me libra në gjuhën shqipe, që fëmijët e tyre ta njohin letërsinë shqipe. 3. Ai interesohet për libra nga shkrimtarë të ndryshëm shqiptarë. 4. Shitësi i sugjeron veprën e poetit Naim Frashëri. 5. Vepra e Faik Konicës është në katër vëllime. 6. Ai interesohet për librin 'Kronikë në gur'. 7. Po, ai blen librin 'Tregime të moçme shqiptare'. 8. Po, ai blen antologjinë e poezisë bashkëkohore shqiptare. 9. Ai i thotë shitësit se do të vijë sërish nesër, nëse do t'i kërkojnë të blejë libra të tjerë. 10. Autori i librit 'Kronikë në gur' është Ismail Kadare.

Ushtrimi 13.7

1. Po të pyes për librat. 2. Ai më mori dje në telefon. 3. Si mund të të ndihmoj? 4. Ata duan t'i pasurojnë bibliotekat e tyre. 5. Çfarë më këshilloni të marr? 6. Ju këshilloj të merrni veprën e poetit Naim Frashëri. 7. Ata po më dëgjojnë. 8. Sa mirë që e kujtuat librin 'Tregime të moçme shqiptare'. 9. Ai na pa i çuditur. 10. E takova dje.

Ushtrimi 13.8

1. Po e kërkoj atë për një punë. 2. Më mori mua në telefon. 3. Çfarë të pyeti ty? 4. Kjo histori na kujtoi ne për atë natë. 5. Çfarë e keni atë? 6. Ju këshillova ju të blini një libër me poezi. 7. Nëse i dëgjoni ata, mos shkoni në Durrës nesër. 8. I pashë ato në shkollë.

Ushtrimi 13.9

1. d. 2. c. 3. a. 4. e. 5. b.

Ushtrimi 13.10

1. Gjergj Kastrioti Skënderbeu është heroi kombëtar i shqiptarëve. 2. Ai vlerësohet si prijësi më i madh në historinë e Shqipërisë, por edhe si sundimtar, diplomat, strateg ushtarak. 3. Marin Barleti e shkroi veprën e tij për Skënderbeun në vitet 1508–1510. 4. Në vitin 1443 luftoi me Janosh Huniadin. Ushtria osmane humbi luftën dhe Skënderbeu, bashkë me kalorës shqiptarë dhe me nipin e tij Hamza Kastrioti, shkoi në Dibër, dhe më pas në Krujë. 5. Lidhja Shqiptare e Lezhës ishte një aleancë politike dhe ushtarake e fisnikëve shqiptarë. 6. Për njëzet e pesë vjet me radhë Skënderbeu mbrojti vendin e tij dhe Evropën Perëndimore nga pushtimi osman. 7. Skënderbeu ishte 63 vjeç kur vdiq, më 17 janar 1468, prandaj mendohet se ai lindi në vitin 1405. 8. Emri i tij i vërtetë është Gjergj Kastrioti.

Mësimi 14

Ushtrimi 14.2

1. Dita po bisedon në telefon me Vesën. 2. Dita u zgjua nga gjumi në orën 9:00. 3. Pasi u zgjua nga gjumi, hëngri një mëngjes të mirë dhe pastaj u mor me punët e shtëpisë. 4. Po, u lodh se pastroi gjithë shtëpinë 5. Pasi i mbaroi gjithë punët, përgatiti dhe drekën. 6. Dita u takua pasdite me dy shoqe. 7. Ajo shkoi në kinema në orën 19:00. 8. Ato panë dy filma të shkurtër: një film shqiptar dhe një film italian. 9. Filmat ishin filma shumë të bukur. 10. Filmat u shoqëruan me diskutime që ngjallën shumë interes tek publiku në sallë. 11. U diskutua për mesazhet e filmave. 12. Diskutimet zgjatën gati një orë. 13. Vesa ishte në Vlorë se kishte

një mbledhje. 14. Ajo u nis për në Vlorë herët në mëngjes. 15. Vesa shkoi në Vlorë, sepse kishte një mbledhje në orën 10:00.

Ushtrimi 14.3

1. Ti u nise për në shkollë. 2. Ata u kënaqën shumë në kinema. 3. Vajza u largua nga kinemaja në orën 21:00. 4. Fëmijët u lanë në det. 5. Aktiviteti u organizua shumë bukur. 6. Në takim u diskutua për shumë probleme. 7. Filmi u shoqërua me diskutime. 8. Djali u ngrit nga gjumi në orën 7:00. 9. Vesa u la, u kreh dhe u bë gati për në punë. 10. Ne u mërzitëm shumë në shtëpi.

Ushtrimi 14.5

1. Indriti po bisedon me Neritanin. 2. Pyetja e tij është: a e more imejlin tim? 3. Jo, Neritani nuk e lexoi imejlin e Indritit sepse nuk pati kohë. 4. Ai i ruajti materialet në kompjuter. 5. Ata u habitën sepse panë se kishte disa libra të vjetër për gjuhën shqipe dhe historinë e Shqipërisë, të cilët mund të shkarkohen falas nga interneti. 6. Neritani u dërgon me imejl miqve librat për gjuhën shqipe dhe historinë e Shqipërisë. 7. Neritani mendon se librat elektronikë janë me interes për motrën e tij, sepse ajo është mësuese dhe mund t'i përdorë këto materiale për nxënësit e saj. 8. Indriti e dërgon informacionin për librat elektronikë me imejl. 9. Po, ka dhe libra elektronikë me përralla. 10. Indriti dhe Neritani do të komunikojnë me imejl.

Ushtrimi 14.6

1. Djemtë e mi jetojnë në Tiranë. 2. Shokët e tu po studiojnë në universitet. 3. Mësueset e tij shpjeguan mësimin. 4. Vajzat e saj po shikojnë një fotografi. 5. Motrat e mia po bëhen gati për punë. 6. Shoqet e mia po shkruajnë detyrën pa gabime. 7. Shtëpitë e tua janë larg që këtej. 8. Televizorët e tyre janë të shtrenjtë. 9. Hotelet e tyre janë të mëdha. 10. Shoqet e tyre shkuan në shkollë.

Ushtrimi 14.7

1. Vajza ime jeton në Tiranë. 2. Nëna e tij është mjeke e njohur. 3. Mikja jote do të vijë tani. 4. Motra e saj do të takohet me ne. 5. Vajzat e mia studiojnë në Romë. 6. Mësueset e tyre janë të shqetësuara për mësimin. 7. Studentet e tua po bëjnë detyrat. 8. Mjeket e tij janë shumë të përgatitura. 9. Mësueset e mia janë shumë të mira. 10. Shoqet e saj duan të shkojnë në kinema.

Ushtrimi 14.8

1. Po takoj vajzën time. 2. Bisedoj me babanë e tij. 3. Fola me shokun tënd. 4. Kërkova vëllanë e saj. 5. Shkova në shtëpinë e saj. 6. Vizitova nenën tënde. 7. Po takohem me mesuesit e tyre. 8. Shoh studentët e tu. 9. Mërzitem për problemet e tua. 10. Gjeta librat e tij.

Mësimi 15

Ushtrimi 15.2

1. Pranvera blen djathë Gjirokastre. 2. Pranvera provon djathin e Gjirokastrës. 3. Në dyqan ka gjalpë me pako. 4. Po, në dyqan ka gjizë. 5. Gjiza është shumë e mirë. Është gjizë pa kripë. 6. Po, Pranvera blen dyqind gramë salcë kosi. 7. Në dyqan ka salsiçe vendi. 8. Po, në dyqan ka suxhuk Kosove. 9. Në dyqan ka mish viçi, mish qengji, mish lope, mish derri, mish deleje dhe pula. 10. Pranvera blen mish viçi pa kocka. Ajo blen dhe një gjysmë pule. 11. Po, mishi i viçit është shumë i freskët. 12. Po, Pranvera blen dhe katërqind gramë mish të grirë.

Ushtrimi 15.3

1. Në dyqan ka mish pule. 2. Vajzat po hanë mish qengji. 3. Po blej salcë kosi. 4. Në restorant ha shpesh brinjë qengji. 5. Bleva disa lloje djathërash. 6. Ka disa lloje shtëpish në projekt. 7. Ky model zyre, më pëlqen.

Ushtrimi 15.4

1. Çfarë dite është sot? 2. Në çfarë ore është takimi? 3. Çfarë mësimi kemi nesër? 4. Për çfarë problemi po diskutoni? 5. Në çfarë vendi jeni?

Ushtrimi 15.5

1. Hyr/hyni! 2. Dil/dilni! 3. Mëso/mësoni! 4. Kalo/kaloni! 5. Ha/hani! 6. Hap/hapni! 7. Merr/merrni! 8. Shko/shkoni! 9. Ki/kini! 10. Ji/jini!

Ushtrimi 15.7

1. Kamarieri po bisedon me klientët. 2. Klientët ulen tek tavolina afër dritares. 3. Ata duan të pinë dy shishe ujë natyral dhe një shishe ujë me gaz. 4. Në meny ka lloje të ndryshme supash: supë me perime, supë peshku, supë me domate, etj. Ka dhe disa lloje sallatash: sallatë me perime të skarës ose të ziera: sallatë me domate, tranguj, ullinj; sallatë me speca turshi; sallatë mikse etj. 5. Ata marrin një sallatë me perime të skarës dhe një sallatë mikse. 6. Restoranti ka lloje të ndryshme peshku: levrek, koran, gjuhëz, barbun, etj. 7. Peshku është shumë i freskët. 8. Ata porosisin dy biftekë të skarës, një sallatë me fruta deti, një pjatë me karkaleca të skuqur dhe një tavë kosi. 9. Në restorant ka ëmbëlsira tradicionale si bakllavaja dhe kadaifi, si edhe krem karamel, torta të ndryshme, akullore. 10. Ata marrin nga një ëmbëlsirë të ndryshme për secilin prej tyre.

Ushtrimi 15.8

1. Studenti rri pranë dritareve. 2. Krahas këtyre detyrave, ajo ka dhe detyra më të rëndësishme. 3. Jemi shumë të shqetësuar prej këtyre informacioneve. 4. Rreth këtyre ngjarjeve ka shumë diskutime. 5. Sipas këtyre gazetareve situata është e vështirë.

Ushtrimi 15.9

1. Krahas vajzave në takim janë dhe disa vajza/djem. 2. Ata po marrin sugjerime prej kamarieres. 3. Sipas studentes, mësimi është shumë i vështirë. 4. Po diskutojnë rreth kompozitoreve shqiptare. 5. Kërkojmë edhe një gazetare, përveç këtyre gazetareve që kemi.

Ushtrimi 15.10

1. Pas pranverës vjen vera. 2. Artani merr shumë letra prej nënës dhe motrës. 3. Banojmë afër shkollës. 4. Libri i gramatikës është mbi tryezën afër dritares. 5. Dollapi i rrobave është në dhomën e vogël. 6. Librat e përrallave janë mbi tryezë. 7. Pranë shkollës është një spital. 8. Mos vër revista në sirtarin e tryezës! 9. Ne marrim letra prej prindërve. 10. Ku do të shkosh nesër? Nesër do të shkoj tek shoqja për darkë. Do të vish edhe ti?

Mësimi 16

Ushtrimi 16.2

1. Ardiani po shikon fotografi. 2. Ardiani ishte me pushime në një kamp rinie. 3. Ai i kaloi shumë mirë pushimet. 4. Po, në kamp kishte shumë të rinj. 5. Në mëngjes zgjoheshin herët dhe pasi hanin mëngjes, shëtisnin ose vraponin në breg të detit. 6. Në plazh dilnin rreth orës 9:00 dhe rrinin deri në orën 12:00. 7. Po, pasi hanin drekë, dilnin sërish në plazh. 8. Laheshin në det ose luanin me top. Kishte dhe nga ata që rrinin gjithë kohën në çadër dhe lexonin ose luanin me letra. Nganjëherë merrnin varkat dhe shkonin që të vizitonin gjire të vogla. 9. Në mbrëmje luanin pingpong, basketboll, volejboll, futboll etj. 10. Çadrat ishin të mëdha dhe shumë komode.

Ushtrimi 16.3

1. Në ç'orë zgjoheshit kur ishit me pushime? Zgjoheshim në orën 8, por nuk ngriheshim deri në orën 8.30. Ç'bënit pasi ngriheshit? Rruheshim, laheshim, lanim dhëmbët dhe visheshim. Hanim mëngjes shumë shpejt

dhe niseshim për punë. 2. Në ç'orë zgjoheshin kur ishin me pushime? Zgjoheshin në orën 8, por nuk ngriheshin deri në orën 8:30. Ç'bënin pasi ngriheshin? Rruheshin, laheshin, lanin dhëmbët dhe visheshin. Hanin mëngjes shumë shpejt dhe niseshin për në punë. 3. Ç'po bënte vajza? Po vishej. Donte të luante pak. 4. Ç'po bënin djemtë? Po visheshin. Donin të luanin pak. 5. Ç'bëje në fillim: rruheshe apo kriheshe? Zakonisht rruhesha kur bëja dush. Pastaj krihesha.

Ushtrimi 16.5

1. Teuta i tregon Arianit për udhëtimin e saj në Butrint. 2. Ata u nisën nga Tirana herët në mëngjes rreth orës 6:00. 3. Udhëtimi ishte shumë i bukur. 4. Turistët i shoqëruan studentë të historisë. 5. Në Butrint ata vizituan disa objekte dhe monumente arkeologjike që dëshmojnë për lashtësinë e tij. 6. Shoqëruesit u treguan për historinë e Butrintit. 7. Grupit të turistëve i bëri përshtypje në veçanti Teatri Antik i Butrintit, i ndërtuar në shekullin III p.e.s. 8. Tempulli i Asklepit ndodhet në perëndim. 9. Në fund të vizitës vizituam dhe muzeun e pasur me objekte arkeologjike. 10. Ata u çlodhën në natyrën e mrekullueshme.

Ushtrimi 16.6

1. Po i flas vajzës sime. 2. Po ulem pranë babait të tij. 3. Mora letër prej shokut tënd. 4. Kjo është shoqja e vëllait të saj. 5. Erdha prej shtëpisë së saj. 6. Po u tregoj miqve klasën tënde. 7. Ishin larg mësuesve të tyre. 8. Po u shkruaj studentëve të tu. 9. Po rri larg problemeve të tua. 10. Ky është mësuesi i klasës së tij.

Ushtrimi 16.7

1. Para disa ditësh ishim në Butrint. 2. Ky ishte udhëtimi i fundit i programit tonë turistik në Shqipëri. 3. Nga Tirana, u nisëm herët në mëngjes rreth orës 6:00 dhe udhëtuam për disa orë gjatë rivierës së Jonit. 4. Para syve tanë kalonin peizazhet e mrekullueshme të natyrës shqiptare. 5. Në këtë udhëtim na shoqëruan studentë të historisë. 6. Ata ishin shumë të sjellshëm dhe u përgjigjeshin me kënaqësi dhe dëshirë të gjitha pyetjeve tona për vendet që shihnim. 7. Në Butrint ne arritëm në mesditë. 8. Shoqëruesit tanë na treguan në fillim për historinë e Butrintit. 9. Gjatë vizitës sonë në Parkun e Butrintit vizituam disa objekte dhe monumente arkeologjike që dëshmojnë për lashtësinë e tij. 10. Në perëndim ndodhej tempulli i Asklepit, disa shtëpi me oborr etj. 11. Në fund vizituam, dhe muzeun e pasur me objekte arkeologjike. 12. Pasi vizituam parkun arkeologjik u çlodhëm, në natyrën e mrekullueshme. 13. Qyteti i Butrintit ndodhet në mes të gjelbërimit, buzë liqenit karakteristik dhe bukuria e natyrës na tërhoqi të gjithëve. 14. Kështu kaluam një ditë shumë të bukur në Butrint. 15. Ky vend i përket trashëgimisë kulturore botërore dhe mbrohet nga UNESKOja.

Mësimi 17

Ushtrimi 17.2

1. Ariani e merr Flladian në telefon. 2. Ajo nuk ka shkuar në punë, sepse është sëmurë. 3. Po, ajo është vizituar tek mjeku në mëngjes. 4. Mjeku i tha se është me grip. 5. Po, Flladia ka temperaturë të lartë. 6. Ka rënë virozë gripi, sepse janë ulur temperaturat në mënyrë të menjëhershme. 7. Po, Flladia ka pirë aspirinë dhe çaj të nxehtë. 8. Mjeku i këshilloi të bëjë dhe banjë me ujë të nxehtë. 9. Mjeku i dha tri ditë pushim. 10. Ariani i tha të shkuara dhe t'i telefonojë nëse ka nevojë për ndonjë gjë.

Ushtrimi 17.3

1. Mora të të pyes pse nuk ke ardhur sot në punë. 2. Flladia është sëmurë. 3. Ajo nuk ka fjetur gjithë natën. 4. Ti ke pasur dhimbje të forta koke dhe temperaturë të lartë. 5. Mjeku i ka thënë se ajo është me grip. 6. Ka rënë një virozë gripi dhe shumë njerëz janë prekur prej saj. 7. Temperaturat janë ulur në mënyrë të menjëhershme. 8. Unë kam bërë një vaksinë antigrip, por megjithatë është mirë të ruhem. 8. Ke pirë ndonjë ilaç? 9. Mjeku më ka këshilluar të bëj dhe banjë me ujë të ngrohtë.

Ushtrimi 17.4

1. Djemtë kanë marrë disa herë në telefon. 2. Kemi kërkuar kartolina nga Shqipëria. 3. Unë u jam përgjigjur të gjitha pyetjeve. 4. Ajo është shtrirë në shtrat. 5. Vajzat janë ulur në karrige. 6. Ti ke thënë shumë gjëra

interesante. 7. Unë kam fjetur shumë mbrëmë. 8. Këngëtarët kanë kënduar shumë bukur. 9. Ju keni kërcyer shumë bukur. 10. Qyteti ka ndryshuar në këto vite.

Ushtrimi 17.5

1. Pacientja ka shkuar te dentisti. 2. Ajo ka shkuar atje për një kontroll. 3. Ajo e ka lënë orarin në orën 17:00. 4. Asaj i dhemb një dhëmballë. 5. Asaj i dhemb dhëmballa e fundit lart. 6. Ajo do të vërë një dhëmb porcelani. 7. Dentisti do t'i pastrojë dhëmbët nga gurëzat. 8. Ajo i pastron dhëmbët me fill dentar. 9. Mjeku i thotë të ketë më shumë kujdes me higjienën e gojës. 10. Nganjëherë i del gjak nga mishrat e dhëmbëve.

Ushtrimi 17.6

1. Ai duhet të ketë qenë me grip. 2. Mund të ketë pasur shumë probleme me shëndetin. 3. Është mirë të keni lënë një takim me mjekun, thjesht për një kontroll. 4. Nuk është e vështirë të kesh ruajtur higjienën e gojës. 5. Duhet të kesh mjekuar dhëmbët.

Ushtrimi 17.7

1. Unë kam ardhur për një kontroll. 2. Ai është larë vetë. 3. Ata e kanë lënë orarin në orën 17:00. 4. Ata i kanë telefonuar sekretares dhe ajo u ka thënë që të shkojnë në orën 15:00. 5. Ndërtesa është mbajtur me kujdes. 6. Çfarë shqetësimesh ke pasur? 7. Më ka dhembur dhëmbi. 8. Asaj i ka dalë dhëmballa e pjekurisë. 9. Duket t'i ketë rënë mbushja. 10. Ti ke hequr një dhëmb para disa kohësh. 11. Ne i kemi mbushur dhëmbët para disa kohësh. 12. Mjeku i ka pastruar dhëmbët pacientes.

Ushtrimi 17.9

1. Kur të vish ti, do të kem ikur unë. 2. Do ta kenë shkaktuar ata këtë dramë. 3. Para se të vijnë ata, unë do të kem mbaruar mësimet. 4. Ajo do ta ketë mbyllur me kohë këtë histori. 5. Do të ketë dhënë edhe ajo mendimin e saj. 6. Mbase do të kem kërkuar këtë gjë. 7. Njerëzit tregojnë se nuk do të kenë pasur informacione për aktivitetin. 8. Them se ata do të jenë nisur patjetër. 9. Fakti që nuk më kanë marrë në telefon, tregon se nuk do të kenë pranuar. 10. Të premtoj se do t'i kem mbaruar punët, derisa të vish ti.

Mësimi 18

For solutions to Ushtrimi 18.3, 18.4, and 18.5 please see Leximi 18.1

VOCABULARY LIST

Adjectives are shown in their corresponding masculine and feminine singular forms. Nouns are shown in their indefinite, definite, and plural indefinite forms. Verbs are shown in the present indicative, past indicative, and past participle forms. Prepositions are shown with the corresponding case they require: + nom. = nominative, + acc. = accusative, + abl. = ablative. Other abbreviations: adj. = adjective, adv. = adverb, dat. = dative, fem. = feminine, gen. = genitive, masc. = masculine, pl. = plural, sing. = singular.

A

a	interrogative particle
administrativ, -e	administrative
admirim, -i	admiration
aeroplan, -i, -ë	airplane
aeroport, -i, -e	airport
afër (+ abl.)	near(by)
afërm, -i (i), afërm (të)	relatives (family)
të afërmit e familjes	close relatives
afërsi, -a, -	closeness
në afërsi të	in the vicinity of
afrim, -i, -e	approach, proximity
afr/ohem, u -ova, -uar	to reach, approach
aftësim, -i	qualification, skill
aftësim teknologjik	technology class
agjenci, -a, -	agency
agencia e lajmeve	news agency
agjenci imobiliare	housing agency
agjenci turistike	tourist agency
agjenci udhëtimesh	travel agency
ai	he, this (masc.)
aj/ër, -ri	air
ajër i pastër	fresh air
në ajër të pastër	in the open air
ajër i kondicionuar	air conditioning
ajo	she, this (fem.)
ajror, -e	air (adj.)
linjë ajrore	airline
akademi, -a, -	academy
akoma	still
aksident, -i, -e	accident
aktiv, -e	active
aktivitet, -i, -e	activity, show
aktor, -i, -ë	actor
aku/ll, -lli, -j	ice
akullor/e, -ja, -e	ice cream
aleanc/ë, -a, -a	alliance
alkool, -i	alcohol
ambasad/ë, -a, -a	embassy
ambulanc/ë, -a, -a	outpatient clinic
amerikan, -i, -ë	American
amfiteat/ër, -ri, -ro	amphitheater
amtar, -e	native
gjuhë amtare	mother tongue
an/ë, -a, -ë	side
nga ana tjetër	on the other hand
ank/ohem, u -ova, -uar	to complain
ansamb/ël, -li, -le	ensemble
antik, -e	ancient
antikitet, -i	antiquity
antipast/ë, -a, -a	appetizer
antologji, -a, -	anthology
apartament, -i, -e	apartment
apo	or
Apo jo?	Is that right?
aq	so
ar, -i	gold
arbëresh, -e	Albanian of southern Italy
ardhj/e, -a, -e	arrival
i ardhsh/ëm, e -me	next, coming
i,e ardhur	newcomer
argjend, -i	silver
arkeolog, -u, -ë	archaeologist
arkeologjik, -e	archaeological
ark/ë, -a, -a	cash register
arkitekturor, -e	architectural
aromë, -a, -a	flavor, perfume
arsim, -i	education

arsy/e, -ja, -e	reason
për këtë arsye	for this reason
i arsyesh/ëm, e -me	reasonable
i,e artë	golden
artiku/ll, -lli, -j	article
artist, -i, -ë	artist
artistik, -e	artistic
arri/j, -ta, -tur	to attain, arrive
as	neither, not even
as . . . as	neither . . . nor
asaj	to her (abl., dat., gen.)
asgjë	nothing
Asgjë!	You're welcome!
Asklep, -i	Asclepius
asnjë	any, not a single, none
asnjëherë	never
ashtu	thus
ata	they (masc.)
atëherë	then, in that case
atij	to him (abl., dat., gen.)
atje	there
atmosfer/ë, -a, -a	atmosphere
ato	they (fem.)
atyre	to them (abl., dat., gen.)
autobus, -i, -ë	bus
autoritet, -i, -e	authority
avion, -i, -ë	airplane
avokat, -i, -ë	lawyer

B

baba, -i, baballarë	father
bajam/e, -ja, -e	almond
Bajrami i Madh	Eid ul-Fitr
Bajrami i Vogël	Eid Mubarak
bakllava, -ja, -	baklava
balet, -i, -e	ballet
ballkanik, -e	Balkan (adj.)
ballkon, -i, -e	balcony
ballokum/e, -ja,-e	special sweet
banan/e, -ia, -e	banana
banim, -i, -e	residence, dwelling
banj/ë, -a, -a	bathroom, toilet, bath
banjë dielli	sunbath
bëj banjë	to take a bath
bankar, -e	banking
bank/ë, -a, -a	bank
banknot/ë, -a, -a	banknote, bill
bankomat, -i, -e	ATM machine
ban/oj, -ova, -uar	to live
banor, -i, -ë	resident, inhabitant

i,e banuar	inhabited
barazim, -i, -e	tie, draw
baraz/ohem, u -ova, -uar	to end in a tie
barbu/n, -ni, -nj	red mullet
i,e bardhë	white
basketboll, -i	basketball
basketbollist, -i, -ë	basketball player
bashkë	together
bashkëkohor, -e	contemporary
i,e bashkëlidhur	attached
së bashku	together
bektashi, -u, -nj	Bektashi (Moslem sect)
bektashiz/ëm, -mi	Bektashism
beqar, -e	single
bes/ë, -a, -a	oath
jap besën	to give an oath
mbaj besën	to keep an oath
bes/oj, -ova, -uar	to believe, think
bë/hem, u -ra, -rë	to become
bëhem gati	to get ready
bëhem vonë	to be late
bë/j, -ra, -rë	I do, to do
bëj detyrat	to do homework
bëj fotografi	to take pictures
bëj përshtypje	to make an impression
bëj plazh	to take a sunbath
bëj shëtitje	to take a walk
bën ngrohtë	it's warm (weather)
bëm/ë, -a, -a	deed, action
bërt/as, -ita, -itur	to shout
bërxoll/ë, -a, -a	chop
bërxollë derri	pork chop
bërxollë viçi	beef steak
bibliotek/ë, -a, -a	library
biçiklet/ë, -a, -a	bicycle
bie, rashë, rënë	to ring, fall
bie borë	to snow
bie në sy	to catch the eye
bie shi	to rain
biftek, -u, -ë	steak
bij/ë, -a, -a	daughter
bilet/ë, -a, -a	ticket
biletë autobusi	bus ticket
biletë avioni	airplane ticket
bind/em, u -a, -ur	to be convinced
bi/r, -ri, -j	son
birr/ë, -a, -a	beer
bised/oj, -ova, -uar	to talk, discuss
biskot/ë, -a, -a	cookie

bizel/e, -ja, -e	bean, pea
ble/j, -va, -rë	to buy
blerj/e, -a, -e	buying, purchasing
bluz/ë, -a, -a	blouse
bor/ë, -a	snow
bosh, -e	empty
botanik, -e	botanical
bot/ë, -a	world
botëror, -e	world (adj.), worldwide
botim, -i, -e	edition, publication
bot/oj, -ova, -uar	to publish
breg, -u, brigje	coast, shore
në breg të detit	on the beach
bregdet, -i, -e	coast(line)
bregdetar, -e	maritime, coastal
brenda	inside
brenda në (+ acc.)	inside
i brendsh/ëm, e-me	interior
të brendshmet	underwear
brinj/ë, -a, -ë	rib
brinjë qengji	lamb ribs
britm/ë, -a, -a	exclamation, scream
brokoli	broccoli
budalla, -qe	stupid
bufe, -ja, -	cupboard
buk/ë, -a, -ë	bread
i,e bukur	pretty, beautiful
bukuri, -a, -	beauty
burim, -i, -e	source
bur/oj, -ova, -uar	to flow out
burs/ë, -a, -a	scholarship
burr/ë, -i, -a	man, husband
i,e butë	mild, soft, weak
buzë	on the edge, close by
byrek, -u, -ë	pastry filled with meat, etc.

C

celular, -i, -ë	cell phone
celular, -e	cellular (adj.)
kompani celulare	cellular companies
telefon celular	cell phone
ceremoni, -a, -	ceremony
cil/a, -at	which (fem.)
cilësi, -a, -	quality
cilësor, -e	of good quality
cil/i, -ët	which (masc.)

Ç

ç'	what
ç'kombësi	what nationality
ç'profesion	what profession
çad/ër, -ra, -ra	parasol, umbrella, tent
çaj, -i	tea
çam, -e	related to the Çam population (adj.)
çarçaf, -i, -ë	bedsheet
çdo	every
çdo gjë	everything
çe/k, -ku, -qe	check
çek udhëtimi	traveler's check
çek, -e	Czech
çelës, -i, -a	key
çerek, -u, -ë	quarter
çfarë	what
çfarë gjuhe	what language
çfarë kombësie	what nationality
çfarë profesioni	what profession
çifteli, -a, -	two-stringed lute
çizm/e, -ja, -e	knee-high boot
çka	so-so
çlirim, -i, -e	liberation
çlodh/em, u -a, -ur	to rest
çmim, -i, -e	price
çmime simbolike	very low prices
çoj, çova, çuar	to carry, take
çokollat/ë, -a, -a	chocolate
çorap/e, -ja, -e	socks

D

dakord	all right
dal, dola, dalë	to go out, be enough
dal nga mësimi	to get out of school
Nuk dalin.	They are not enough.
dardan, -e	Illyrian tribe
dardhar, -e	related to Dardha and its inhabitants (adj.)
dardh/ë, -a, -a	pear
dark/ë, -a, -a	dinner
ha darkë	to have dinner
dasm/ë, -a, -a	wedding
dashuri, -a, -	love
dat/ë, -a, -a	date
dat/oj, -ova, -uar	to date
daull/e, -ja, -e	drum
debat, -i, -e	debate
deg/ë, -a, -ë	branch, affluent
del/e, -ja, -e	ewe, goat
mish deleje	goat meat
dentar, -e	dental
dentist, -i, -ë	dentist

derë, -a, dyer	door
deri	until
deri më sot	until today
deri vonë	until late
derisa	until, as long as
derr, -i, -a	pig
mish derri	pork meat
det, -i, -e	sea
Deti Jon	Ionian Sea
detyr/ë, -a, -a	assignment, duty
detyrë shtëpie	homework
dëgj/oj, -ova, -uar	to listen
i dëmsh/ëm, e -me	harmful
dërg/oj, -ova, -uar	to send
dëshir/ë, -a, -a	desire
dëshir/oj, -ova, -uar	to desire
dëshm/oj, -ova, -uar	to witness, testify
dëshmor, -i, -ë	martyr
di, -ta, -tur	to know
diabet, -i	diabetes
dialekt, -i, -e	dialect
e diel, -a, -a	Sunday
të dielën	on Sunday
die/ll, -lli, -j	sun
me diell	sunny
diet/ë, -a, -a	diet
diku	somewhere
dim/ër, -ri, -ra	winter
diplomat, -i, -ë	diplomat
disa	some
diskotek/ë, -a, -a	discotheque
diskutim, -i, -e	discussion
diskut/ohem, u -ova, -uar	to be discussed
diskut/oj, -ova, -uar	to discuss
i diskutuesh/ëm, e -me	negotiable
dit/ë, -a, -ë	day
Dita e Çlirimit	Liberation Day
Dita e Dëshmorëve	Martyrs' Day
Dita e Lumturimit të Nënë Terezës	Mother Teresa's Beatification Day
Dita e Novruzit	(Sultan) Novrusi's Day
Dita e Pavarësisë	Independence Day
Dita e Punëtorëve	Labor Day
Ditën e mirë!	Good-bye!
ditor, -e	daily
dituri, -a	knowledge
dituri natyre	science class
divan, -i, -e	sofa, couch

djal/ë, -i, djem	son, boy
djath/ë, -i, -ëra	cheese
djathë i bardhë	feta cheese
djathë kaçkavall	fat cheese
djathtas	to the right
i,e djathtë	right
djeg, dogja, djegur	to burn
Më djegin grykët.	I have a sore throat (lit., my throat is burning).
djep, -i, -e	cradle, crib
djersi/s, -ta, -tur	to swear
dokument, -i, -e	document
dokumentar, -i, -ë	documentary
dollap, -i, -ë	wardrobe
domat/e, -ja, -e	tomato
dor/ë, -a, duar	hand
do të	future marker (= will)
dot	at all, can't
dramaturg, -u, -ë	playwright, dramatist
drejt (+ abl.)	toward
e drejt/ë, -a, të -a	law, right
kam të drejtë	to be right, have the right
drejtim, -i, -e	direction
në drejtim të	toward
nën drejtimin e	under the direction of
drejt/ohem, -ova, -uar	to be led by
drek/ë, -a, -a	lunch
dritar/e, -ja, -e	window
drith/ë, -i, -ëra	cereal
dua, desha, dashur	to want, love
dukem	to look, seem
duket	it seems, looks
më duket	it seems to me
durim, -i	patience
dy	two
të dy, të dyja	both (masc., fem.)
dykatësh, -e	two-story
dyqan, -i, -e	store
dysh, -e	double
dyshim, -i, -e	doubt
i,e dytë	second

Dh

dhall/ë, -a	buttermilk
dhe, edhe, e	and
dhemb, -a, -ur	to hurt, ache
dhëmb, -i, -ë	tooth
dhëmball/ë, -a, -ë	molar

dhëmballa e pjekurisë	wisdom tooth
e dhën/ë, -a, të dhëna	datum, data
dhimbj/e, -a, -e	pain
dhimbje fyti	sore throat
dhimbje koke	headache
i,e dhjetë	tenth
dhjetor, -i	December
dhom/ë, -a, -a	room
dhomë dyshe	double room
dhomë e lirë	a free/cheap room
dhomë teke	single room

E

ec/i, -a, -ur	to go, walk
ecj/e, -a, -e	walk
edukat/ë, -a	education
edukátë fizíke	physical education
ekonomi, -a	economics
ekonomi shtëpiake	home economics class
edhe, dhe, e	and
edhe . . . edhe	both . . . and
edhe pse	even though
edhe unë	me too
ekip, -i, -e	team, group
ekonomik, -e	economic
ekonomist, -i, -ë	economist
ekskursion, -i, -e	excursion
ekspedit/ë, -a, -a	expedition
ekspozit/ë, -a, -a	exhibition
ekspozitë pikture	painting exhibit
ekzekutues, -e	executive
elegant, -e	elegant
elektricitet, -i	electricity
elektronik, -e	electronic
em/ër, -ri, -ra	name
emision, -i, -e	TV/radio show, program
ende	still, yet
e enjt/e, -ja, -e	Thursday
të enjten	on Thursday
estetik, -e	aesthetic
etj/e, -a	thirst
kam etje	to be thirsty
euro	euro

Ë

i,e ëmbël	sweet (adj.)
ëmbëlsir/ë, -a, -a	sweet, dessert
ënd/ërr, -rra, -rra	dream

F

fabrik/ë, -a, -a	factory
fajtor, -e	guilty
fakt, -i, -e	fact
në fakt	in fact
fal, -a, -ur	to excuse
Më fal!	Excuse me!
falas	free, gratis
falënder/oj, -ova, -uar	to thank
Faleminderit!	Thank you!
i,e famsh/ëm, e -me	famous
fanell/ë, -a, -a	flannel shirt, undershirt
faq/e, -ja, -e	page
faqe interneti	webpage, website
fare	at all
fat, -i, -e	fate, destiny, luck
për fat të mirë	luckily
i favorshëm, e -me	favorable
fe, -ja, -	religion, faith
fej/ohem, u -ova, -uar	to get engaged
fej/oj, -ova, -uar	to get someone engaged
fem/ër, -ra, -ra	female
fest/ë, -a, -a	party, holiday
festival, -i, -e	festival
Festivali i Këngës	Song Festival
fest/oj, -ova, -uar	to celebrate
fetar, -e	religious
fet/ë, -a, -a	slice (of bread, cheese)
fëmij/ë, -a, -ë	child/children
filet/ë, -a, -a	fillet
filetë pule	chicken fillet
filetë viçi	beef fillet
film, -i, -a	film
fill, -i, fije	thread
fill dentar	dental floss
fillestar, -i, -ë	beginner
fillim, -i, -e	beginning
në fillim	at the beginning
fillimisht	at the beginning
fill/oj, -ova, -uar	to start, begin
financiar, -e	financial
firm/ë, -a, -a	firm
fis, -i, -e	tribe
fisnik, -u, -ë	nobleman, knight
fit/oj, -ova, -uar	to earn, win
fitor/e, -ja, -e	victory, triumph
fitues, -e	victorious, winning
fitues, -i, -	the winner

fizik/ë, -a	physics
fjal/ë, -a, -ë	word
fjali, -a, -	sentence
fjalor, -i, -ë	vocabulary, dictionary
fjetj/e, -a, -e	sleep
flak/ë, -a, -ë	flame
flamur, -i, -ë	flag
flas, fola, folur	to speak
fle, fjeta, fjetur	to sleep
fletor/e, -ja, -e	notebook
flitet	it is said
flok, -u, -ë	hair
floktor/e, -ja, -e	hairdresser
flori, -ri, -nj	gold
flutur/oj, -ova, -uar	to fly
fllad, -i, -e	light breeze
form/ë, -a, -a	form
form/ohem, u -ova, -uar	to be formed
i,e fortë	strong, hard
forum, -i, -e	forum
fotografi, -a, -	photograph
Franc/ë, -a	France
francez, -i, -ë	French
francez, -e	French (nationality)
frëngjisht	French (language)
i,e freskët	fresh
freskues, -e	refreshing
frigorifer, -i, -ë	refrigerator
frik/ë, -a, -ë	fear, dread
frut/ë, -a, -a	fruit
fruta deti	seafood
fry/j, -va, -rë	to blow
Fryn erë.	It is windy.
i,e ftohtë	cold
ft/oj, -ova, -uar	to invite
fund, -i, -e	skirt, end, bottom
fund i drejtë	hobble skirt
fund i gjatë	long skirt
fund i shkurtër	short skirt
fund me pala	pleated skirt
fund xhins	jeans skirt
i,e fundit	last
fundjav/ë, -a, -a	weekend
fuqi, -a, -	power
furç/ë, -a, -a	brush
furnizim, -i, -e	furnishing, supplies
furr/ë, -a	stove
fu/s, -ta, -tur	to put in, let in, get in
fustan, -i, -e	dress
fustan nusërie	wedding dress
fustanell/ë, -a, -a	kilt
fush/ë, -a, -a	field
futboll, -i	soccer
futbollist, -i, -ë	football player
fyt, -i	throat

G

gabim, -i, -e	mistake
gadishu/ll, -lli, -j	peninsula
galeri, -a, -	gallery
galeria e arteve	art gallery
garazh, -i, -e	garage
gati	almost
gatim, -i, -e	cooking
gatishmëri, -a	readiness
gat/uaj, -ova, -uar	to cook
gaz, -i, -e	gas
gazetë -a, -a	newspaper
gazetar, -i, -ë	journalist
get/ë, -a, -a	panty hose
gërmim, -i, -e	digging
gëzim, -i, -e	happiness
i,e gëzuar	glad, happy, joyful
godin/ë, -a, -a	building
goj/ë, -a, -ë	mouth
gojëdhën/ë, -a, -a	legend
got/ë, -a, -a	glass
grad/ë, -a, -a	degree
grafi, -a, -	X-ray
Greqi, -a	Greece
gri	gray
grip, -i	flu
i,e grirë	minced
mish i grirë	mincemeat
grua, gruaja, gra	woman, wife
grup, -i, -e	group
grur/ë, -i	grain, wheat
gryk/ë, -a, -ë	throat
gur, -i, -ë	stone
gurëz, -a, -a	plaque
gusht, -i	August

Gj

gjak, -u	blood
gjalp/ë, -i, -e	butter
gjalpë me kripë	salty butter
gjallëri, -a	hustle and bustle
i,e gjashtë	sixth
gjatë	long, for a long time

i,e gjatë	long
gjatësi, -a, -	length
gjatë (+ abl.)	during
gje/j, -ta, -tur	to find
gje/ndem, u -ta, -tur	to find oneself, be present
i,e gjelbër	green
gjelbërim, -i	greenery
gjeografik, -e	geographic
gjerman, -i, -ë	German (nationality)
gjerman, -e	German (adj.)
gjermanisht	German (language)
gjeth/e, -ja, -e	leaf
gjë, -ja, -ra	thing
çdo gjë	everything
gji,-ri, -nj	breast
gji, -ri, -re	gulf, bay
gjigand, -i, -ë	giant
gjimnastikor, -e	gymnastic, adj.
të gjitha	everybody, all (fem., pl.)
gjithashtu	also, similarly
të gjithë	everybody, all (masc., pl.)
gjithmonë	always
gjithnjë	always
gjithsesi	in any case, anyhow
gjiz/ë, -a	curd, cottage cheese
gjizë me kripë	salted curd
gjizë pa kripë	unsalted curd
gjuaj, -ta, -tur	to hunt
gjuh/ë, -a, -ë	tongue, language
gjuhëz, -a, -a	tongue
gjum/ë, -i	sleep
gjurm/ë, -a, -ë	trace, track
gjykatës, -i, -	judge
gjysm/ë, -a, -a	half
gjysh, -i, -ër	grandfather
gjysh/e, -ja, -e	grandmother

H

ha, hëngra, ngrënë	to eat
ha darkë	to have dinner
ha drekë	to have lunch
ha mëngjes	to have breakfast
më hahet	to be hungry
i,e habitur	surprised, astonished
hamburger, -i, -ë	hamburger
hapësir/ë, -a, -a	space
hapj/e, -a, -e	opening
i,e hapur	open
harmonik, -e	harmonic, balanced
në mënyrë harmonike	in a harmonic way
harr/oj, -ova, -uar	to forget
hedh, hodha, hedhur	to throw
hekuros, -a, -ur	to iron
heq, hoqa, hequr	to take off
Hë!	Hey!
e hën/ë, -a, -a	Monday
të hënën	on Monday
her/ë, -a, -ë	time, while
hera e parë	the first time
një herë	once
një herë në muaj	once a month
për herë të parë	for the first time
herët	early
hero, -i, -nj	hero
i hersh/ëm, e -me	early, ancient
heshtj/e, -a	silence, calm
i,e hidhur	bitter
higjien/ë, -a	hygiene
hip/i, -a, -ur	to get on
historik, -e	historic(al)
holl, -i, -e	hall
të holla	money (always pl.)
hollësi, -a, -	detail
me hollësi	in detail
i hollësish/ëm, e -me	detailed
hotel, -i, -e	hotel
i,e huaj	foreign
hudh/ër, -ra, -ra	garlic
humb, -a, -ur	to miss, lose
humbj/e, -a -e	loss
i,e hutuar	confused
hy/j, -ra, -rë	to go in
hyj brenda	to go inside

I

i	her, to her
ide, -ja, -	idea
identifikim, -i, -e	identification
ik/i, -a, -ur	to go (away), pass
ikonografik, -e	iconographic
ilaç, -i, -e	medicine
ilir, -e	Illyrian
im	my (masc.)
ime	my (fem.)
imejl, -i, -e	e-mail
individual, -e	individual
infeksion, -i, -e	infection

informativ, -e	informative
inform/oj, -ova, -uar	to inform
institucion, -i, -e	institution
instrument, -i, -e	instrument
intensivisht	intensively
interes, -i, -a	interest
me interes	of interest
shfaq interes	to show interest
interesant, -e	interesting
interes/ohem, u -ova, -uar	to be interested in
i,e interesuar	interested
internet, -i	Internet
interpretim, -i, -e	interpretation
interpret/oj, -ova, -uar	to interpret
interpretohet (pass.)	to be interpreted
inxhinier, -i, -ë	engineer
Itali, -a	Italy
italian, -e	Italian
italian, -i, -ë	Italian (nationality)
italisht	Italian (language)
itinerar, -i, -e	itinerary

J

ja . . .	here is . . .
Ja, ku janë!	They are over there!
jam, qeshë, qenë	to be
jam me fat	to be lucky
jam vonë	to be late
janar, -i	January
jap, dhashë, dhënë	to give
jap fjalën	to promise
jap mendime	to give an opinion
jap me qira	to rent out
jap mësim	to teach
jastëk, -u, -ë	pillow
jashtë (+ abl.)	outside, abroad
jav/ë, -a, -ë	week
pesë ditë në javë	five days a week
jelek, -u, -ë	vest, waistcoat
jeshil, -e	green
jet/ë, -a, -ë	life
jetëgjatësi, -a, -	longevity
jet/oj, -ova, -uar	to live
jo	no, not
Jo keq!	Not bad!
jo . . . më	not . . . anymore
Jon, -i	Ionian (Sea)
jonë	our (fem.)
jote	your (fem.)
ju	you (pl.)
juaj	your
jug, -u	south
juglindor, -e	southeastern
jugperëndim, -i	southwestern
juridik, -e	legal, judicial
jurist, -i, -ë	lawyer
jush	you (abl.)
juve	to you (dat.)

K

kabin/ë, -a, -a	booth
kabinë telefoni	telephone booth
kadaif, -i	kadaifi, a type of sweet
kaf/e, -ja, -e	coffee
kafene, -ja, -	coffee shop
kajsi, -a, -	apricot
kakao, -ja	cocoa
kala, -ja, -	fortress, palace
kalendar, -i, -ë	calendar
kal/ë, -i, kuaj	horse
kal/oj, -ova, -uar	to spend time, pass by
kalorës, -i, -	rider, horseman
i,e kaltër	blue, azure, sky blue
kallamar, -i, -ë	squid
kam, pata, pasur	to have
ka	there is, there are
kam etje	to be thirsty
kam nevojë për	to need
kam të drejtë	to be right
kam uri	to be hungry
ka teatër	there's a play
nuk ka shumë	not long ago
kamarier, -i, -ë	waiter
kamp, -i, -e	camp
kamp rinie	youth camp
kanaç/e, -ja, -e	can, tin
kanal, -i, -e	channel
kanion, -i, -e	canyon
kapel/ë, -a, -a	hat, cap
kaq	so (much, many)
karakter, -i, -e	character, nature
karakteristik, -e	typical, peculiar
karkalec, -i, -a	shrimp
karot/ë, -a, -a	carrot
kart/ë, -a, -a	card, paper
kartë krediti	credit card
kartvizit/ë, -a, -a	business card

karrig/e, -ia, -e	chair
kat, -i, -e	floor
katalog, -u, -ë	catalog
kategori, -a, -	category
i,e katërt	fourth
katolik, -e	Catholic
katror, -e	square
metra katrorë	square meters
i keq, e/të këqij	bad (masc.)
e keqe, e/të këqija	bad (fem.)
kë	whom
këmb/ej, -eva, -yer	to change, exchange
këmb/ë, -a, -ë	leg, foot
këmbim, -i, -e	exchange
këmbim valutor	money exchange
këmish/ë, -a, -ë	shirt
kënaq, -a, -ur	to satisfy
kënaqësi, -a, -	pleasure, satisfaction
Kënaqësia ime!	My pleasure!
i,e kënaqur	satisfied
kënaq/em, u -a, -ur	to be satisfied
kënd/oj, -ova, -uar	to sing, go well
i këndsh/ëm, e -me	comfortable
këng/ë, -a, -ë	song
këngëtar, -i, -ë	singer
këpuc/ë, -a, -ë	shoe
këpucë me cilësi	quality shoes
këpurdh/ë, -a, -a	mushroom
kërc/ej, -eva, -yer	to dance
kërkes/ë, -a, -a	request, petition
kërkim, -i, -e	research
kërk/oj, -ova, -uar	to look for
kërk/ohet, u -ova, -uar	it is asked for
këshill/oj, -ova, -uar	to advise
i këshilluesh/ëm, e -me	advisable
keshtjell/ë, -a, -a	castle
kështu	thus, so, like this
këta	these (masc.)
këtë	this (acc., sing.)
këtë javë	this week
këtë vit	this year
këto	these (fem.)
këtu	here
kikirik, -u, -ë	peanut
kilogram, -i, -ë	kilogram
kilomet/ër, -ri, -ra	kilometer
kilometra katrorë	square kilometers
kimi, -a	chemistry
kinema, -ja, -	cinema
kish/ë, -a, -a	church
kivi	kiwi
kjo	this (fem.)
klient, -i, -ë	client
klim/ë, -a, -a	climate
klinik/ë, -a, -a	clinic
kock/ë, -a, -a	bone
pa kocka	boneless
koh/ë, -a, -ë	time, weather
koka-kola (kola)	Coca-Cola
kok/ë, -a, -ë	head
kok/ërr, -rra, -rra	piece, unit (of fruit), grain, bean
koleg, -u, -ë	colleague
kolesterol, -i	cholesterol
koll/ë, -a	cough
kolltuk, -u, -ë	armchair
kombësi, -a, -	nationality
kombinim, -i, -e	combination
komedi, -a, -	comedy
komod, -e	comfortable
kompani, -a, -	company
kompjuter, -i, -a	computer
komplikacion, -i, -e	complication
kompres/ë, -a, -a	pack, compress
komunik/oj, -ova, -uar	to communicate
komunitet, -i, -e	community
konferenc/ë, -a, -a	conference
konfirm/oj, -ova, -uar	to confirm
konfirmim, -i, -e	confirmation
konfuzion, -i, -e	confusion
kongres, -i, -e	convention
konkurrenc/ë, -a	competition
konkurrent, -i, -ë	competitor
konkurrues, -e	competing, competitive
konkurrues, -i, -	competitor
konsider/oj, -ova, -uar	to consider
konsu/ll, -lli, -j	consul
konsum, -i, -e	consumption
komsum/oj, -ova, -uar	to consume
kontakt/oj, -ova, -uar	to contact
kontrat/ë, -a, -a	contract, agreement
kontribut, -i, -e	contribution
kontroll/oj, -ova, -uar	to control, inspect, examine
kontroll, -i, -e	control

konvikt, -i, -e	dorm
kopj/e, -a, -e	copy
kopsht, -i, -e	kindergarten, nursery school; garden
koran, -i, -ë	trout
korrigj/oj, -ova, -uar	to correct
korrik, -u	July
kos, -i	yogurt
kosovar, -i, -ë	Kosovar (inhabitant of Kosovo)
Kosov/ë, -a	Kosovo
kostum, -i, -e	costume, suit
kostum për burra	men's suit
kostum për gra	women's costume
kostum popullor	traditional costume
krah, -u, -ë	arm
krahas (+ abl.)	along with, in addition to
krahas/oj, -ova, -uar	to compare
krap, -i, krep	carp
kreh, -a, -ur	to comb (someone's hair)
krem karamel	caramel cream
krenari, -a	pride
krevat, -i, -e	bed
krihem, u kreha, krehur	to comb one's hair, be combed
krij/ohem, u -ova, -uar	to be created
krik/ëll, -lla, -lla	mug, jug
krip/ë, -a, -ëra	salt
i,e krishterë	Christian
Krishtlindj/e, -a, -e	Christmas
kriz/ë, -a, -a	crisis
kronik/ë, -a, -a	chronicle, news
kryej, kreva, kryer	to carry out
kryeqytet, -i, -e	capital city
kryesi, -a, -	headship, directorate
kryesisht	mainly
kryesor, -e	main, principal
kth/ehem, u -eva, -yer	to return
kthim, -i, -e	return
ku	where
kuad/ër, -ri, -ro	frame, setting
kuçed/ër, -ra, -ra	Hydra, monster
kudo	everywhere
kufi, -ri, -j	border
në kufi me	at the border with
kujdes, -i, -e	care
kujt/ohem, u -ova, -uar	to remember
kujt/oj, -ova, -uar	to remind
kukull, -a, -a	puppet
kultur/ë, -a, -a	culture
kulturor, -e	cultural
kull/ë, -a, -a	tower
kumbull, -a, -a	plum
kun/at, -ati, -etër	brother-in-law
kunat/ë, -a, -a	sister-in-law
kundër (+ abl.)	opposite, against
kungu/ll, -lli, -j	pumpkin, squash
kupt/oj, -ova, -uar	to understand
kuqezi	red and black (referring to the Albanian flag)
kur	when
kurdo	whenever
kureshtar, -e	curious
kurs, -i, -e	rate, course
kursi i ndërrimit	exchange rate
kurse	whereas, as, while
kush	who
kusht/oj, -ova, -uar	to cost
kusht/ohem, u -ova, -uar	to be dedicated
kuti, -a, -	box
kuvend, -i, -e	assembly, convention
kuzhin/ë, -a, -a	kitchen
kuzhinier, -i, -ë	cook
ky	this (masc.)

L

laborator, -i, -ë	laboratory
i,e lagësht	humid
lagështi, -a	humidity
lagështir/ë, -a	humidity
la/hem, u -va, -rë	to wash oneself, bathe, swim
lahut/ë, -a, -a	lute
la/j, -va, -rë	to wash (something), bathe (someone)
lajm, -i, -e	news
lajmërim, -i, -e	notification
lajthi, -a, -	hazelnut
lak/ër, -ra, -ra	cabbage
laps, -i, -a	pencil
larg (+ abl.)	far (from)
i,e largët	distant
largim, -i, -e	departure, removal
larg/ohem, u -ova, -uar	to leave, depart
i larmish/ëm, e -me	varied, diversified

lart	high, up
i,e lartë	high, up
lartësi, -a, -	height
i,e lashtë	ancient
lashtësi, -a, -	antiquity
latin, -e	Latin
latino-amerikan, -e	Latin American
ledhat/oj, -ova, -uar	to caress
legjend/ë, -a, -a	legend
i,e lehtë	easy, light
lek, -u, -ë	lekë (Albanian currency)
lesh, -i	wool
let/ër, -ra, -ra	letter, card
letërsi, -a, -	literature
levrek, -u, -ë	bass
lexim, -i	reading
lexim letrar	literature class in elementary school
lex/oj, -ova, -uar	to read
lë, lashë, lënë	to leave
lë mbresë/mbresa	to make an impression
lë orar	to make an appointment
lëkur/ë, -a, -ë	skin, leather
lënd/ë, -a, -ë	courses, subjects
lën/g, -gu, -gje	juice, liquid
lëng frutash	fruit juice
lësh/oj, -ova, -uar	to let out
lëvizj/e, -a, -e	motion, movement
lib/ër, -ri, -ra	book
librari, -a, -	bookstore
lidh, -a, -ur	to join, bind
lidhj/e, -a, -e	connection, league
ligj, -i, -e	law
limon, -i, -ë	lemon
lind, -a, -ur	to be born
lindj/e, -a	east
lindj/e, -a, -e	birth
linj/ë, -a, -a	line
Lion, -i	Lyon (France)
liqen, -i, -e	lake
i,e lirë	cheap, free, not busy
lirisht	fluently
lit/ër, -ri, -ra	liter
lodh/em, u -a, -ur	to get tired
i,e lodhur	tired
loj/ë, -a, -ëra	play, playing
lojtar, -i, -ë	player
lokal, -i, -e	premises, room
lop/ë, -a, -ë	cow
mish lope	beef
luaj, -ta, -tur	to play
luaj me letra	to play cards
luft/ë, -a, -a	war
Lufta e Parë Botërore	First World War
Lufta e Dytë Botërore	Second World War
luft/oj, -ova, -uar	to fight
lug/ë, -a, -ë	spoon
luhet	it is played
lul/e, -ja, -e	flower
luleshtrydh/e, -ja, -e	strawberry
lulisht/e, -ja, -e	(public) garden, flower garden
i,e lumtur	happy
lumturim, -i	beatification
lus/lut, luta, lutur	to ask, beg

Ll

lloj, -i, -e	type

M

mac/e, -ja, -e	female cat
maçok, -u, -ë	male cat
madje	even
i madh, e/të mëdhenj	big (masc.)
e madhe, e/të mëdha	big (fem.)
madhështi, -a	majesty, grandiosity
i,e mahnitur	amazed
maj, -i	May
majtas	to the left
makarona, -t	pasta
makin/ë, -a, -a	car
mal, -i, -e	mountain
Mali i Zi	Montenegro
mall, -i, -ra	goods
mall, -i	longing
mandarin/ë, -a, -a	tangerine
Maqedoni, -a	Macedonia
mars, -i	March
e mart/ë, -a, -a	Tuesday
të martën	on Tuesday
mart/ohem, u -ova, -uar	to get married
mart/oj, -ova, -uar	to marry, make someone get married
i,e martuar	married
marr, mora, marrë	to take
marr me qira	to rent
marr në telefon	to call on the phone

marr një vendim	to make a decision
marr pjesë	to take part
marrëveshj/e, -a, -e	agreement
marrj/e, -a	taking
ma/s, -ta, -tur	to measure
mas/ë, -a, -a	size, measure
pa masë	immensely
mashkull, -i, meshkuj	male
matematik/ë, -a	mathematics
material, -i, -e	material
i,e matur	cautious, moderate
mbaj, -ta, -tur	to carry, wear, hold, keep
mbaj mend	to remember
mbarëkombëtar	nationwide
mbar/oj, -ova, -uar	to end, finish
mbase	perhaps
mbasi	after
mbe/s, -ta, -tur	to remain, stay, be
mbes i kënaqur	to be satisfied
mbes i mahnitur	to be amazed
mbet/em, u -a, -ur	to remain, be left, be
mbi (+ acc.)	on, on top of
mbl/edh, -odha, -edhur	to gather, collect
mbledhj/e, -a, -e	meeting
mbl/idhem, u -odha, -edhur	to gather, get together
mbres/ë, -a, -a	impression
lë mbresë, mbresa	to make an impression
mbret, -i, -ër	king
mbretëresh/ë, -a, -a	queen
mbretëri, -a, -	kingdom
Mbretëria e Bashkuar	United Kingdom
mbrëmj/e, -a, -e	evening
në mbrëmje	in the evening
mbro/hem, u -jta, -jtur	to be protected
mbroj, -ta, -tur	to defend, protect
i,e mbrojtur	protected
mbush, -a, -ur	to fill in
mbushj/e, -a, -e	filling
i,e mbushur	stuffed
mbyll, -a, -ur	to close
i,e mbyllur	closed
me (+ acc.)	by (transportation), with
me aeroplan	by plane
me autobus	by bus
me biçikletë	by bicycle

me makinë	by car
me pushime	on vacation
me qira	renting, for rent
me se	how (transportation)
me shëndet	healthy, with health
me vështirësi	with difficulty, not fluently
megjithatë	however, anyway
megjithëse	although
meje	me (abl.)
menaxher, -i, -ë	manager
mendim, -i, -e	opinion, thought
jap mendime	to give an opinion
mend/ohem, u -ova, -uar	to think
mend/oj, -ova, -uar	to think
menjëherë	immediately
i menjëhersh/ëm, e -me	immediate
mens/ë, -a, -a	cafeteria, canteen
meny, -ja, -	menu
meqë	since
merrem, u mora, marrë	to be busy, have a job
merrem me	to engage in
mes (+ abl.)	among, across
në mes (+ abl.)	in the midst of
mesatar, -e	average (adj.)
mesatarisht	on the average
mesazh, -i, -e	message
Mesdhe, -u	Mediterranean
mesdhetar, -e	Mediterranean (adj.)
i mes/ëm, e -me	central, middle
mesjetar, -e	medieval
metra katrorë	square meters
mezi	hardly, scarcely
Mezi po pres.	I can hardly wait.
më (+ acc.)	in, on
më	me, to me
Më falni!	Excuse me!
më	more
më pas	afterward
më shumë	more (comparing quantities)
nuk . . . më	not . . . anymore
mëlçi, -a, -	liver
mëndafsh, -i	silk
mëngjes, -i, -e	morning, breakfast
mënyr/ë, -a, -a	manner, way
në mënyrë që	so that, in order to
meqë	since

e mërkur/ë, -a, -a	Wednesday
të mërkurën	on Wednesday
mësim, -i, -e	lesson
mësimor, -e	instructive, teaching
program mësimor	curriculum, syllabus
mës/oj, -ova, -uar	to study, learn
mësues, -i, -	teacher
e mi	my
e mia	my
miell, -i, -ra	flour
mijëra	thousands
miks, -e	mixed
miliard, -i, -ë	thousand million
miliarder, -i, -ë	multimillionaire
milion, -i, -ë	million
milioner, -i, -ë	millionaire
minist/ër, -ri, -ra	minister
Ministri, -a, -	ministry
miqësor, -e	friendly, amicable
mirë	well
Mirë se të vini!	You are welcome (any time)!
i/e mirë	good
Mirëdita!	Good afternoon!
Mirëmëngjes!	Good morning!
Mirëmbrëma!	Good evening!
Mirupafshim!	Good-bye!
Mirupashim nesër	See you tomorrow!
mision, -i, -e	mission
mister, -i, -e	mystery
mish, -i, -ra	meat
mishra dhëmbësh	gums
mit, -i, -e	myth
mjaft	fairly, rather
i mjaftuesh/ëm, e -me	sufficient, enough
mjaft/oj, -ova, -uar	to be sufficient
mjalt/ë, -i	honey
mjedis, -i, -e	premises, environment
mjegull, -a, -a	fog
mjek, -u, -ë	doctor
mjekësor, -e	medical
mjekim, -i, -e	medication, treatment
mjek/oj, -ova, -uar	to cure, treat
mobilj/e, -a, -e	furniture
i,e mobiluar	furnished
i moç/ëm, e -me	ancient, old
modern, -e	modern
mod/ë, -a	fashion
moll/ë, -a, -ë	apple
moment, -i, -e	moment
monedh/ë, -a, -a	coin, currency
monedhë e huaj	foreign currency
monument, -i, -e	monument
mos	not, do not, perhaps
mosh/ë, -a, -ë	age
mot/ër, -ra, -ra	sister
mozaik, -u, -ë	mosaic
mrekulli, -a, -	miracle
i mrekulluesh/ëm, e -me	marvelous
mua	to me
muaj, -i, -	month
muajin e ardhshëm	next month
muajin që vjen	next month
mund	to be able
mundësi, -a, -	possibility
kam mundësi	to have the possibility
munges/ë, -a, -a	absence
murator, -i, -ë	stonemason, bricklayer
muros, -a, -ur	to wall in
mushkëri, -a, -	lung
muze, -u, -	museum
muzikant, -i, -ë	musician
muzikor, -e	musical
mysliman, -e	Moslem

N

Na ishte na mos ishte . . .	Once upon a time there was . . .
nat/ë, -a, net	night
natën	at night
Natën e mirë!	Good night!
natyr/ë, -a	nature
Natyrisht që po!	Of course!
natyror, -e	natural
ndaj (+ abl.)	toward
nda/j, -va, -rë	to split, come between
ndal/em, u -a, -ur	to stop
ndal/oj, -ova, -uar	to stop (someone, something)
i,e ndezur	aglow
ndër (+ acc.)	among
ndërkohë	while, in the meantime
ndërkombëtar, -e	international
ndërsa	whereas
ndërt/oj, -ova, -uar	to build
i,e ndërtuar	built
ndërrim, -i, -e	change, exchange
ndërr/oj, -ova, -uar	to change

ndiej, ndjeva, ndier	to feel
ndi/hem, u -va, -er	to feel
ndihm/ë, -a, -a	help
ndihm/oj, -ova, -uar	to help
ndjek, ndoqa, ndjekur	to attend, follow
ndodh, -a, -ur	to happen
ndodh/em, u -a, -ur	to be located, be found
ndonëse	although
ndonjë	any
ndonjë gjë	anything
Ndonjë gjë tjetër?	Anything else?
ndoshta	maybe, possibly
ndriç/oj, -ova, -uar	to shine
i ndrysh/ëm, e -me	different
ndrysh/oj, -ova, -uar	to change
ne	we
nesër	tomorrow
nesh	(to) us (abl.)
net	nights
neve	to us (dat.)
nevoj/ë, -a, -a	necessity
kam nevojë për	to need
i nevojsh/ëm, e -me	necessary
në (+ acc.)	in, at
në çfarë ore	what time
në ç'orë	what time
në lidhje me	in connection with
në mbrëmje	in the evening
në mëngjes	in the morning
në mënyrë që	in order to, so that
në orën	at (to express time) (lit., at the hour)
në përgjithësi	in general
në qoftë se	in case that
në rregull	all right
në Shtetet e Bashkuara	in the United States
nën (+ acc.)	under
nën/ë, -a, -a	mother
nënshkr/uaj, -ova, -uar	to sign
i,e nëntë	fifth
nëntok/ë, -a	underground
nëntor, -i	November
nënujor, -e	underwater
nëpër (+ acc.)	about, around, among, up and down
nëse	if
nga (+ nom.)	from, from where
nga ana tjetër	on the other side
nga 500 gramë	500 grams each
ngacm/oj, -ova, -uar	to bother, cause pain
ngadalë	slowly
nganjëherë	sometimes
ngaqë	because
ngr/e, -ita, -itur	to raise
ngri/hem, u -ta, -tur	to get up, rise, stand
ngrohtë	warmly (adv.)
i,e ngrohtë	warm (adj.)
ngja/j, -va -rë	to resemble
ngjall, -a, -ur	to create, inspire, arouse
ngjarj/e, -a, -e	event, happening
ngjit/em, u -a, -ur	to ascend
ngjyr/ë, -a, -a	color
nip, -i, -a	nephew
nis, -a, -ur	to start, begin
nis/em, u -a, -ur	to leave, set out
normalizim, -i, -e	normalization
notar, -i, -ë	swimmer
not/ë, -a, -a	grade, mark, note
not/oj, -ova, -uar	to swim
nuk	not
nuk ka shumë	not long ago
numër/oj, -ova, -uar	to count
nus/e, -ja, -e	bride
nusëri, -a	belonging to the bride
fustan nusërie	wedding gown
i,e nxehtë	hot
nxë, nxuri, nxënë	to hold, contain
nxënës, -i, -	pupil
nxitim, -i, -e	rush, haste
me nxitim	in a rush
nxit/oj, -ova, -uar	to hurry
nxjerr, nxora, nxjerrë	to take out

Nj

një	one
një çerek	a quarter
një herë	one time
njëherë	first, once
njëngjyrësh, -e	monochromatic
njerëz, -it	people, mankind
njerëzim, -i	humanity
njeri, -u, njerëz	man, person, people
njëri-tjetri, njëra-tjetra	one another, each other
nj/ihem, u -oha, -ohur	to be known, become acquainted

njoftim, -i, -e	announcement, ad
njoft/oj, -ova, -uar	to announce, inform
njoh, -a, -ur	to know
i,e njohur	famous, well-known

O

objekt, -i, -e	objects
oborr, -i, -e	yard
ofert/ë, -a, -a	offer
ofr/oj, -ova, -uar	to offer
oper/ë, -a, -a	opera
oper/oj, -ova, -uar	to operate
oral, -e	oral
orar, -i, -e	time, schedule
lë orar	to make an appointment
or/ë, -a, -ë	clock
organ, -i, -e	organ
organet e brendshme	internal organs
organiz/oj, -ova, -uar	to organize
organizohet	it is organized
origjin/ë, -a, -a	origin, source
oriz, -i	rice
ortodoks, -e	Orthodox
ose	or
osman, -e	Ottoman

P

p.e.s. (para erës sonë)	B.C. (lit., before our era)
p.sh. = për shembull	for example, for instance
pa (+ acc.)	without
pa masë	immensely
pacient, -i, -ë	patient (masc)
pacient/e, -ja, -e	patient (fem)
padurim, -i	impatience
i,e paduruar	impatient
i pafuqish/ëm, e -me	weak, feeble
pages/ë, -a, -a	payment
pag/uaj, -ova, -uar	to pay
pajisj/e, -a, -e	equipment, device
pak	a little
më pak	less
pas pak	soon
i,e pakënaqur	unsatisfied
pakës/oj, -ova, -uar	to reduce, diminish
paket/ë, -a, -a	package
paketë turistike	tourist package
pako, -ja, -	packet, pack, parcel
të paktën	at least
pal/ë, -a, -a	pleat, crease
pal/ë, -a, -ë	pair
një palë këpucë	pair of shoes
pallat, -i, -e	building (block of apartments), palace
Pallati i Kongreseve	Convention Center
pallto, -ja, -	overcoat
pambuk, -u	cotton
pamj/e, -a, -e	view
ka pamje nga	to have a view (to)
me pamje nga	with a view to, facing
i,e pamobiluar	without furniture
pamor, -e	visual
i,e pangopur	unsatiated, hungry
pantallona, -t	pants
pantallona (blu)xhins	jeans
papaga/ll, -lli, -j	parrot
para (+ abl.)	before
para se (+ sentence)	before
para, -ja, -	money
me para në dorë	with cash
paradite	in the morning, before noon
parandal/oj, -ova, -uar	to prevent
parapëlq/ej, -eva, -yer	to prefer
i,e parapëlqyer	preferred
paraqes, -ita, -itur	to introduce, present
paraqit/em, u -a. -ur	to present oneself
parashik/oj, -ova, -uar	to foresee, predict
i,e parë	first
më parë	before, first
Paris, -i	Paris
par/k, -ku, -qe	park
parlament, -i, -e	parliament
parukeri, -a, -	hairdresser's
pas (+ abl.)	after, back
më pas	afterward
pas Krishtit	A.D. (lit., after Christ)
pas pak	soon
pasdite	in the afternoon
pasi	after, when; since, because
pasion, -i, -e	passion, with emotion
pasnesër	day after tomorrow
pastaj	afterward

i,e pastër	clean
pastr/oj, -ova, -uar	to clean
pastrues, -i, -	cleaning person
i,e pasur	rich
pasuri, -a, -	wealth
pasur/oj, -ova, -uar	to enrich
Pashkët	Easter
patat/e, -ja, -e	potato
patate të skuqura	French fries (fried potatoes)
patatin/ë, -a, -a	potato chips
patëllxhan, -i, -ë	eggplant, aubergine
patjetër	surely, certainly
pavarësi, -a	independence
Dita e Pavarësisë	Independence Day
pazar, -i, -e	bazaar, marketplace
pedagog, -u, -ë	teacher, professor (at the university level)
peizazh, -i, -e	landscape
pem/ë, -a, -ë	tree
pen/g, -gu, -gje	pledge, hostage, pawn
perëndim, -i	west
perëndimor, -e	western
perime	vegetables
perime të skarës	grilled vegetables
perime të ziera	stewed vegetables
periudh/ë, -a, -a	period, time
person, -i, -a	person
personalitet, -i, -e	personality
i,e pestë	fifth
pesh/k, -u, peshq	fish
peshkatar, -i, -ë	fisherman
pesh/oj, -ova, -uar	to weigh
pëlq/ej, -eva, -yer	to like
për (+ acc.)	for, about
për fat të keq	unfortunately
për fat të mirë	luckily
për qind	percent
përafërsisht	approximately
përballë (+ abl.)	in front, opposite
i,e përbashket	joint
përbërj/e, -a, -e	structure, composition
i,e përcaktuar	defined, determinate
përditë	daily
i përditshëm, e -me	daily
përdor, -a, -ur	to use
përdorim, -i, -e	use, usage
përfaqës/ohem, u -ova, -uar	to be represented
përfaqës/oj, -ova, -uar	to represent
përfaqësues, -i, -	representative
përfshi/j, -va, -rë	to include
i,e përfshirë	included
përfundim, -i, -e	completion
përfundimtar, -e	final, conclusive
përgati/s, -ta, -tur	to prepare
përgatitj/e, -a, -e	preparation
përgatitor, -e	preparatory
përgëzim, -i, -e	compliment
Përgëzime!	Congratulations!
përgjatë (+ abl.)	along
përgjegjësi, -a, -	responsibility
përgjigj/em, u -a, -ur	to answer
përgjithësi, -a	generalization
në përgjithësi	in general
përjashta	outside, outdoors
përk/as, -ita, -itur	to belong
përsa i/u përket	regarding
përkatësisht	respectively
përk/oj, -ova, -uar	to coincide
përkth/ej, -eva, -yer	to translate
përkthim, -i, -e	translation
përkthyes, -i, -	translator
përkujtimor, -e	commemorative
përkushtim, -i, -e	devotion
i,e përkushtuar	devoted
përmbledhj/e, -a, -e	summary
i,e përmbledhur	collected
përmend, -a, -ur	to mention
përmend/em, u -a, -ur	to be mentioned
i,e përmendur	mentioned
përmes (+ abl.)	through
përmetar, -e	related to Përmet and its inhabitants (adj.)
për nga	with
përpara (+ abl.)	in front of
i përpar/më, e -me	frontal, in the front
për/piqem, u -poqa, -pjekur	to try
përqendr/ohem, u -ova, -uar	to be concentrated
përqendr/oj, -ova, -uar	to concentrate
përqindj/e, -a, -e	percentage
përsa i/u përket	regarding
përse	why, what for
S'ka përse!	You are welcome! Not at all!

përsëri	again
përshënde/s, -ta, -tur	to greet
përshëndetje, -a, -e	greetings
përshkrim, -i, -e	description
përshkr/uaj, -ova, -uar	to describe
përshkruhet	to be described
i përshtatsh/ëm, e -me	suitable
përshtypj/e, -a, -e	impression
bëj përshtypje	to make an impression
përurim, -i, -e	inauguration
përur/oj, -ova, -uar	to inaugurate
përveç (+ abl.)	besides, except for
përvoj/ë, -a, -a	experience
përrall/ë, -a, -a	fairy tale, folktale
pesh/ë, -a, -a	weight
pesh/oj, -ova, -uar	to weigh
pi, -va, -rë	to drink
pi duhan	to smoke
pianist/e, -ja, -e	pianist
pic/ë, -a, -a	pizza
pij/e, -a, -e	drink, beverage
pikant, -e	spicy
pik/ë, -a, -a	point
pikërisht	exactly
piktor, -i, -ë	painter
piktur/ë, -a, -a	painting
ping-pong	Ping-Pong, table tennis
piper, -i	pepper
pirun, -i, -ë	fork
pist/ë, -a, -a	lane, floor
pishin/ë, -a, -a	swimming pool
pishtar, -i, -ë	torchlight
pjat/ë, -a, -a	plate, dish
pjekuri, -a	maturity
pjep/ër, -ri, -ra	honeydew melon
pjes/ë, -a, -ë	part
pjesëmarrës, -i, -	participant
pjesëmarrës, -e (adj.)	participating
pjesëmarrje, -a	participation
plak, plaku, pleq	old man
plan, -i, -e	plan
plas, -a, -ur	to explode
plazh, -i, -e	beach
plot	full
plot me	full of, with
i,e plotë	whole, complete
plotës/oj, -ova, -uar	to complete

po	and, yes, if
poet, -i, -ë	poet
polifoni, -a, -	polyphony
politik, -e	political
politik/ë, -a, -a	policy
popullor, -e	popular
por	but
porcelan, -i	porcelain
porosi, -a, -	order
porosit, -a, -ur	to order
porsa	since
port/ë, -a, -a	gate
portoka/ll, -lli, -j	orange
post/ë, -a, -a	mail, post office, post
postë elektronike	electronic mail
poshtë	below, underneath
poture, -t	pants (traditional)
pozicion, -i, -e	position
pozit/ë, -a, -a	position
pra	so, then
pra/g, -gu, -gje	(door)step, threshold
prandaj	therefore
pranë (+ abl.)	near, close
i pranish/ëm, e -me	present
pran/oj, -ova, -uar	to accept
pranver/ë, -a, -a	spring
prapa (+ abl.)	behind, back
prapë	again
prefer/oj, -ova, -uar	to prefer
i,e preferuar	favorite
prej (+ abl.)	from, because of
prek/em, u -a, -ur	to be affected
e premt/e, -ja, -e	Friday
të premten	on Friday
premtim, -i, -e	promise
prenotim, -i, -e	reservation
pres, prita, pritur	to wait
pre/s, -va, -rë	to cut
pres flokët	to get a haircut
pretendent, -i, -ë	contender
pretendent/e, -ja, -e	contender (fem.)
prezantim	presentation
prezant/ohem, u -ova, -uar	to introduce oneself
prijës, -i, -	leader, commander
prill, -i	April
prishj/e, -a, -e	decay
prit/em, u -a, -ur	to be expected
i,e preferuar	preferred
principat/ë, -a, -a	principality, princedom

prind, -i, -ër	parent
prirj/e, -a, -e	tendency
prishtinas, -i, -	inhabitant of Prishtina
Prishtin/ë, -a	Prishtina
privat, -e	private
problem, -i, -e	problem
prodhim, -i, -e	production
program, -i, -e	program
propoz/oj, -ova, -uar	to propose
proshut/ë, -a, -a	ham
prov/ë, -a, -a	test, experiment, fitting
dhoma e provës	fitting room
provim, -i, -e	test, exam
prov/oj, -ova, -uar	to try
proz/ë, -a, -a	prose
pse	why
edhe pse	even though
p.sh., për shembull	for example, for instance
publik, -u	general public, audience
publik, -e	public (adj.)
publikim, -i, -e	publication
pul/ë, -a, -a	chicken
gjysmë pule	half a chicken
pun/ë, -a, -ë	work
punët e shtëpisë	house chores
punim, -i, -e	work, construction
pun/oj, -ova, -uar	to work
punoj si	to work as
pup/ël, -la, -la	feather
pushim, -i, -e	vacation, break
me pushime	on vacation
push/oj, -ova, -uar	to rest
pushtet, -i -e	power
pushtim, -i, -e	invasion
pusht/ohem, u -ova, -uar	to be invaded, embrace
pye/s, -ta, -tur	to ask
pyet/je, -a, -e	question
py/ll, -lli, -je	forest

Q

qa/j, -va, -rë	to cry
qarkullim, -i, -e	circulation
i,e qartë	clear
qelesh/e, -ja, -e	traditional skullcap
qelq, -i	glass
qen, -i, -	dog
qend/ër, -ra, -ra	center
qendror, -e	central
qengj, -i	lamb
mish qengji	lamb
qep/ë, -a, -ë	onion
qershi, -a, -	cherry
qershor, -i	June
qes/e, -ja, -e	bag
i,e qetë	quiet
qeveri, -a, -	government
që	that, who, which
që (të)	so as to
që nga	(starting) from
qëndrim, -i, -e	stay
qëndr/oj, -ova, -uar	to stay, stand
qie/ll, -lli, -j	sky
qilim, -i, -a	carpet
qindra	hundreds
qira, -ja, -	rent, lease
jap me qira	to rent out
marr me qira	to rent
qoft/e, -ja, -e	meatball
qoftë	whether
në qoftë se	in case that
qu/hem, u -ajta, -ajtur	to be called
quhet	he/she is called
qumësht, -i	milk
qytet, -i, -e	city

R

radio, -ja, -	radio
radh/ë, -a, -ë	row
me radhë	in a row, consecutively
raki, -a	brandy
raport/oj, -ova, -uar	to report
rast, -i, -e	case, event, occasion
në rast se	in case that
re, -ja, -	cloud
e re, e/të reja	young, new (fem.), young woman
recepsionist/e, -ja, -e	receptionist (fem.)
reciprokisht	reciprocally
recital, -i, -e	recital
reçel, -i, -e	jam
redukt/oj, -ova, -uar	to reduce
i rehatsh/ëm, e -me	comfortable, cosy
relativisht	relatively, somewhat
repart, -i, -e	department, unit
restorant, -i, -e	restaurant
reumatiz/ëm, -mi, -ma	rheumatism
revist/ë, -a, -a	magazine

rezervim, -i, -e	reservation
rezerv/oj, -ova, -uar	to reserve
rezultat, -i, -e	result
i,e rëndë	heavy
rëndësi, -a, -	importance
jam me rëndësi	to be important
i rëndësish/ëm, e -me	important
i ri, e re	young
i ri, e/të rinj	young, new (masc.), young man
rini, -a	youth
rigon, -i	oregano
Rilindj/e, -a	Renaissance
rimëkëmbj/e, -a -e	rebuilding, reestablishment
ringjallj/e, -a, -e	revival
rini, -a, -	youth
rivier/ë, -a, -a	Riviera
rol, -i, -e	role
romak, -e	Roman
roman, -i, -e	novel
Rom/ë, -a	Rome
ruaj, -ta, -tur	to save, protect; to maintain
ru/hem, u -ajta, -ajtur	to watch out

Rr

rrallë	rarely, seldom
rrallëherë	rarely
i,e rregullt	regular
rreth (+ abl.)	around
rrethin/ë, -a, -a	suburbs, environs
rri, ndenja, ndenjur	to stay, remain, live, fit
Më rri.	It suits me, it fits me.
Më rri i/e vogël.	It's too small for me.
rrit/em, u -a, -ur	to grow up
i/të rritur	adult, grown-up
rrob/ë, -a, -a	clothes
rroba banje	bathing suit
rruaj, rrova, rruar	to shave (someone)
rrug/ë, -a, -ë	street
në rrugën . . .	on . . . Street
rr/uhem, u -ova, -uar	to shave oneself
rrush, -i	grapes

S

S'ka problem!	It doesn't matter!
sa	how many
sa herë	how often, how many times
Sa keq!	What a pity!
sa më shumë	as much as possible
Sa mirë që . . .	It's good that . . . , it's a good thing that . . .
sa orë	how long
sa vjeç(e)	how old
sa i/e vjetër	how old (for objects)
i,e saj	her
saktë	exactly
i,e saktë	exact
saktësi, -a, -	exactitude
me saktësi	exactly
salc/ë, -a, -a	sauce
salcë kosi	sour cream
salsiç/e, -ja, -e	sausage
salsiçe vendi	local sausages
sallam, -i, -e	sausage
sallat/ë, -a, -a	salad
sallatë frutash	fruit salad
sallatë jeshile	green salad
sall/ë, -a, -a	lobby, auditorium, room
sandal/e, -ja, -e	sandals
sanduiç, -i, -ë	sandwich
sapo	immediately after, just as
i,e sapopërfunduar	completed recently
Sarand/ë, -a	Saranda
se	that, than, because
secil/i, -a	each one, every single one
sekretar, -i, -ë	secretary
sekt, -i, -e	sect
semest/ër, -ri, -ra	semester
seminar, -i, -e	seminar
sepj/e, -a, -e	cuttlefish
sepse	because
seri, -a, -	series
serm, -i	silver
sesa	than
sezon, -i, -e	season
së bashku (me)	together (with)
sëmundj/e, -a, -e	disease, sickness
i,e sëmurë	sick
sërish	again
së shpejti	soon
sfid/ë, -a, -a	challenge
sfilat/ë, -a	walking onstage
sfil/oj, -ova, -uar	walk onstage
si	how
Si jeni me shëndet?	How are you?
Si kaluat?	Did you have a good time? How did it go?

Si quheni ju?	What is your name?
si	as, like, how
si dhe	as well as
sidomos	especially
siguri, -a, -	certainty
me siguri	certainly
Sigurisht!	Of course!
i,e sigurt	certain, sure
sikur	as if
po sikur	what if
simbolik, -e	symbolic, very cheap
simboliz/oj, -ova, -uar	to symbolize
simptom/ë, -a, -a	symptom
sipas (+ abl.)	according to, in conformity with
sipas dëshirës	at will
sipër (+ abl.)	above, on
sipërfaq/e, -ja, -e	surface
sirtar, -i, -ë	drawer
sistem, -i, -e	system
situat/ë, -a, -a	situation, condition
sivjet	this year
sjell, solla, sjellë	to bring
i sjellsh/ëm, e -me	courteous, well-behaved
skar/ë, -a, -a	grill
skedar, -i, -ë	folder
sken/ë, -a, -a	scene, stage
skuad/ër, -ra, -ra	team
i,e skuqur	fried
social, -e	social
solemn, -e	gala, solemn
sonte	tonight
sot	today
i sot/ëm, e -me	today's, of today (adj.)
spec, -i, -a	pepper
speca turshi	pickled peppers
specifik/ë, -a, -a	specific feature
spektak/ël, -li, -le	show
spektator, -i, -ë	spectator
spinaq, -i	spinach
spital, -i, -e	hospital
stërvit/je, -a, -e	practice, training, workout
stilograf, -i, -ë	(fountain) pen
stin/ë, -a, -ë	season (of the year)
stomak, -u, -ë	stomach
strateg, -u, -ë	strategist
strategjik, -e	strategic
stres, -i	stress
studim, -i, -e	study
studio, -ja, -	studio
studi/oj, -ova, -uar	to study
studiues, -i, -	researcher
sugjerim, -i, -e	suggestion
sugjer/oj, -ova, -uar	to suggest
sukses, -i, -e	success, achievement
Suksese!	Good luck!
i suksessh/ëm, e -me	successful
sulltan, -i, -ë	sultan
Sulltan Novruzi	Sultan Novrus
sundimtar, -i, -ë	ruler
sup/ë, -a, -a	soup
supë me perime	vegetable soup
supë peshku	fish soup
suvenir, -i, -e	souvenir
suxhuk, -u, -ë	hot dog, sausage
sy, -ri, -	eye
bie në sy	to catch the eye, stand out

Sh

shah, -u	chess
shalqi, -ri, -nj	watermelon
shef, -i, -a	boss, chief
shek., sheku/ll, -lli, -j	century
shemb/em, u -a, -ur	to fall, collapse
shembu/ll, -lli, -j	example
për shembull	for instance, for example
sheqer, -i	sugar
shes, shita, shitur	to sell
shesh, -i, -e	square
shëndet, -i	health
i shëndetsh/ëm, e -me	healthy
shën/oj, -ova, -uar	to mark, indicate
shërbim, -i, -e	service
shërim, -i, -e	cure
shëti/s, -ta, -tur	to walk
shëtitj/e,-a, -e	walk, stroll, promenade
shfaq, -a, -ur	to show, put on
shfaq/em, u -a, -ur	to show, display, appear
shfaqj/e, -a, -e	show, performance
shi, -u, -ra	rain
Bie shi.	It rains.
shif/ër, -ra, -ra	figure, cipher
shigjet/ë, -a, -a	arrow
shihem, u pashë, parë	to see each other
Shihemi më vonë!	See you later!

i shijsh/ëm, e -me	delicious, tasty
shikim, -i, -e	sight, vision
shik/oj, -ova, -uar	to see, watch
shish/e, -ja, -e	bottle
shishqebap, -i, -e	shish kebab
shitës, -i, -	seller
shitj/e, -a, -e	sale
shkakt/oj, -ova, -uar	to cause
shkark/oj, -ova, -uar	to download
shkel, -a, -ur	to step in, trespass
shkencëtar, -i, -ë	scientist
shkencor, -e	scientific
shkëmb, -i, -inj	cliff, rock
shkodran, -e	someone from Shkodër
shk/oj, -ova, -uar	to go
shkoj në punë	to go to work
shkoj për ski	to go skiing
Të shkon shumë.	It suits you very well.
shkoll/ë, -a, -a	school
i,e shkretë	poor, miserable
shkrimtar, -i, -ë	writer
shkr/uaj, -ova, -uar	to write
Të shkuara!	Get well soon!
shkurt, -i	February
i,e shkurtër	short
shmangi/e, -a, -e	avoidance
shofer, -i, -ë	driver
shoh, pashë, parë	to see
shok, -u, -ë	friend
shoq/e, -ja, -e	female friend
shoqër/ohem, u -ova, -uar	to be accompanied
shoqër/oj, -ova, -uar	to accompany
shoqëror, -e	social
shoqërues, -i, -	tour guide
shpal/os, -a, -ur	to display
shpall, -a, -ur	to declare, proclaim
shpall/em, u -a, -ur	to be declared
shpat/ë, -a, -a	sword
shpejt	fast (adv.)
i,e shpejtë	fast (adj.)
shpell/ë, -a, -a	cavern, cave
shpesh	often
shpie, shpura, shpënë	to send, take to
shpjeg/oj, -ova, -uar	explain
shpreh, -a, -ur	to express
shpreh/em, u -a, -ur	to express, declare oneself
shpres/ë, -a, -a	hope
shpres/oj, -ova, -uar	to hope
shpresohet	it is hoped
shqetësim, -i, -e	discomfort, trouble
shqetës/oj, -ova, -uar	to disturb, bother
shqetës/ohem, u -ova, -uar	to worry, be disturbed
i,e shqetësuar	worried
shqip, -e	Albanian (language)
Shqipëri, -a	Albania
shqiptar, -i, -ë	Albanian (nationality)
i,e shtatë	seventh
shtator, -i	September
shtet, -i, -e	country, state
Shtetet e Bashkuara	United States
shtëpi, -a, -	house
shtiz/ë, -a, -a	lance, spear
sht/oj, -ova, -uar	to increase
shtrat, -i, shtretër	bed
i,e shtrenjtë	expensive
shtri/hem, u -va, -rë	to lie down
shtri/j, -va, -rë	to expand
shtrirj/e, -a	extension
shtr/oj, -ova, -uar	to lay, spread, set
shtroj tavolinën	to set the table
e shtun/ë, -a, -a	Saturday
të shtunën	on Saturday
shtyp, -i	press
shumë	many, very
nuk ka shumë	not long ago
shumë mirë	very well
shumë pak	very little
i shumëllojsh/ëm, e -me	various, diverse
shumëllojshmëri, -a	variety, diversity
shumëngjyrësh, -e	colorful
shumës	plural
shumic/ë, -a, -a	majority, multitude
i,e shumtë	multiple, various
shurup, -i, -e	syrup

T

tabel/ë, -a, -a	(black)board
takim, -i, -e	meeting
tak/ohem, u -ova, -uar	to meet with
tak/oj, -ova, -uar	to meet (someone)
taksi, -a, -	taxi
i,e talentuar	talented
tanë	our

tani	now
tarrac/ë, -a, -a	terrace
tashmë	already
taulant, -i, -ë	Taulanti (an Illyrian tribe)
tav/ë, -a, -a	pan
tavë dheu	Albanian traditional dish
tavolin/ë, -a, -a	table
te/tek (+ nom.)	to, at
te Sokoli	to, at Sokoli's house
teat/ër, -ri, -ro	theater, play
Teatri Kombëtar	National Theater
teatral, -e	theatrical
teje	you (abl.)
tek, -e	single (room)
teknik, -e	technical
teknologji, -a, -	technology
tekst, -i, -e	text
telefon, -i, -a	telephone
telefonat/ë, -a, -a	telephone call
telefon/oj, -ova, -uar	to phone
telenovel/ë, -a, -a	soap opera
televizor, -i, -ë	television, TV
tem/ë, -a, -a	theme, topic
temperatur/ë, -a, -a	temperature
tempu/ll, -lli, -j	temple
tendenc/ë, -a, -a	tendency, trend
tension, -i	blood pressure
tepër	too much, excessively
terma, -t	therm, thermal waters
i,e tetë	eighth
tetor, -i	October
të	you, to you
të dy, të dyja	both of them
të fala	greetings, regards
tënd	your
tënde	your
tër/heq, -hoqa, -hequr	to attract
tërheqës, -e	attractive
ti	you (sing.)
tifoz, -i, -ë	fan, supporter
i,e tij	his
tim	my (acc.)
time	my (acc.)
Tiran/ë, -a	Tirana
tirqe	traditional pants
titu/ll, -lli, -j	title
të tjer/ë, -a	other
tjetër, -, të tjerë, të tjera	other, else, something else

tok/ë, -a	ground, earth
tona	our
tonë	our
top, -i, -a	ball
tort/ë, -a, -a	cake
tradicional, -e	traditional
tradit/ë, -a, -a	tradition
tragjedi, -a	tragedy
trangu/ll, -lli, -j	cucumber
transfert/ë, -a, -a	transfer, transaction
trashëgimi, -a, -	patrimony, heritage
tre/g, -gu, -gje	market
tregim, -i, -e	story
treg/ohem, u -ova, -uar	to show oneself
treg/oj, -ova, -uar	to show, indicate; narrate
tregoj interes	to show interest
të tregon . . .	it looks . . . on you
tregtar, -e	commercial
qendër tregtare	commercial center
tregti, -a, -	trade
tren, -i, -a	train
i,e tretë	third
trev/ë, -a, -a	region
triko, -ja, -	sweater
i,e trishtuar	sad, gloomy
trojan, -i, -ë	Trojan
trok/as, -ita, -itur	to knock
trup, -i, -a	body
trup/ë, -a, -a	troupe, company
tryez/ë, -a, -a	table
e tu	your
e tua	your
tuaj	your
tuaja	your
tuf/ë, -a, -a	bouquet
tund, -a, -ur	to rock
turist, -i, -ë	tourist
turistik, -e	touristic
turshi, -a, -	pickle
speca turshi	pickled peppers
ty	to you
tym, -i, -ra	smoke
i,e tyre	their

Th

tha/j, -va, -rë	to dry
tha/hem, u -va, -rë	to dry oneself
theks/oj, -ova, -uar	to stress
i,e thellë	deep

them, thashë, thënë	to say, tell
thërr/as, -ta, -itur	to call
thik/ë, -a, -a	knife
i,e thjeshtë	simple
thuhet	it is said
thyej, theva, thyer	to cash; to break

U

Uashington, -i	Washington
udhëtar, -i, -ë	passenger, traveler
udhëtim, -i, -e	trip
udhëtim turistik	touristic trip
udhët/oj, -ova, -uar	to travel
udhëzues, -i, -	manual
uj/ë, -i, -ëra	water, the water
i,e ulët	low
ul/em, u -a, -ur	to sit down, pull down
ulj/e, -a, -je	discount, decrease
ulje çmimi	on sale
ulli, -ri, -nj	olive
unaz/ë, -a, -a	ring
unë	I
universitar, -e	university (adj.)
universitet, -i, -e	university
urat/ë, -a, -a	blessing
Urdhëro!	yes
uri, -a	hunger
Më vjen uria.	I get hungry.
ur/oj, -ova, -uar	to wish, congratulate
ushq/ehem, -eva, -yer	to feed, be nourished
ushqim, -i, -e	food
ushtarak, -u, -ë	military, officer
ushtri, -a, -	army
ushtrim, -i, -e	exercise
ushtroj, -ova, -uar	to exercise
uzin/ë, -a, -a	plant

V

vaj, -i	oil
vaj ulliri	olive oil
vajtje-ardhje	round trip
vajz/ë, -a, -a	girl, daughter
vaksin/ë -a, -a	vaccine
vakt, -i, -e	meal, mealtime
valixh/e, -ja, -e	suitcase
vall/e, -ja, -e	dance
vallëtar, -i, -ë	dancer
vallëzim, -i, -e	dancing
vallëz/oj, -ova, -uar	to dance
vanilj/e, -a	vanilla
vap/ë, -a	heat
Është vapë.	It is hot (weather).
Kam vapë.	I am hot.
var, -a, -ur	to hang
variant, -i, -e	variant, variation
vari/oj, -ova, -uar	to vary
vark/ë, -a, -a	boat
varr, -i, -e	grave, tomb
vazo, -ja, -	vase
vazhdimisht	continuously
vazhd/oj, -ova, -uar	to continue, go on
vdekj/e, -a, -e	death
vdes, vdiqa, vdekur	to die
i,e veçantë	special
veçanti, -a	peculiarity
në veçanti	especially, in particular
veg/ël, -la, -la	tool, instrument
vegjetal, -e	vegetable (adj.)
vend, -i, -e	place, area, country, region
vendas, -e	local
vendbanim, -i, -e	settlement
vendim, -i, -e	decision
marr vendim	to make a decision
vendor	local
vendos, -a, -ur	to decide; to place, set
vep/ër, -ra, -ra	work
vepër e plotë	complete work(s)
veprimtari, -a, -	activity, action
verand/ë, -a, -a	terrace, veranda
i,e verdhë	yellow
ver/ë, -a, -a	summer
ve/rë, -ra, -rëra	wine
veri, -u	north
verilindor, -e	northeastern
verior, -e	northern
veror, -e	summer (adj.)
vesh, -a, -ur	to put on, wear; to dress someone
veshj/e, -a, -e	clothing
veshje sportive	sports clothes
veshjet e brendshme	underwear
vet/e, -ja, -e	self, oneself
vete, vajta, vajtur	to go
vet/ë, -a, -a	person
vetë	(one)self
vetë nxënësit	the students themselves
vetëm	only
vetj/e, -a	myself

vez/ë, -a, -ë	egg
vë, vura, vënë	to put
vëlla, -i, vëllezër	brother
vëllim, -i, -e	volume
vëmendj/e, -a, -a	attention
i vëmendsh/ëm, e -me	careful, attentive
vërtet	indeed, really, truly
i,e vërtetë	true
i,e vështirë	difficult
vështirësi, -a, -	difficulty
me vështirësi	not fluently, with difficulty
viç, -i, -a	calf
mish viçi	veal
vij, erdha, ardhur	to come
Më vjen mire që . . .	I am glad that . . .
më vjen keq	I'm sorry
Të vjen keq të . . . ?	Is it inconvenient for you to . . . ?
vij/ë, -a, -a	line, stripe
vil/ë, -a, -a	villa
violin/ë, -a, -a	violin
viroz/ë, -a, -a	virus
vishem, u vesha, veshur	to get dressed
vit, -i, -e	year
Viti i Ri	New Year
vitin e ardhshëm	next year
vitin i kaluar	last year
vitin që vjen	next year
vitamin/ë, -a, -a	vitamin
vitrin/ë, -a, -a	shop window
vizatim, -i, -e	drawing
viz/ë, -a, -a	visa
vizit/ë, -a, -a	visit
vizit/ohem, u -ova, -uar	to see the doctor
vizit/oj, -ova, -uar	to visit
vizitor, -i, -ë	visitor
vjeç, vjeçe	years old (masc., fem.)
vjeh/ërr, -rra, -rra	mother-in-law
vjesht/ë, -a, -a	fall, autumn
i,e vjetër	old
vjetor, -e	annual
vler/ë, -a, -a	value
vlerës/ohem, u -ova, -uar	to be appreciated, be appraised
i,e vogël,	young, small (sing.)
e/të vegjël, e/të vogla	young, small (pl.)
volejboll, -i	volleyball
vonë	late
von/oj, -ova, -uar	to delay, be late, take long
vrapim, -i, -e	running
vrap/oj, -ova, -uar	to run
vrapues, -i, -	runner
vra/s, -va, -rë	to kill, shoot dead, murder
vritem, u vrava, vrarë	to be killed

Xh

xhamadan, -i, -ë	doublet (vest for men)
xhami, -a, -	mosque
xhep, -i, -a	pocket
xhinse, -t	jeans, denim

Y

yll, -i, yje	star
yndyr/ë, -a	fat, grease
ynë	our
yt	your

Z

zakonisht	usually
i zakonsh/ëm, e -me	normal, usual
zarzavat/e, -ja, -e	vegetables, greens
zbres, zbrita, zbritur	to go down
zbritj/e, -a, -e	discount
zbukurim, -i, -e	decoration
i, e zbukuruar	decorated, garnished
zbulim, -i, -e	discovery
zbul/oj, -ova, -uar	to discover
i,e zbuluar	discovered
zem/ër, -ra, -ra	heart
zë, -ri, -ra	sound, voice
zë, zura, zënë	to take, hold, catch
i,e zënë	busy
zgjat (zgjas), -a, -ur	to last, lengthen, prolong
zgjedh, zgjodha, zgjedhur	to choose, pick
zgjedhj/e, -a, -e	choice, pick
i,e zgjedhur	selected
zgjidh/je, -a, -je	solution
zgj/ohem, u -ova, -uar	to wake up
zgjoj, -ova, -uar	to wake (someone) up
i,e zgjuar	intelligent, smart

i zi, e zinj	black (masc.)
e zezë, e zeza	black (fem.)
i,e zier	boiled
zonë, -a, -a	zone, area, region
zonja	Mrs.
zoti	Mr.
i zoti, e zonja	skillful
zyr/ë, -a, -a	office
zyra e këmbimit valuator	money exchange office
zyrtar, -e	official
zyrtarisht	officially, formally
zyrtariz/oj, -ova, -uar	to make official

Zh

zhgënj/ehem, u -eva, -yer	to be disappointed
zhgënj/ej, -eva, -yer	to disappoint
i zhurmsh/ëm, e -me	noisy
zhvill/oj, -ova, -uar	to develop
zhvillohet	it takes place, it is developed

GRAMMATICAL INDEX

The numbers following each entry indicate the section(s) where the topic is treated.